여몽전쟁과 강화도성 연구

한국중세사학회 연구총서 2

여몽전쟁과 강화도성 연구

윤 용 혁 지음

혜안

책머리에

석사논문으로 고려 대몽항쟁 관련 논문을 제출한 지 35년, 그리고 삼별초를 중심으로 한 단행본 논문집을 출간한 지 10년을 넘었다. 본서는 그 이후 주로 학회지를 통하여 발표한 여몽전쟁 관련 논문 12편에 서론격의 글을 앞에 덧붙인 것이다.

제1장은 여몽전쟁과 관련한 몇 가지 주제를 다루었다. 여몽관계의 추이와 성격, 부인사 대장경의 소실, 전쟁기의 고려국왕 고종에 대한 고찰 등이 그것이다. 제2장은 여몽전쟁의 중요한 특성인 지역민들의 몽골에 대한 항전을 다루었다. 용인, 충주, 아산, 상주 등지에서의 전투에 대하여 각각 고찰한 것이다. 이러한 지역민의 항전이 가능했던 것은 고려시대 지역에 깔려 있는 자위공동체적 전통이 배경이 되고 있다는 것이 근년의 연구에 의하여 밝혀지고 있지만, 본고에서는 이 같은 견해를 충분히 반영하지 못하였다. 제3장은 39년 전란기의 고려 왕도였던 강화도에 대하여 필드워크를 바탕으로 작성 발표한 몇 편 논문을 주로 모은 것이다. 주제의 유사함으로 논문 간에 중복되는 점이 다소 없지 않다.

전란이라는 주제는 딱딱하고 무거운 주제이다. 그래서 본서도 이 같은 경직성을 시종 벗어나고 있지 못하다. 그럼에도 불구하고 빈약한 이 시기의 역사 내용을 무언가 보완하는 자료가 되었으면 하는 바람이 없지 않다. 고려 대몽항전에 대한 문헌자료는 생각보다 훨씬 희소하다. 거의 40년 고려의 도성이었던 강화도에 대한 연구와 관심의 부족도 이와 연관이 있다.

6

필자는 그동안의 연구에서 지역 및 현장 자료의 중요성에 착목하고 이를 강조하여 왔다. 책의 제목을 통하여 특별히 '강화도성'을 강조한 것은 이 같은 현장의 실체에 대한 중요성이 더욱 부각되기를 기대하기 때문이라 할 수 있다. 그러나 고려사회의 내적 모순과 전란이라는 13세기의 중첩된 고난의 실체를 파악하는 데 그동안의 작은 연구가 크게 도움이 되지는 못하는 것 같다.

필자는 금년 안식년을 얻어 7월부터 3개월간 객원연구원 자격으로 류큐대학 고고학연구실에 체재하면서 이케다(池田榮史) 교수의 신세를 지고 있다. 삼별초에서 비롯된 고려 해양사에 대한 관심을 토대로 고려 역사의 지경을 좀 더 넓은 시각에서 보고 싶은 의욕에서 비롯된 것이다. 본서의 출판과 관련하여서는 2010년도 공주대 교내연구비의 지원을 받았다. 학회의 연구총서로서 본서의 간행을 허락한 한국중세사학회 임원들, 그리고 출판 작업을 담당해준 도서출판 혜안의 여러분에게 깊은 감사를 드린다.

본서의 수정 원고를 보내고 오키나와에 체재하는 동안, 문득 결혼 30년이 되는 날을 맞았다. 사람에게는 각자의 길이 있는 것 같다. 그리고 그 길은 만들어진 길이 아니라 스스로가 만들어가는 길이라고 생각한다. 이러한 점에서 우리에게 소중한 것은 성취되는 그 '무엇'이 아니라, 스스로가 '만들어가는 길'이 어떤 것인가에 있는 것이 아닐까. 30년간 고락을 같이해준 아내에게, 평소 입으로 못한 감사의 마음을 진심으로 전하고 싶다.

2011. 8. 15.

류큐대학 캠퍼스에서   윤 용 혁

목 차

고려시대의 대외항쟁

　10~14세기에 걸치는 5세기간의 고려시대는 대륙의 정세 변동이 특히 유동적이었던 시대이다. 한족왕조의 성립에도 불구하고 이에 대응되는 유목문화에 기초한 거란, 여진, 몽골 등 북방민족의 흥기가 연이어졌던 시기였으며, 특히 몽골에 의한 미증유의 군사적 정복활동은 동아시아의 국제 구조를 재편하는 커다란 계기를 조성하기도 하였다. 대륙에서 한족왕조와 북방민족의 부침이 거듭되며 주도권 장악을 위한 갈등의 전개는 종종 고려의 외교적 선택을 요구하였으며, 그 결과가 고려에 대한 군사적 압력으로 이어지는 경우도 적지 않았다. 한편 상대적으로 침체되었던 일본과의 교류관계는 양국 간의 잠재적 갈등 요인을 배태함으로써 국제관계의 복잡성을 가중시키는 측면으로 작용하였다.

　고려 전기(10~11세기)에는 거란족이 흥기하고(요) 이들이 한족왕조 송과 쟁패를 겨루는 과정에서, 그리고 중기(12세기)에는 여진족의 금과의 관계가 요를 대신함으로써 고려-송-요, 또는 고려-송-금의 관계가 동아시아 대외관계의 중심축이 되었다. 후기(13세기)에는 몽골제국의 발흥으로 대륙의 정세가 몽골에 의하여 일원화되는 미증유의 세력 개편을 경험하게 되는데, 고려는 몽골(원)의 정복 국가 구축에 대하여 정면 대결함으로써 40여 년에 걸치는 장기적인 항전을 전개하였다. 이후 1세기에 걸치는 원 간섭기의

고려는 이 시기의 구조상 매우 특수한 형태의 대외관계와 대외항쟁의 현실에
접맥되었다.

　고려는 동아시아 주변제국의 유동적 국제정세 속에서 군사적 압력 혹은
정치적 환경의 문제에도 불구하고 정치적 문화적인 발전과정을 이룩하였고
14세기 후반 원·명 교체의 대륙 정세 변동기에 정치 경제의 개혁을 통한
새로운 왕조 건설로 역사를 진전시켰다.

1. 대외항쟁사 관점에서의 고려시대

　한국은 지리적으로 대륙과 연접되고 해양으로는 일본열도와 근접되어
있다. 이 때문에 동아시아 국제정세의 변화 혹은 문화의 교류는 역사 전개에
직접적인 영향을 미쳐온 것이 사실이다. 대외관계는 정치적, 문화적 교류와
경제적 교역이라는 문제 이외에, 종종 침략과 저항이라는 전쟁의 상황이
야기되기도 한다. 한국의 역사는 이 같은 외부로부터의 끊임없는 생존의
압력을 극복하며 전개해온 역사였다. 일본의 한국사학자 하타다(旗田巍)가
한국 역사를 보는 주요 관점의 하나로 '외압에의 극복'을 지적한 것은
이 같은 역사적 특성을 주목한 것이었다.

　한국 역사의 특성 때문에 대외항쟁의 문제는 근대사학의 성립 이전에도
한국 역사의 중요한 주제의 하나가 되었다. 15세기 문종대『동국병감(東國兵
鑑)』의 편찬은 고조선에서 고려에 이르기까지 한국 대외항쟁사의 내용을
통사적으로 정리한 작업이었다. 이러한 역사서의 편찬은 각종 병서의 편찬과
궤를 같이하는 것으로 외세의 침략으로부터 방어대책의 수립과 외침에
대비하려는 15세기 당대의 현실적 목적에 의한 것이었음은 물론이다. 상·하
2권의『동국병감』은 도합 37항목으로 대외항쟁사를 정리하였는데, 그 가운
데 고조선 이후의 고대항쟁사에 17항목, 고려의 대외항쟁에 20항목을 배분하

였다. 그리고 20항목 중 성종·현종조의 거란족 침입에 3항목, 몽골의 침입에 6항목, 홍건적에 2항목을 사용하였다.

한국사에 있어서 대외항쟁의 역사는 한말의 국가적 위기 속에서 특히 주목되기 시작하였다. 그러나 일제의 관학자들은 한국 역사의 독자성을 부정하고 지리적으로 만주와 한반도를 하나의 영역으로 묶어 역사를 정리하고자 하였다. 식민지시대의 이른바 만선사관이 그것이다. 이 같은 관점에서 서게 되면 한국사에 있어서 대외항쟁의 역사적 사실은 단순히 대륙의 일각에서 있었던 일반적인 전란 사건의 하나로 정리되고 만다. 일제하 실증사학적 방법론으로 접근한 고려의 대외항쟁은 '거란 성종의 고려 정벌', 혹은 '몽고의 고려정벌'과 같은 논문의 제목이 보여주는 것처럼 한국의 주체적 입장이 배제된 채 대륙에서 있었던 하나의 정치적 사건으로 그 역사적 의미가 단순화 되었던 것이다.

한국사에 있어서 이민족의 침략에 대하여 대외항쟁사로서의 관점을 보다 분명히 하게 된 것은 민족주의 사학자들에 의한 것이었다. 신채호가 묘청의 난을 고려 이후의 역사에서 가장 중요한 사건으로 주목한 것은 결국 대외항쟁사의 관점에서 한국 역사를 재평가한 결론이었다. 묘청의 난을 자주와 사대의 분수령으로 보는 것이 반드시 객관적인 것이라고 할 수는 없지만 이것은 한국 역사를 민족 주체의 관점에서 평가하는 새로운 안목을 제공한 것이었다는 점에서 의미가 있다. 1940년대 일제 말 김상기가 삼별초의 봉기와 저항을 민족항전이라는 관점에서 재평가할 수 있었던 것도 이 같은 민족 주체의 관점의 소산이었다. '삼별초의 반란'이 '대몽항전'이라는 민족적 사건으로 평가받은 것은 왕조 중심의 사관에서 민족과 국가 중심의 역사관으로 옮겨간 구체적 변화였다. 이 같은 인식은 일제 관학자들의 식민주의적 한국 역사인식에 대한 반론이었다고 할 수 있는 것이다.

해방과 함께 한국은 식민주의 잔재의 청산 및 새로운 민족국가 건설의

14

역사적 과제를 안게 되었다. 대외관계에 비추어본 자기 정체성 확인은 독립국가 수립의 기초 이념에 중요한 것이었고, 여기에서 대외항쟁의 사건은 그 중요한 표지가 되는 것이었다. 독립 직후인 1949년에 간행된 손진태의 『국사대요』에서 고려시대의 대외관계에 대하여 각별한 관심을 표명한 것은 이러한 시대적 요구의 반영이었다. 그리하여 손진태는 성종·현종대 거란의 침입을 '거란과의 10년 전쟁', 고종·원종대의 대몽항쟁을 '몽고(원) 민족과의 40년 전쟁', 왜구와의 싸움을 '일본민족과의 50년 싸움' 등으로 표현하였다. 외세의 침입에 적극 대응한 당시 대외항쟁의 특성을 강조하여 '전쟁'으로 표현한 것이다. 그 가운데 특히 몽골침입에 대한 항쟁을 '40년 전쟁'으로 지칭한 것은 주목할 만하다. 정변으로 파악해온 '삼별초의 난'에 대한 김상기의 민족사적 평가를 수용하여 고려 역사에서 그 위치를 정립한 것이기 때문이다. 손진태에 의하면 고려시대는 거란, 여진, 몽골의 압력에도 불구하고 끊임없이 '북방회복 운동'이 전개되었던 '민족의식의 왕성기'였다. 이렇게 하여 '거란에 대한 항쟁' '몽고에 대한 항쟁'은 고려시대 역사 서술에 있어서 중요한 항목의 하나로 자리 잡게 되었다.

해방과 독립 이후 민족주의적 관점에서의 한국사의 체계 정리가 이루어지면서 대외항쟁사의 내용은 중요한 줄거리로 정착하게 되었거니와, 북한의 경우는 이보다 훨씬 극단적으로 반외세 투쟁의 사실을 역사에서 강조하였다. 이른바 '인민의 애국주의적 전통'에 대한 강조가 그것이다. 그러나 해방과 독립으로부터 60년이 경과하고 동아시아 세계의 새로운 복원이 추구되는 시점에서 한국 대외항쟁의 역사는 어떻게 인식되고 정리해야 할 것인가는 새로운 과제로 떠오르고 있다.

2. 거란(요)과 여진에 대한 항쟁

1) 거란(요)과의 전쟁

고려의 건국과 함께 초기 대외관계에 있어서 초미의 과제로 부각된 것은 거란과의 관계였다. 신라 말 후삼국의 쟁란기는 대륙에 있어서도 전환의 시점으로서, 당의 멸망(907)과 함께 '5대 10국'으로 표현되는 정치적 분열의 시기가 한동안 지속되었다. 901년 후고구려 건국, 918년 후고구려(태봉)를 계승한 왕건의 고려 건국에 대하여 중국 동북의 만주지역에서는 거란족의 통일국가 요(遼, 907~1125)가 출현하여 이 지역을 지배하여왔던 발해를 멸망시킴으로써(926) 고려·거란간의 상호 관계 정립은 가장 중요한 외교적 현안이 되었던 것이다. 특히 고려는 만주지역에 근거한 고구려의 계승국을 자처하고 발해 유민을 수용함으로써 거란과는 갈등의 소지를 내포하고 있었다. 여기에 960년 중원지역의 분열을 통합하여 당의 전통을 계승한 송조의 출현에 따라 대륙의 관계는 고려-송-거란의 삼각의 축이 형성된 것이다. 이 같은 삼각의 축은 12세기 거란(요)을 여진(금)으로 대체하면서 몽골이 등장하는 13세기 초까지 대략 3백년을 지속하였다.

고려-송-거란의 삼각 축의 국제관계가 형성되어 있던 10~11세기에 있어서 상대적 군사 우위를 가진 것은 거란이었다. 이 때문에 거란의 군사적 우위에 대응하는 것이 송-고려의 협력관계였고, 이에 의하여 국제관계의 세력 균형의 유지가 모색되고 있었다. 979년 송·요 접경지역인 연운 16주의 영토문제를 둘러싼 전투에서 거란에 패한 송 태종은 986년(고려 성종 5) 사신 한국화(韓國華)를 고려에 보내 "힘을 합하여 (거란을) 섬멸(同力殲平)" 할 것을 제안함으로써 공식적인 군사 협력을 요청하였다. 한편 반대로 거란이 고려에 대한 군사적 압력을 진행 중이던 시기인 1000년과 1003년 고려는 송에 사신을 보내 송의 군사적 협력을 요청하였다. 이와 같이 고려와

송은 상호간의 군사적 협력의 필요성을 절감하였음에도 불구하고 주지하는 바와 같이 현실 국면에서의 군사적 공조는 성립되지 못하였다. 986년 송의 군사 협력 요청에 대하여 고려는 적극 대응하지 않았고, 991년 거란과의 전쟁에서 대패한 송 역시 이후로는 고려의 군사적 요청에 대해서 역시 부정적 입장을 취하게 되었던 것이다.

거란에 대한 고려-송 간의 군사적 공동 대응이 실현되지 않은 것은 공동 대응의 필요성에 대한 공감에도 불구하고 그 결과에 대한 확신이 없었기 때문이다. 즉 거란에 대한 공동 대응이 도리어 거란의 새로운 군사적 대응을 유발할 가능성이 높다고 판단했기 때문인 것이다. 이 때문에 986년 송 태종의 군사적 협력 요청에 대하여 고려 성종은 시일을 끌면서 적당히 뭉개고 말았고, 그후 고려의 필요에 대해서 송 역시 냉담하게 대응하였다. 양국 관계가 군사적 협력까지 발전하지는 못하였지만 고려-송의 교류관계가 거란에 대한 압박 요인으로 작용하였던 것은 사실이고 이러한 측면에서 고려는 대거란 관계의 대응책으로 송과의 관계 조절에 유의하였다.

거란(요)의 고려 침입은 993년(성종 12)에 이어 1010년(현종 1), 1018년(현종 8) 등 세 차례에 걸쳐 대규모로 진행되었다. 거란의 고려에 대한 군사적 압박은 여송 관계를 차단하여 동아시아 주도권을 안정적으로 장악하려는 거란의 의도에 의한 것이었다. 고려는 962년(광종 13) 송과의 교류를 열고 통교를 시작한 이래 외교적 문화, 경제적 관계 이외에 군사적 협력 관계로 발전할 가능성을 안고 있었고 그 가능성을 차단하기 위한 거란의 전략이 고려에 대한 군사적 압박 및 사대적 원칙에 입각한 거란-고려 관계의 정립이었던 것이다.

993년(성종 12) 거란의 침입에 대하여 고려 조정은 항전과 항복이라는 강온 양론으로 대책이 나뉘었으나 서경 이북의 땅을 포기하는 '할지항복론'은 서희, 이지백 등의 반대로 봉쇄되었다. 대신 서희는 적장 소손녕과 담판하여 거란의 자진 철군을 실현시켰다. 이른바 외교적 활동에 의한 위기의 극복이었다. 협상의 결과는 고려가 거란에 대한 사대관계 및 대송 외교 단절을 수락하는 대신 압록강 동쪽의 6개 주(의주, 용주, 철주, 통주, 곽주, 귀주)를 확보하는 것이었다. 서희의 외교적 담판의 결과 강동 6주를 확보하게 된 것은 영토 확장이라는 점 이외에 대거란 및 대여진 등 북방지역과의 군사적 상황에서 전략적으로도 매우 중요한 것이었다. 이러한 점에서 고려가 거란과의 사대적 관계를 수락한 것은 실리적 측면을 감안한 실리외교라는 관점에서 높이 평가되었다.

서희의 외교 담판에서 주목된 사실의 하나는 고려의 고구려 계승의식의 공개적 천명과 강조라는 측면이다. 고려는 그 국호에서 보는 것처럼 적어도 관념적으로는 고구려 계승을 적극 표방함으로써 신라가 가졌던 폐쇄적 자기 보수의 한계점을 극복하고자 하였다. 그리고 이 같은 고구려 계승의식 은 한족왕조 중심의 국제질서 안에서 평화를 보장받는 소극적인 대중정책보 다 다변화된 대외관계의 환경 속에서 견제와 교류를 통한 적극적 대외관을 갖게 하였던 것이 사실이다. 그 결과가 북방 영토에 대한 보다 적극적 정책으로 연결되어 영토적인 측면에 반영되었던 것이다.

고려의 대요 사대관계 수립에도 불구하고 송과의 관계가 전면적으로 단절된 것은 아니었고 더욱이 강동6주의 인정이 고려에 대한 군사적 방어력 을 크게 증강시킨 것이라는 점을 뒤늦게 인식한 거란은 강동6주의 반환과 고려 내정에의 간여를 통한 지배권 안정화를 목표로 연이어 침입을 시도하였 다. 1009년(목종 12)에 이어 1018년(현종 8)에 소배압이 대군을 이끌고 고려를 침입한 것은 그러한 거란의 강박증을 반영하는 것이었다. 개경을 압박하던 거란군은 고려의 청야전술에 어려움을 겪었고 철군하는 도중 귀주에서 강감찬의 요격을 받아 대패하였다. 당시 거란군의 시체가 들을 덮었고, 포로와 각종 병기의 노획한 것이 헤아릴 수 없이 많았다고 한다. 이외에도 다소 규모는 작지만, 대규모 침입의 사이인 1014년, 1015년, 1017년에도 거란의 국지적 침입은 반복되었다. 따라서 서기 1천년을 전후한 시기 거란의 군사적 침입은 대략 20년 가깝게 진행되었던 셈이다.

거란의 3차 침입 이후 고려－거란의 관계는 대체로 평화적이었지만 전혀 문제가 없었던 것은 아니었다. 전쟁 이후에도 여요의 관계는 종종 문제와 갈등이 표출되고 있었다. 현종 22년(1031) 거란과의 단교와 거란의 국경지역 침공(1033), 혹은 보주(의주)의 고려 영토에의 귀속 문제 등이 그것이다. 전쟁 이후 개경 나성의 완성(1029), 혁차(革車)와 석포(石砲), 팔우노(八牛弩) 와 같은 신무기 개발, 북방 국경에 대한 천리장성 구축(1033) 등 방위문제에 진력하였던 점을 생각하면, 전란 이후에도 거란에 대한 대비를 지속적으로 추구하여 갔던 사정을 알 수 있다.

2) 여진과의 전쟁

여진족은 고려의 북쪽 변경, 특히 함경도에서부터 만주 지역에 폭넓게 분포하고 있었으나 부족의 분립으로 세력화되어 있지 못하였다. 이들 여진 부족에 대하여 고려는 일종의 자치주의 성격을 갖는 '기미주(羈縻州)' 정책을 취하여 지속적인 회유와 복속을 통하여 관리하였다. 여진 족장에 대한 장군 등의 무산계 및 향직의 수여, 경제적 편의 제공, 남방으로부터의 사민과 축성, 그리고 투화 여진인에 대한 기미주 설치 등이 그것이었다. 이것은 요에 대한 사대관계와 대비되는 고려중심의 주변민족에 대한 포용정책이었 다. 그러나 11세기 말 이후 이들 여진은 특히 완안부(完顔部)를 중심으로 부족 통일을 이루면서 점차 힘을 강화시켜 나갔다. 그 결과 12세기 초에 이르러 군사적 충돌이 야기되는데, 숙종 9년(1104) 여진이 고려의 복속 지역인 가란전(曷懶甸 : 마천령 이남 정평 이북)까지 휩쓸자 정부는 임간(林 幹) 혹은 윤관(尹瓘) 등의 군대를 파견하여 대응하였으나 연이어 대패하는 상황에 몰리게 되었다. 이에 고려는 여진에 대한 대책을 군사적 대응으로 전환하였다.

예종 2년(1107) 윤관이 별무반을 새로 조직하고 17만 대군을 이끌고 여진족을 치게 된다. 별무반은 문무 산관과 이서, 상인과 노비에 이르기까지 모든 백성을 징발 대상으로 하였으며 특히 기병과 보병으로 병종을 구분하여 기병의 강화를 특징으로 하였다. 윤관의 별무반은 동북지역에서 여진족을 연이어 격파하여 135개 촌락을 점령하고 5천을 죽이고 5천을 포로로 하는 대승을 거두었다. 점령지역에는 함주(咸州)·영주(英州)·웅주(雄州)·길주(吉州)·복주(福州) 등 9개의 성을 축성하고 남방으로부터 민호를 옮겨 이에 거주하게 하였는데, 그 규모는 6만 9천 호에 이르는 것이었다. 이것은 이들 신흥의 여진족을 견제하기 위한 정책적 조치였다. 그러나 이에 대해 여진족의 조직적인 반격이 이어졌고 대여진 정책을 둘러싼 고려 정부 내의 이견으로 말미암아 예종 4년(1109) 고려는 이들 지역을 돌려주고 말았다. 여진족은 가란전 지역의 회복을 기화로 결속력이 급격히 확대되어 도리어 고려를 군사적으로 압박하는 상황으로 진전되었다.

1115년 여진족이 금을 건국하자 이에 큰 위협을 느낀 것은 거란(요)이었다. 거란은 수차에 걸쳐 고려에 원병을 요청하면서 금에 대한 군사적 견제를 모색하였으나, 이미 군사적 균형이 기울었다고 판단한 고려는 거란의 요청에 응하지 않았다. 대신 1117년 금이 거란을 공격하자 고려는 거란의 관리 하에 있던 보주(의주)를 즉각 점령하고 의주성을 축성함으로써 국경 방비를 강화하기 위한 자구적 노력을 모색하였다. 1128년 남송이 금 공격(황제 구출)을 위한 가도(길 빌리기)를 요구하였으나 이 역시 고려에서는 응하지 않았다.

1126년 고려정부는 금에 대한 사대관계를 수용하였다. 거란에 대한 사대를 여진에 대한 것으로 전환한 것으로서 이미 당대에 일부 정치세력으로부터 반발이 있었고 후대 민족사적 관점에서 비판의 대상이 되었다. 그러나 이미 금의 군사적 압도가 입증된 현실에서 금에 대한 사대는 고려의 불가피한 현실적 선택이었다는 의견도 적지 않다.

여진과의 군사적 대결에 있어서 많은 논란이 있었던 것은 당시 9성 축조의 지리적 위치에 대한 문제이다. 9성의 위치에 대해서는 일제하 관학자들이 함흥평야 일대임을 고증하여 한동안 정설로 유통되어 온 것이 사실이다. 그러나 일부 연구자들은 이 9성이 함흥평야에서부터 두만강 유역까지 해안을 따라 설치되었으며 특히 9성 가운데 가장 멀리 떨어진 공험진의 경우는 두만강을 넘어 연해주에 이른다고 보았다. 9성 축조의 문제는 고려의 동북변경 영토 문제와 관련된 것이어서 현지 자료의 보완을 통한 앞으로의 논의를 더욱 필요로 하는 부분이다.

3. 몽골에 대한 항쟁

1) 몽골과의 항전

1206년 징기스칸의 등장에 의한 몽골제국의 성립은 13세기에 동아시아 정세의 구도를 바꾸는 커다란 변화를 초래하였다. 몽골의 고려 침입에 의하여 야기된 전쟁은 1231년부터 1273년까지 40여 년을 지속하였다. 몽골은 12세기 초 이래 대륙에서의 주도권을 행사했던 금을 멸망시킨 후, 남송에 대한 압력의 일환으로 고려에 대한 공격을 강화하였다.

몽골의 침입 당시 고려는 1270년 이후 무인정권의 정치제제가 장기간 구축되어 있었는데, 최씨 무인정권은 기왕의 금에 대한 사대정책과는 달리 몽골에 대한 항전책을 선택하였다. 그리고 항전책의 일환으로 1232년 개경에 가까운 강화도로 서울을 옮기게 된다. 이에 의하여 고려·몽골간의 전쟁은 대륙에서 금의 멸망에도 불구하고 1259년까지 장기적인 양상으로 전개되었다. 이 기간 동안 몽골군의 고려 침입은 흔히 6차에 걸친 과정으로 소개되고 있지만, 내용적으로는 대소 11회에 걸친 것이었다. 이에 대하여 강화도의 고려정부는 중앙군 파견에 의한 몽골과의 전면 전쟁을 회피하는 대신, 문제를 외교적 방식으로 해결한다는 방침이었다. 고려정부는 내륙 및 연안 수로의 확보를 바탕으로 지방에 대한 관리체제를 지속적으로 유지하면서 유사시 농민들을 섬이나 산성으로 피란시키는 청야전술을 시종 구사하였다. 따라서 몽골 침입에 대한 고려의 전투는 실제로는 지방민들의 자위적 항전에 맡겨지는 경우가 많았다.

몽골의 고려에 대한 군사적 목표는 고려를 복속시키는 것이었지만 전쟁이 장기화함에 따라 현실적 목표는 점차 그 수준이 낮추어졌다. 결국 독립성을 인정하면서 고려를 그 관리 하에 두는 것으로서, 이에 대한 몽골제국의 구체적인 요구는 고려 국왕의 몽골 황제에 대한 친조, 그리고 피란수도(강화도)로부터 원래의 수도 개경으로 환도하는 문제로 단순화 되었다. 국왕의 친조 요구가 상징적인 지배 복속 관계를 확인하는 것이라고 한다면, 수도의 환도는 일정한 관리권 행사를 위한 기본 조건을 조성하려는 요구였다.

무인정권은 모호한 태도를 견지하면서 몽골의 요구를 수용하지 않았다. 격렬한 침략전쟁으로 부득이 고려정부가 몽골의 요구를 수락한 것은 1259년, 전쟁이 시작된 지 거의 30년만의 일이었다. 그러나 1259년 몽골 요구의 수락도 내용을 뜯어보면 원래의 요구에서 몽골이 많은 후퇴를 감수한 것이었다. 우선 고려 국왕의 친조는 국왕의 친조를 태자가 대신하는 것으로 낮춘 것이었고, 강화도로부터의 출륙 환도는 기한을 정하지 않은 것이었다. 이 같은 합의에 의하여 태자의 입조가 이루어진 것은 바로 그해 1259년의 4월, 그리고 개경으로의 환도가 실현되는 것은 훨씬 뒤인 1270년의 일이었다. 그나마 1259년의 태자 입조는 입조 도중 몽골 황제 몽케의 죽음으로 포기되고 말았다.

1270년 개경으로의 출륙환도는 고려에서 항전을 주도하던 무인정권의 붕괴에 의하여 가능한 것이었으며, 주도권을 상실한 항전파는 거점을 이동하면서 항전을 지속하다 1273년 제주도에서 여원 연합군에 의하여 최후를 맞았다. 이상과 같은 40여 년의 전쟁은 몽골제국이 치렀던 많은 전쟁 가운데 퍽 특별한 전쟁의 하나였다. 동시에 이 전쟁에 대한 평가 또한 역사가에 따라 일정하지 않았다. 전쟁에 대해서는 여전히 상반되는 평가가 존재하고 있다.

2) 대몽항전과 항전의 주체

강화도 천도 및 섬과 산성에의 입보는 최씨정권 이래 무인정권의 일관된 대몽 전략이었다. 몽골의 군사적 침략에 대한 복속을 거부하고 장기 항전을 끌고 갔던 이러한 사실은 '무인정권의 강렬한 투쟁의식'의 소산으로 정리되기도 하였다. 고려의 장기적 항전이 가능하였던 이유를 최씨 혹은 무인정권의 '자주적 대외정신' 혹은 '강렬한 투쟁의식'에서 찾는 의견이 그것이다. 그러나 이에 대해서 무인정권의 대외항전이 갖는 정치성과 한계점을 지적하고 집권층이 아닌 농민·천민들의 항전에서 장기 항전의 근거를 찾으려는 주장이 다른 한편에서 제기되었다. 동시에 대몽항전을 주도했던 최씨정권의 항전에 대한 비판은 특히 강화천도의 정치성에 대한 비판으로 집중되었다. 1232년 강화도 천도가 몽골 침략에 대한 항전의 전략으로서보다는 다분히 정권 자체를 유지하기 위한 방편으로 '사적 이해'에 집착하여 일종의 '도피책'으로 추진된 것이었다는 것이다.

최씨정권의 천도에 대한 비판적 의견이 우세한 가운데 다른 한편으로는 고려의 대몽항전에서 농민·천민의 항전에 주목하고 이를 강조하는 많은 의견이 제시되었다. 즉 고려의 대몽항전의 주체는 무인정권이 아니라 농민,

노비 등의 '민중'이었다는 것이다. 고려－몽골 전쟁에 있어서 농민·천민들의
역할에 대해서는 이를 주목하고 강조하는 것이 보다 정확한 관점이라는
데 필자도 같은 의견을 가지고 있고, 이러한 점에서 '지방민'들이 몽골
침략에 적극 대응하였던 구체적 사례들을 다수 발굴하고 그 의미를 부여한
바 있다. 그러나 이 같은 논의가 특정 계층의 '배타적 주체론'으로 흐르는
것은 역시 위험한 방향일 것이다. 왜냐하면 당시 농민·천민들의 전쟁 참여는
계급적 항전의 결과라기보다는 지역공동체에 의한 지역 방위의 성격이
강하였기 때문이다. 이러한 점에서 당시 농민 항전의 특성을 이 시기 고려
사회의 지역공동체적 특성에서 찾는 논의는 매우 중요하고 연구상의 새로운
진전을 보여주는 것이다.

3) 삼별초의 항전

1259년 고려 태자의 입조는 몽골제국에 대한 고려왕조의 복속의 한
표시였다. 그러나 이것은 대몽골 정책의 변화에 따른 결과라기보다는 군사적
침략을 모면하려는 고려의 반(反)몽골 세력에 의한 외교적 전략의 일환에
불과하였다. 이러한 점에서 반몽항전을 주도한 무인정권이 정변에 의하여
붕괴되고 몽골에 입조하였던 원종이 개경에의 환도를 단행한 1270년이
대몽골 정책의 실제적 전환점이라 할 수 있다. 그러나 고려왕실의 이 같은
정책 전환에도 불구하고 고려의 저항이 종식된 것은 아니었다. 왕권과
결별한 반몽 세력이 그 투쟁을 멈추지 않았기 때문이다. 삼별초의 항전이
그것이다. 이들은 개경으로 환도한 고려 왕실을 배격하고 진정한 고려
정통정부를 자임하면서 그 근거지를 강화도로부터 진도 혹은 제주도로
옮기면서 1273년까지 저항을 지속하였기 때문이다.

왕조체제에 대한 단순한 정치적 반란 사건으로 인식되었던 삼별초의
항전을 외세에 대한 자주적 항전으로 그 의미를 적극 부여한 것은 일제하

24

김상기의 공헌이었다. 이후 삼별초는 한국 대외항전사에 기록되는 고려 대몽항쟁의 절정으로서 그 의미가 평가되었는데, 북한사학에서의 이에 대한 각별한 평가는 그 단적인 경우이고, 정도의 차이는 있지만 민족주의의 맥락에서 구성된 해방 이후의 한국 역사에서도 삼별초 항전은 일정한 역사적 의미를 차지하게 되었다. 그러나 삼별초의 항전 및 대몽항쟁사에 대하여 1990년대 이후 기왕의 시각과는 다른 관점에서의 재검토가 시도되고, 역사에서 대외항쟁사의 강조에 대한 비판적 견해도 제기되었다. 역사에서 대외항쟁의 강조는 외세의 침입을 당시 사회 모순의 중심축으로 설정함으로써 결과적으로는 타율성론의 함정에 빠져버리는 위험성이 내포되어 있다는 것이다. 또 대외항쟁사에 대한 강조가 해방 이후 특정 정권의 정치적 의도에 의하여 조장되었을 가능성에 대해서도 강한 의문이 제기되었다. 이에 의하여 한국사에서 민족주의적 관점에 대한 비판과 함께 삼별초 항전의 역사적 의의를 민족적 측면이 아닌 '민의 항쟁'에서 찾아야 할 것이라는 견해가 제기되었다. 이 같은 주장은 삼별초의 대몽항전을 보다 다양한 관점에서 접근하고자 하는 노력의 일환으로서, 한편으로 대몽항전기에 있어서 대몽 강화론의 존재에 대해서도 눈을 돌리는 계기가 되었다.

삼별초의 항전에 대한 평가는 궁극적으로는 한국사의 체계 정립에 있어서 민족주의적 관점이 갖는 유효성 문제와 연관되어 있다. 민족적 관점에서의 한국사 구성이 우리 시대에 여전히 유효한 것이라고 한다면, 삼별초 항전이 갖는 민족 항전사로서의 의의는 부정될 수 없다. 다만 근년의 논의는 삼별초 항전이 내포하고 있는 다양한 측면을 제기하는 것이라는 점에서 일정한 의미가 있다고 생각된다. 아울러 삼별초 항전의 패배가 고려에서 반외세 정치세력의 철저한 제거라는 성격을 갖는다는 점, 그리고 이에 의해 고려 내정에 대한 몽골의 장기적 간섭을 순조롭게 하였던 측면에 대해서도 주의가 있어야 할 것이다.

4. 원 간섭기의 사정

13세기 후반 이후 1세기 간의 원 간섭기는 고려가 오랜 항쟁을 포기하고 몽골세계에 포함되어 자기 조직과 문화를 보수하였던 시기이다. 이 시기 고려는 원이 설정한 정치적·군사적 가이드라인에 의하여 일정한 제한을 받았다. 원의 요구에 의하여 주변국 일본에 대한 정복전쟁에 참여하기도 하고, 원제국 내의 정치적 갈등과 내부 분쟁이 고려에까지 파급되어 몇 차례에 걸쳐 또 다른 외세의 침입을 경험하기도 하였다. 합단(카다안)적의 침입, 홍건적의 침입이 그 예이다.

여원 연합군의 일본 침공은 고려가 몽골에 복속한 후 몽골세계의 군사적 조력자로 변신하여 정복전쟁에 동조하게 된 사건이었다. 1274년과 1281년 2차에 걸친 연합군의 일본 규슈 침입에서 주력 전투부대가 2회 모두 합포(마산)에서 출항하였고, 고려는 전투 병력과 군수의 조달 이외에도 군선의 조선을 거의 전담하는 등 과도한 군사적 경제적 부담을 떠안게 되었다. 연합군은 한때 후쿠오카 일대를 제압하여 일본을 압박하였지만, 내부적 취약성과 자연재해의 특수성이 복합되면서 하나의 사건으로 그치고 말았다. 이것은 고려가 몽골세계의 체제에 적응해가는 과정에서 야기된 우리 역사상 최초의 대규모 해외 파병의 성격을 갖는 것이기도 하였고, 남북의 중국 대륙과 한반도, 그리고 일본열도가 뒤엉킨 동아시아의 세계사적 사건이었다는 점에서 흥미 있는 역사 주제의 하나이다.

일본 정복전은 고려의 많은 희생을 요구하였지만 이후에도 고려는 원의 내부 정세에 의한 침입을 받거나 그 군사적 조력자로서의 역할이 요구되었다. 합단(카다안)적은 원의 황위계승을 둘러싼 분쟁 가운데 쿠빌라이(세조) 정권에 반대하여 일어난 정치적 반란 집단의 일부이다. 원(元) 합단적(哈丹賊)의 침입은 몽골과의 전란이 종식된 지 얼마 되지 않은 충렬왕(忠烈王) 17년(1290)부터 다음해 18년(1291)에 걸친 사건으로서, 강원도 동부지역으로 침입해 들어와 원주, 충주 등을 거쳐 충남 연기(燕岐)에까지 이르렀다가, 연기군 남면 원수산 일대(현재 세종시)에서 여원 연합군의 공격을 받아 대파된 사건이다. 이때 충렬왕은 강화도로 피란하는 등 상당한 혼란이 수반되었다. 합단 이후에도 원 반군에 의한 고려 침입은 계속 재연되었다. 홍건적의 침입을 물리친 그해 공민왕 11년(1362) 납합출의 침입이 있었고 공민왕 13년(1364)에는 공민왕을 폐위하고 덕흥군을 고려 국왕으로 옹립하기 위해 1만 명 규모의 원 군대가 침입하기도 하였다.

홍건적(홍두적)은 원말에 중국 하북성 일대에서 일어난 한족 반란 집단으로서, 그 일부가 만주지역에서 원의 진압군에 쫓겨 공민왕 8년(1359)과 10년(1361) 등 2차에 걸쳐 고려에 침입하였다. 이들은 4만, 혹은 10만의 대규모 병력으로 고려에 침입하였으며, 한때 개경을 점령하여 공민왕은 안동까지 피란하기도 하였다. 홍건적의 침입을 격퇴하기 위한 군사 조치는 최영 및 이성계와 같은 군벌세력이 등장하는 한 계기를 조성하였다.

원 간섭기 고려가 대륙으로부터의 침입에 취약했던 이유 중의 하나는 몽골과의 전쟁과 원 간섭기 이후 고려의 국경방어 체제가 사실상 와해되었기 때문이다. 울타리가 없는 집을 도적이 침입하는 격이었고 이 때문에 고려 후기 외세의 침입은 침략 세력의 강도에 비하여 더 많은 충격이 고려 집권세력에 가해진 측면이 있다. 고려는 원에 귀속된 서북지역의 동녕부를 충렬왕 16년(1290)에 돌려받은 데 이어, 공민왕 5년(1356) 반원 개혁정치의 일환으로 무력에 의해 동북지역에 설치되었던 쌍성총관부를 고려의 영토로 편입하였다. 다른 한편 원 간섭기인 충정왕 2년(1350)부터 왜구가 창궐하기 시작하여 고려의 대외관계 환경은 더욱 복잡한 양상이 되었다.

원 간섭기 혹은 그 전후에 있었던 고려의 대외전쟁은 이 시기 고려의 상황이 왜곡되어 있었던 만큼 왜곡된 전쟁이었다. 정치적 간섭이 군사적 종속성을 가져와 연합군 편성에 의한 대외전쟁을 감수하거나 원 내부의 정치적 상황에 의하여 이와 무관한 고려를 전란의 공간으로 만들었기 때문이다. 고려는 원의 간섭에서 벗어난 이후에도 중국 중심의 동아시아 구도를 탈피하지 못하였고 이 같은 구조의 상당 부분이 조선과 명과의 사대관계로 전이되는 경향을 갖게 되었다.

5. 고려 대외항쟁 연구의 과제와 방향

대외항쟁사와 관련하여 근년 가장 중요한 논의는 한국사 정리의 이념적 골격을 이루어왔던 민족사적 관점에 대한 반론이다. 즉 한국사에서 말하는 '민족'이라는 것 자체가 실재하지 않는 관념의 산물이며, 민족중심의 한국사는 일종의 역사 왜곡이며 근본적으로는 비과학적 신화라는 것이다. 대외항쟁사는 특히 민족의 정체성을 강조하는 측면이 많았다는 점에서 민족사적 역사가 부정될 경우 그 기반이 약화된다.

고려시대의 대외항쟁사는 민족적 입장에서 외세의 침략에 대한 치열한 저항의 내용을 정리하는 것이 그동안의 가장 중요한 작업이었다. 이 같은 연구는 일제 관학자에 의한 식민사관의 폐해를 극복하고 주체적인 역사 서술을 지향하는 것이었다. 특히 국민국가의 건설, 혹은 남북분단의 상황에 대한 대응이라는 과제에 부응하여 대외투쟁에 의하여 국민적 일체감을 진작시키려는 정치적 노력이 더해진 것이 사실이다. 대외항쟁사 연구와 서술의 이 같은 이력과 특성 때문에 대외항쟁의 역사 자체를 역사 서술의 장에서 배제하려는 의도가 기도되기도 한다. 외세 침입과 항전에 대한 강조가 결과적으로 타율성 이론의 함정에 빠져들게 되는 것이라는 문제점이 지적되고, 대외항쟁사가 국가 간의 상호 교섭의 내용과 자국사에 미친 영향 등에 대한 객관적 파악을 저해할 위험성을 가지고 있다는 것이다.

한국사에 있어서 대외항쟁사 연구는 그동안 일제 식민사학의 왜곡된 논리를 극복하는 데 일정한 기여를 하였다는 점을 부인하기 어렵다. 삼별초의 항쟁을 왕조에 대한 정치적 반란의 한 사례로 이해하였던 전통사학의 입장을 극복한 것도 이 같은 대외항쟁사 연구에 대한 의미 부여에 의하여 가능했던 것이다. 그러나 대외항쟁의 역사적 사실을 통하여 민족의식을 고취하거나 국난 극복 혹은 '제국주의'와의 현실적 대결 논리로 활용하는 것은 역사의 또 다른 자의적 적용이 될 수 있고, 역사적 사실을 왜곡하는 측면이 없지 않다. 이러한 점에서 대외항쟁사라는 피아의 승패와 대결에 대한 관점보다 국내외 정세 전반에 대한 객관적 이해를 토대로 한 대외관계사가 강조되는 것 또한 의미 있는 방향이라 할 수 있을 것이다.

(이 글은 박용운 외, 『고려시대의 길잡이』, 일지사, 2007에 실린 것임)

제1장
고려시대사와 여몽전쟁

Ⅰ. 고려·몽골전쟁사의 주요 논점

머리말

고려·몽골의 전쟁은 1231년(고종 18)부터 1273년(원종 14)까지 40여 년을 지속하였던 전쟁이다. 몽골제국은 중국 대륙뿐만 아니라 유라시아까지 정복전을 펼친 세계적인 대제국이다. 몽골은 1234년 북중국을 지배하던 금을 멸망시킨 후, 남송에 대한 압력의 일환으로 고려에 대한 공격을 강화하였다. 그러나 고려는 전혀 저항의 강도를 늦추지 않았다. 전쟁이 장기화하면서 몽골은 고려를 일정한 조건 하에 복속시키고자 그 목표를 완화하였다. 목표는 고려의 독립성을 인정하면서 동시에 그 관리 하에 두는 것이었다. 몽골제국의 고려에 대한 구체적인 요구 조건은 두 가지로 좁혀졌다. 하나는 국왕의 몽골 황제에 대한 친조, 둘째는 피란수도 강화도로부터 원래의 수도 개경으로의 환도였다. 국왕의 친조 요구가 상징적인 것이라고 한다면, 수도의 환도는 일정한 관리권 행사를 위한 실제적인 요구였다.

고려는 시종 모호한 태도를 견지하면서 이를 수용하지 않았다. 격렬한 침략전쟁으로 부득이 고려정부가 몽골의 요구를 수락한 것은 1258년(고종 45), 전쟁이 시작된 지 거의 30년만의 일이었다. 그러나 1258년 몽골 요구의 수락도 내용을 뜯어보면 원래의 요구에서 몽골이 많은 후퇴를 감수한 것이었다. 우선 고려 국왕의 친조는 국왕의 친조를 태자가 대신하는 것으로 낮춘 것이었고, 강화도로부터의 출륙 환도는 기한을 정하지 않은 것이었다. 1259 년 초의 이 같은 합의에 의하여 그해 4월 태자의 입조가 이루어지고, 그리고 개경으로의 환도가 실현되는 것은 훨씬 뒤인 1270년의 일이었다. 그나마 1259년(고종 46)의 태자 입조는 입조 도중 몽골 황제 몽케(헌종)의 사망으로 애매해지고 말았다.

1270년 개경으로의 출륙환도는 고려에서 항전을 주도하던 무인정권의 붕괴에 의하여 가능한 것이었으며, 주도권을 상실한 항전파는 거점을 이동하 면서 항전을 지속하다 1273년 제주도에서 여원 연합군에 의하여 최후를 맞았다. 이상과 같은 40여 년의 전쟁은 몽골제국이 치렀던 많은 전쟁 가운데 퍽 특별한 전쟁의 하나였다. 동시에 이 전쟁에 대한 평가 또한 역사에 따라 일정하지 않았다. 전쟁에 대해서는 여전히 상반되는 평가가 존재하고 있다. 이러한 점에서 본고는 현재 논란되거나 논란될 수 있는 주요 논점들을 몇 가지 추려서 논의하고자 한다.

1. 무엇이 장기항전을 가능하게 하였는가

"고려는 만리나 떨어져 있는 나라이다. 옛날 당 태종도 정복하지 못했는데 이제 그 세자가 온 것은 하늘의 뜻이다."[1] 1259년 30년의 전쟁 끝에 고려 태자 전(뒤의 원종)이 즉위 직전의 쿠빌라이를 만났을 때, 쿠빌라이는 크게 반색하며 고려 태자를 맞이하였다. 고려의 30년에 걸친 항몽전쟁에 대한 쿠빌라이의 간명(簡明)한 평가가 위의 인용문이다. 이때 몽골제국의 강회선 무사(江淮宣撫使) 조양필(趙良弼)은 "고려는 비록 작은 나라이지만 산과 바다로 가로막혀 군사를 낸 지 20여 년이 되었는데도 아직 항복을 받지

---

1) 『고려사』 25, 원종세가 원년 3월 정해.

못하였다"고 하면서, 입조한 태자 전을 후히 대접하고 왕으로 세워서 귀국시킬 것을 고려에 대한 전략으로 쿠빌라이에게 건의하였다고 한다.[2]

1231년 몽골의 고려 침입 이후 몽골제국은 동아시아 정복의 일환으로서 고려에 대한 복속을 끌어내려고 많은 노력을 한 것이 사실이다. 1234년 북중국의 금이 몽골에 의하여 정복됨으로써 이후 아시아 최대의 공격 목표는 남송으로 옮겨졌다. 고려에 대한 지배권 확보는 남송에 대한 효율적 공격 작전을 주도하기 위해서 중요한 사안이었고 더 나아가 일본열도까지의 진출을 통한 동아시아 정략의 완성을 위해서도 필수적인 전제가 되었던 것이다. 그러나 고려는 영토는 작았지만 해도와 산성에의 입보를 바탕으로 한 군사적 대응으로 몽골군의 침략 예봉을 피해가는 한편으로 외교적 방식에 의한 사태 완화를 추구하는 등 몽골제국의 책략을 교묘히 회피하였다.

1231년 이후 1273년까지, 몽골의 침입에 대하여 40여 년에 걸친 고려의 장기항전이 가능하였던 요인은 무엇일까. 이에 대하여 일찍이 김상기 선생은 '무사 전통의 대외정신'이라 하여, "고려 무사 사이에 흐르고 있던 굴강불굴의 정신"이 무인정권의 대몽항전에 중요한 기반이었음을 주목하였다.[3] 즉 고려의 무인들은 전통적으로 자주적 대외정신을 가지고 있었고 이 같은 정신적 기초가 대외 강경책을 주도함으로써 장기 항전을 지속할 수 있었다는 해석이었던 것이다.[4] 이에 대해 이병도 선생은 좀 더 구체적으로 다음과 같이 언급하고 있다.[5]

---

2) 위와 같음.

3) 김상기, 「삼별초와 그의 란에 대하여」 『동방문화교류사논고』, 을유문화사, 1948, pp.135~139.

4) 김상기 선생은 무인정권의 대몽 강경책이 다른 한편으로 권력을 마음대로 하려는 '政權專擅'의 의미도 포함된 것이라 함으로써 무인정권이 갖는 정치적 성격이 이에 연관이 있음을 언급하였다. 그러나 선생이 강조하는 바는 특히 전자 즉 고려의 전통적 '무인정신'을 부각하는 것이었다고 할 수 있다.

5) 이병도, 진단학회 편, 『한국사(중세편)』, 을유문화사, 1961, pp.599~600.

첫째, 몽골정부의 과중한 징구와 무리한 요구

둘째, 강력한 무가정권을 중심으로 한 무인의 투쟁의식이 강렬하였던 것

셋째, 우리나라의 지리관계로, 산성과 해도를 유일한 피난 본거지로 하여 농민이 수시로 입보·출거하면서 농경에 종사할 수 있었던 것. 특히 피난수도인 강도는 육지와 접근하면서도 천험의 요새로 되어 있고, 또한 원근 제도(諸道)와 교통·조운의 편이 있었던 것.

강화도 천도 및 해도, 산성에의 입보는 최씨 이래 무인정권의 일관된 대몽 전략이었다. 따라서 위의 세 가지 내용은 결국 '무인정권의 강렬한 투쟁의식'으로 정리된다고 할 수 있다.[6] 고려의 장기적 항전이 가능하였던 이유를 최씨 혹은 무인정권의 '자주적 대외정신' 혹은 '강렬한 투쟁의식'에서 찾는 이 같은 의견에 대해서는 그후 무인정권의 대외항전이 갖는 한계점을 지적하고[7] 아울러 농민 천민들의 항전에서 장기 항전의 근거를 찾으려는 주장이 제기되었다. 대몽항전을 주도했던 최씨정권의 항전에 대한 비판은 특히 강화천도에 대한 비판에 집중되었다. 1232년 강화도 천도가 몽골 침략에 대한 항전의 전략으로서보다는 다분히 정권 자체를 유지하기 위한 방편으로 추진된 것이었다는 것이다. 즉 천도가 '정권의 보위'를 위한 '사적 이해'에 집착하여 무리하게 강행된 일종의 '도피책'이었다는 주장이다.[8]

강화천도는 몽골의 침입으로 인한 대외관계상의 위기가 최우로 하여금 무리한 방식의 천도를 불가피하게 만들었다는 것이 일반적인 이해이다.[9]

---

6) 강한 '대외적 주체성'을 '무인정권의 특색'이라 하고, '무인의 감투정신'을 장기항전의 요인으로 지적한 것도 같은 견해에 속한다.(민병하, 「최씨정권의 지배기구」 『한국사』 3, 국사편찬위원회, 1973, pp.202~203.)

7) 민현구, 「고려의 대몽항쟁과 대장경」 『한국학논총』 1, 1978.

8) 박창희, 「강화도에서의 이규보와 그의 본질」 『한국사』 7, 1973, p.287 및 윤용혁, 「최씨 무인정권의 대몽항전 자세」 『사총』 21·22, 1977, p.326.

9) 김기덕은 천도 이후 무인정권의 대응을 종합적으로 검토할 때 천도의 성격이

그러나 천도의 계기로서 내부적 측면, 즉 초적과 반민 등 당시의 반정부 세력의 준동에 대한 위협이 강화천도 결단의 한 요인이 되었다는 의견도 있다. 강화천도는 몽골의 침입 뿐만 아니라 국내의 반정부 세력으로부터도 무인정권의 안전을 보장하게 되었다는 것이다.[10]

최씨정권의 천도에 대한 비판적 의견이 우세한 가운데 다른 한편으로는 고려의 대몽항전에 있어서 농민·천민의 항전에 대해서 주목하고 이를 강조하는 많은 의견이 제시되었다. 즉 고려의 대몽항전의 주체는 무인정권이 아니라 농민, 노비 등의 '민중'이었다는 것이다.[11] 고려·몽골 전쟁에 있어서 농민·천민들의 역할에 대해서는 이를 주목하고 강조하는 것이 보다 정확한 관점이라는 데 필자도 같은 의견을 가지고 있다. 이러한 관점에서 필자는 농민 천민이 중심이 되는 '지방민'들이 몽골 침략에 적극 대응하였던 구체적 사례들을 다수 발굴하고 그 의미를 부여한 바 있다.[12] 그러나 이 같은 논의가 특정 계층의 '배타적 주체론'으로 흐르는 것은 역시 위험한 방향이라고 생각된다. 역시 일부의 문무신 관인들은 제한된 여건 속에서 다양한 방식으로 적의 침입에 대처하고 때로는 목숨을 던지며 저항한 사실들이 다수 확인되고 있기 때문이다.[13]

<hr>

정권유지를 위한 결정이었다는 평가를 면하기 어렵다고 보았다. 그러나 최씨정권의 강화천도가 당시의 정세에서 불가피한 선택이었으며, 천도는 왕정체제였다고 하더라도 추진되었을 것이라고 하여, 강화천도를 몽골 침입에 대한 당연한 조치로 인정하였다. 김기덕, 「고려시대 강화도읍사 연구의 쟁점」 『사학연구』 61, p.96.

10) 김윤곤, 「강화천도의 배경에 관해서」 『대구사학』 15·16합, 1978, pp.95~96.
11) 강진철, 「몽고의 침입에 대한 항쟁」(『한국사』 7, pp.363~373)에서의 언급을 필두로 대몽항전에 있어서 농민 천민들의 항전에 주목하고 이를 대몽항전의 중요한 특징으로서 드는 것은 이후 일반적인 의견으로 자리잡았다. 그러나 북한에서는 연구의 초기부터 '인민'이 중심이 된 '인민항전' 관점이 강조되어 왔다.
12) 윤용혁, 「몽골의 2차침구와 처인성승첩」 『한국사연구』 29, 1980 ; 「몽고의 경상도 침입과 1254년 상주산성의 승첩」 『진단학보』 68, 1989 ; 「몽골의 침략에 대한 고려 지방민의 항전−1254년 진천민과 충주 다인철소민의 경우−」 『국사관논총』 24, 1991 등이 그 예이다.

무인정권에 의한 항전책의 결단에는 고려의 전통적인 대외정책의 기조가 뒷받침이 되었던 점도 간과할 수 없는 부분이다. 고려는 그 성립기에 있어서 대륙의 분열기라는 상황에서 독자적 외교 행보가 가능하였고, 이후 한족국가인 송과 만주에 중심을 둔 북방민족의 요, 금의 성립에 의하여 대외관계에 있어서 외교적 판단을 해왔다. 때로 전면적 항전을 불사하기도 하고, 때로 사대관계를 감수하기도 하면서 양분된 대륙의 세력 구도 속에서 2세기동안 독자적인 판단을 해왔던 것이다. 중국과 대등한 황제 체제를 구축하면서 연호를 사용하기도 하고 때로는 요, 금 등의 연호를 취하면서도 '황제국'으로서의 자기 인식을 줄곧 가지고 있었다.[14] 이 같은 전제에서 보면 몽골제국의 군사적 압력에 대해서도 역시 저항과 타협의 기반이 함께 조성되어 있었던 것이다. 강화천도 문제와 관련하여 촉발된 대몽책의 양론과 이견은 이 같은 배경에 의하여 가능한 것이었으며, 여기에서 무인정권이 전자의 입장을 취한 것이라 할 수 있다.

최씨정권의 전쟁 지도방식은 매우 강압적 독단적인 것이었고 이에 의하여 강화천도가 가능하였던 것이 사실이다. 고려정부가 강화도로 천도하지 않았더라도 장기적인 항전이 가능하였을 것으로 보는 의견이 있을 수 있지만,[15] 냉정하게 판단한다면 이에 대해서는 역시 동의하기 어렵다. 이러한 점 때문에 천도가 갖는 부정적 측면에도 불구하고, 고려의 강화천도가 장기항전이 가능했던 중요한 전략적 기초가 되었던 점을 부정하기는 쉽지

---

13) 이재범의 「대몽항전의 성격에 대하여」(『백산학보』 70, 2004)는 강화천도 전후의 시기에 한하는 것이기는 하지만 '일반 민'의 항전 이외에 '관인층'의 항전 지도에 대해서도 일정 부분 그 역할을 긍정하고 있다.

14) 김기덕, 「고려의 諸王制와 황제국 체제」, 『국사관논총』 78, 1997, pp.161~172.

15) 천도를 하지 않고 몽골에 대항할 수 있다는 의견은 1232년의 논의 당시에도 제기된 바 있다. 김윤곤, 「강화천도의 배경에 관해서」, pp.95~96에 "천도를 결행하지 않고 보다 능동적으로 기민한 외교활동을 전개해서 몽골의 재침을 방어하든가, 아니면 항전의 전열을 갖추어서 보다 적극적인 대비책을 강화했더라면" 하는 의견이 피력되어 있다.

않다. 기본적으로 몽골의 침략에 대하여 복속을 거부하고 항전책의 입장을 견지한 무인정권의 정책 방향 자체에 대해서 이를 비판할 수는 없을 것이다. 그러나 이 같은 강경한 대외정책의 이면에 정권의 안전을 도모하는 사적인 이해가 뒷받침되었던 것이 사실이다. 정권의 안전에 대한 집착이 다른 한편으로 무인정권이 문반 혹은 농민들의 상호 협력이라는 항전력의 결집 역할을 수행하지 못했던 요인이 되기도 하였다.[16] 이 점에 있어서 최씨정권은 대몽골 장기항전의 공과 과를 함께 안고 있는 것이라 생각된다.

2. 몽골군은 왜 강화도를 공격하지 않았는가

몽골의 침입에 대한 고려의 가장 중요한 전략은 섬과 산성으로의 입보에 의한 대응이었다. 1232년의 강화천도 역시 이 같은 해도 입보 전략의 큰 줄거리에 해당한다. 1232년 6월 16일 최우에 의하여 천도가 결정되고, 이전작업이 시작되어 7월 7일에는 고종이 강화도에 도착하여 사실상 천도를 완성하였고,[17] 강화도로부터의 개경환도는 1270년 5월에 이루어졌다.

고려정부의 예기치 못한 천도에 대하여 몽골군은 한때 강화도에 대한 직접적 공격을 검토하기도 하였고, 해도 입보에 대응하는 전략으로 해도침공 및 강화도 대안에서 강도를 계획적으로 위협하기도 하였다. 그럼에도 불구하고 강화도에 대한 본격적 공격은 시도하지 못하였던 것이 사실이다. 결과적으로 그것은 몽골의 고려 전략에 커다란 장애가 되었던 것이다.

---

16) 천도의 불가피성에도 불구하고 천도가 갖는 이러한 한계점에 대해서는 김기덕, 앞의 「고려시대 강화도읍사 연구의 쟁점」, p.97에 잘 정리되어 있다.

17) 강화천도의 공식적 시점을 필자는 고종이 강화도에 도착한 7월 7일로 언급하였으나 김기덕은 천도가 결정되고 이전이 시작되는 6월 16일을 천도일로 잡는 것이 좋다는 의견을 피력한 바 있다. 김기덕, 「고려시대 강화도읍사 연구의 쟁점」『사학연구』 61, 2000.

강화도 문제와 관련하여 우선 부각된 것은 강화도가 갖는 전략적 이점, 그리고 몽골군의 수전 능력의 한계에 관한 것이었다. 강화도가 갖는 전략적 이점은 결국 몽골군의 강화도 침입에 대한 억지적(抑止的) 효과에 해당하는 부분이기도 하다. 외란에 대응하는 천도지로서의 강화도의 이점에 대해서는 일찍이 이병도 선생의 적절한 설명이 있거니와, 이를 정리하면 수전에 취약한 몽골군의 약점을 이용할 수 있는 섬이라는 점, 육지에 가까우면서도 조석간만의 차와 조류 등으로 효과가 크다는 점, 개경과의 근접성, 지방과의 연결 및 조운의 편의성 등으로 요약된다.[18]

강화천도와 관련, 이것이 몽골군의 수전 능력의 약점을 이용한 것이라는 점은 널리 알려져 있는 상식이기도 하다. 그러나 몽골군의 수전 능력에 대한 평가는 얼마간 논란의 표적이 되었다. 몽골군이 수전 능력이 없어서 강화도를 공격하지 않은 것은 아니었다는 것이다. "과연 몽골족이 수전에 약했을까. 강화도를 공격하지 못할 정도로 수전에 약했다면 몽골은 그 광대한 영토를 어떻게 정복할 수 있었을까"라는 문제 제기가 그것이다. 혹 몽골족은 그렇다하더라도 고려 침입의 몽골군이 거란, 여진, 한 등의 다민족으로 구성된 군사조직이었다는 점에서 몽골군의 수전 능력 미약이라는 것은 근거가 약하다는 주장이다.[19] 이러한 관점에서 몽골군이 수전에 약했다는 것은 사실과 다르며, 강화도를 공격하지 않은 것은 기본적으로는 대고려 전선이 몽골제국의 중점 공격 목표가 아니었고 따라서 고려에 대한 소극적 전략이 그 주된 이유라는 견해가 피력된 바 있다.[20]

---

18) 이병도, 『한국사(중세편)』, 진단학회, pp.580~581. '且耕且戰의 地', 즉 농사를 지으며 장기적인 항전을 할 수 있는 거점으로서 강화도 이상 더 조건이 구비된 것은 다시 찾을 수 없다는 것이 이병도 선생의 의견이다. 한편 윤명철은 강화도를 동아시아 '해양교통의 結節点'인 경기만의 가장 핵심지점으로 평가하면서, 몽골 침략군의 군사력 분산 및 남송과의 연결을 고려한 국제성의 측면에서도 강화도는 개경보다 유리한 조건이라고 하였다.(윤명철, 「고려의 강화천도와 대몽항쟁의 해양적 성격」 『한민족의 해양활동과 동아지중해』, 학연문화사, 2002, pp.447~457.)
19) 이익주, 「고려후기 몽골침입과 민중항쟁의 성격」 『역사비평』 24, 1994, p.261.

몽골군이 강화도를 공격하지 못한 것이 아니라 하지 않았다는 이상의 논의에 대하여는 이 역시 적절하지 못한 의견이라는 점이 피력되었다. 몽골군이 수전 능력이 없어서 공격하지 못했다는 것도 문제이지만, 몽골이 적극적으로 공격하지 않았기 때문이라고만 설명하는 것도 고려의 군사력을 평가절하 하는 시각이라는 점에서 문제라는 것이다.[21] 강화도의 경우 몽골군이 공격하지 못한 측면과 하지 않은 측면이 같이 있다는 이 지적은 적절하다고 볼 수 있다. 그러나 이 점은 좀더 상식적인 바탕에서 정리될 필요가 있다.

우선 몽골군의 수전에 대한 약점을 부정하는 견해에 대한 문제이다. 몽골군의 전술은 기본적으로 속도를 중시하는 기병 전략에 기초하고 있으며, 거란 혹은 여진족들의 동원에도 불구하고 이 같은 전략적 기초는 달라지는 것이 아니었다. 수전은 기병전술과는 전혀 다른 차원의 전투 방식을 요구한다. 그것은 육군과 해군의 차이만큼 다르다. 고려에 내침한 몽골군은 수군이 아니고 기병을 주력으로 구사하는 전투부대였기 때문에 수전을 펼치는 데는 그만큼의 부담과 별도의 준비를 필요로 하는 것이 사실이었다. 따라서 고려에 내침한 몽골군의 기본 전략은 강화도에 대한 직접적 공격보다는 내륙 지방을 석권하고 유린함으로써 강화도 정부를 굴복시키는 작전이었다. 이러한 의미에서는 고려 내침의 몽골군은 수전에 대한 부담으로 강화도를 공격하지 않았다고 할 수 있다. 그러나 다른 한편으로 강화도는 지리적으로 공격하기 어려운 점이 있었던 데다[22] 훈련된 수군과 전선의 방어력을

---

20) 주채혁, 「몽골-고려사 연구의 재검토 : 몽골 고려사 연구의 시각문제」『애산학보』 8, 1989, p.16.

21) 김기덕 교수는 몽골군의 수전 능력을 긍정하면서도 실제로 강도에 대하여 공격이 이루어지지 않았던 데에는 삼별초를 비롯한 강도를 중심으로 한 고려의 군사력에 기인하는 것으로 보았다. 김기덕, 「고려시대 강화도읍사 연구의 쟁점」『사학연구』 61, pp.106~108 참조.

22) 최영준 교수는 강화도가 단순히 섬이라는 것만이 아니라 "이 섬을 둘러싸고 있는

보유하고 있었고, 섬에는 3중으로 구축한 방어 설비가 되어 있어서 간단히 공격을 결단할 상황이 아니었던 것도 사실이다. 이렇게 보면 몽골군은 강화도를 공격할 수 없었던 것이라 할 수 있다. 결국 몽골군은 강화도를 공격할 수 없었고, 공격하지도 않았던 셈이다.23)

앞의 논의 중, 몽골의 수전 능력에도 불구하고 고려가 주 공격 대상이 아니었기 때문에 대고려 전략에 소극적이었다고 단언하는 것은 퍽 이해하기 어려운 논리이다. 전쟁의 수행에도 경제적 관점이 적용되는 것이 당연하고, 따라서 상대의 병력 규모 혹은 전투 능력에 대응하여 공격군을 편성하는 것이 상식이다. 몽골이 고려를 침략할 때는 나름대로 고려를 제압할 수 있을 정도의 군사력을 파견한 것이고, 내침한 몽골군은 소기의 목적을 달성하기 위하여 최대한 애를 썼던 것도 사실이다. 시간이 흐를수록 침략전의 강도가 높아져가고 이로 인한 고려 인민의 피해가 더욱 심화되어 갔던 것도 주지하는 바와 같다. 고려는 몽골제국의 중심에서 지리적으로 아주 먼 지역이 아니었다. 또 대금, 혹은 대남송 전쟁의 수행에 있어서도 고려에 대한 제압과 이의 군사적 동원은 전략적으로 퍽 필요한 사항이기도 하였다. 일본에 대한 침략전의 확대를 위해서도 고려정복은 필수적이었다. 이러한 전체적 윤곽에서 볼 때, 고려의 전략적 중요성이 '부차적'이었고 따라서

넓은 갯벌과 심한 潮差에 대한 이해가 수반되어야 한다"고 강조하면서 염하에서는 밀물 때 조류 속도가 6~7노트에 달하며 섬 주위 갯벌이 극히 질기 때문에 썰물 때라도 외부로부터의 공격이 용이하지 않았다고 설명하고 있다. 이 같은 지리적 이점을 최대한 활용하면서 외침에 대항한 유사 사례로서 영국의 워시 만(Wash Bay)의 펜랜드 지역과 네덜란드의 예를 들고 있다. 이에 대해서는 최영준, 「강화지역의 해안저습지 간척과 경관의 변화」 『국토와 민족생활사』, 한길사, 1997, pp.183~184 참조.

23) 박종진 교수는 몽골과의 장기 항전이 가능할 수 있었던 이유로서 당시 무인정권이 지방을 효과적으로 장악함으로써 비교적 안정적인 조세의 징수와 재정 확보가 가능하였던 점을 주목한 바 있다.(박종진, 「강화 천도시기 고려국가의 지방지배」 『한국중세연구』 13, 2002) 이것이 가능할 수 있었던 이유의 하나가 강화도의 안전 및 '지방과의 연결 및 조운의 편의성'이었다고 할 수 있을 것이다.

대고려 공격이 소극적이었다는 주장은 지나치게 표면적인 이해라고 하지 않을 수 없다.

3. 고려의 항몽, 단계적으로 발전하였나

고려의 대몽항전에 대한 근대사학의 이해에 있어서 가장 주목되는 것은 역시 농민·노비 등 피지배층, 혹은 지방민들이 전쟁에 대하여 참여하였던 실상에 대한 주목이라 할 수 있다. 이것은 남, 북한 양측에서 다양한 각도로 그 특성이 지적되어 온 바, 특히 이른바 '인민항전'이라는 관점에서 항몽전쟁의 이러한 측면을 일찍부터 주목, 부각한 것은 역시 북한 역사학의 상당한 공헌이라고 필자는 생각한다. 그리고 이를 체계적으로 정리한 대표적 저작이 김재홍의 저서이다.[24] 여기에서 제시된 고려 대몽항쟁 인식의 큰 골격은 고려의 대몽항쟁이 인민들이 지배계급과의 협력에 의한 항전, 인민들만의 대외 항전, 그리고 인민들이 몽골 침략자와 이에 결탁한 정부에 대항한 단계 등 3단계의 과정을 거쳐 단계적으로 발전하여 갔다는 주장이다. 이를 알기 쉽게 정리하면 다음과 같다.[25]

대몽항쟁 발전단계론(김재홍)

단계	연대	내용	성격
제1단계	1231-1232	몽골의 침입 개시에서 강화천도 이전까지	인민들이 중앙정부 등 지배계급과의 협력에 의한 항전
제2단계	1232-1270	강화천도에 의한 대몽항전기	인민들만의 힘에 의한 항전
제3단계	1270-1273	삼별초에 의한 대몽항전	인민들이 몽골 침략자 및 이에 결탁한 국내의 정권에 대한 항전

24) 김재홍, 『원 침략자를 반대한 고려 인민의 투쟁』, 과학원출판사, 1963.

25) 북한역사학의 대몽항전 발전단계적 인식에 대해서는 윤용혁, 「북한사학의 대몽항쟁사 연구와 서술」『고려 삼별초의 대몽항쟁』, 일지사, 2000, pp.14~18에서 소개하였다.

인민들의 항전이라는 관점을 투영한 이 같은 대몽항쟁사 발전의 단계론은 건국 초기 김석형에 의하여 제시되고 김재홍에 의하여 구체화된 이후, 지금까지 북한 대몽항쟁사 서술의 주요 골격이 되고 있다. 대외항쟁에 있어서 인민들의 항전에 대한 주목은 높게 평가할만한 사실이다. 대몽항쟁사의 내용은 농민·노비 등 인민 중심의 대몽항전 파악이라는 점에서 상당한 타당성을 갖는 것이 사실이다. 북한사학과는 단절 상태였던 남한에 있어서도 후대의 연구자들이 고려의 대몽항쟁이 농민, 노비 등 피지배계층의 적극적 참여를 주목하고 강조한 것은 그러한 관점이 갖는 타당성에 근거하고 있다고 할 수 있다.

그러나 다른 한편으로 이러한 관점과 이해는 고려의 대몽항전을 '인민에 의한 항전'만으로 파악하고 있다는 문제점이 있는 것도 사실이다. 고려의 대몽항전은 기본적으로는 정부가 몽골에 대하여 화전(和戰) 양면의 정책을 고수하고 이에 의하여 정면 대결보다는 외교적 해결을 함께 모색하고 있었던 현실적 여건에서 비롯된다. 이 같은 정책에 의하여 중앙군의 투입은 최대한 자제되었던 반면 지방에서는 자위적 차원의 항전이 불가피하게 되었던 것이다. 정부는 지방민들의 보호를 위하여 섬과 산성으로의 입보를 독려하였고, 그 과정에서 정부 관리들, 혹은 향리들과의 공동적 방위 노력에 대하여도 많은 사례들이 보고되고 있는 것이 사실이다.26) 다시 말해서 인민들의 항전과 함께 지방에 파견된 관리 혹은 무반 장교, 향리들의 항전 등 다양한 계층의 참여를 배제한다는 것이 '인민항전론'의 문제점으로 지적될 수 있다.

고려 대몽항쟁사에서 나타나는 중요한 흐름의 한 가지는 항전론자의 입지가 시간이 흐를수록 약화되어 갔다는 점이다. 1231년 몽골의 1차 침입기

---

26) 이재범은 고려의 대몽항쟁에 대하여 '일반 민'의 대몽항쟁과 관인층의 항전 사례를 병렬하여 제시하였다. 「대몽항전의 성격에 대하여-계층별 항전을 중심으로」 『백산학보』 70, 2004 참조.

노비와 초적들의 자발적 참여는 대몽항전사의 전개에 있어서 매우 인상적
사건이었는데, 앞서의 표현에 의하면 이것이 바로 '지배계급과의 협력'에
의한 항전의 단계이다. 문제는 항전의 단계론에 의할 경우 바로 이 단계의
항전이 가장 낮은 수준의 항전으로 평가된다는 점이다. 그러나 실제 이
시기는 무인정권이 수행한 항전의 지지폭과 기반이 가장 넓었던 시기이다.
1232년 강화천도에 의하여 이 같은 상하의 협력 관계는 파괴되고 무인정권이
일방적으로 항전을 주도하는 단계로 전환되었던 것이다.[27]

　　대몽항전의 최후를 장식했던 삼별초의 항전은 주전론자의 입지가 극히
악화된 단계의 사건이었다. 국왕을 비롯한 정부가 몽골제국에 공식 복속하고
주전론자는 소수집단으로 전락한 상태였다. 이 같은 항전의 추이를 고려할
때, 발전단계라는 관점에서 대몽항전을 파악하는 것은 객관적으로 상당한
무리가 수반되는 것이 사실이다. 다만 앞에서 언급하였듯이 이 발전단계론이
대몽항전에서의 인민의 공헌과 역할을 강조하는 것이라는 점에서는 충분히
공감의 영역이 많다는 것을 부정하지 않는다.

4. 삼별초, '항몽의 불꽃'인가 '반민중'의 정치군인인가

　　왕조체제에 대한 단순한 반란으로 인식되어온 삼별초의 항전을 외세에
대한 자주적 반몽항전의 사례로서 그 의미를 적극 부여한 것은 일제하
김상기 선생의 공헌이었다.[28] 이후 삼별초는 대외항전의 대표적 사건 혹은

---

27) 몽골 침입 직후인 1231년 9월 경기 지역 마산(파주)의 유이농민 집단(초적)들이
　　'精兵 5천'을 거론하며 정부군에 합세하고 서울 관악산 주변의 초적이 역시 방어군
　　에 편성되어 출전한 것은 그 대표적인 예이다. 강화천도가 이 같은 연합관계의
　　파탄의 분수령이 되면서 이후 반정부적 민란이 촉발되었다. 이에 대해서는 윤용혁,
　　「고려 대몽항쟁기의 민란에 대하여」『고려 대몽항쟁사 연구』, 1991, pp.362~365
　　참조.
28) 김상기, 「삼별초와 그의 란에 就하야」『진단학보』9, 10, 13, 1938~1941.(『동방문화교

고려 대몽항쟁의 하이라이트로서 그 의미가 강조되었다.[29] 북한사학에서의
삼별초 항전에 대한 각별한 역사적 평가는 그 단적인 경우이고, 한편으로
1970년대 군사정권에 뿌리를 둔 정치현실의 맥락에서 삼별초의 항전은
'국난 극복'의 대표적 사례로서 강조되기도 하였다. 정도의 차이는 있지만
민족주의의 맥락에서 구성된 해방 이후의 한국 역사에서 삼별초의 항전이
일정한 역사적 의미를 차지하고 있었던 것은 공통적이었다.

무인정권의 대몽 항전책에 대한 비판은 이미 1970년대부터 자주 제기
되었지만, 삼별초 항전의 의의 자체를 부정하는 관점은 아니었다. 그런데
삼별초의 항전 내지 대몽항쟁사에 대하여 1990년대 이후 기왕의 시각과는
다른 관점에서의 재검토가 시도되고[30] 역사에서 대외항쟁사의 강조에 대한
비판적 견해가 제기되었다. 역사에서 대외항쟁을 강조하는 것은 외세의
침입을 "당시 사회 모순의 중심축으로 설정함으로써 본의 아니게 타율성
이론의 함정에 스스로 빠져버리는 위험성을 안게 된다."는 것이다.[31] 동시에
대외항쟁사에 대한 강조라는 이 같은 시각이 해방 이후의 특정 정권의
정치적 의도에 의하여 조장되었을 가능성에 대해서도 강한 의문이 제기되었
다. 이에 의하여 한국사에서의 민족주의적 관점에 대한 비판과 함께 삼별초
항전의 역사적 의의를 '민족항전'이 아닌 '민의 항쟁'에서 찾아야 한다는
견해가 제기되었다.[32] 삼별초의 대몽항전을 보다 넓은 관점에서 접근하고자

류사논고』, 을유문화사, 1948 수록.)
29) 김윤곤, 「삼별초의 대몽항전과 지방 군현민」『동양문화』 20·21 합집, 영남대 동양문
화연구소, 1981.
30) 민현구 교수는 삼별초 봉기를 반역으로 규정한 왕조시대의 인식방법이 그릇된
것과 마찬가지로 삼별초 방식의 대몽항전만을 정당한 태도로 설정하는 인식도
문제가 있다는 견해를 피력하였다. 민현구, 「몽고군·김방경·삼별초」『한국사시민
강좌』 8, 1991, p.104.
31) 박종기, 「고려시대의 대외관계」『한국사』 6, 한길사, 1994, pp.224~225.
32) '삼별초의 항전'이 갖는 의미는 삼별초의 '강인한 민족정신' 등으로 설명될 것이
아니라, 고려 지배층과 몽골의 결탁에 반대하는 일반민의 저항이 폭발적으로

하는 이 같은 논의는 다른 한편으로 대몽항전기에 있어서 대몽 강화론의 존재에 대해서도 눈을 돌리는 계기가 되었다.[33]

삼별초 항전에 대한 다양한 견해가 제시되면서, 더 나아가 근년에는 항전 자체에 대한 부정적 견해가 제기되어 있는 것도 특기할만한 일이다. "최씨 정권의 항전론이 국가안보를 위한 것이었는가 아니면 정권유지를 위한 것이었는가를 구분했던 것처럼, 삼별초의 항쟁 역시 항쟁의 목적과 동기에 의하여 평가해야 한다"는 관점에서, 삼별초를 1980년대의 '보안사'에 비유하고, 삼별초 항쟁은 '국가 경영에 도움이 되지 않은' 사건이었다는 견해가 그러한 예가 된다.[34] 여기에서는 대몽항전을 '30년 항쟁'으로 규정한다든가, 삼별초의 온왕을 『고려사』 등의 기록대로 '위왕(僞王, 가짜 임금) 승화후'로 지칭함으로써 그 비판적 관점을 나타냈다. 대몽항전을 '30년 항쟁'으로 규정할 경우, 그것은 고려 삼별초 항전을 고려의 대몽항전의 역사로서 인정하지 않는다는 의미이기 때문이다.

삼별초 항전에 대한 비판적 견해는 무엇보다 그동안 한국사 서술의 기반이 되었던 민족주의적 사관에 대한 비판이 그 토대가 되고 있다.[35]

일어난 데서 찾아야 할 것이라는 것이다. 이익주, 「고려후기 몽골침입과 민중항쟁의 성격」 『역사비평』 24, 1994, p.269.

33) 민현구, 앞의 「몽고군·김방경·삼별초」는 이 같은 관점의 확대를 촉구한 것이었다. 이후 당시의 화의론에 대해서는 신안식, 「고려 최씨 무인정권의 대몽강화교섭에 대한 일고찰」 『국사관논총』 45, 1993 ; 이익주, 「고려 대몽항쟁기 강화론의 연구」 『역사학보』 151, 1996 ; 이흥종, 「대몽강화와 문신의 역할」 『홍경만교수 정년기념 한국사학논총』, 2003 등이 발표되었다.

34) "1970년대 군사 독재정권 아래에서 어용학자들은 무신정권을 민족적이고 진취적인 정치세력으로 높이 평가하고, 삼별초군의 활동을 '국난극복'의 사례로 꼽았다. 군사독재정권의 민족주의적인 정통성을 확보하려는 역사조작의 한 예였다." 이이화, 『몽골의 침략과 30년 항쟁』(한국사 이야기 7), 한길사, 1999, p.104, p.115.

35) 민족에 대한 강조는 해방 이후 남북 양측에 의하여 정치적으로 조장된 것이며, "과잉된 민족주의적 역사의식이 객관적 역사인식을 방해"하고 있다는 비판이 그것이다. 이에 의하면 몽골 침략에 대한 고려 농민의 항쟁은 "민족의식에 기초한 민족항쟁이라기보다는 향촌 혹은 농촌 공동체의 수호 투쟁"으로 파악된다. 이에

사실 식민지시대로부터 60여 년이 지난 21세기에 여전히 민족사관에 토대한 한국사를 가져가야 할 것인가 하는 문제, 역사를 통한 민족의식의 고취가 바람직한 자국 역사에 대한 교육인가 하는 문제의 제기는 지나친 민족교육의 폐해가 인지된다는 점에서 일면 공감되는 바가 없지 않다. 그러나 민족사적 역사교육이 갖는 문제점이 확인된다고 하여 한국 역사에서 탈민족을 추구하는 것이 해답이 될 것인가에 대해서는 부정적 입장을 표시하지 않을 수 없다. 어떤 사관이든 시대에 따른 상대성이 있다는 점에서 민족사관이 자국사 교육의 절대적 명제일 수 없는 것은 분명하다. 그러나 21세기에 있어서도 역사에 있어서 민족의 문제는 이를 배제할 수 없는 엄연한 현실의 문제이다. 민족국가로서의 한국에 대한 자기 정체성을 부정할 수 없는 것이며, 21세기 한국 역사의 가장 중요한 당면 과제로서 인식되고 있는 통일의 문제만 하더라도 그것은 '민족'이라는 명제를 전제로 하는 과제에 다름 아니다. 민족이라는 전제를 배제할 경우 통일의 당위성도 상실될 수밖에 없다. 이러한 점에서 적어도 우리의 시대에 있어서는 민족국가의 발전적 전개가 여전히 과제로 되어 있고 따라서 한국 역사에 있어서도 민족사적 관점을 배제할 수 없다는 결론에 이르게 된다. 이러한 점에서 배타성을 배제하고 상호 공존을 도모하는 '열린 민족주의'라는 역사교육의 이상은 아직 우리 시대에 유효한 것으로 믿는다.

무인정권의 대몽항쟁이 자기 정권의 성격상 일정한 한계를 가질 수밖에 없었던 것은 부정하기 어렵다. 이 점에 있어서 삼별초 정권 역시 자기 한계를 가진 것이 사실이다. 이 같은 한계 때문에 고려의 장기 항전이 소기의 결과를 충분히 거두지 못하였던 것이다. 그러나 그렇다고 하여 그러한 한계점의 측면만을 극론하면서 항전의 역사를 조롱하는 것은 역사에 대한 경건성의 상실, 그리고 지나친 주관이 아닐까 하는 생각이다.

대해서는 임지현, 「한국사학계의 '민족' 이해에 대한 비판적 검토」 『민족주의는 반역이다』, 소나무, 1999 참조.

삼별초 항전을 일방적으로 미화하는 것은 문제이다. 그것은 사실이라기보다는 '신화 만들기'에 가깝기 때문이다. 그러나 동시에 이 사건이 갖는 역사적 의미를 의도적으로, 혹은 감정적으로 폄하하는 것도 문제가 아닐 수 없다. 최소한 삼별초에 의한 반몽항전의 역사적 사실과 의의만은 그 의미를 인정할 필요가 있다는 것이다.[36]

5. 고려·몽골전쟁의 고고학

근년 필자는 몽골전쟁의 문화사적 측면에 대하여 주목하고 있다.[37] 특히 전쟁의 전술, 군의 편제, 무기의 문제와 더불어 전쟁의 현장에 대한 연구, 출토 유물에 대한 연구의 필요성과 중요성을 자주 강조하고 있다. 이 점에 있어서 고려 대몽항쟁사에 대한 역사적 논의에 비할 때 극히 한산한 상태이다. 반세기를 끌었던 고려의 항몽전쟁은 몽골에 대한 복속으로 귀결되었고, 결과적으로 관련 자료의 정리와 보존이 매우 어려운 상황이 되었다. 고려의 항몽 관련 역사기록이 매우 단편적인 것은 이 같은 역사적 여건이 중요한 요인이 되었다. 이 같은 사료적 빈곤을 보완할 수 있는 것이 당시 역사와 관련한 현장의 자료이다. 전란기의 도읍이었던 강화도의 당시 유적, 치열한 전투가 전개되었던 고려의 산성, 진도와 제주도 등 삼별초의 항전지가 그 예이다. 이러한 관련지역에서의 현장 자료는 고려·몽골 전쟁의 실제를

---

36) 삼별초의 역사적 평가 문제에 대해서는 기왕에 발표된 필자의 「삼별초 대몽항전을 보는 여러 시각」(『고려 삼별초의 대몽항쟁』, 일지사, 2000)을 함께 참조 요망. 또 김일우·이정란은 「삼별초 대몽항쟁의 주도층과 그 의미」(『제주도사연구』 11, 2002, pp.25~27)에서, 삼별초 항쟁이 갖는 역사적 성격을 민중적 성격과 항몽적 성격의 양면에서 평가해야 하고 삼별초를 포함한 고려의 장기항전이, 원의 간섭기에도 불구하고 고려의 독립성 유지에 기여하였다는 의견을 제시하였다.

37) 윤용혁, 「13세기 동아시아 역사와 삼별초 문화」『문화북제주』 창간호, 북제주문화원, 2004, pp.17~42.

보완할 수 있는 생생한 자료의 출처가 될 수 있다.[38]

우선 대몽항쟁기 40년 간 항전의 거점이 되었던 강화도 유적의 중요성이다. 강화도의 강도시대 유적은 근년에 이르러 가장 기본적인 조사라 할 지표조사가 이루어지고 그 토대 위에서 강도시대의 절터와 왕릉 등 주요 유적에 대해서 고고학적 조사가 진행되고 있는 중이다. 그러나 아직 이같은 작업은 필요에 의하여 임시적 단편적으로 이루어지고 있는 상태이다. '중세 도성으로서의 강도'라는 전체적 시각을 가지고 계획적인 작업을 진행하는 것이 앞으로 필요한 방향이라고 할 수 있다.

고려의 대몽항전이 한반도의 전역에 걸쳐 전개되었던 만큼 당시 전투지 혹은 역사적 관련지역은 매우 광범하게 분포하고 있다. 특히 많은 산성들이 치열한 전쟁의 현장 혹은 피란처였다는 사실을 기억할 필요가 있다. 이 같은 현장에 대한 주목은 산성 조사라는 고고학 일반의 범주에서 산발적인 조사가 있기는 하였다. 그러나 산성이라는 것은 성격상 누대적으로 끊임없이 보수와 개축을 반복하며 사용하기 때문에 이들 산성의 조사에서 13세기의 역사적 사실을 찾는 것은 또 다른 관심의 투입이 요구되는 것이기도 하다. 많은 경우 조성된 유적은 시간의 흐름에 따라 재사용 된다. 성곽이나 건물지의 경우는 대개 통시대적인 경우가 많다. 이 경우 유적은 오랜 기간의 유물이 남게 되고, 유적 자체도 오랜 기간의 사용에 의해 여러 차례 파괴됨으로써, 시간에 따른 유적의 성격이나 편년 파악에 어려움이 수반된다. 즉 산성 조사의 여러 내용 중 면밀한 검토과정을 다시 거쳐야 13세기의 자료를 파악할 수 있는 것이다.[39] 이에 비하여 진도, 제주도 등의 삼별초 유적은 유적의 중심시기가 13세기로 모아진다는 점에서 자료적 측면에서는 훨씬

---

38) 윤용혁, 「한국의 여몽관계 사적」『김현길교수 정년기념 향토사학논총』, 1997.
39) 그동안 지표조사 수준의 산성조사가 이루어진 항몽전 관련 유적으로는 처인성, 죽주산성, 금돌성(백화산성), 입암산성, 봉의산성, 대림산성, 월악산성, 한계산성 등을 들 수 있다.

중요성을 갖는다.

　삼별초 관련 유적은 단순히 삼별초에 관련한 역사적 의미만이 아니라, 성곽과 건물터 등 구체적인 관련 자료를 포함하고 있다는 점에서 매우 중요하다. 이들 자료는 삼별초에 대한 역사적인 자료로서 중요할 뿐 아니라, 성곽, 건물, 도자기, 기와, 무기 등에 있어서 절대 편년에 가까운 연대를 가질 수 있다는 점에서 고고, 미술사적으로도 중요한 의미가 있다. 삼별초 유적은 사용기간이 13세기를 중심으로 하여 대체로 제한된 기간이었다는 점에서 당시의 보존도가 높은 유적이다.

　삼별초 유적이 갖는 중요성에 비할 때 실제 삼별초 유적은 잘 보존되거나 조사되지 않았다. 이는 유적 자체에 대한 중요성이나 관심의 부족에 근본적으로 기인한다. 삼별초 유적 보존상의 문제점, 그리고 관련 자료 확보의 미흡은 오늘의 연구자와 행정적 책임이 컸다는 이야기이다. 학문적 측면에서 문제점의 요인은 역사로서의 삼별초와 그 현장을 서로 연결시키는 노력이 부족하였기 때문이다.

　삼별초 관련 대표적 유적인 진도의 용장성에 대해서는 1984년 지표조사 이후, 1989년과 2004년에 목포대 박물관에서 발굴조사가 실시되었다. 그러나 지표조사보고서의 경우 매우 소략한 수준이고, 발굴의 경우도 극히 제한된 범위에 그치고 말았다는 아쉬움이 있었다.[40] 학술적인 정밀 조사에 등한한 채 정비와 복원 등 외형적 사업에 급급하는 것은 그동안 문화유적에 대한 정부 혹은 지자체의 일반적인 경향이었음을 부인하기 어렵다. 다행히 진도의 용장성에 대해서는 2009년에 건물지 일부에 대한 발굴이 추진되고, 이어 2010년부터 이듬해에 걸쳐 전면적 발굴 작업이 이루어졌다. 이에 의하여 용장성 건물지의 전모가 거의 확인되었으며 조사된 자료의 정리와 해석 및 유적의 정비 등의 문제를 남기고 있다.[41]

---

40) 최성락, 『진도 용장성』, 목포대 박물관, 1990 ; 최성락 외, 『진도 용장산성』, 목포대 박물관, 2006.

1970년대에 대규모 복원정비 사업을 시행하였던 북제주군의 항파두리성
은 1998년에야 지표조사 수준의 간략한 보고서를 내고,[42] 2002년에 이르러
지표조사보고서에 해당하는『제주항파두리 유적지 학술조사 및 종합 기본
정비계획』이 간행되었다. 이에 의하여 항파두리성의 기본자료가 다소 정리
되었지만, 정작 중요한 것은 앞으로의 보다 본격적인 조사작업이라 할
수 있다. 항파두리성에 대해서는 역시 문화재청의 방침에 의하여 2010년부터
시굴작업이 진행중이다. 시굴의 결과에 따라 발굴 대상 지역이 확정되고
이에 대한 조사가 본격적으로 이루어질 것이 예상되고 있는 것이다.

이상과 같은 유적조사의 현황을 볼 때, 삼별초 유적에 대한 조사는 근년에
비로소 그 기초적인 작업이 이루어지기 시작하였다는 사실을 알 수 있다.

연안 도서에 대한 역사문화적 검토에 있어서도 13세기 항몽전쟁의 역사를
기억하는 것이 필요하다. 한국에서 해양 및 도서의 중요성이 가장 극대화되
었던 시기가 13세기였고, 이것은 몽골 침입에 대한 고려의 해도 입보 전략이
그 배경이 되었기 때문이다.[43] 경제적, 군사적 루트로서의 연안 항로의
중요성이 더욱 증대되고 도서의 간척 및 개발에 의한 생활공간으로서의
연안 도서의 중요성이 크게 부각된 시기가 이 때였던 것이다. 강화도 간척
문제,[44] 연안 도서의 고려 고분,[45] 그리고 국립해양문화재연구소를 중심으

---

41) 유적의 발굴은 목포대 박물관이 담당하였으며, 목포대 박물관에서는 2010년 발굴
조사과정에서 <13세기의 동아시아 세계와 진도 삼별초>라는 주제로 용장성에
대한 학술심포지움을 개최하였다.
42) 제주도,『제주 항파두리 항몽유적지』, 1998.
43) 대몽항전기 고려의 해도입보 전략에 대해서는 윤용혁,「고려의 해도 입보책과
몽골의 전략변화」『역사교육』32, 1982 참조.
44) 강화도에서 간척지의 비중은 섬 총 면적의 1/3에 가까운 130㎢에 달하며, 강화지역의
해발 10m 이하의 넓은 평지는 대부분 간척에 의한 인공평야라 하는데, 간척지의
상당부분은 강화도읍기에 이루어진 것이었다. 최영준, 앞의「강화지역의 해안
저습지 간척과 경관의 변화」, pp.186~187 및 p.226 참조.
45) 한양대 박물관,『안산 대부도 육곡 고려고분군 발굴조사보고서』, 2002 ; 한양대
박물관,『안산 대부도 육곡 고려고분군 Ⅱ』, 2006.

로 하여 연안 항로에서의 고려 선박이 근년에 연이어 확인되고 있거니와, 이 같은 자료의 확인은 앞으로 더욱 많은 증가가 예상되고 있다. 그리고 이들 자료가 13세기 항몽전의 역사를 배경으로 하고 있을 가능성이 있다는 점에서 13세기 대몽항전의 역사적 사건을 고고학적 자료 해석의 배경과 기준으로 활용하는 유용성을 주목할 필요가 있다.

맺는말

13세기의 동아시아는 몽골제국이 일으킨 전쟁의 폭풍이 휩쓸었던 시대이다. 지리적으로 대륙에 밀접되어 있는 고려는 이 같은 폭풍 속에서 온갖 간난을 경험하지 않으면 안 되었다. 정치적으로 당시 고려는 여진족의 금(金)에 대한 사대관계를 경험한 뒤였고, 내부적으로는 무인정권의 독재체제가 확립되어 있던 시기였다. 따라서 몽골제국의 압력에 대한 대응도 다양한 전개가 가능한 시기였다. 고려의 무인정권은 정면 대응의 항전을 주도하였고 그것은 1231년부터 1273년에 이르는 장기간에 걸친 항쟁으로 전개되었다.

본고는 13세기 이 고려·몽골 전쟁을 둘러싸고 제기된 몇 가지 질문과 관련, 이에 대한 그동안의 논의를 소개하면서 필자의 의견을 덧붙여 정리한 것이다. 무엇이 고려의 장기항전을 가능하게 하였는가, 몽골군은 왜 강화도를 공격하지 않는가, 고려의 항몽은 단계적으로 발전하였나, 삼별초 - '항몽의 불꽃'인가 '반민중'의 정치군인인가 등의 질문이 그것이다. 그리고 여기에 고려·몽골전쟁의 '고고학'이라는 제목으로 유적과 유물 등 현장 자료를 통한 13세기 이해의 중요성에 대해서도 언급하였다.

그동안의 논의에서는 항몽전쟁에 대한 무인정권의 공과(功過)에 대한 극단적 의견차가 있어왔고 다른 한편으로 이 전쟁에 있어서 농민·천민

등 고려 인민들의 역할에 대한 높은 평가가 수반되었다. 이에 대하여 필자는 고려 인민들의 역할을 높게 평가하면서도 이를 '인민들만'의 공이라는 배타적 역할론에 대해서는 반대하는 입장을 표명하였다. 전쟁의 전개에 따라 항전의 단계가 발전해간다는 북한 사학의 대몽항전 발전단계론에 대해서도 비판적 의견을 개진하였다. 전쟁의 전개에 따라 전쟁을 주도했던 무인정권의 입지가 점차 좁아졌고, 마지막 삼별초의 항전은 주전론자가 정권의 중심에서 배제된 조건에서의 항전이었다는 점에서 항전의 전개과정을 발전론적으로 이해하기는 어렵다는 점을 표명하였다.

  고려의 대몽항전이 정권의 정치적 입장에 의하여 결정되었다는 점에서 무인정권의 대몽항전은 상당한 한계를 가지고 있었다. 그것은 무인정권이 갖는 정치적 한계점과 밀접히 연관되어 있다. 이 점에서 무인정권의 반몽항전책이 비판될 요소를 안고 있는 것이 사실이지만 정권적 한계라는 관점 때문에 항전의 의미를 원칙적으로 부정하는 평가를 내리는 것도 공정한 평가가 아니라는 것이 필자의 생각이다. 강화도에 대한 몽골의 전략은 강화도가 갖는 공격상의 지리적 난점, 수전과 관련한 몽골군의 약점, 고려정부의 강화도 방어 대책 등이 영향을 미쳐 결국 직접 공격 대신, 본토 공략에 의한 강화도의 고립과 출륙항복을 유도하는 전략을 선택한 것이었다고 보았다.

  마지막으로 언급하고 싶은 것은 몽골에 대한 고려의 장기항전이 과연 고려에 현실적으로 득이 되었는가 하는 문제이다. 바꾸어 말하면, 전쟁의 장기화가 결국 인민의 피해를 극대화시키는 결과를 가져오지 않았느냐는 의견에 대한 것이다. 항전만이 선이고, 타협은 악이라는 단순 논리를 적용하는 것은 물론 위험한 일이다. 그러나 만일 몽골 침략에 대하여 조기 타협과 복속을 가정할 경우 그것이 고려의 부담을 어느 정도 완화하였을 것인가에 대해서는 쉽게 답할 수 있는 문제가 아니다. 원래 몽골제국의 약탈적 정복정책은 상당한 경제적 혹은 인적 희생을 강요하는 것이었다. 쿠빌라이 이후 몽골제국의 고려에 대한 정책이 이전과 비교하여 상당히 유연한 형태를 유지하였음에도, 이때 고려는 복속에 대한 대가로 대일본 전쟁 수행을 위한 막대한 물적 인적 희생을 감수하였고, 이후에도 다양한 정치적 경제적 요구를 부담하지 않으면 안 되었다. 굴복을 전제로 하는 전쟁의 조속한 종식이 곧 고려의 국익과 인민의 보호책으로 연결되었으리라는 가정이 바로 성립하는 것은 아니다. 이러한 점에서 고려의 대몽항전에 대한 평가는 정책의 결과에 대한 선악적, 흑백적 판단보다는, 정책 선택의 배경을 이해하는 점에 보다 더 중점이 두어져야 할 것으로 생각한다. 잘잘못의 평가로서보다는 왜 그러한 정책적 선택을 하게 되었는가 하는 점을 객관적으로 파악하는 작업이 보다 중요하다는 의미이다.

(이 논문은 Yoon Yong-hyuk, "The Focal Issues in the Historical Study of the Koryo's Resistance against Mongol", *International Journal of Korean History*, Vol.10, Center for Korean History, Institute of Korean Culture, Dec.2006의 원문을 수정한 것임)

II. 몽골전란기 고려 고종 연구

머리말

고려 제23대 임금인 고종(1192~1259)[1]은 인물 그 자체로서 별로 부각되어 본 적이 없다. 그의 존재는 우선 무인정권의 권력에 가려졌고, 다른 한편으로는 전란이 가져다 준 혼돈 속에 휘말려 존재 자체가 부각될만한 요소가 많지 않았기 때문일 것이다. 그럼에도 불구하고 고종 왕철은 46년을 왕위에 재위함으로써 34명의 고려 임금 중 최장기 재위(1213~1259)라는 기록을 가지고 있다. 그의 재위는 평화와 번영의 시기가 아닌 왕의 권위가 크게 위축되었던 시기의 일이었고, 더욱이 오랜 전란으로 수도를 강화도로 옮기는 13세기의 가장 다난한 시대에서 이루어진 것이었다. 그런 만큼 재위 기간 중 국왕으로서의 그의 고뇌와 갈등도 결코 가볍지 않았을 것이다.

관점을 달리한다면, 우리는 질풍의 시대 13세기의 절반동안을 재위한 고려 국왕 고종에 대하여 그냥 무관심할 수만은 없다. 국왕으로서의 일정한 한계점에도 불구하고, 그야말로 다사다난한 대내외적 조건 속에서 46년이라

---

1) 이름은 瞰, 강종의 맏아들, 초명은 진(瞋), 질(晊), 자는 大命, 天祐. 어머니 元德太后 柳씨. 비는 희종의 딸 安惠太后 柳씨(고종 19년 사망)이다. 1212년(강종 1) 태자로 책봉되었고, 안혜태후 류씨에게서 원종(전), 안경공 창, 壽興宮主 등 2남 1녀를 출산하였다.

는 최장수 임금, 그리고 만 67세라는 비교적 많은 수(壽)를 누릴 수 있었던 그의 존재가 이미 일정한 흥미를 동반하고 있기 때문이다. 갈등과 혼돈과 대내외적 압박이라는 13세기 역사의 한 중심점에 서서 그가 그 복잡한 외적 상황을 어떻게 바라보고 어떻게 대처하였는가 하는 것도 궁금한 일이 아닐 수 없다. 왕통의 계승이라는 측면에서도 고려 고종은 자신의 혈통을 14세기 말까지 지속시킴으로써, 고려 왕계상(王系上)의 '중시조'와 같은 위치를 가지고 있기도 하다.

다른 한편 반세기에 걸친 고종대는 무인정권기의 왕권의 성격에 대한 논의가 이루어지는 장이 되고 있다. 무인정권이라는 한계 안에서나마 국왕의 권위가 일정하게 유지되었다는 견해도 있고, 고종 자신이 왕권의 회복을 위한 일정한 노력과 작업을 시도하였다는 주장도 제출되어 있기 때문이다. 고종에 대한 인물사적 검토는 필연적으로 고종대의 왕권의 성격에 대해서도 논의가 미치게 될 것이다.

이상과 같은 문제의식에서 본고는 13세기라는 외압과 혼돈과 갈등의 시대를 왕철(王皞), 고종의 관점에서 조망하면서, 그 인물에 대한 검토에 접근해보려고 한다.[2]

1. 고종, 왕위에 오르기까지

고려 고종에 대한 논의를 먼저 그의 출생과 성장에 대한 기본 사실의

2) 인물사의 정리는 대상인물과 시대적 여건을 제3자적 입장에서 객관적으로 검토하는 방법과, 대상 인물 자신의 입장에 서서 다소는 주관적 측면을 감안한 정리가 있을 수 있다. 대상 인물 본인의 입장에서 시대와 사물과 역사를 바라볼 수 있다는 것은 어떤 점에서 인물사 연구에서만 가능한 독특한 것이라고 생각된다. 본고의 주제와 유사한 논문으로는 이정신, 「고려시대 고종 연구-최이와의 관계를 중심으로」(『한국인물사연구』 3, 2005, pp.89~117)가 있다. 함께 참조하였으면 한다.

정리로부터 시작하고자 한다.

고려의 강화도령 왕철은 1192년(명종 22) 1월 18일, 22대 강종 왕오의 큰아들로 태어났다. 강종의 장남이라 하니, 태자로서 이미 국왕의 지위가 태어나면서부터 보장된 것처럼 생각되어진다. 그러나 사정은 퍽 달랐다. 어린 시절 그는 강화도에 내쳐진 아버지를 따라 강화도에서 유배의 날을 살았다. 그의 성장기는 그야말로 끊임없이 생명의 위협이 도사린 불안한 나날이었다. 그러한 그의 운명을 일거에 바꾼 것은 1211년 희종의 최충헌 모살 기도 사건, 그리고 그에 의한 희종의 폐위와 강종의 즉위였다. 왕철이 태자의 지명을 받은 것은 아버지 왕오(강종)가 뜻하지 않게 왕위에 즉위한 1212년의 일이었으니, 21세 때의 일이었다. 그리고 바로 이듬해(1213) 아버지 강종의 죽음으로 그는 바로 왕위에 오르게 된다. 이렇게 보면 고종의 왕위 계승은 누구도 예기치 못했던 극적인 국면 전환에 의하여 돌연히 이루어졌던 것이다.

고종의 친부인 22대 강종은 19대 명종(재위 1170~1197)의 장남이었다. 국왕의 장남, 태자의 지위에 있었음에도 곧바로 왕위를 계승하지 못하고 2대를 거른 후에 즉위한 것을 보면 당시 상황이 심상하지 않았음을 짐작할 수 있다. 사실 강종이 태자의 지위에서 강화에 내쳐질 때, 사람들은 모두 그의 운명이 이제 끝이 난 것처럼 생각하였다. 당시 사람들이 실제로 모두 그렇게 생각하였다는 것이다.

> 선왕(강종)이 이전에 태자였을 적에 섬으로 가서 12년을 궁핍하게 지냈으며, 사직과 신민이 모두 다른 사람의 소유였으니 어찌 나중에 왕위를 이을 수 있을 것이라고 기대하였겠는가. 비록 왕위에는 오래 있지 못하였지만……참으로 하늘이 도운 것이다.[3]

---

3)『고려사』 22, 고종 2년 8월 기유.

이 때문에 1211년 강종이 돌연 왕위에 오른 것은, "참으로 하늘이 도운 것"이라고 밖에 표현할 수 없는, 불의(不意)의 정치적 반전이었던 것이다.

강화도령 고종, 왕철의 조부 명종이 왕위에 즉위한 1170년은 무신란의 정치적 쿠데타가 일어나 이른바 100년 무인정권의 막이 올랐던 때이다. 이 쿠데타에 의하여 당시 국왕 의종과 효령태자(孝靈太子)는 축출되었다. 쿠데타 세력은 이에 대신하여 의종의 친동생을 왕위에 세웠는데, 그가 고종의 조부가 되는 명종이다. 명종은 비교적 장수하였고 늦은 즉위에도 불구하고 오랜 기간 재위하였다. 향년이 72세였고, 28년 간을 재위하였다. 그러나 그 역시 쿠데타에 의하여 집권한 최충헌에 의하여 국왕의 지위에서 내쳐지는 운명이 되었다. 1196년 이의민을 처단하고 정권을 장악한 최충헌은 이듬해 국왕 명종을 왕위에서 내몰았던 것이다.

> 9월 계해 충헌 형제가 왕을 협박하여 단신으로 향성문을 나서게 하여, 창락궁(昌樂宮)에 감금하고, 태자 도(璹)는 강화도로 추방한 다음, 평량공(平涼公) 민(旼)을 맞아들여 왕으로 세우고 그 아들 연(淵)으로 태자를 삼았다.[4]

1197년 명종의 폐위에 의하여 이때 강화도로 내쳐진 태자 도(璹, 본명 오)[5]가 바로 고종의 아버지인 강종이다. 태자 도(강종)가 1152년 4월 생이므로, 태자의 지위를 박탈 당하고 강화도에 내쳐질 당시의 나이는 45세였고, 아들 왕철(고종)은 만 4세의 어린 나이였다. 4살배기 고종은 이때 부모와 함께 강화도에 보내지고 성년이 되기까지 강화도에서 성장하게 된다. 문자 그대로 '강화도령'이 된 셈이다.

고종의 친모는 원덕태후(元德太后) 류씨이다. 종실 신안후(信安侯) 왕성

---

4) 『고려사』 20, 명종세가 27년 9월.
5) 璹(도)의 본명은 오, 태자 책봉 후 璹로 개명하였고, 희종 7년(1211) 한남공으로 봉해지면서 이름을 貞으로 고쳤다가, 이듬해 왕위에 즉위하면서 다시 원래의 이름(오)으로 되돌렸다. 『고려사』 21, 강종세가 서문 참조.

(王珹, ?~1178)[6]의 딸이며 강종 원년(1212) 연덕궁주에 책봉되었다. 신안후 왕성은 현종의 5대손으로서, 강종과 태후 류씨는 8대 현종과 원혜태후 김씨를 같은 6대조 조상으로 하는 종친이다.[7] 강종은 류씨에 앞서 태자로 있을 때 권신 이의방의 딸을 비로 맞이하여(思平王后 이씨) 딸을 두었는데(수령궁주), 이의방의 처단으로 비(수령궁주)도 축출되었다. 강종이 즉위한 후 류씨가 연덕궁주로 책봉되는 책봉문에서는 류씨에 대하여 다음과 같이 언급하고 있다.

> 그대 왕비 류씨는 천생의 현숙한 자질과 비상히 아름다운 자태를 가지고 있다. 속으로 음험하고 치우친 마음이 없고 겉으로는 부드럽고 아름다운 덕행을 구비하였다.[8]

고종의 모 왕비 류씨에 대한 소개에서 왕비가 '현숙한 자질'과 함께 '비상히 아름다운 자태'라고 소개하는 것을 보면, 고종의 친모 왕비 류씨는 빼어난 미모의 소유자였음을 짐작할 수 있다. 그리고 이로써 생각하면 아마 고종의 경우 역시 준수한 외모를 가진 인물이었을 가능성이 많다.[9]

명종을 몰아낸 최충헌은 명종을 대신하여 평량공 민을 새 왕, 신종으로 세웠다. 평량공은 명종의 바로 아래 친동생이다. 신종 6년 12월 신종은

---

6) 신안후 珹은 문종의 동생인 평양공 基의 4대손이며, 명종의 태자비(강종 비)가 된 딸 이외에 沆, 積 등 두 아들이 있었다.(『고려사』 90, 종실열전 3, 王珹)
7) 이들의 계보를 간략히 정리하면 다음과 같다.

```
8대 현종 ┬ 문종 ─ 숙종 ─ 예종 ─ 인종 ─ 명종   강종
   ‖     │                                 ‖ ─── 고종
원혜태후 김씨 └ 基 ── 瑛 ── 禎 ── 杞 ── 珹   강종비
                                        (원덕태후 류씨)
```

8) 『고려사』 88, 후비열전.
9) 원덕태후 류씨는 강화천도기인 1239년(고종 26)에 강화도에서 승하하여 현재 강화도에 묘소가 있다. 사적 371호 곤릉이 그것이다.

등창으로 병석에 누웠다. 왕은 자신이 회복되지 못할 것을 알고 태자에게 왕위를 넘길 것을 최충헌에게 부탁하였다. 신종 7년(1204) 정월 태자가 왕위에 오르니 희종이다. 태자가 왕위에 오른 지 며칠 되지 않아 신종은 곧 사망하였다. 향년 61세, 『고려사』에서는 이 신종에 대하여 다음과 같이 평하였다.

> 신종은 최충헌이 세운 임금으로, 사람을 살리고 죽이는 것과 임명하고 파직시키는 문제는 전부 충헌에 의하여 좌우되었다. 신종은 허수아비처럼 왕이라는 이름으로 신민들의 위에 앉아 있었을 뿐이니 애석한 일이다.[10]

"허수아비처럼 왕이라는 이름으로 신민(臣民)들의 위에 앉아 있었을 뿐"이라는 신종의 운명은 사실 고종의 운명 그것이기도 하였다. 다른 점이 있다면 고종은 46년이라는 긴 세월동안 '왕이라는 이름'을 가지고 있었다는 점이다. 희종 7년(1211) 12월 돌연한 사건이 궁궐에서 발생하였다. 희종이 최충헌을 제거하려 시도하였다가 실패한 사건이었다. 최충헌은 희종을 왕위에서 내쳐 강화도로 쫓아버렸다. 그리고 그에 대신하여 강화도에서 불러들인 명종의 아들 오(도)를 즉각 왕위에 올렸다. 그가 강종이다. 그리고 2년 후인 1213년 8월 강종이 병으로 사망하자 왕철(고종)은 국왕의 위에 오른다. 강종의 병은 조금은 예상 밖의 갑작스러운 것이었던 것 같다. 이규보가 대신 지은 것이기는 하지만, 강종에 대한 고종의 제문에서 이러한 사정을 짐작해 볼 수 있다.

> 아 불량한 제가 자식됨이 무상(無狀)하여 별관에 나가 있어서 잠시 침문(寢門)에 문안을 드리지 못했더니, 어찌 이때 이미 병환에 들어 조금도 시간의 여유가 없이 홀연히 세상을 떠나실 줄 생각이나 했겠습니까? 손으로 직접

---

10) 『고려사』 신종세가.

약을 받드는 정성을 못해보고 귀로 임종시의 유명(遺命)을 듣지 못했으니, 슬프다 이 한스러움은 길이길이 끝이 없겠나이다.[11]

고종은 부 강종의 임종조차 보지 못하였던 것이니, 재위 2년이 채 되지 않은 강종의 역할이란 어떤 의미에서 고종의 즉위를 가능하도록 한 다리 역할이었다고 할 수 있다. "나라가 다난함에 추호의 불평 없이 자취를 숨겼다가……나이 들어 왕위에 올라 신기(神器)를 태자에게 전함으로써 선대 임금의 유업을 크게 빛냈다"[12]는 것이 이 같은 강종의 역할을 설명해준다. 강종은 세상을 뜨기 앞서 태자 왕철의 왕위 승계를 확인하면서 그에 대하여 "덕행은 하늘의 동의를 얻을만하고 총명은 아랫사람을 통솔할 만하다"는 평을 남겼다.[13] 고종이 원만한 성품의 무난한 인물로서 제왕의 자격이 있는 인물임을 강조한 것이라 생각된다.

고종 왕철에게 다른 형제가 있었는지는 확인되지 않지만 적어도 동복(同腹)의 가까운 형제는 없었던 것으로 보인다. 이러한 점에서 정치적으로 방출된 처지의 강화에서의 성장기는 왕철에게 아무래도 고단하고 외로운 시절이 되었을 것이다. 강화에서의 성장기에 고종은 강화의 토착 지식인인 위원(韋元)으로부터 교육을 받았다. "왕이 강화에 있을 때에 강화현 사람 위원에게서 글을 배운 적이 있었다"[14]고 한 것이 그것이다. 이 강화에서의 성장기 동안 고종 왕철은 불충분하나마 왕족으로서의 기본적인 학식을 닦았던 셈이다. 고종은 강화 유배 이전의 어린 시절 잠깐 동안이나마 유승단(兪升旦)으로부터도 교육을 받은 것처럼 되어 있다. "고종이 어렸을 때 그(유승단)에게 글을 배웠다"고 한 것이 그것이다.[15] 강종이 태자로 있을

---

11) 이규보, 「祭康宗大王文」『동국이상국집』37, 애사 제문. 번역은 민족문화추진회, 『동국이상국집』Ⅴ, 1979를 이용함.
12) 『고려사』22, 고종 원년 10월의 강종 玉冊文.
13) 『고려사』21, 강종 2년 8월.
14) 『고려사』22, 고종세가 12년 3월 병술.

때 과거에 합격한 유승단은 시학(侍學)에 임명되었는데, 그가 어려서 유승단
에게 수학하였다는 것은 아마 강종이 태자의 지위를 가지고 있을 때의
일이었을 것이다.

 고종은 강화도의 어려웠던 시절에 자신을 가르쳤던 시골 선비 위원(韋元)
을 잊지 않았다. 즉위 후 위원을 과거에 급제시키고 궁궐에 불러들여 합격을
축하하였다. 그리고 위원을 내시에 소속시키고, "의복, 금은, 안장 갖춘
말, 술과 과일을 내렸다"고 한 것이 이를 말해준다.[16] 강화도에서의 성장기는
고종 왕철에게 미래를 가늠하기 어려운 외롭고 고단한 시절이기는 하였지만,
한편으로는 어려움과 외로움을 함께 삭여야 하는 제왕으로서의 소양을
닦는 기간이기도 하였다. 강화도에서 성장기 14년을 보냈던 왕철은 국왕에
즉위한 후 다시 강화로 천도하여 만 27년, 합하여 만 41년 세월을 강화도에서
지내고, 그리고 강화도에 영원히 묻히게 되었다.[17] 이러한 점에서 고종
왕철은 다른 누구보다도 명실상부한 '강화도령', '강화임금'이었던 셈이다.

---

15) "高宗幼沖 亦受學."(『고려사』 102, 유승단전.) 유승단은 문장과 經史에 통달하였으며
 "입이 무겁고 말이 적으며 믿음직하고 겸손하였으며 아는 것이 많고 기억력이
 뛰어났다"고 한다. 유승단이 희종 때 南京司錄 參軍을 지낸 것을 보면 미구에
 그는 다시 벼슬을 받아 복직하였음을 알 수 있다. 유승단은 고종 즉위 이후에
 사부의 지위에 있었다.

16) 『고려사』 22, 고종 12년 3월 병술.

17) 강화읍 국화리 고려산 중턱에 그의 묘소(홍릉, 사적 224호)가 김포 대안을 바라보고
 조성되어 있다. 홍릉의 원래 능역은 3단의 축대를 쌓아 제1단 봉분, 제2단 石人
 이외에, 제3단 아래쪽에는 정자각이 있었다고 한다. 일제 때 보수할 당시 봉분에는
 난간에 사용한 것으로 보이는 童子柱 몇 개가 있었고 봉분 주위의 네 모서리에는
 석수가 각각 배치되어 있었다는 것인데 현재는 그러한 흔적을 찾을 수 없다(장경희,
 『고려왕릉』 예맥, 2008, pp.76~77.) 그런데 현재 국화리의 홍릉은 원래 조성된
 위치가 아니고, 원래는 개경을 바라보는 방면인 '강화읍 대산리 연화봉'(홍재현,
 『강도의 발자취』, 강화문화원, 1990, p.106 및 한글학회, 『한국지명총람』 경기편
 상, 강화군, 1985, p.69 및 p.76 참조.)에 있었다는 이야기가 있다.

2. 최씨 집정자와 고종

앞에서 논의한 바와 같이 강화로 유배되었던 태자 도(오)가 개경으로 돌아온 것은 희종 6년(1210) 12월의 일이었다. 1197년 최충헌에 의한 방출 이후 실로 13년만의 일로서, 그의 나이 이미 60에 가까운 때였다. 그가 개경으로 다시 돌아올 수 있었던 이유는 밝혀져 있지 않으나 최충헌의 희종에 대한 '불만' 때문이 아닐까 추측되고 있다.

강화도로 방출되었다가 다시 개경으로 불러들여진 명종의 아들 태자 도는 이듬해(1211) 한남공(漢南公)에 봉해지고, 이름을 '정(貞)'으로 고치는 동시에 "연등연(燃燈宴)에 참가하게 했다"[18]고 한다. 이것은 '태자'로서의 지위를 사실상 복원한 것이라는 점에서, 확실히 주목할 만한 최충헌의 태도 변화이다. 그리고 바로 이어서 12월(1211) 왕준명의 최충헌 제거 기도라는 돌발사건에 간여한 희종이 폐위되면서 왕위에 오르게 된 것이다. 제22대 강종이다. 이 같은 강종의 즉위 과정에 비추어, 최충헌이 1210년 개경으로 태자 도를 불러들인 것은 일단 최충헌의 구체적인 의도가 포함된 것으로 파악된다. 따라서 이를 희종과의 갈등에서 야기된, 희종에 대한 견제책이었다고 보는 견해는 전후 관계의 맥락상 타당성이 있어 보인다. 그리하여 최충헌의 태도에 위협을 느낀 희종이 왕준명의 최충헌 살해 기도에 동조하게 되는 결과로 이어졌다는 것이다.[19] 다만 희종의 최충헌 모살 기도가 있기까지는 희종의 지위에 근본적인 동요가 있었던 같지는 않다. 바로 몇 달 전 4월에 왕비 임씨가 함평궁주에 책봉되고, 왕자 지(祉)의 태자 책봉이라 할 '원복수책(元服受冊)'의 예식이 이루어지고 있기 때문이다. 이러한 사정을 종합한다면 적어도 최충헌 모살사건에 대한 가담만 없었다면 희종의

---

18) 『고려사』 21, 희종세가 7년 정월 계사.

19) 김당택, 「최씨정권과 국왕」 『고려 무인정권 연구』, 새문사, 1987, p.151 및 이정신, 「고려 무신정권기의 국왕, 희종연구」 『한국인물사연구』 2, 2004, pp.204~206 참조.

왕계에 변화가 없었을 것이고, 고종의 즉위도 실현되지 않았을 것으로 보인다. 이러한 점에서 강종과 아들 고종의 즉위에 이른 것은 역시 돌연한 사태의 전환이었다는 생각이다.

무인정권의 집정자는 마음대로 국왕의 폐, 립을 자행하면서도 자신이 직접 국왕의 지위에 오르지는 않았다. 국왕의 권위를 존중하는 듯 모양을 갖추면서 사실은 그 권위를 자신의 통치에 철저히 이용하였던 것이다. 무인정권이 1백년이라는 장기간에 걸쳐 유지될 수 있었던 데에는 이처럼 국왕의 권위를 권력 유지에 적절히 이용하였다는 점이 중요한 이유의 하나라고 할 수 있다.[20] 이 때문에 최씨 집정자는 고종과 표면적으로나마 일정한 우호 관계를 유지하려 하였다. 반면 고종의 왕위계승은 최씨의 정치권력에 의하여 가능했던 것이고, 따라서 최씨의 지지 역시 고종에게 있어서 필수적인 것이었다. 이 점에서 양자는 상호 정치적 지위 확보에 공동 호혜적 입장에 있었던 것이다.

최씨 집정자가 국왕 고종에게 보인 호의의 사례로서는 우선 고종에게 귀중한 여러 물품을 선물하는 사례를 들 수 있다. 최씨가 술과 안주를 준비하여 고종에게 바치고 고종은 이것으로 군신에게 연회를 베풀었다. 관련 자료를 간략히 추려 정리하면 다음과 같다.[21]

(고종 38년 정월) 최항이 왕에게 주찬(酒饌)을 바침
(39년 2월) 최항이 왕에게 주찬을 바치므로 모든 종친을 불러 대궐에서 연회를 배설함
(39년 6월) 최항이 왕에게 주찬을 바치므로 모든 종친을 불러 연회를 배설함
(39년 9월) 고종이 최항이 만들어준 보련(寶輦)을 타고 왕륜사에 감
(42년 2월) 최항이 왕에게 주육(酒肉)을 바침

20) 김당택, 앞의 「최씨정권과 국왕」, 『고려 무인정권 연구』, p.155 및 나만수, 「국왕의 권위」, 『한국사』 18(고려무신정권), 1993, pp.204~208 참조.
21) 『고려사』 24, 고종세가 및 『고려사절요』 16, 17의 해당연월.

위의 고종에 대한 이러한 최씨 집정자의 '배려'는 최항 대의 기록이지만 양자의 관계를 상징하는 이 같은 현상은 최충헌 혹은 최우 시대의 경우에도 나타난다. 최우는 집권 이후 최충헌 소유의 금은보화를 왕에게 바치고 최충헌이 탈점한 토지를 원 소유주에게 돌려주는 등의 조치를 취하였는데,[22] 고종에 대한 '배려'는 권력 승계 이후 고종과의 새로운 관계 정립을 위한 정치적 행위로 이해할 수 있다. 최씨 집정자는 제신들의 불만을 무마하면서 집정자의 권위를 유지하는 정치적 제스처로서 연회를 자주 배설하였다.[23] 최씨 집정자는 고종에 대해서 일종의 관리 차원에서 '배려'의 모습을 종종 보였던 것이다. 한편 최씨 집정자의 '배려'에 대하여 고종도 종종 '답례'를 함으로써 상호 관계를 유지하였다. 고종 39년 최항이 만들어준 보련에 대해서는 고종이 "대부(大府)의 은 30근으로 공장(工匠)과 최항의 하인[蒼頭]들에게 나누어주고 동시에 창두(蒼頭) 46인에게 복두(幞頭)의 착용을 허(許)하였다"[24]고 하고, 최우에게는 내시를 통하여 화주(花酒)를 선물하였던 예를 볼 수 있다.[25]

몽골의 침입으로 국왕이 외교관계의 전면에 부각되는 상황에서 최씨정권은 양자의 직접 교섭으로의 발전을 경계하면서도 한편으로 몽골에 대한 대화 상대로 국왕을 내세움으로써 전쟁의 장기화에 따른 정치적 부담을 희석시켰다.[26] 말하자면 몽골과의 전쟁에서 최씨정권은 대외관계상의 외교적 부담을 국왕에게 분산시킴으로 자신의 입지를 유지하는 데 이용하였던 것이다. 이와 관련하여 고종이 대외관계에 있어서 국왕의 지위를 이용하여

---

22) 『고려사』 129, 최이전 및 『고려사절요』 15, 고종 6년 10월.
23) 강화도읍기 최씨 집정자에 의한 연회 배설에 대해서는 윤용혁, 「무인정권의 강도생활」 『고려 대몽항쟁사 연구』, 일지사, 1991, pp.210~214 참조.
24) 『고려사』 24, 고종세가 39년 9월 정해.
25) 『고려사』 23, 고종세가 23년 2월 경자.
26) 김당택, 「최씨정권과 국왕」 『고려 무인정권 연구』, 새문사, 1987, pp.160~162 참조.

왕권의 회복을 추구하였다는 견해가 제안된 바 있다. 가령 고종 즉위 초 거란의 침입 때 이루어진 여몽간의 '형제 맹약'은 최충헌의 입장을 거스르면 서 조충이 고종의 왕권을 배경으로 추진한 것으로, 국왕으로서의 권위를 강화시키는 것이라고 평가하였다.[27] 그러나 이는 외교관계의 특성상 국왕이 부각되는 현상이 표출된 것으로서, 이를 고종이 왕권 회복이라는 일정한 의도를 가지고 추구한 것이라고 보기는 어렵다고 생각한다. 여몽간의 공식적 외교관계가 처음 맺어진 고종 6년(1219)의 이른바 '기묘년의 강화'는 주로 공물의 정례적 징구를 약속한 것인데, 당시의 관계는 사실 고려의 조정 모두가 원하지 않았던 바였지만 몽골군의 위세를 염려한 현실적 상황 때문에 이루어졌기 때문이다.[28]

요컨대 최씨정권은 국왕의 권위를 자신의 통치에 이용하고 국왕은 최씨정 권의 정치권력에 힘입어 국왕의 지위를 보장받는, 상보적 관계를 유지하면서 정치권력의 생명을 지속시켰던 것이다. 고종은 정치적으로 자신의 견해를 제시하는 것을 극도로 삼갔지만 정책의 결정 등에 있어서 무인집정자와 배치되는 입장에 있게 될 경우에는 자신의 입장을 결코 내세우지 않았다. 강화천도의 결정에 있어서도 고종은 최씨 집정자와 의견이 배치되었지만, 자신의 의견을 계속 주장하지는 못하였다. 고종 40년(1253) 몽골의 침략에 대하여 문무 4품관 이상과 퇴임한 대신들을 포함하여 함께 방어대책을 논의할 때, 태자의 출항을 둘러싼 문제로 격론이 벌어질 때의 다음 자료는 최씨 집정자와 고종의 정치적 관계를 잘 설명해준다.

여러 사람들이, 태자가 나가 항복하는 것이 상책이라고 하였다. 왕이

27) 정선용, 「조충의 대몽교섭과 그 정치적 의미－최충헌 정권과 국왕의 관계에 주목하 여」 『진단학보』 93, 2002, pp.124~136 참고.
28) 고병익, 「몽골 고려의 형제 맹약의 성격」 『동아교섭사의 연구』, 서울대출판부, 1970, pp.161~165 참고.

성을 내면서 승선 이세재를 시켜 꾸짖기를 "태자를 보내면 후환이 없을 것을 보장할 수 있는가. 누구한테 나온 의견인가"라고 힐책하였다. 환관 민양선이 "최시중(최항)도 역시 같은 의견이었다"고 말하자 왕이 노를 풀고 "재추가 알아서 잘 처리하라"고 하였다.29)

고종은 최씨 집정자의 정책 결정이나 의견에 결코 맞서지 않는다는 철저한 '정치철학'을 견지하였던 것이다. 이것은 결국 최씨 집정자의 권력집중에 반하여 국왕의 권위가 현실적으로 추락되어 있는 현실을 여실히 반영하는 것이기도 하다. 따라서 고종은 실제 신하들에 대한 장악력을 가지지 못하였다.

좌창별감 윤평(尹平)은 북쪽 사람이었다. 왕이 두세 번 불러도 오지 않고 사흘이 지나서야 왔으므로 왕이 매우 화가 나서 집정으로 하여금 그의 관직을 삭탈하게 하려다가 다시 한탄하기를 "오늘 내가 그의 관직을 빼앗더라도 내일에는 반드시 복직될 것이니 무슨 징계가 되겠는가" 하면서 다만 그를 추궁하게 하였다.30)

고종이 최씨 집정자와 갈등이 야기되는 것을 철저히 삼갔던 것은 이러한 자신의 정치적 위상을 깊이 명심한 결과였다고 할 수 있다. 고종에 대한 사관의 평이 이 점을 간명하게 요약하고 있다.

왕이 조심스럽게 법을 지키고 수치를 견디고 참았기 때문에 왕위를 보전하였을 뿐 아니라 마침내 정권이 왕실로 돌아오게 되었다.31)

---

29) 『고려사』 24, 고종세가 40년 10월 신미.
30) 『고려사』 24, 고종세가 42년 9월.
31) 『고려사』 24, 고종세가 말미.

 외적의 군사적 압박 속에서 지위는 군왕이지만 권신의 비위를 거스르지 않도록 눈치를 보아야 했고, 다른 한편으로 국왕으로서의 권위와 체면도 유지해야 하는 그러한 고종에게 내적 갈등이 결코 없을 수는 없었을 것이다. 고종은 대몽항쟁기라는 어려운 여건에도 불구하고 최씨정권과의 마찰을 일으키지 않으면서 무려 46년을 재위하고, 왕위를 아무런 이의 없이 아들에게 계승시켰다. 무인정권기 잦았던 국왕 혹은 왕통의 교체에 대비할 때 고종대 무인정권과의 '동거'는 그 나름 일정한 역사적 특징을 보여준다. 고종의 이 같은 '능력'은 성장기 그가 겪었던 일련의 정치적 과정과 환경을 통하여 체득된 것이었다. 그의 생존 비결은 절대 권력에 대한 순응, 현실상황과 운명을 거스르지 않고 거기에 자신을 맡기는 것이었다.

3. 몽골전란과 고종

 13세기 전란을 통하여 국왕의 외교적 위치가 확인되었다. 대외관계는 국왕을 정치적 파트너로 부각시키는 요소를 가져왔다. 그것은 국내 정치권력에 새로운 변수로 작용할 가능성을 보여주는 것이었다. 13세기 초 몽골과의 관계 성립, 그리고 1231년 몽골과의 전쟁으로 외교문제가 부각되었을 때 그것은 국내 권력구도의 변화를 초래할 요인이 될 수 있었다. 대외관계에 의한 국왕의 정치적 입지 신장, 이 같은 새로운 가능성을 원천 배제한 것이 1232년 최씨정권에 의한 고려의 강화천도였다.

 몽골 침입 이후 고종이 결단해야 했던 가장 큰 정치적 사안은 강화에의 천도 문제였다. 도읍을 옮기는 천도 문제야말로 국가의 중대사라 하지 않을 수 없으며, 이것은 최종적으로 국왕의 재가 없이는 시행이 불가능한 사안이라 할 수 있기 때문이다. 몽골에 대항하는 방책으로서의 강화도 천도는 집권자 최우에 의하여 기획되고 추진된 사안이었다. 그러나 이 문제는 입장에 따라 첨예한 견해차가 필연적인 것이었으며, 특히 개경에 기반을 둔 대부분의 집권세력과 개경 거주민에게 있어서 모두 부담스러운 것이었다. "때에 국가가 태평한 지 오래여서 개경의 인구가 10만 호에 이르고 단청한 좋은 집이 즐비하여 사람들의 마음이 천도를 어렵게 여기는 분위기"였다는 것이다.[32)]

이 때문에 천도론이 논의되자 최우에 의하여 의도적으로 조성된 위압적 분위기에도 불구하고 반대론은 비등하였다. 천도를 목전에 둔 고종 19년(1232) 6월 16일 최우 사저에서의 마지막 회의에서 참지정사 유승단이 제기한 다음과 같은 천도 반대론은 당시 많은 이들의 여론을 반영한 것이었다.

> 작은 것이 큰 것을 섬기는 것은 당연한 것이다. 예로써 섬기고 신으로 사귄다면 저희가 무슨 명분으로 우리를 어렵게 하겠습니까. 성곽과 종사(宗社)를 버리고 섬에 숨어 엎드려 구차히 세월을 보내면서 백성으로 하여금 장정들은 모두 살상 당하고 노약자는 포로로 끌려가게 하는 것은 국가를 위하여 좋은 계책이 아닙니다.[33)]

강화도에의 천도가 결과적으로는 백성들을 사지로 몰아넣고 포로로 잡혀가게 만드는 것이며, 전란을 완화할 뾰족한 방책도 없는 권력자들의 피란에 불과하다는 것이다. 따라서 몽골에 대해서는 외교적 방법으로 문제를 해결하는 방안의 모색을 요구하는 것이었다. 문신 유승단이 평화적 외교적 방법에 의한 문제 해결을 주장한 데 대하여, 야별초의 김세충은 몽골군의 침입을 전제로 한 개경고수론을 다음과 같이 주장하였다.

---

32) 『고려사절요』 16, 고종 19년 6월.
33) 『고려사』 102, 유승단전.

개경은 태조 이래 지켜 내려오기를 무려 2백 년이 되었습니다. 성이 견고하고 군사와 양식이 족하니, 마땅히 힘을 합하여 지켜 사직을 보위할 것인데, 이곳을 버리고 장차 어디에 도읍을 옮기겠다는 것입니까.[34]

방법론의 차이는 있지만, 천도를 반대한다는 것은 일치된 것이었다.[35] 이러한 천도에 대한 부정적 분위기는 국왕 고종에 있어서도 예외가 아니었다. 그는 강화에의 천도를 결코 동의하지 않았다. 앞서 언급한 6월 16일 최우 사저에서의 마지막 회의는 마침내 야별초 김세충의 회의장 난입으로 난상의 장이 되었으며, 위기감을 느낀 최우는 김세충을 처단하는 극단적 방법을 불사함으로써 천도론의 결말을 지었다. 그리고 바로 당일 즉각 이 사실을 고종에게 전달하여 천도를 재가하도록 요구하였다. 그러나 고종은 이를 수락하지 않았다. "이 날 우가 왕에게 속히 전(殿)에서 내려 서쪽으로 향하여 강화도로 행차할 것을 주청하였으나 왕이 망설이고 결정하지 못하였다."[36] 고 한 것은 고종이 사실상 최우의 강요를 거부하였음을 의미한다. 이 때문에 『고려사』에서는 강화에의 천도를 "최우가 왕을 위협하여 강화로 도읍을 옮기게 하였다"고 기록하고 있다.[37]

앞에서 강화천도에 대한 유승단의 반대론을 언급하였는데, 이와 관련하여 한 가지 주목하고자 하는 것은, 유승단의 견해가 당시 상하 전반의 여론을 반영하는 것이기도 하지만 동시에 국왕 고종의 의중을 대변한 것이었다는 점이다.

유승단은 고종의 사부이기도 했지만 고종과는 일찍부터 각별한 관계를 형성하고 있었다. 인연의 출발은 고종의 아버지 강종이 태자로 있을 때,

---

34) 『고려사절요』 16, 고종 19년 6월.
35) 강화천도의 전반적 경위에 대해서는 윤용혁, 「최씨정권의 강화천도」『고려 대몽항 쟁사 연구』, 일지사, 1991, pp.134~139 참조.
36) 『고려사절요』 16, 고종 19년 6월.
37) 『고려사』 23, 고종 19년 6월 을축.

과거에 합격한 유승단을 자신의 속료(屬僚)인 시학(侍學)에 임명함으로써였
다. 고종이 어렸을 때에는 유승단으로부터 글을 배우는 등 각별한 관계를
유지하였다. 이 같은 두 사람의 관계를 그의 열전에서는 다음과 같이 정리하
고 있다.

> 고종이 어렸을 때 또한 그(유승단)에게 글을 배웠던 관계로 고종이 즉위하
> 자 유승단을 수궁서승(守宮署丞)으로 임명하고 은총이 대단히 두터웠으며
> 나중에는 사부(師傅)로 삼았다.[38]

　최우 사저에서의 마지막 회의에서 유승단이 자신의 생명을 걸고 결사적으
로 천도를 반대하고 나선 것은 당시의 여론과 자신의 소신 이외에 실로
고종의 의중을 대변하는 측면이 많았다는 것을 짐작할 수 있게 된다.
　고종의 천도에 대한 부정적 입장 때문에 국왕의 강화 이전도 다소 지연되었
다. 최우는 천도를 기정사실화하기 위하여 먼저 자신의 가재를 강화로
옮겼으며 고종의 강화도 이어(移御)는 7월 6일에야 출발이 이루어졌다.[39]
고종의 강제적인 강화도에의 이어 다음달인 8월 28일(병자)에 참지정사
유승단이 사망하였다.[40] 6월 최우 사저에서의 강력한 반대론을 개진하던
유승단이 두 달 뒤인 8월 말에 돌연 사망하게 된 갑작스러운 죽음의 이유는
무엇일까. 여론과 소신에도 불구하고 권력의 일방적 지향에 직면한 극도의
무력감이 그를 절망과 죽음에 이르게 하였던 것은 아닐까. 거기에는 천도를
둘러싼 최우와 고종 간의 내면적 갈등이 상징적으로 함축된 측면이 없지
않다.
　강화천도에 의하여 몽골에 의한 전란은 장기화되었다. 이에 따라 상황은

---

38) 『고려사』 102, 유승단전.
39) 『고려사절요』 16, 고종 19년 6월.
40) 『고려사』 23, 고종 19년 8월 병자.

실제로 유승단이 예견한 바와 같이 진행되었다. 많은 사람들이 죽고 포로로 잡혀갔으며, 강화도의 고려정부는 말하자면 "섬에 구차히 엎드려 세월을 죽이고 있을 뿐"이었던 것이다. 그러나 고종이 몽골에 대하여 무조건적 화평을 주장하는 것은 아니었다. 그 역시 기본적으로는 몽골에 대하여 상당한 적대감을 가지고 있었다. 이는 앞서 몽골사신의 무례함을 직접 경험한 때문일 것이다. 고종 8년(1221) 몽골로부터 두 번째 사신이 고려에 내도할 것이 통보되자 고종은 몽골에 대한 방어시설을 강화하고 몽사의 입국을 거부하려는 생각을 가지고 있었다. 이 같은 의도는 몽골의 보복적 침략을 우려하는 신하들의 반대를 통하여 분명히 확인된다. 신하들의 반대에 대하여 왕이 좋게 생각하지 않았다는 것이다.[41] 반대에 부딪혀 실현에 옮겨지지 못하였지만, 고종이 몽골에 대한 적대적 의식을 가지고 있었던 것은 사실이다.

13세기 몽골의 전란은 국가적 혹은 정권적인 위기였지만, 고종에게 있어서는 새로운 기회가 모색될 수 있는 계기일 수 있었다. 전란과 이로 인한 대외관계에 의하여 국왕과 무인집정자의 대응관계가 대외권력의 개입에 의하여 3자 관계로 다자화(多者化) 될 수 있기 때문이다. 실제 무인정권 말기 몽골권력이 점차 개입되면서 무인집정자와 국왕의 관계가 이전의 양상과 달라지게 되는 상황에서도 이 같은 측면을 알 수 있다. 그러나 고종은 이 같은 기회를 피하였다. 몽골의 군사적 침략을 완화하기 위하여 왕족의 파견은 일찍부터 논의되었지만 몽골이 시종 요구한 국왕의 친조는 사실상 추진되지 않았다. 고종에게는 신변의 위협이 문제되고, 무인집정자로서는 국왕의 친조란 권력구도의 새로운 변수가 될 수 있다는 점 때문이었을 것이다.

몽골이 요구하는 국왕의 친조에는 응하지 않았지만, 태자 혹은 왕자를

---

41) 『고려사』 22, 고종 8년 9월 정해.

국왕 대신에 보냄으로써 몽골의 군사적 압박을 완화하려는 외교적 대응 방침은 일찍부터 검토되었다. 그러나 태자 혹은 왕자의 파견에 대해서 고종은 부정적 입장을 가지고 있었다. 이 때문에 왕족의 파견이 차선의 대안으로 이루어졌다. 3차 침략이 진행중이던 고종 25년(1238) 12월 고려는 몽골군의 철군을 실현시키기 위하여 장군 김보정, 어사 송언기를 몽골에 파견하여 고려의 '절박한 사정을 호소'하고, 공물의 상례적 조공을 약속하면서 군사적 위협을 철회할 것을 요청하였다.42) 이듬해 고종 26년(1239) 4월 보가아질(甫可阿質) 등 20명의 몽골 사신단이 내도하여 고종에게 조서를 전하였는데 조서의 핵심은 고종의 친조를 요구하는 것이었다. 그해(1239) 6월 고려는 기거사인 노연 등으로 다시 몽골에 사신단을 보냈고, 8월에 보가파하(甫可波下) 등 137명의 대규모 사신단이 고려에 이르러 역시 국왕의 친조를 거듭 요구하였다.

왕족의 몽골 파견은 이같이 몽골의 거듭된 친조 요구에 대한 응답이었다. 이에 의하여 그해(고종 26, 1239) 12월 왕족 신안공(新安公) 전(佺)이 소경 송언기와 함께 입조한 것이다.43) 신안공 전(?~1261)은 하원공(河源公) 왕춘(王璿)의 아들로서 고종과는 고종(姑從) 6촌의 관계인44) 동시에 동서(同壻)간 이라는 매우 가까운 위치에 있던 왕족이었다.45) 이어 고종 28년(1241) 4월에

---

42) 『고려사』 23, 고종세가 25년 12월 및 『원고려기사』 태종 10년 12월 24일.

43) 『고려사』 23, 고종세가 26년 12월 및 『원고려기사』 태종 11년 12월 12일.

44) 신안공 전은 현종의 8대손에 해당하며, 삼별초의 승화후 온, 영녕공 綧(준)과는 사촌간이 되는 인물이다. 부 하원공 왕춘은 신종의 딸 孝懷公主, 강종의 딸 壽寧宮主와 혼인하였는데, 신안공 전의 생모는 효회공주로 추측되고, 고종과는 6촌간이 된다.(『고려사』 91, 종실열전, 공주열전 및 여원관계사연구팀, 『역주 원고려기사』 선인, 2008, p.88 주해.)

45) 신안공은 희종의 딸 嘉順宮主와 혼인하였는데, 가순궁주는 고종의 비 안혜태후 류씨의 언니가 된다. 희종은 성평왕후 任氏와의 사이에서 5명의 공주를 두었으며, 그 첫째가 고종비 안혜태후이고 가순궁주는 셋째이다. 『고려사』 91, 공주열전 참조.

는 영녕공 준(綧)을 왕자로 칭하여 몽골에 독로화(禿魯花), 일종의 질자(質子)로 보냈고[46] 신안공 전은 고종 27년 9월, 32년 10월, 37년 6월, 39년 7월 등 수차례에 걸쳐 몽골에 입조하였다.

  왕족의 파견이 효과를 거두지 못하자 고려는 고종 40년(1253)에 둘째 왕자 안경공 창을 보내게 된다. 안경공 창의 파견에는 고종의 허가가 필수적인 것인 만큼, 몽골군의 철군을 위하여 입조의 수준을 더욱 상승시킨 것이라 할 수 있다. 이 무렵(1253년 8월) 고려에 대한 침략전을 진행하던 야굴은 몽골 황제로부터의 조서를 강도로 보냈는데, 조서에는 이른바 '6사(事)'로 고종을 압박하였다고 하고, "만일 명대로 따르면 군사를 철수시킬 것이요 명령을 거역하면 용서하지 않을 것"이라 협박하였다. 여기에는 6사의 구체적 내용이 밝혀져 있지 않지만 몽골이 조서에서 요구한 6사는 "납질(納質)·조군(助軍)·수량(輸糧)·설역(設驛)·공호수적(供戶數籍)·다루가치(達魯花赤) 설치" 등 내속국에 대한 일반적 요구 사항으로 흔히 이해된다.[47] 그러나 당시 몽골의 조서에는 무엇보다 국왕 고종의 친조가 강력히 요구되어 있었다.[48] 이 점은 토산에 주둔하고 있던 야굴이 앞서 언급한 몽골 황제의 조서 전달의 후속조치로 고려 측의 사절 최동식을 통하여, 몽골 황제가 고려 국왕 고종이 노병(老病)을 핑계로 입조하지 않을 것을 염려하고 있음을 알리면서 고종의 친조를 강력한 어조로 확인한 데서도 알 수 있다.[49]

  친조요구에 대한 조서를 접수한 다음달 9월(고종 40년) 강도정부는 야굴에

---

46) 영녕공 준에 대해서는 이정신, 「영녕공 왕준을 통해본 고려와 몽골관계」『고려시대의 정치변동과 대외정책』, 경인문화사, 2004, pp.221~247 참고.

47) 몽골이 요구하는 '6사'에 대해서는 고병익, 「몽골·고려의 형제맹약의 성격」『동아교섭사의 연구』, 서울대출판부, 1970, pp.178~183 참조.

48) '6事'가 국왕의 친조를 의미할 수 있음은 원이 안남에 보낸 조서중의 '6사' 첫번째에 '君長觀朝' 즉 국왕의 친조를 강조한 데서도 알 수 있다(『원사』 209, 안남전 지원 4년 9월.)

49) 『고려사』 24, 고종세가 40년 8월.

게 편지를 보내 고종이 친조할 것이라고 약속하면서 몽골군의 철군을 요청하였다. 편지에는 "(야굴)대왕이 이런 사정을 생각하여 군사를 철수하여 우리 백성들로 하여금 안도할 수 있게 한다면, 내년에 내가 직접 신하를 거느리고 가서 황제의 명을 받겠소."라고 하였다. 이러한 맥락에서 고종의 친조에 대한 대안으로 논의된 것이 태자 혹은 왕자(안경공)가 대신 입조하는 것이었다. 제신들의 의견은 태자의 입조가 그 대안이었지만, 이것은 고종이 거부한 것으로 보인다. 12월(고종 40년) 둘째 왕자 안경공 창을 몽골에 보내는 것은 이 같은 상황에서의 막다른 대안이었다. 몽골에 보내진 안경공 창은 다음해 41년(1254) 8월에 돌아왔다.[50] 왕자는 무사히 귀국하였지만 성과는 전무하였다.

고종 44년(1257) 윤4월 집정자 최항이 사망하였다. 고려에 침입한 차라대는 국왕이 몽골군 군영에 나오고 왕자를 입조시킨다면 "영구히 후환이 없을 것"이라 하였다. 이 같은 제안이 실제 몽골의 공식적 입장인지 아니면 전쟁의 장기화에 따라 성과에 다급해진 차라대의 자의적 제안이었는지 분명하지 않다. 그러나 이미 연로한 고종의 입조가 현실적으로 불가능한 실정에서 국왕의 입조라는 몽골의 오랜 요구는 이를 계기로 '태자의 입조'로 요구가 낮추어진 것이 사실이다. 몽골의 더욱 강화된 군사적 압박, 그리고 이에 따른 사회경제적 피폐, 최항의 사망에 따른 집권력의 약화 등 제반 요인이 복합되어 태자의 친조에 의한 관계 정립은 이제 현실적인 정치적 현안으로 떠오르게 되었다. 그러나 고종은 태자 입조에 대해서는 여전히 부정적이었다. "재추가 태자를 몽골에 보내 백성들의 목숨을 살리자 청하니 왕은 머뭇거리며 결정을 짓지 못하였다"는 것이 그것이다.[51] 태자의 입조 문제는 11월에 다시 논의되었지만 결과적으로 몽골에 다시 보내진 것은 태자가 아닌 제2자 안경공 창이었다.[52] 태자의 입조는 고종이 끝까지 거부하

---

50) 『고려사』 24, 고종세가.
51) 『고려사』 24, 고종 44년 7월 무자.

였던 것이다.

고종 44년(1257) 10월 철군하였던 몽골군은 안경공 창의 입조에도 불구하고 이듬해 고종 45년(1258) 6월 재침하였다. 내침한 차라대는 강도에 사람을 보내 고종과 태자의 서경 출항을 요구하였다. 그것은 다시 태자의 출항으로 낮추어졌으나 몽골군의 진정성을 의심한 고려에서는 선뜻 이에 응하지 못하였다. 아마 출항한 태자를 포로로 하여 '개선'하는 위험성을 의심한 때문인 듯하다. 그러나 12월 동계 지역에서 조휘·탁청의 반란이 일어나고 몽골이 쌍성총관부를 설치하는 등 상황은 계속 악화되고 있었다. 이에 의하여 태자의 입조를 조건으로 하는 교섭이 진행되었고, 고종 46년(1259) 차라대와의 교섭은 4월 초 태자 입조를 조건으로 하는 철군에 협의하였다. 몽골측이 제시한 '4월 초'는, 4월 27일 태자의 개경 출발로 드디어 실현을 보게 된다. 태자의 입조는 국왕의 입조에 준하는 공식적 항복의 표시였으며, 따라서 개경에의 환도를 전제로 하는 것이기도 하였다.[53]

4. 고종의 신앙과 가정생활

무인정권에 의해 독점된 권력, 그리고 미증유의 전란과 강화천도라는 와중에서 국왕 고종을 지탱한 것은 무엇이었을까. 그는 이러한 내우외환의 여건에도 불구하고 46년, 국왕의 지위에 가장 오래 있었던 고려왕이기 때문이다. 왕비조차도 강화천도(1232) 직전에 세상을 떴으며, 이후 새로운

---

52) "令四品以上 議遣子入朝便否 及備禦蒙古之策" ; "遣安慶公淐 左僕射崔永如蒙古."
   (『고려사』 24, 고종 44년 11월 계축 및 12월.)
53) 태자 전의 입조에 이르는 여몽간의 교섭 과정에 대해서는 윤용혁, 「여몽전쟁의 장기화」, 『고려 대몽항쟁사 연구』, 1991, pp.124~132 참조. 한편 몽골전란 기간중 몽골과의 강화교섭에 대한 전반적 내용에 대해서는 신안식의 논문(「고려 최씨무인 정권의 대몽교섭에 대한 일고찰」 『국사관논총』 45, 1993)이 있다.

왕비를 세우지 않은 것으로 보이며, 유흥과는 거리를 둔 상당히 절제된 생활을 하였던 것으로 보인다. 이 점에서 그 오랜 세월, 국왕으로서의 고종을 지탱해준 것은 아마 종교가 아니었을까 생각된다.

고종은 재위기간 절에 직접 행행하여 불공을 드리거나, 각종 불교의례를 개설하는 데 특별한 열심을 보였다. 이것은 개인적 기원만이 아니라 왕실의 안녕, 그리고 외적으로부터 국가를 수호하는 목적에서 그가 유일하게 할 수 있는 일이기도 하였다. 물론 불교국가인 고려시대에 왕이 절을 직접 방문하여 예불을 하고 각종 불사를 집행하는 것은 13세기에만 성행한 것은 아니다. 그러나 12, 13세기에 이 같은 국왕의 불교적 종교행위가 성행한 것은 하나의 시대성을 가진 것이며, 고종조의 경우에 있어서도 국왕에 의한 각종 불교적 신불 행위가 성행하였다.

『고려사』 세가를 근거로 한 한 집계에 의하면 국왕의 사사 친행사례는 11세기 문종대(1046~1083)의 경우 62회, 12세기 인종대(1122~1146) 103회, 그리고 의종대(1146~1170) 167회 등으로 되어 있다.54) 이를 연평균으로 따지면 문종대 1.7회에 대하여 인종대 4.3회, 의종대 7.0회로서 특히 12세기에 높은 수치를 보여준다. 13세기 고종대에 있어서도 국왕의 사사 친행 사례는 천도 전후를 막론하고 연평균 5.7회라는 높은 빈도를 나타내고 있다. 고종대 사사 친행을 천도 이전과 이후로 나누어보면 천도 이전 19년간 138회, 연평균 7.3회의 높은 빈도에 대하여 천도 이후는 27년간 122회라는 다소 낮은 수치를 보인다. 물론 이것은 강화천도 직후 아직 사원의 조영이 잘 이루어지지 않은 사정을 반영하는 측면이 있다. 그러나 천도 이후 사사 친행이 수치상 오히려 감소한 것은, 실제의 현상이 반영된 것이 아니라 『고려사』 편찬에 있어서 몽골전란기 기록이 잘 갖추어져 있지 않은 기록상의 문제 때문으로 생각된다. 이 같은 현상은 천도 이후 10년 정도가 특히

---

54) 서윤길, 「고려의 호국법회와 道場」 『불교학보』 14, 1979, p.102.

심하여 이 기간에는 고종의 사사 친행이 연평균 1.9회 정도밖에 잡히지 않고 있다.[55] 이것은 천도 이후 고종의 사사 친행이 결코 감소한 것이 아니라는 방증이 된다.

한편 고종대에는 각종 불교의례도 극진히 베풀어졌다. 물론 불교의례의 설행은 고종대의 현상만이 아니다. 한 통계에 의하면 고려 일대를 통하여 행해진 법회도량의 종류는 83종, 기록상의 총 설행 횟수는 1,038회에 이른다고 한다.[56] 고종대에는 46년간 도합 186회, 연평균 4.0회의 빈도를 보인다. 천도 전후를 구분해 보면 천도 이전 69회, 천도 이후 117회로 연평균 3.6회와 4.3회의 빈도를 보인다. 천도 이후는 기록상의 문제뿐 아니라 제반 여건이 불비하였음에도 높은 빈도를 보여주는 것이 인상적이다.[57]

고종대 국왕의 빈번한 사사 친행이나 각종 의례 개설은 반드시 이 시기만의 독특한 현상으로 볼 수는 없다. 그러나 불교적 의례가 성행하고 고종의 사사 친행도 퍽 빈번한 것이어서 적어도 고종의 종교적 열심이 뒷받침되었던 것은 분명한 일이다. 그의 열심은 고종 17년 9월 묘통사에 갔다가 낙마를 하거나, 이듬해 고종18년(1231) 10월 무려 3만의 승려에게 음식을 제공하는 반승(飯僧)의 행사를 주관한 데서도 짐작할 수 있다.

고종은 불교적 종교의식만이 아니라 경우에 따라서 전통적 신앙에 근거하

55) 몽골전란기는 전쟁이라는 대외적 사건에도 불구하고 대체로 사료의 양이 빈약하며 시기에 따라서는 거의 공백에 가까운 경우도 있다. 이 같은 현상을 객관적으로 파악하기 위하여 필자는 『고려사절요』를 기준으로 편집된 사료의 양을 연도별로 파악해본 바가 있는데, 이에 의하면 고종년간 사료량의 연평균 지수 6.8, 원종조 11.2인데, 고종조의 경우 천도 이후 17년간(고종 20~36년)은 7년의 전란이 포함되어 있음에도 불구하고 사료량이 2.4에 불과하다. 이에 대해서는 윤용혁, 「고려시대 사료량의 시기별 대비-『고려사절요』를 중심으로」『논문집』, 공주사범대학, 1986, pp.199~204 참조.
56) 서윤길, 「고려의 호국법회와 道場」『불교학보』 14, 1979, pp.91~102.
57) 윤용혁, 「대몽항쟁기의 불교의례」『고려 삼별초의 대몽항쟁』, 2000, pp.59~71 참조.

여 산천이나 하늘의 성신에 제사하는 것도 소홀히 하지 않았다. 이러한 종교적 행위는 물론 전란으로 인한 국가적 위기 극복을 위한 공식적이고 의례적 성격이 많은 것은 사실이지만, 동시에 왕실의 안녕과 개인의 건강과 복을 비는 개인 신앙의 차원이 함께 혼합된 것이었다고 할 수 있을 것이다.

고종은 최씨정권의 그늘에서 결코 왕으로서의 권위를 주장하지 못하였다. 그러나 그의 성품 자체가 원래 자기 과시적이거나 권위적인 유형의 인물은 아니었던 것으로 보인다. 그는 백관들에 대하여, 그리고 백성들에 대하여 겸손한 태도를 가지고 있었고, 이러한 점에서 그의 인간적 면모를 짐작해 볼 수 있을 것으로 생각한다. 그는 불교의례의 참가 혹은 기원을 위하여 수없이 절을 출입하였지만 말이나 가마를 타고 출입하였으며, 천도한 지 20년이나 지난 후에야 비로소 '보련'을 탔다고 한다.[58] 아마 그가 왕으로서의 권위를 크게 의식한 인물이었다면 어떤 방법으로든 일찍 보련을 마련하였을 것이다. 고종 37년 12월 몽골 사신단 48명이 승천관에 머물러 왕의 영접을 요청하므로 왕이 제포궁에 나가 이들을 영접하였다. "이날은 바람이 크게 불고 날씨가 몹시 추웠다. 백관은 모두 얼어서 몸을 쭈그러뜨리고 체면을 차리지 못하였다. 왕이 보련 위에 둘렀던 휘장을 거두라고 하면서 말하기를 '시종하는 백관이 이처럼 추워하는데 나 혼자만 덥게 하겠느냐' 하였다"는 것이다. 인간 왕철, 고종의 인간적 면모를 짐작해 볼 수 있는 한 자료이다.

고종은 전란으로 인하여 민생이 피폐하고 도탄에 처한 사실을 깊이 인식하고 있었고, 적어도 심정적으로나마 고통이 없지 않았다. 고종 41년 10월 대묘에서의 기고문은 고종이 직접 지은 글은 아니지만, 그의 심경이 다소간 반영된 것이었다고 생각된다.

삼가 생각하건대 제가 박덕한 자질로 백성의 윗자리에 앉았는지라 죄악이

---

58) 『고려사』 24, 37년 4월 을묘.

하늘에 사무쳐 큰 재앙이 거듭 생겼습니다. ─더욱이 근일에 이르러 하늘에 변괴까지 나타나서 항간에 아우성 소리가 들리고 사람들의 불평이 극심하므로, 하늘이 두렵고 백성에게 부끄러워 자나깨나 마음이 편하지 않습니다. 생각건대 우리나라는 바로 선대 임금께서 세운 나라요 백성은 바로 선대 임금들이 양육하신 백성들인데 어찌 차마 나라를 전복시키며 백성들을 다 죽이도록 하겠습니까. 그래서 가슴이 쓰리고 머리가 아프며 담이 터지고 간이 마르는 듯합니다.[59]

그럼에도 불구하고 고종은 정치적 수완을 가지고 국가의 제반 운영에 관심을 가지기 보다는 당시 무인정권의 현실에 매몰되어 신변의 안녕을 살피는데 훨씬 관심이 쏠려 있었다. 국왕으로서보다는 일종의 소시민적 의식에 갇혀 있는 듯한 느낌이다. 이 점에서 그는 가정적으로는 퍽 정리되고 모범적인 자녀, 남편과 부모로서의 위치를 가지고 있었던 것은 아닐까 생각된다.

고종은 부모에 대한 효심이 깊었던 인물이었을 것이다. 이규보가 대신 지은 글이기는 하지만 고종은 돌아가신 아버지 강종에 대한 사부(思父)의 정을 다음과 같이 피력한 적이 있다.

사람이 누가 아버지를 잃은 슬픔이 없으리오만, 저와 같은 애통이 또 어디 있겠습니까? 학의 멍에가 와서 맞이하니 조금도 시간을 허용하지 않고 용의 수염이 끊어지니 다시 휘어잡을 길이 없으며, 해는 구소(九霄)에 어둡고 하늘은 만리에 무너졌도다. 참인지 거짓인지, 꿈인지 생시인지, 저는 모르겠습니다. 부르고 울고 생각하고 그리워한들 어찌 뵈올 수 있으리까?[60]

59)『고려사』 24, 고종세가 41년 10월.
60) 이규보,「祭康宗大王文」『동국이상국집』 37, 애사 제문. 번역은 민족문화추진회,『동국이상국집』 V, 1979를 이용함.

태자의 지위에서 돌연 죽음의 위기에 내던져져 강화도에서 함께 간난의 세월을 경험하였던 고종으로서는 아버지 강종에 대한 연민은 남다른 바가 있었을 것이다.

고종의 비는 희종의 딸인 안혜태후 류씨이다. 희종 7년 숭복궁주로 봉해진 후 고종 5년에 왕비가 되었다. 그리고 2남 1녀, 원종, 안경공 창, 수흥궁주(壽興宮主)를 출산하였다. 고종 19년(1232) 6월 1일, 왕비 안혜태후 류씨가 사망하였다. 강화에의 천도책이 결정되고 있는 시점에서 왕비가 작고한 것이다.[61] 모후인 원덕태후는 고종 26년(1239)에 세상을 뜬다. 천도 직전의 왕비의 작고 이후 고종은 적어도 공식적으로는 새로운 비를 맞거나 자녀를 출산하지 않았다. 왕비가 세상을 뜰 때 그의 나이 40, 그리고 이후 강도시대 30년 가까운 세월을 그는 그렇게 생활하였던 것이다. 그의 여성관계에 대한 언급이 일체 나오지 않은 것을 보면 이 점에 있어서 그는 상당히 절제된 생활을 견지한 것으로 짐작된다.

왕비를 일찍 떠나보낸 고종은 대신 2남 1녀의 소생 자녀에 대해서는 각별한 애정을 쏟았던 것으로 보인다. 몽골 혹은 대신들의 왕자 혹은 태자의 몽골 입조 압력에 대해서 고종은 최대한 이를 기피하였다. 마지못하여 둘째아들을 몽골에 입조케 한 것은 전쟁의 참화가 한참이나 깊어진 고종 40년(1253) 12월의 일이었다.

안경공 창은 몽골에 사신으로 파견되었다가 다음해 41년 8월에 돌아왔다.[62] 왕자는 무사히 귀국하였지만 성과는 한마디로 전무하였다. 태자를 대신한 왕자의 파견에 대하여 몽골은 냉담하였고, 철군하였던 군대를 다시 내보냈기 때문이다. 그러나 고종은 창의 무사 귀환이 한없이 기뻤다. 창이

---

61) 『고려사』 23, 고종세가 19년 6월에서는 '왕비 왕씨'라 하였는데, 후비열전에서는 '류씨'라 하여 차이가 있지만, 사망년월이 동일하고 안혜태후 류씨가 사실은 왕씨이기 때문에 '왕비 왕씨'라고도 하였음을 알 수 있다.
62) 『고려사』 24, 고종세가.

귀국 직후 먼저 사람을 보내 "몽골의 '비리고 노린내 나는 곳'에 다녀왔으므
로 위생 등을 고려하여 하루쯤 밖에서 묵고 뵙겠다"고 인사를 전하자 고종은
다음과 같이 말한다.

> 네가 (몽골에) 간 다음부터 나는 하늘에 빌고 부처에 기도하여 빨리
> 만날 것을 바랐다. 지금 이제 무사히 돌아왔는데 왜 밖에서 자야 하겠느냐.
> 네가 입었던 의복만 불태워버리고 옷을 갈아입고 바로 올 것이다.[63]

그리하여 창이 밤중에 고종을 뵙게 되는데 "왕이 그를 보고 눈물을 흘렸고
이에 옆에 있는 사람들까지 덩달아 눈물을 흘렸다"는 것이다.[64] 친자의
정이 깊었던 고종의 인간적 측면을 짐작케 하는 대목이다. 그 후 안경공
창은 고종이 서거하자 너무 슬픈 나머지 몸을 가누지 못할 정도였고 "지팡이
를 짚고야 걸음을 걸을 수 있었다"고 한다.[65] 1257년(고종 44) 안경공 창은
두 번째로 몽골에 파견되었다. 태자의 입조가 적극 논의되었으나 고종은
결단코 이를 허용하지 않았다. 태자 대신 안경공이 재차 몽골에 입조한
것이다. 강화읍 관청리 동편에는 견자산(見子山)이라 불리는 산이 있다.
고종은 이 산에 올라 몽골에 입조한 왕자를 애타게 기다린 데서 유래한
것이라는 '견자산'의 전설이 있다.[66] 지명 유래의 사실 여부는 확인할 수
없으나, 적어도 고종이 몽골에 보내진 아들을 노심초사하며 기다렸던 것만큼
은 사실이다.

　고종이 끝까지 막아보려 했던 것이 태자의 입조였다. 태자의 입조가
고종 46년 4월로 약정된 후에도 이를 조금이라도 늦추거나 기피하고자
하는 열망이 있었다. 그리고 4월 태자의 입조가 기정사실화되자 그는 몸져눕

63)『고려사』91, 종실열전 안경공 창.
64)『고려사』91, 종실열전 안경공 창.
65) 위와 같음.
66) 홍재현,『강도의 발자취』, 강화문화원, 1990, p.117.

고 말았다. 그의 사망은 물론 노령에 기인한 것이라 할 수 있으나 태자의
입조가 그를 크게 낙담케 한 것만은 틀림없는 사실이다.

그가 세상을 뜨기 몇 달 전 고종은 종친과 재추를 위한 마지막 연회를
베풀었다. 이미 68세의 고령이었던 그날 그의 모습은 자신의 내적 갈등을
일시에, 그리고 마지막으로 방출하는 모습을 보여준다.

> 왕은 두 번이나 손을 들어 신하들에게 보이면서 "연회에 참가한 사람들은
> 내 흥을 돋우라" 하였다. 술이 거의 다 떨어졌는데도 왕은 한껏 기뻐했고
> 모든 신하들은 온몸에 땀이 흐르도록 손뼉을 치며 뛰놀다가 날이 저물어
> 연회를 파하였다.[67]

고종은 항상 몸가짐을 조심하며 흠을 잡히지 않도록 조심하였다. 그의
행동과 모든 언어는 그대로 알려졌고, 그를 보호해줄 사람은 아무도 없었다.
자신의 일탈적 행위를 스스로 방어할 힘을 가지지 못하였기 때문이다.
말하자면 고종 46년 2월의 '연회 사건'이야말로 그의 처음이자 마지막의
일탈적 행위였다. 날이 저물도록 술마시고 손뼉치고 뛰노는 것이었는데,
그것은 어쩌면 바로 자신을 위한 마지막 연회의 성격을 갖는 것이었다.
그러나 그나마도 이 마지막 연회는 사신(史臣)의 엄중한 비판을 면하지
못하였다.

> 국가가 병란을 입은 이래로 연등연을 정지한 지 6년이나 되었다. 더구나
> 지금 동북쪽은 모두 적의 소굴이 되고, 서남쪽 사람들은 섬에 우거하여,
> 길에서 죽은 시체가 서로 연하고 창고가 모두 비었으니, 왕이 마땅히
> 조심하고 경계하여 밤 옷 갈아입고 밥 먹을 겨를도 없이 어진 정사를
> 베풀고 무비(武備)를 닦더라도 오히려 보존하지 못할까 두려운데, 생각이

---

67) 『고려사』 24, 고종세가 46년 2월 경인.

여기에 미치지 못하고 향락만 따른 것이다.[68]

고종은 태자의 입조를 막지는 못하였지만, 그의 사후 태자의 즉위를 가능하게 하였다. 그는 유조(遺詔)를 통하여 태자의 왕위 계승을 분명히 확인하고, 태자가 귀국하기 전 과도기는 임시로 태손과 협의토록 명시하였던 것이다. 태자 대신 안경공을 옹립하고자 하였던 무인집정자의 바램은 고종의 유조에 의하여 무산되었다. 이제현은 고종에 대하여 다음과 같은 평가를 남겼다.

왕이 전일에 유승단에게서 배웠고, 왕위에 50년 동안 있었다. 이는 대개 학문으로 자기의 덕을 쌓았으며 두렵고 삼가는 마음으로 그 지위를 보존하 여 백성들이 기뻐하였고 하늘이 도왔던 것이다.[69]

고종의 재위는 하늘이 도운 것이며, 그는 자기에게 주어진 왕위를 '두렵고 삼가는 마음'으로 조심스럽게 유지하였다는 것이다. 적절한 묘사라고 생각 된다.

고종 46년(1259) 왕은 몽골 사절의 추궁에 몰려 태자의 입조를 4월로 약정한 다음 3월 27일 몸져눕고 말았다. 병세가 급하여져 신사와 도교 사원에 기도할 사람을 파견하고 물고기를 방생함으로써 쾌유를 빌었다. 4월 18일 류경(柳璥)의 저택으로 거처를 옮겼다. 4월 21일 태자 전이 몽골 입조를 위하여 개경을 출발하였다. 왕은 사당동(社堂洞) 민수(閔修)의 집으 로 거처를 옮겼다. 5월 7일 왕이 친히 삼계(三界)에 기도하였다. 그리고

---

68) 뒤이어지는 사신의 평은 다음과 같다. "왕은 이미 노쇠하여 해의 그늘만 보고 날을 보내는지라 책할 것이 없지만, 당시 잔치에 시중한 자 중에 어찌 한두 사람의 유식자가 없어서 왕과 함께 손뼉을 치며 즐거움을 돕기를 태평한 때와 같이 하고, 어찌 한마디 말로도 간하는 자가 없는가."(『고려사절요』 17, 고종 46년 2월.)
69) 『고려사』 24, 고종세가 46년 말미.

6월 30일 고종은 류경의 저택에서 숨을 거두었다.[70]

맺는말

고려 고종은 13세기 몽골 전란기의 반세기 동안을 왕위에 있었던 인물이다. 무인정권의 권력에 의지하여 왕위를 유지하였지만 미증유의 전란, 그리고 실종된 국왕 권위라는 정치 환경에서 그의 제왕으로서의 인생은 퍽 기형적으로 존재하였다고 할 수 있다. 그러나 이것이 바로 이 시기가 갖는 하나의 역사적 특성이라는 점에서, 고려 고종에 대한 검토는 그 나름 일정한 의미가 있다고 생각된다.

고종은 아동기에 왕위에 있던 조부(명종)가 최씨정권에 의하여 폐위됨으로써 정치적 위험 속에 내쳐졌다. 성년에 이르는 강화도에서의 성장기는 그에게 엄격한 정치적 현실을 각인시키는 것이었다. 그가 왕위에 오르게 되는 것은 예기하기 어려웠던 정치 상황의 반전에 의한 것이었는데, 그는 성장기 그에게 각인되었던 '생존의 지혜'에 따른 일관된 삶을 살았다. 가장 '정치적'인 상황 속에서 가장 '비정치적'인 삶을 사는 것, 그것이 바로 그의 생존 비결이었던 것이다.

최씨정권은 고종의 왕권을 자신의 정치권력 유지에 이용하였으며, 특히 13세기 다난한 대외관계의 전개는 이 점에 있어서 매우 유효한 점이 있었다. 반면 고종은 사실상 최씨정권의 보호하에 국왕으로 지명되고 그 지위를 유지하였다는 점에서 고종과 최씨정권 양자의 관계는 서로를 뒷받침해주는 상보적 입장에 있었다. 무인정권과 왕권의 이 같은 상보적 양자 관계가

---

70) 고종이 궁궐을 떠나 류경, 민수의 집에 거처한 것은, "궁궐에 거처하는 자신의 질병이 음양의 꺼림과 관련 된다고 보고 그것을 피해 다른 것으로 옮긴 것"이라 한다. 김창현, 「고려 강도의 신앙과 종교의례」『인천학연구』4, 2005, p.26 참조.

무너지는 것은 전쟁의 장기화에 따라 무인정권의 약화와 강화론의 대두에 따라 국왕(왕실)과 몽골의 직접적 외교 교섭이 이루어지면서였다. 이 같은 대외관계의 맥락에도 불구하고 고종은 오히려 자신이 몽골과 직접적 외교 주체로 대두되는 것을 사실상 기피하였다. 국왕 혹은 태자의 몽골 입조를 끝까지 거부하였던 것도 그 중심에 고종이 있었다는 것을 부인하기 어렵다. 이 점에 있어서 고종이 대외관계의 외교적 사안을 이용하여 왕권의 회복을 추구하였다는 견해는 적절해 보이지 않는다.

고종은 보기 드물게 가정적이고 성실한 자기 신변 관리를 다했던 군왕이었다. 현실의 모순에 직면하여 이를 돌파하고 새로운 자기 틀을 만드는 기개보다는, 상황에 순응하여 주어진 운명의 틀에 스스로를 적응시키는 소시민적 의식이 그를 지배하였다고 볼 수 있다. 그것은 본인의 타고난 성격과 함께 청년기까지의 성장과정과 시대적 상황에 의하여 체득되어진 그 나름 하나의 삶의 방식이었다고 생각된다. 이 점에 있어서 고종의 왕위 재위는 이 시기의 역사성을 반영하고 있는 것이라고 할 수 있을 것이다.

고종은 세상을 뜬 직후에 공개된 유조(遺詔)를 통하여 후사 문제에 대한 논란을 확실하게 마무리 지었다. 그리고 그와 동시에 자신의 장례에 대하여는 "능묘제도는 되도록 검소하게 하고 하루를 한 달로 계산하여 입은 상복은 3일 만에 벗게 하라"[71]고 하였다. 장례를 사실상 3일만의 일로 끝내게 하라는 그의 유언은 검약한 장례가 오랜 전란에 시달린 고려 상하 관민들에게 그가 마지막으로 해줄 수 있는 유일한 '선물'이라고 생각했기 때문일 것이다. 그것은 필시 그의 '오래된 생각'이었을 것이다.

(이 논문은 『한국인물사연구』 12, 한국인물사연구회, 2009에 실린 「무인정권, 그리고 전란 속의 왕권 - 고려 고종연구」의 제목을 수정한 것임)

---

71) 『고려사』 24, 고종 46년 6월 임인.

[부] 고려 고종 연보(1192~1259)(*나이는 만으로 표시함)

1192(명종 22)	1월 18일 고종 왕철 출생(부 왕오, 모 원덕태후 류씨)
1196(4세)	9월 부 태자 왕도(오)와 함께 강화도로 방출
1202(10세)	12월 명종(조부) 사망
1210(18세)	11월 개경으로 돌아옴
1211(19세)	12월 왕오, 강종 즉위
1212(20세)	7월 태자로 책봉
1215(23세)	8월 강종의 사망에 의하여 강안전에서 왕위에 오름
1218(26세)	4월 희종의 딸(장녀)을 왕비로 맞음(안혜태후 류씨)
1219(27세)	3월 왕자 전(倎) 출생
	9월 최충헌 사망
1231(39세)	8월 몽골군의 침입 개시
1232(40세)	6월 왕비(안혜태후) 사망
	7월 천도에 의하여 강화 객관에 이어(移御)
1235(43세)	1월 왕자 전을 태자로 책봉
	6월 김약선의 딸로 태자비를 삼음
1236(44세)	2월 태자비가 심(손자)을 출산
1239(47세)	5월 모 왕태후 류씨(원덕태후) 사망
1253(61세)	12월 제2자 안경공 창을 몽골에 보냄, 이듬해 귀국
1257(65세)	윤4월 권신 최항이 사망함
	12월 안경공 창을 몽골에 보냄, 이듬해 9월에 귀국
1258(66세)	3월 류경, 김준 등이 최의를 제거함으로써 최씨정권 몰락
1259(67세)	3월 왕의 몸이 편치 않음
	4월 왕의 병세가 위독한 상태에서 태자 전을 몽골에 보냄
	6월 30일 왕이 류경의 집에서 사망함
	9월 강화도 홍릉에 안장

III. 대몽항쟁기 여몽 관계의 추이와 성격
(1218~1270)

머리말

13세기 후반 이후 14세기 전반에 걸치는 1세기 가까운 이른바 '원 간섭기'
는 한국 역사에서 독특한 성격의 시대라고 할 수 있다. 식민지적 예속은
아니지만 정치적 독립성이 크게 훼손된 이 같은 시대는 한국 역사에서
다른 유례가 없기 때문이다. 따라서 이 시기의 성격을 어떻게 규정할 것인가
에 대한 깊이 있는 논의는 반드시 필요한 과제라고 할 것이다.[1) '원 간섭기'의
등장은 그 이전 대략 30, 40년에 걸친 전쟁의 후속적 결과였다. 이 때문에
'원 간섭기' 이전 여몽간의 관계는 이 시기의 역사로서만이 아니라 원
간섭기의 이해를 위해서도 의미를 갖는다고 할 수 있다.

원 간섭기 이전, 13세기 고려와 몽골과의 관계는 1218년 거란족을 추격하
여 고려에 입경한 몽골군으로부터 시작한다. 이후 1231년 몽골은 고려에

---

1) 이개석의 논문, 「대몽골국 – 고려 관계 연구의 재검토」(『사학연구』 88, 2007)는
   13, 14세기 여원 관계의 성격을 둘러싼 근년의 논의를 종합적으로 검토한 것이다.
   원 간섭기 이전 시기, 13세기 여몽간의 전쟁과 교섭에 대한 검토에 있어서도
   이 같은 여원 관계사 전반에 관련한 거시적 관점이 앞으로의 연구에서 필요한
   것으로 생각된다.

대한 본격적 침입을 개시하였고, 오랜 전쟁과 외교적 교섭 끝에 1270년 고려정부는 몽골에 대한 항전을 포기하고 강화도에서 개경으로 환도한다. 이러한 점에서 13, 14세기에 걸치는 고려－몽골 관계는 주로 대결과 저항을 기조로 하는 전반기, 그리고 원제국의 범주 안에서 왕조의 전통을 유지하는 후반기의 관계로 대분(大分)할 수 있다. 구태여 연대로 명시한다면 1218년부터 1270년까지 52년간이 그 전반에 해당하고, 원 간섭기라 할 1270년부터 1356년까지의 86년간이 그 후반기라 할 수 있다.

한편 전반기에 해당하는 시기(1218~1270)의 여몽 관계는 다음과 같은 3시기로 구분된다. 제1기는 1218년(고종 5) 강동성 전투를 계기로 여몽간의 접촉이 이루어지고 이후 공물을 매개로 하는 외교 관계가 전개되는 시기, 제2기는 1231년(고종 12) 몽골사신 저고여의 살해를 명분으로 한 몽골군 침입으로 군사적 대결이 진행되는 단계, 제3기는 1259년 고려 태자가 몽골에 입조하고 개경에의 환도를 약속하는 등 외면적으로나마 몽골에 복속하는 입장을 수용하는 시기이다. 그동안 이 시기의 여몽 관계는 초기 관계의 성립, 전쟁, 화의론(和議論)의 대두 등 각각의 주제로서 다루어져 왔다. 본고는 이 같은 기왕의 연구 성과를 토대로 하면서 대략 13세기 몽골 복속 이전 50여 년간 여몽 관계의 추이를 전체적으로 시야에 넣고 검토하려는 것이다.

이 시기의 여몽 관계를 이해하는 중요한 개념으로서는 몽골측의 고려에 대한 요구로 이른바 '육사(六事)'가 있다.[2] '6사'는 시기와 지역 혹은 여건에 따라 그 내용에 있어서 다소 출입이 있었다고 생각되지만, 일종의 정치, 경제, 사회 전반에 걸치는 포괄적 요구로서 몽골의 침략기에 고려를 압박하

---

2) 『元高麗紀事』 지원 5년 정월 28일(『고려사』 26, 원종 9년 정월)의 조서에는 納質, 籍民編, 置郵, 出師旅, 轉輸糧餉 補助軍儲 등이 열거되고 있으며, 『元高麗紀事』 中統 3년 12월(『고려사』 24, 원종세가 3년 12월)의 또 다른 고려에 대한 조서에서는 6事로서 納質·助軍·輸糧·設驛·供戶數籍·置達魯花赤이라 하여 다루가치의 설치가 포함되어 있다.

는 일종의 가이드라인이 되었다. 1231년 이후 전쟁 기간동안 무인정권에 의하여 주도된 고려정부는 외교적 방법을 동원하여 몽골의 요구를 완화하려는 노력을 부단히 기울인다. 그러나 1259년의 고려 태자의 입조 이후로는 반대로 외교적 방법으로 고려를 복속시키기 위한 몽골(원)의 전략이 두드러진다. 즉 고려 태자 입조 이후 새로 수립된 쿠빌라이 정권은 군사적 압력으로 고려를 굴복시킨다는 이제까지의 방식을 수정하여 외교적 방식에 의한 회유책으로 고려를 굴복시키려는 전략상의 전환이 있었다는 것이다. 이것은 고려의 끈질긴 저항에 직면한 몽골 나름의 대응책이었으며, 군사적 압력과 외교적 교섭이라는 이러한 절충은 완전한 고려의 폐합 가능성을 배제하는 방향으로 작용하였다. 결과적으로 고려와 몽골의 타협적 절충선이 '원간섭'이라는 수준에서 정리되었던 것이다. 고려의 몽골에 대한 굴복에도 불구하고, 고려가 원의 영토와 체제에 완전히 편입되지 않은 데에는 고려의 장기 항전과 외교적 대응이 일정한 요인이 되었을 것이다.

이상과 같은 개념을 기본으로 하여 본고에서는 대몽항쟁기 고려 몽골 양국의 외교관계 추이를 구체적으로 확인하고자 한다.

1. 1219년 여몽간의 '형제맹약'

고려-몽골 관계의 전개에 있어서 거란족 공동 진압을 매개로 한 1219년 여몽간의 형제맹약의 성격에 대해서는 일찍이 고병익 선생이 논의를 제기하였다. 그리하여 1219년 고려와 몽골이 정복지역에 대하여 요구하는 일반적 방식의 6사에 대하여 '형제맹약'의 경우에서는 이 같은 요구가 고려에 대해서 전혀 제기되지 않았음을 특기하였다. 당시 형제맹약은 정복·피정복의 개념이 아닌 동일 평면상의 횡적관계로서 성립된 것이라는 것이다.[3]

_____

3) 고병익, 「몽골·고려의 형제맹약의 성격」『동아교섭사의 연구』, 서울대출판부,

1219년 이후 초기의 여몽 관계는 원 간섭기에 있어서는 매우 긍정적 관점으로 묘사되는 경우가 많았다. 몽골군과의 침략전쟁기에도 고려정부가 희망하는 수준의 여몽 관계이기도 하였다. 몽골의 요구가 대체로 정치적인 것보다는 경제적인 측면에 국한된 것이었다는 점에서 무인정권하의 고려로서는 수용할 수 있는 수준의 여몽 관계로 상정되었던 것 같다. 그러나 '형제맹약'의 체결과정이 실제 일부 기록에 언급된 것처럼 '우호적'인 것이었다고 보기는 어려우며, 또한 이것은 양국 관계의 항구적 형태라기보다는 당시 동북아 정세 속에서 몽골이 취한 임시적 조치의 성격이 강한 것이었다.

잘 알려져 있는 바와 같이 몽골군이 동북면을 거쳐 고려 서북면 지역에 진입한 것은 1218년 11월 경의 일이다. 몽골의 원수 합진(哈眞)과 찰라(札刺)가 군사 1만을 거느리고 동진 완안자연(完顔子淵)의 군 2만과 함께 고려에 입경한 것이다. 이들은 서북면에서 맹주, 순주, 덕주를 공파하고 거란적을 추격하여 12월 강동성에 이른다. 고려가 몽골과의 관계를 처음으로 맺게 된 것은 이듬해 1219년(고종 6)의 일로서, 몽골에 대한 세공의 납부라는 것이 그 중요한 조건이었다.[4] 그리고 이러한 조건에 의하여 그해 9월 이후 1225년(고종 12)까지 7년 간 매년 몽골 사신이 고려에 들어와 공물을 징구하여 갔던 것이다. 몽골 사신의 수는 10명 이내, 그리고 거의 비슷한 수의 동진국 사신이 동행함으로써 고려와 동진이 하나의 묶음으로 몽골의 관할권에서 파악되었음을 말해주고 있다.

그러나 몽골의 공물 징구에 대해서는 고려의 부담감이 적지 않았으며 이 때문에 몽골에 대한 적대감과 반발 의식이 적지 않았다는 점이 주목된다. "매양 명을 내려 한없이 요구하니 소국이 이를 어떻게 감당하겠습니까. 한정된 산물로 무한한 요구에 응하는 것이 결코 가능하지 않음을 알 것입니

1970, pp.179~182.

4) "小國 以蒙賜不貲 講投拜之禮 遂向天盟告 以萬世和好爲約 因請歲進貢賦所便."(『東國李相國集』28, 陳情狀 ;『고려사』23, 고종 19년 11월.)

다." 이것은 종래 요, 금에 대한 의례적 사대관계의 경우에 비할 때 고려로서는 많은 부담감을 갖게 되었음을 말해주는 것이다. 1221년(고종 8)의 경우에는 몽골 사신이 1년 동안 6회나 들이닥쳤다.5)

1219년 강동성 전역 이후 여몽간의 화의 체결은 몽골군의 적극적 요구에 의하여 실현되었다. 몽골의 합진(哈眞)·찰라(札剌) 등은 강동성 전투 직전 고려 원수부에 보낸 편지에서 적을 격파한 다음에는 고려와 형제맹약을 맺도록 하라는 몽제의 명이 있었음을 통보하고 있다.6) 이것은 몽골이 거란족 진압 이후 고려와 처음부터 관계 체결이라는 계획을 가지고 들어온 것을 말하며, 동시에 몽골 침입의 목적이 바로 고려와의 화약 체결에 있었음을 암시한다.7) 당시 화의 체결과 관련한 특징의 하나는 화의를 맺는데 있어서 현장 지휘관의 역할이 컸다는 점이다. 형제맹약에 대한 정부로부터의 회답을 받지 못하였음에도 몽골측의 재촉에 조충이 맹약 체결에 응한 것이다.

몽골측의 고려에 대한 적극적 맹약 체결 요구는 거란적에 대한 공동 작전을 계기로 고려를 몽골의 영향력 하에 묶어두려는 전략적 필요에 의한 것이었다. 금에 대한 공략을 앞두고 금과 전통적 관계를 유지하고 있는 배후의 고려를 장악하는 것은 전략적으로 매우 유효한 효과를 기대할 수 있기 때문이다.8)

---

5) 고병익, 「몽골·고려의 형제맹약의 성격」『동아교섭사의 연구』, 서울대출판부, 1970.

6) 『고려사』 103, 조충전.

7) 이개석은 몽골군의 본격적 진입에 앞서 이미 이 같은 강화 요청의 제안이 몽골측으로부터 국경지역에 전달된 적이 있음을 「조충묘지명」에 근거하여 밝힘으로써 和約의 초안이 몽골에 의하여 제안된 것임을 재확인하였다.(이개석, 「여몽관계사 연구의 새로운 시점」『13~14세기 동아시아와 고려』(학술회의 발표자료집), 경북대 한중교류연구원·동북아역사재단, 2009, pp.136~137.) 묘지명에 의하면 당시 몽골측은 고려 진입에 앞서 40여 인 사절이 첩장을 휴대하고 선편으로 定州에 당도한 것으로 되어 있다. 묘지명에서는 "先是 蒙古軍遣使十興人 齎牒乘船□□□定州 請如今日講和事."(「조충묘지명」『고려묘지명집성』, 김용선 편, 한림대 아시아문화연구소, 2001, p.335.)라 하였다.

그런데 여몽화의에 있어서 고려측의 입장에 대한 최근의 논의는 고려측 사령관 조충의 역할, 그리고 화의 체결에 대한 권신 최충헌과 국왕 고종간의 입장 차에 관한 문제가 제기된 바 있다. 당시 몽골과의 외교관계 수립에 대하여는 권신 최충헌이 부정적 입장을 가지고 있었지만 이에 의하여 정치적 주도권을 확보하려는 고종의 의도를 대변하여 조충이 이를 실현시켰다는 것이다.9) 몽골의 요구에 의하여 조충이 주도한 여몽간의 '형제맹약'은 말하자면 "왕권의 회복을 꾀한 고종의 노력을 상징적으로 보여주는" 것이라 하였다.10)

이제현의 김취려에 대한 기문에서는 당시 고려 원수부가 몽골측의 요구를 조정에 전하여 고종의 허가가 있었던 것처럼 언급하였다. "또 이르기를 황제께서 적을 파한 후에는 (고려와) 형제의 약속을 맺도록 명하였다 하므로 우리 원수가 아뢰어 왕이 이를 허락하고 김양경(金良鏡)·김진석(金晉錫)을 보내 병사 1천으로 가게 하였다"11)는 것이 그것이다. 정선용은 이에 근거하여 조충이 형제맹약을 맺기 앞서 고종의 뜻을 확인하고, 그 뜻에 의거하여 최충헌의 의사와 배치되는 맹약을 성사시켰다는 것이다.12) 그러나 이 자료는 원 간섭기의 시기에 이제현에 의하여 작성된 것으로 원과의 우호적 관계를 전제한 내용상의 왜곡이 개재되어 있다.13) 『고려사』 조충열전에

---

8) 최근 이정란은 몽골이 고려와 '형제맹약'이라는 수준의 조심스러운 연계를 도모한 요인의 하나로서, 고구려 이래 고려에 대한 몽골인의 '강국 이미지'가 작용한 것이라는 의견을 제시하였다.(이정란, 「13세기 몽골제국의 고려관」,『한국중세사연구』 27, 2009, pp.97~104 참조.)

9) 정선용, 「조충의 대몽교섭과 그 정치적 의미」,『진단학보』 93, 2002, pp.115~130.

10) 위의 논문, p.134.

11) 李齊賢,『益齋亂藁』 6,「門下侍郞平章事判吏部事贈諡威烈公金公行軍記」.

12) 정선용, 앞의 논문, pp.124~125.

13) 원 간섭기의 관련 자료들에 당시 맹약의 성립이 우호적이고 화기애애한 분위기였던 것처럼 묘사되고 있다. 이것은 일종의 자료 윤색이 더해진 것이라는 점이 이에 대한 이해에 도움이 된다. 고병익, 「몽골·고려의 형제맹약의 성격」,『동아교섭사의 연구』, pp.170~171.

의하면 김양경의 파견은 몽골의 병량 요구에 응하여 미 1천 석을 수송한 것이었으며 형제맹약은 그 이후에 조정에 보고되었고, 조정에서는 당황하여 의견을 정하지 못한 상태였던 것이다. 이 때문에 몽골의 "독촉이 극히 심하여 조충이 적당히 화해하였다"[14]라고 되어 있다. 이것이 당시의 실제 상황이었다.

이렇게 보면 1219년(고종 6) 여몽간의 '형제맹약'을 국왕 고종과 최충헌 간의 정치적 주도권 문제와 연결하는 것은 적절해 보이지 않는다. 조충은 현지 지휘관으로 파견되어 여몽간의 외교적 측면보다는 거란 진압을 위하여 파견된 야전의 사령관이라는 입장에서 상황에 대처하였다. 현장의 사정에 입각한 판단은 때로 정치가의 입장이나 감각과는 차이가 있을 수 있다. 사실 거란적에 대한 대처는 대규모 몽골군의 돌연한 개입으로 매우 혼란된 상태였으며, 예기치 못했던 상황의 급변 때문에 중앙정부에서의 판단 자체가 쉽지 않았던 측면이 있다. 이러한 특수성이 현지 사령관의 즉각적 판단과 결정의 범위를 확대시켰고 결과적으로는 그 결정력이 극대화된 측면이 있다. 그리고 당시 대외관계의 국면상 고려 조정에서도 이 같은 화의 체결을 그대로 수용하지 않을 수 없었던 것이다.

강동성전투 이후 여몽간에 이루어진 '형제맹약'은 강력한 군사력을 과시한 몽골에 대하여 불필요하게 대결 국면으로 갈 필요가 없다는 판단, 그리고 금의 공략을 위한 배후 안전판을 구축하려는 몽골측의 계획적 의도에 의하여 성립되었던 것이라 할 수 있다.[15] 적어도 몽골은 '맹약'에 의하여 고려에 대한 안전판을 구축하는데 성공하고 그 첫 번째 고리를 일단 걸어놓은 것이다.

1219년 여몽간의 화약은 몽골로부터의 무리한 공물 요구가 수반되기는

---

14) 『고려사』 103, 조충전.

15) 고병익, 「몽골·고려의 형제맹약의 성격」『동아교섭사의 연구』, 서울대출판부, 1970, p.168.

하였지만, 기본적으로는 국가 간의 상호관계로서 위치 지워진 관계였다. 몽골 침입이 개시되고 고려가 정복의 대상이 되는 시기에 고려가 목표로 한 것은 1219년 화약 단계의 양국관계 회복이었다. 즉 정치적 요구가 수반되지 않는 제한된 조건에서의 양국 관계 설정이었다. 한편 원 간섭기에 있어서 1219년의 '맹약'은 이것이 여원 관계의 출발이었다는 점에서 주목되고, 특히 그것이 우호적 분위기에서 출발된 것이었음을 강조하려 하였다.『고려사』의 세가에서는 화약을 맺게 된 것에 대하여 합진이 '강화를 청하였다'고 간단히 적은 다음 이들 몽골군 진영에서의 사신이 매우 거칠고 무례한 행동으로 조야를 놀라게 한 사실을 장황하게 적고 있다.[16] 반면 김취려전(金就礪傳)에서는 합진·찰라가 고려의 조충·김취려 등과 형 동생을 서로 삼고 주석(酒席)을 같이하면서 "양국이 영원히 형제가 되어 만대에 이르기까지 오늘의 맹약을 잊지 말자"는 다짐을 장황하게 설명하고 있다.[17] 이는 이제현이 지은「김공행군기」에 의거한 것으로,[18] 조충과 함께 '맹약'의 주역을 담당하였던 김취려의 행적을 우호적 여원 관계 성립이라는 관점에서 주목한 것이다. 반면『원고려기사』등 원의 기록은 몽골의 고려 정복이 이미 이 시기에 관철되었다는 시각에서 이 사건을 정리하는 관점의 차이를 보여주고 있다.[19]

2. 군사적 대결의 개시

'맹약' 체결 이후 몽골의 고려에 대한 주요 요구는 공물이었으며 1219년(고종 6) 이후 전개된 이러한 경제적 관계는 햇수로 7년을 지속하였는데, 주지하

---

16) 『고려사』 22, 고종세가 6년 정월.
17) 『고려사』 103, 김취려전.
18) 李齊賢, 『益齋亂藁』 6,「門下侍郞平章事判吏部事贈諡威烈公金公行軍記」.
19) 김인호,「원의 고려 인식과 고려인의 대응」『한국사상사학』 21, 2003, pp.119~121.

는 바와 같이 1225년(고종 12) 몽사 저고여(著古與)의 피살 사건을 마지막으로 파탄에 직면하고 말았다.[20] 그리고 그로부터 6년이 지난 1231년 몽골군이 압록강을 건너 고려에 내도하였던 것이다. 이 때문에 일부에서는 몽사가 살해되고 외교관계가 단절된 1225년 고려는 이미 몽골과의 항전에 돌입하였다는 것으로 인식되고 있다.

저고여 피살사건에 대한 피아간 책임 문제에 대한 논란은 오래된 논의중의 하나이다. 사건 이후 몽골은 사실 확인을 위한 사자를 파견하였으나 이 역시 고려측의 화살 세례를 받고 구축 당하였다는 것인데, 이에 대해 고려는 이것이 고려군으로 위장된 동진군에 의하여 저질러진 소행으로 주장하였다. 그리하여 이 문제는 몽골의 고려 침입을 야기한 전쟁의 책임 소재라는 측면에서 여몽전쟁 초기 양측의 격렬한 논쟁이 있었다.[21]

일찍 몽골의 고려 침입에 대한 논고를 제출한 야나이(箭內 亘)는 이 문제에 대하여 몽골측 주장을 신뢰하여 당시 고려가 몽골과의 관계를 달가워하지 않았고 특히 수공사(收貢使)의 거친 행동이 고려 조정의 감정을 야기하였다는 점, 그리고 동진이 이러한 사건을 일으킬 이유가 없으며 고려측이 처음 이 사건을 금장 가불애(哥不愛)의 소행이었다고 주장하다가 그 후 동진군의 소행이었다고 말을 바꾼 점 등을 이유로 들었다.[22] 그러나 당시 고려측은 이 같은 번복이 사건의 진상을 전혀 알지 못하였다가 후에 동진국 포선만노(蒲鮮萬奴) 휘하의 망명자 왕호비(王好非)를 통하여 비로소 파악하게 된 사정을 진술하고 있다. 특히 이 사건이 고려측에 의한 것이 아니었던 점은 고려의 주장과 같이 사건 이후 고려가 몽골군의 대거 내습을 예측하지

20) 『고려사』 23, 고종세가 18년 12월 임자 소수 몽골문첩 및 이규보, 『동국이상국집』 28, 「(上都皇帝)陳情狀」 참조.
21) 고병익, 「몽골·고려의 형제맹약의 성격」 『동아교섭사의 연구』, 서울대출판부, 1970, p.183.
22) 箭內 亘, 「蒙古の高麗經略」 『滿鮮地理歷史研究報告』 4, 1918, pp.270~275.

못하고 있었던 점에서도 입증된다. 고려는 8월 몽골군의 침입에도 불구하고 이들이 실제 몽골군이라는 사실을 10월 몽골군으로부터의 사자 파견에 의하여 비로소 '확실히 알게 되었다'는 것이다.[23] '몽골군'을 칭하는 무리의 준동이 아닌가 하는 의심을 그때까지도 가지고 있었던 것이다. 저고여 사건을 고려측 소행으로 보는 것은 고려측 자료에 대한 야나이(箭內)의 불신에서 비롯된 것으로 생각된다.[24]

몽골의 고려 침략에서 살례탑(撒禮塔)을 통하여 전달된 몽골의 요구는 고려의 항복이었다. 살례탑이 그를 방문한 북계 분대어사 민희(閔曦)에 대하여 "투항하려면 투항하고 맞서 싸우려면 맞서 싸우되 빨리 결판을 내자"고 다그친 것이나,[25] 몽골 사절이 고종에게 전달한 서장 중에서 "투배 (投拜)하면 전처럼 살게 할 것이요, 투배하지 않은 백성은 범의 새끼를 잡듯 할 것이다"[26]고 천명한 것은 고려의 항복을 받아내는 것이 일차적 목표였음을 말해준다. 한편 항복의 구체적 내용은 1219년 맺어진 공물의 징구를 매개로 하는 관계 회복이었다.

살례탑의 몽골군은 1231년(고종 18) 8월 압록강을 건너 함신진(의주)을 경유하여 침입하였다. 몽골군 침입에 대하여 중앙의 방어군을 출정시키는 문제가 최우에 의하여 결정된 것은 9월 2일, 3군이 파견된 시점은 9월 9일이었다. 고려 3군은 9월 하순 황주의 동선역에 도달하여 몽골군 선봉 8천여 병력과 맞닥뜨려 이를 물리치고 10월 21일에 청천강변의 안북부에 이른다. 안북부의 전투에서 고려 3군은 몽골군에 완패하였으며 이에 조정은 화의 타결을 서두르는 한편 11월 22일 개경 방어를 위하여 5군을 다시

23) 『고려사』 23, 고종세가 18년 10월 임신.
24) 윤용혁, 「초기 여몽관계의 성립과 파탄」『고려대몽항쟁사연구』, 일지사, 1991, pp.35~40 참조.
25) 『고려사』 23, 고종세가 18년 11월 계사.
26) 『고려사』 23, 고종세가 18년 12월.

발하여 이에 대처하도록 한다. 몽골과의 화의가 타결된 것은 이듬해(1232) 정월 11일의 일이었다. 화의 타결에는 고종을 대신하여 왕족 회안공(准安公)이 파견되었으며, 몽골은 북계의 40여 성에 다루가치를 설치하고 철수하게 된다.[27]

12월 23일 고려정부는 3군 진주(陣主)를 안북부의 살례탑에게 보내 항복을 표시하였다. 살례탑은 항복의 표시로 고려가 당장 부담해야할 공물의 내용을, 말 1~2만 필이 소요되는 금, 은 등의 각종 물품, 1백만 대군의 의복, 진자라(眞紫羅) 1만 필, 수달피 2만 매, 대마(大馬) 1만 필, 소마(小馬) 1만 필, 대관(大官)의 자녀 아들 딸 각 1천 명 등으로 제시하였다.[28] 고려에서 사실 수용하기 어려운 요구였지만, 이 역시 고려를 압박하는 하나의 수단이었던 것 같다. 이에 응하여 고려 조정은 일단 많은 선물을 살례탑에게 보내는 한편 1219년 여몽화의를 주도하였던 조충의 아들 조숙창(趙叔昌)을 대장군에 임명하여 동행하게 함으로써 몽골의 긍정적 반응을 끌어내고자 하였다. 이듬해 정월 11일(임진), 몽골군은 고려에서 철군하였다.

몽골군의 철군과 관련하여, 궁금한 것은 고려의 요구를 수용하는 모양을 취하면서 철군을 한 화의의 조건이 무엇이었는지 하는 문제이다. 그러나 이에 대한 자료는 명확하지 않은데, 주채혁은 당시 항복의 조건을 "납질(納質), 적편민(籍編民), 치우(置郵), 출사려(出師旅), 전수량향(傳輸糧餉), 보조군저(補助軍儲) 내지 치다루가치(置達魯花赤)"를 근간으로 하는 몽골의 이른바 '6사'였을 것으로 추측하였다.[29] 물론 '6사'의 내용이 모두 포함된 것은 아니었겠지만, 기본적으로 이러한 기준이 요구되었던 것은 사실이라고

27) 『원사』 3, 태종본기 3년 8월. 몽골 1차 침입의 경과에 대해서는 山口 修, 「蒙古と高麗(1231)-蒙古第一次高麗侵攻」 『聖心女子大學論叢』 40, 1972에 상세하게 정리되어 있다.
28) 『고려사』 23, 고종세가 18년 12월 갑술.
29) 주채혁, 「고려 內地의 달로화적 置廢에 관한 연구」 『청대사림』 1, 1974, p.93.

생각된다. 2차 침략시 양측에서 오간 문서들을 검토하면, 적어도 1차 철군의 몽골군은 다루가치 설치, 조군, 호적 정리 등을 고려에게 요구하였던 것으로 보이기 때문이다.[30] 좀 뒤의 일이지만 고종 27년(1240) 5월 몽골에서의 조서 중에서도 이 점이 유추된다.[31]

몽골은 고려로부터 군사를 철수시켰지만, 양국의 관계가 원래대로 돌아간 것은 아니었다. 고려에는 몽골의 다루가치가 각처에 배치되어 고려의 정치행정권을 위협하였고, 다른 한편 고려는 몽골의 정복전쟁에 군사를 동원하는 요구에 응하여야 하였다. 몽골이 정복지역에 적용하던 '6사'의 일부가 1차 침략 이후 고려에 실제 부가되고 있었던 것이다.

우선 72인의 다루가치가 개경과 북계지역에 배치되고, 또 야속질아(也速迭兒)의 탐마치군(探馬赤軍)이 잔류하였다. "경부(京府)와 주현에 다루가치를 설치하고 야속질아(也速迭兒)로 탐마치군(探馬赤軍)을 거느리고 머물러 진수케 하였다"[32]는 것이 그것인데, 이에 의하면 다루가치는 지방에만이 아니라 '경부(京府)', 즉 개경에까지 파견되었던 것이다. 탐마치군은 몽골이 몽골 이외의 이민족들로 편성한 부대로[33] 아마 거란·여진·한족 등 동북아 제족(諸族)들로 구성된 부대일 것으로 보인다. 몽골은 고려로부터 철수하면서 이들 탐마치군과 항부한 홍복원 휘하의 군민을 군사적 배후로 하여 72인의 다루가치를 주둔시켜 고려에 일단의 지배권을 행사하고자 하였던

---

30) 『元高麗紀事』태종 5년 4월 24일자 몽제의 조서에는 포선만노 정토에 대한 군사적 협력, 민호 수의 파악 등에 비협조적인 고려 정부를 힐책하는 내용이 포함되어 있다.

31) 『元高麗紀事』태종 12년 5월조. 해도로부터의 출륙, 민호의 점검, 禿魯花 등이 언급되고 있는데, 이것은 1232년 초 1차 침입시의 화의 체결에 기인한다고 볼 수 있다. 정확히 '6사'에 일치하는 것은 아니지만 6사에 유사한 수준의 조건으로 철군하였음을 짐작할 수 있는 자료이다.

32) 『新元史』132, 札刺亦兒台齕兒赤傳.

33) 몽골의 探馬赤軍에 대해서는 萩原淳平, 「木華黎王國の探馬赤軍について」『東洋史研究』36-2, 1977 참조.

것이다.

실제 몽골 철군 직후인 고종 19년 2월에 "고려의 국사를 도통(都統)한다"는 임무를 자임한 도단(都旦)이라는 자가 파견되어 안하무인으로 횡포를 자행하였다.[34] 살례탑의 2차 침입시에 몽골군과 교환된 서장중의 "다루가치로서 경읍(京邑)에 있는 자"[35]라 한 것이 이 도단을 지칭한 것일 것이다. 1차 침략 이후 몽골군이 철수하면서 북계의 여러 지역에 다루가치를 설치한 사건은 이제 몽골이 고려를 점령지로 간주하고 6사를 기준으로 하는 요구를 고려에 부가시키는 과정이라 할 수 있다. 이에 대하여 이제현은 당시 다루가치 설치 기록이 사실적 근거가 없는 것이며, 이에 근거하여 다루가치 설치 사실을 부정하는 의견이 전개된 바 있었으나, 이러한 논의는 주채혁에 의하여 이미 부정된 바 있다.[36]

북계 지역에 대한 다루가치의 설치는 몽골에 대한 고려의 군사적 저항을 마비시키려는 것이지만, 다른 한편 몽골에 대한 조군 요구도 고려에 있어서 심각한 부담이었다. 몽골의 요구에 의하여 고종 19년 3월 서경도령 정응경(鄭應卿), 전 정주부사(靜州副使) 박득분(朴得芬)이 배 30척, 수수(水手) 3천으로 몽골에 보내졌다. 동진 정벌전에 징발된 것이다. 5월 동진정벌에 즈음하여 몽골로부터 고려군의 징병 계획이 결정되었으며[37] 이에 의하여 7월 몽사 9인이 개경에 이르고 있다. 4월에는 상장군 조숙창 등을 몽골에 보내 칭신의 표와 함께 살례탑이 지난번에 요구하였던 공물중의 일부를 보냈다.[38] 서장에서는 감당할 수 없는 요구 조건을 삭감해 달라는 말을 잊지 않았다. 여몽전쟁 초기의 몽골에 대한 표문의 분석에 의하면 이 시기 고려의 몽골에

---

34) 『고려사』 23, 고종 19년 2월 무술, 정축, 3월 갑신, 병술.
35) 이규보, 『동국이상국집』 28 및 『고려사』 23, 고종 19년 9월조에 수록된 「답몽골관인서」.
36) 周采赫, 「고려 內地의 달로화적 置廢에 관한 연구」 『청대사림』 1, 1974, pp.116~119.
37) "帝 以將征浦鮮萬奴 遣使九人 徵兵高麗."(『新元史』 札剌亦兒台豁兒赤傳.)
38) 『원고려기사』 태종 4년 4월 ; 『고려사』 23, 고종 19년.

대한 칭신(稱臣)은 전기(前期)의 경우와는 달리 몽골의 군사적 압박을 완화하기 위한 임시방편적 성격이 강한 것이었다.[39] 따라서 몽골군이 물러가자 고려 정부는 곧 천도에 대한 논의에 들어갔다.(2월 20일) 철군 한 달여 만의 일이다. 고려의 천도 논의는 몽골과의 관계가 단순한 사대적 관계로 유지되는 것이 아니라, 일종의 복속국의 수준에서 고려의 독자적 정치력 행사에 커다란 장애가 초래된다는 사실에 입각하여 정리된 대응책이라고 해야 할 것이다.

3. 몽골 침입에 대한 고려의 외교적 대응

몽골군이 철군한 그해 1232년(고종 19) 6월 천도가 결정되고 다음달 바로 강화에의 천도가 단행되었다. 몽골로서는 그야말로 고려의 양동(陽動) 작전에 허를 찔린 셈이다. 강화에의 천도를 눈 앞에 두고 있는 7월 1일 몽골로부터 9명의 사신이 당도하였다. 아마 세공사(歲貢使)였을 것이다. 그러나 이때는 강화천도를 앞두고 전혀 경황이 없던 시기이다. 몽골 사신은 4일 만에 귀국하고 말았다. 강화천도와 관련하여 대몽 관계에 있어서 주목되는 것은 천도의 결행과 동시에 고려정부가 북계 제성에 설치된 몽골의 다루가치를 '모두 살해한' 사실이다. 이는 강화천도가 단순히 소극적 도피가 아니라, 몽골과의 대결을 불사한다는 적극적 항몽의지를 표현한 것이라 할 수 있다.

몽골의 재침은 피할 수 없는 일이 되었다. 재침한 살례탑 군영과는 편지가 오갔지만 이 시기의 기록은 거의 남아 있지 않다. 이규보가 작성한 서장이 그나마 남아 있어 저간의 사정을 다소나마 짐작하게 한다. 11월 몽골 황제에

---

39) 이미지, 「1231·1232년 대몽 표문을 통해본 고려의 몽골에 대한 외교적 대응」 『한국사학보』 36, 2009, pp.247~255 참조.

보낸 진정표에 의하면, 군사를 내어 포선만노를 토벌하도록 할 것, 국왕
고종의 몽골 입조, 호구수의 보고를 비롯한 여러 요구를 하였던 것 같다.
그러나 고려는 이러한 제반 요구를 완곡히 거부하고 오직 공물의 제공만을
약속하는 정도였다.[40]

　고려의 사신이 몽골에 파견된 것은 고종 25년(1238) 12월의 일이다. 고종
22년부터 계속된 몽골 3차 침입의 장기화 때문이었다. 이에 응하여 몽골군은
이듬해(1239) 4월 고려에서 철수하였다. 고종 25년부터 32년(1245)까지 고려
는 도합 12회 몽골에 사신을 파견하였다. 몽골은 고려에 7회의 파견 기록이
있다. 그 가운데 특히 고종 26, 27 양년은 활발한 사신의 교환이 있었다.
2년 동안 고려는 5회, 몽골은 4회, 규모도 고종 26년의 경우 몽골 137명,
고려 148명이라는 대규모 사신단이 교환되었다. 전란기의 대결 국면이
장기화하는 가운데, 고려는 몽골에 대하여 군사행동의 중지를, 몽골은 교착
상태에 빠진 군사적 압박을 외교적으로 해결하려는 의욕을 보이는 시기였던
셈이다. 그러나 고종 28년 이후 여몽간의 사신 교환은 구체적 성과가 가시화
되지 않은 채 관성적으로 이어진다. 이에 의하여 고려는 일정시간 몽골의
침입을 모면하였다.

　몽골측의 요구는 국왕의 친조, 강도로부터의 출륙, 민호의 파악 보고
등이었다. 고종의 모친인 원덕태후(元德太后) 류씨 사망을 핑계로 대기까지
하면서[41] 고려는 시일을 미적거렸다.

---

40)『고려사』23, 고종세가 19년, 진정표.
41)『元高麗紀事』태종 11년 10월 13일.

여몽전쟁기 고려·몽골간 사신 교환[42]

연도	고려→몽골	몽골→고려	비고
고종 18(1231)	3	4	1차 전쟁
19(1232)	1		2차 전쟁
21(1234)	1		
25(1238)	1		3차 전쟁
26(1239)	2	2	
27(1240)	3	2	
28(1241)	1	2	
29(1242)	1	2	
30(1243)	3	1	
31(1244)	1	1	
32(1245)	2		
34(1247)	1		4차 전쟁
35(1248)	2		
36(1249)	2		
37(1250)	3	2	
38(1251)	2	1	
39(1252)	1	1	
40(1253)	4	5	5차 전쟁
41(1254)	5	2	
42(1255)	2		6차 전쟁
43(1256)	2	2	
44(1257)	7	2	

　　여몽전쟁기 대부분 기간 대몽 관계의 최종적 정책 결정력은 역시 무인정권, 특히 최씨 집정자의 장악 하에 있었다고 할 수 있다. 이 기간 몽골에의 사신 파견을 비롯한 외교적 교섭도 몽골의 침략 강도를 완화하거나 그 예봉을 피해보려는 하나의 전략적 성격을 가지고 있었던 것이 사실이다. 그러나 최씨 혹은 무인정권의 항몽 및 몽골에 대한 외교적 교섭에 대해서는 역시 부정적 관점이 우세하다.[43] 필자 역시 이 점에 있어서 특별히 견해를

---

42) 신안식, 「고려 최씨무인정권의 대몽강화교섭에 대한 일고찰」, 『국사관논총』 45, 1993, pp.195~198의 표를 참고하여 재작성함.

43) 신안식은 최씨무인정권의 대몽교섭을 전체적으로 정리하면서 "최씨정권에 의한 강화교섭은 정권 보위를 위한 유리한 입장을 세우는 것이었고, 상황 변화에 따라

달리하는 점은 없다. 다만 관점을 달리하여 대내적 측면이 아닌 대외적 관점에서 이를 볼 때에는 또 다른 측면이 있다는 생각을 하게 된다. 결과적으로는 최씨정권의 장기항전, 그리고 외교적 교섭에 의한 시간 끌기가 여몽 관계의 전개와 정립에 있어서 몽골에 의하여 일방적으로 설정되지 않고 오랜 기간에 걸친 타협적 과정을 거칠 수 있는 여건을 조성하였다는 점이다. 그리고 이 점은 최씨정권의 장기 항전 및 외교적 책략이 초래한 다른 하나의 측면이라는 점을 인식할 필요가 있지 않는가 하는 생각이다.

1231년부터 1259년까지 거의 30년에 걸친 여몽전쟁에 대해서는 이를 편의상 전기와 후기로 나누어보는 것이 좋겠다고 생각하여, 필자는 1~3차와 4~6차로 나누어 전기, 후기 구분을 한 바 있다.[44] 이에 대하여 이익주는 몽골의 1~4차 기간을 전기, 5~6차 기간을 후기로 설정하는 안을 제안하였다. 고려 최항의 집권, 몽골 헌종의 즉위라는 정세 변화를 감안한 것이다. 그리하여 전기는 최우가 정권을 주도하며 강경한 항전책을 견지하던 시기, 후기는 최항의 권력 승계로 몽골과의 강화가 추진되는 시기로 구분한 것이다.[45] 최항 집권 이후 강화론의 대두는 약화된 권력 기반, 몽골측의 요구가 완화된 것 때문으로 파악하였다. 그러나 최항의 대몽책은 강온을 오가며 일관성 없이 전개되었으며, 이는 최항정권이 처한 현실적 상황의 난처함 때문이었다.[46] 이러한 과정에서 문신을 중심으로 몽골과의 강화론이 점차 공식적으로 표출된다.[47]

몽골에 대한 순종·거부·지연과 재침략에 의해 환원하는 형태로써 국가의 운명보다는 정권의 운명에 더 치우치는 감이 있었다.”고 종합적으로 평가한 바 있는데(신안식, 「고려 최씨무인정권의 대몽강화교섭에 대한 일고찰」『국사관논총』45, 1993, p.194) 이는 최씨정권이 취한 대몽관계 정책에 대한 학계의 일반적 견해를 반영하는 것이기도 하다.

44) 윤용혁, 『고려대몽항쟁사연구』, 1991, pp.40~41.

45) 이익주, 「고려 대몽항쟁기 강화론의 연구」『역사학보』151, 1996, p.5.

46) 위의 논문, pp.9~11.

47) 이익주, 「고려 대몽항쟁기 강화론의 연구」『역사학보』151, 1996 및 이흥종, 「대몽강

몽골과의 군사적 대결을 불사한 대몽항쟁기 무인정권의 대외정책에 있어서 한 가지 흥미로운 것은 남송과의 관계이다. 이 시기에 정치적 혹은 군사적으로 고려가 남송과 연계하여 몽골에 대항하려 했던 시도는 거의 확인되지 않는다. 이것은 고려정부가 적어도 공식적으로는 몽골에 대항하는 자세를 취하지 않았다는 외교적 기조와도 부합한다. 그럼에도 불구하고 남송과의 통교를 중시하였고, 실제 남송의 상단(商團)이 장기적 전란이 지속되는 특수 상황에도 불구하고 여전히 고려를 내왕하고 있었던 사실이 확인된다. 특히 몽골의 장기적 압박으로 위기에 봉착한 말기의 무인정권이 남송과의 정치적 관계를 탐색하는 시도가 이루어진 점이 주목된다.

고종 46년(1259) 몽골의 연이은 군사적 압박으로 곤경에 처한 시기, 강도정부가 몽골군 포로 남송인 3명을 남송에 정중히 돌려보내면서 고려 예빈성의 첩장을 휴대한 관원을 파견한 사실이 그것이다.[48) 마아(馬兒 : 解三, 26세)·승보(升甫 : 馮時, 24세)·지취(智就 : 黃二, 38세) 등 남송인 3인은 1245년, 1249년, 1235년 각각 몽골군의 포로가 되어 그에 종군하였고, 이후 차라대군에 속하여 고려에 출정하였다가 1257년 고려에 투항한 인물들이다.

> 보우 5년(1257) 7월 두목인 차라대가 2만인을 거느리고 출정하니 풍시(馮時)와 해삼(解三)은 모두 말을 기르는 임무를 맡고 종군하게 되었다. 두 달이 지나 고려 국경선 수동로(首東路)에 이르러 화상성(和尙城)에 주둔하였다. 고려 군사는 성 밖으로 나오지 않았다. 11월이 되어 오랫동안 비가 내리자 말이 많이 얼어죽고 사람도 굶주렸다. 풍시(馮時)와 해삼(解三)은 도망쳐 고향으로 돌아가고자 서로 모의하여 깊은 산중에 숨었다. 군이 물러난 뒤 고려인이 그들을 데려다 섬에 안치하였다.[49)

화와 문신의 역할」『홍경만교수 정년기념한국사학논총』, 2002 참조.

48) 黃時鑒,「송-고려-몽골관계사에 관한 일고찰-<收刺麗國送還人>에 대하여」『동방학지』95, 연세대 국학연구원, 1997, pp.1~16.

49) "寶祐五年七月 頭目人車辣大 領二萬人出軍 馮時解三皆以牧馬從 凡兩月至麗界首東

차라대의 세 번째 침입에 해당하는 1257년(고종 44)의 고려 침입은 5월부터
의 일이며, 당시 이들은 개경을 거쳐 충청지역까지 남하하였는데, 군사적
움직임은 경기, 서해도 일대에 집중되어 주로 강도를 압박하는 것이었다.
그해 윤4월 최항이 사망하였고, 이에 따라 정부 내부에서 몽골에의 출항논의
가 공식적으로 제기되어 몽골에 전달됨으로써 하반기 몽골군은 일단 국경지
역으로 철수한 상태에 있었다.[50]

위에 인용한 자료에 의하면 마아, 승보 등 남송인 포로가 몽골 진영에서
탈출한 것은 이 무렵 11월의 일이었다. 이들이 주둔한 수동로(首東路)의
화상성(和尙城)에 대해서는 잘 알 수 없으나 국경지방 북계의 지역일 것이며,
탈출한 이들 남송인은 고려인의 보호 하에 일단 섬으로 피신하였다. 이듬해
1258년(고종 45) 정월 이들은 아마도 해로에 의하여 강도(江都)에 이송되었
고, 고종을 알현하게 된다. 그리고 황이(黃二)의 합류에 의하여 도합 3명의
남송인은 한어도감소(漢語都監所)에서 숙식하며 한동안 지내다가 남송의
상단(商團)인 강수(綱首) 범언화(范彦華)의 배를 타고 남송의 경원(慶源,
明州)으로 돌아가게 된 것이다. 1259년 경원(명주)으로 가는 이 배에는
고려 예빈성의 첩문을 휴대한 8명의 고려 관인이 포함되어 있었다. 8명의
고려 관인 명단은 다음과 같다.[51]

金之用(注簿, 文林郞)
李孝悌(注簿, 文林郞)
金光遠(丞, 文林郞)
潘吉儒(丞, 文林郞)

路 屯于和尙城 麗師不出 及十一月 久雨 馬多凍死 人且이 馮解謀逸歸本朝 匿深山中
師退 麗人取以歸置島上."(梅應發 撰,『開慶四明續志』8,「收刺麗國送還人」: 黃時
鑿, 위의 논문에서 재인용.)

50) 윤용혁,「여몽전쟁의 장기화」『고려 대몽항쟁사 연구』, 1991, pp.119~124.

51) 梅應發 撰,『開慶四明續志』8,「收刺麗國送還人」.

　　李軾(試少卿入內侍, 文林郎)

　　任柱(卿, 朝議大夫)

　　羅國維(判事入內侍 通議大夫 三司使 太子右庶子)

　　奉君用(判事正議大夫 監門衛攝上將軍)

　　여기에서 무엇보다 이들 남송인 포로가 본국에 이송되고, 거기에 정부의 첩장을 휴대한 고려의 관원들이 함께 동행한 이유가 무엇일까 하는 점이 궁금하다. 이 예빈성 첩문의 작성 시점 및 출발 시기는 '기미 3월', 즉 고종 46년(1259) 3월이었다. 1259년이라면 고려가 몽골의 압력에 굴복하여 태자의 입조가 곧 이루어지는 시점이다. 차라대 둔소에 파견되어 태자의 입조를 조건으로 철군을 약속받은 박천식(朴天植) 등이 차라대(車羅大) 사자 온양가대(溫陽加大)와 강도에 돌아온 것이 고종 46년(1259) 3월 8일이었고, 이때 이미 태자의 입조 날짜가 4월 17일로 약정된 상태였다.[52] 그렇다면 고려의 관원들이 포로를 송환하는 모양으로 남송에 파견된 이 사실을 어떻게 보아야 할까.

　　이 같은 의문에 대하여 위 고려의 첩문에서 남송에 대해서는 '대송국(大宋國)'이라 한 반면, 몽골에 대해서는 '오랑캐(狄人)'라 칭하고 있음이 주목된다. 몽골에 대한 굴복이라 할 태자의 입조를 예정하고 있는 시점에서의 남송에의 관인 파견은, 동일하게 몽골의 군사적 압력으로 위기에 처한 남송과의 정치적 군사적 연대를 모색해보려는 시도의 일환은 아니었을까. 고려의 무인정권은 몽골에 대하여 굴복하는 최후의 시점까지 상황을 타개하려는 노력을 그치지 않았던 것이다. 3명의 남송군 포로를 송환하는 것은 이 같은 노력의 일단이었으며, 태자 입조가 약속되었음에도 불구하고 고종은 입조일을 미루려고 끝까지 시도하였다. 그러나 남송에 파견된 관원들이 소기의 성과를 거두기에는 이미 고려와 남송 양측의 상황은 극히 악화된

---

52) 윤용혁, 앞의 『고려 대몽항쟁사 연구』, pp.128~129.

상태였다. 4월 21일 고려 태자 전이 몽골 입조를 위하여 강도를 출발하였고, 이들은 남송 정벌전에 종사하던 몽골 헌종(憲宗)의 돌연한 사망에 직면하여 결국 즉위를 준비하며 대남송 전선으로부터 북상중이던 쿠빌라이를 연말의 시점에 양양(襄陽)에서 면담하고 귀국하게 된다.

4. 몽골의 대고려 전략의 전환

몽골의 고려에 대한 군사적 압박은 처음에는 금을 제압하는 전략의 일환이었지만, 금이 멸망하고 남송과의 전쟁이 본격화 한 후의 고려는 남송 정복 및 일본 경략을 위한 전략지역으로서 중요시 되었다. 특히 전쟁이 장기화되고 고려와 남송의 전선이 동시에 형성되면서 몽골은 고려의 남송과의 정치적 군사적 연대 가능성을 의식하게 된다. 몽골 관인의 다음과 같은 대고려 전략에 대한 언급은 남송과의 연대 가능성이 있는 고려에 대하여 강온의 전략이 함께 검토되고 있었음을 암시하고 있다.

> "(군을) 움직이면 승리할 수는 있으나 또한 최선은 아니고, 만에 하나라도 이기지 못하면 위로는 국가의 위엄을 손상시키고 아래로는 사졸의 힘을 떨어뜨릴 것입니다. 저들이 강과 산의 험함을 믿고 바다에 식량을 쌓아 가만히 지키기만 하고 움직이지 않으면, 무슨 계책으로 취할 수 있겠습니까."(『元高麗紀事』 中統 6년 11월)
> "만약 소국(고려)의 권신이 흉악함을 자행하여 반역하면서 산과 물을 믿고 송과 연횡하여 섬을 막아 지키면 우리나라에 비록 뛰어난 병사 백만이 있다 해도 금새 함락시킬 수 없으니 실로 대국(大國)에 도움되는 것이 아닙니다."(위와 같음)

위의 자료중 앞은 원의 호부상서 마형(馬亨, 1207~1277), 뒤의 언급은 전 추밀원경력 마희기(馬希驥)의 주장이다.[53] 이들은 고려에 대한 군사적 제압이 쉽지 않다는 전제에서 오히려 고려에 대하여 유화적 정책을 지지하고 있다. 이 같은 인식은 특히 고종 46년(1259) 태자의 입조와 쿠빌라이 정권 성립 이후 확산된 것으로 보이며, 원종 초년에는 군사적 방식이 아니라 오히려 외교적 방식으로 고려정부를 복속시키려고 하는 노력이 주목된다.

고려에서는 최씨정권 최후의 계승자인 최의가 고종 45년(1258) 3월 권좌에서 제거되었고, 그로부터 1년 뒤인 고종 46년(1259) 4월, 태자 전(倎)의 몽골 입조가 이루어진다. 그것은 몽골군에 의한 군사적 공략의 막바지 시점이었다. 태자 전의 입조는 쿠빌라이와의 만남으로 대체되었고 이듬해 1260년 4월 쿠빌라이의 즉위와 원제국의 개창으로 인하여 고려와 몽골의 관계는 새로운 단계로 접어들었다. 기묘하게도 거의 동일한 시기인 1259년 6월, 고려 고종의 사망으로 쿠빌라이를 만나고 돌아온 태자 전은 귀국 후 곧바로 왕위에 오르게 된다.[54] 고려와 몽골, 양국에서 거의 같은 시기에 새로운 정국의 변화를 가져올 환경이 마련된 것이다.

이 시기 몽골의 고려에 대한 요구는 '6사'를 고려 복속의 구체적 기준으로 내세우는 경우가 많아졌다. 원종 3년(1262) 12월에 전달된 쿠빌라이의 조서에는 국왕 승인, 몽골군의 철수, 전통 의관(衣冠) 허용, 포로 송환 등 쿠빌라이가 베풀었다는 '후의'를 상기시키는 한편 볼모(納質), 호적조사(籍民編), 역참 설치(置郵), (助戰을 위한) 군대(出師旅), 식량 조달(轉輸糧餉 補助軍儲) 등이 강하게 천명되었다. 원종 9년 3월에 고려에 전달된 쿠빌라이의 조서

---

53) 인용문의 번역은 여원관계사연구팀, 『역주 원고려기사』, 선인, 2008, pp.172~181을 참조함.

54) 46년을 재위한 고려 고종은 고려의 역대 34명의 임금 중 가장 오랜 재위 기록을 남긴 인물이며, 재위 기간 대부분이 전란으로 점철된 세월을 보냈다. 무인정권이라는 특수한 정치 환경, 전란으로 인하여 거의 30년 가까이 피란수도 강도에서 지내야 했다. 최근 필자는 대몽항쟁기의 대부분 기간을 차지하는 이 고종에 대하여 인물사적 측면에서 검토한 바 있다. 윤용혁, 「무인정권, 그리고 전란 속의 왕권 －고려 고종(1192~1259) 연구」(본서에 「몽골전란기 고려 고종 연구」로 수록).

역시 고려의 환도 약속 불이행을 질책하면서, 대송전에서 고려가 군사, 병선 및 군량 등을 조달할 것을 요구하고 있다.[55] 6사와 관련하여 이 무렵 다루가치의 설치 문제가 제기된 점도 주목된다. 태자 전이 입조하기 몇 달 전 고종 45년(1258) 12월 박희실이 몽골에 파견되어 "다루가치를 청하였다"[56]는 것이다. 이후 원종 원년(1260) 8월 고려에 전달된 조서에서는 고려 주둔군의 철수와 함께 다루가치로 파견된 패로합반아발도로(孛魯合反兒拔覩魯)에 대한 귀국 조치의 명이 보이고 있다.[57]

　원종 및 쿠빌라이 즉위 이후 여몽 관계의 특징은 몽골이 군사적 압박을 자제하는 대신 고려를 회유하여 굴복시키려는 외교적 방법이 채택된다는 점이다. 이것은 오랜 군사적 침입에도 불구하고 별다른 성과를 얻지 못했던 그동안의 대고려 전략에 대한 평가가 전제된 것이었으며, 외교적 방식으로 문제 해결을 추구하는 몽골의 정책 전환을 읽을 수 있다. 이에 부응하여 입조 이후 몽골 조정과의 연결고리를 갖게 된 원종조의 대몽 관계는 이제 무인정권을 압박하는 확실한 정치세력으로 자리 잡게 된다.[58]

　여몽간의 전쟁이 장기화하면서 몽골이 끝까지 고려에 요구한 선행 조건은 국왕의 입조와 개경에의 환도였다. 1259년 태자의 입조는 국왕의 입조 요구가 축소된 형태로 실현된 것이었다. 이것은 몽골의 강한 군사적 압박, 그리고 국내에서 대두하는 강화론의 압력에 의하여 실현된 것이지만, 다른 또 하나의 조건인 개경에의 환도는 정권의 변화가 수반되지 않는 한 결코

---

55) 『고려사』 26, 원종세가 9년 3월.
56) 『고려사』 24, 고종세가 45년 12월 갑진.
57) 고려에 설치된 다루가치 전반에 대해서는 이개석, 「<고려사> 원종·충렬왕·충선왕 세가 중 원조관계기사의 주석연구」 『동양사학연구』 88, 2004, pp.119~123 참조.
58) 원종조의 대몽 관계에 대해서는 강성원, 「원종대의 권력구조와 정국의 변화」 『역사와 현실』 17, 1995 ; 최원영, 「임씨무인정권의 성립과 붕괴」 『고려 무인정권 연구』, 홍승기 편, 서강대출판부, 1995 ; 윤용혁, 「원종조의 대몽관계」 『고려 삼별초 의 대몽항쟁』, 일지사, 2000 참조.

이루어지기 어려운 성격의 것이었다. 이 때문에 결국 개경에의 환도는 1270년 무인정권의 붕괴와 동시적으로 이루어지게 된다. 따라서 고려정부의 몽골에 대한 복속 시점은 개경환도가 이루어지는 1270년에 비로소 실현된 것이라 할 수 있다.

맺는말

1270년까지 대략 50여 년에 걸치는 기간 고려의 대몽 관계와 항전은 단속적인 전쟁이 큰 흐름을 이루지만 그 배후에 외교적 방식에 의한 사태의 완화 혹은 해결을 위한 시도가 시종 진행되었다. 이 같은 화전(和戰) 양면의 대몽관계의 양상이 이 시기의 여몽 관계의 중요한 줄거리와 특징이 되고 있다고 할 수 있다.

고려가 공식적으로 몽골에 대하여 정부 차원의 무력 대항을 전개하였던 것은 1231년 한 해에 국한되고 있다. 1232년 고려는 강화로 천도하여 장기 항전을 지속하였으나 이후 고려정부는 몽골에 대한 적극적인 군사 대결보다는 지방민의 입보 지도와 함께 몽골군의 철군을 요구하는 외교적 방식을 주로 구사하였다. 고려는 몽골에 대하여 공물 증여, 왕족의 파견을 통하여 그 요구를 완화시키려 하였고, 반면 몽골은 6사를 근간으로 하는 요구를 지속적으로 요구하였으나 이 시기의 특수성 때문에 국왕의 몽골 입조와 개경환도가 우선적 요구 사항으로 부각되었다. 무인정권의 고려정부는 1259년 태자의 입조가 실현되는 시점까지도 남송과의 연대를 모색하는 등 몽골 압력에 대응한 새로운 출구를 찾으려는 노력을 포기하지 않았다.

고려가 몽골의 복속 요구를 결코 수용할 수 없었던 데에는 당시 무인정권이라는 특수적 상황이 현실적으로 작용하였다. 몽골에의 복속은 무인정권 자체의 기반을 무너뜨리는 것이었기 때문이다. 그러나 무인집정자가 몽골의 요구를 시종 거부하며 대항할 수 있었던 데에는 자주성을 추구하는 고려의 전통적 대외관계의 이념이 항전의 명분으로 작동되었기 때문이라 할 수 있다.

1231년 이후 전쟁 기간동안 무인정권에 의하여 주도된 고려정부는 외교적 방법을 동원하여 몽골의 요구를 완화하려는 노력을 부단히 기울인다. 그러나 1259년 고려 태자의 입조 이후로는 반대로 외교적 방법으로 고려를 복속시키기 위한 몽골(원)의 전략이 두드러진다. 오랜 군사적 압박이 소기의 성과를 거두지 못한 점, 그리고 남송과의 연대 가능성에 대한 우려가 몽골의 고려에 대한 정책 전환을 초래한 것으로 생각된다. 외교적 교섭이라는 이러한 상호간의 절충은 결과적으로 고려의 폐합 가능성을 배제하는 방향으로 작용하였고, 그 타협적 절충선이 '원 간섭'이라는 수준이었다.

1270년 몽골에 대한 복속에도 불구하고 고려가 최소한의 정치적 독립성을 고수할 수 있었던 것은, 몽골의 일방적 요구에 대하여 50여 년 이상 군사적 혹은 외교적 대응을 지속하였던 것이 중요한 배경이 된다. 이러한 점에서 보면, 무인정권이 주도한 몽골과의 장기항전이 많은 내부적 모순을 축적한 것이 사실이지만, 동시에 몽골에 대한 고려의 완전한 예속을 예방하는 기능으로 작용하였다는 또 다른 측면을 유의해야 할 필요가 있지 않을까 하는 생각을 갖게 된다.

(이 논문은 동북아재단, 『13~14세기 동아시아와 고려』, 2011에 실린 것임)

Ⅳ. 몽골 침입과 부인사 대장경의 소실

머리말

해인사에 소장된 고려 팔만대장경은 한국 민족문화유산의 대표적 사례이다. 수년 전의 한 설문 조사에서는 역사상 한국민족이 이룬 '위대한 성취'로서, 팔만대장경의 판각은 한글창제에 이어 두 번째로 꼽힌다는 결과가 나온 바도 있다. 그런데 고려의 문화적 역량을 반영하는 팔만대장경의 판각은 갑작스럽게 이루어진 것이 아니다. 그보다 2백여 년 전인 11세기 초에 이미 그 역량이 과시된 바 있기 때문이다. 부인사에 소장되어 있던 대략 6천 권 규모의 초조대장경이 그것이다.

초조대장경은 팔만대장경의 원조에 해당한다고도 말할 수 있는데, 불행히도 이 대장경의 판각이 몽골의 침입으로 일시에 소실되어 버렸음은 잘 알려진 바와 같다. 몽골의 전란에 대장경 판각과 함께 불태워진 부인사는 그 후 조선시대까지 부분적으로 복원되어 유지되었지만, 거찰 부인사의 대부분은 아직까지 폐허 속에서 포도밭 등으로 경작되고 있다. 부인사의 실상은 여전히 많은 부분이 미궁에 갇혀져 있는 셈이다.

부인사에 대해서는 그동안 수차례에 걸친 고고학적 조사, 그리고 학술세미나 등이 시행된 바 있다. 그러나 기왕의 조사작업은 부인사의 공간 규모

등에 비할 때 지나치게 단편적인 작업에 그침으로써 의미 있는 성과를 거두지 못하였다. 팔공산 부인사에 대해서는 보다 거시적이고 체계적인 접근이 필요하다는 점을 기왕의 연구 경과는 암시하고 있다.

본고는 부인사와 초조대장경의 소실 경위 및 그 배경을 정리하는 것이 목적이다. 부인사의 초조대장경은 흔히는 고종 19년(1232) 2차 침입의 몽골군에 의하여 불태워진 것으로 일반화되어 있지만, 이에 대한 이견이 전혀 없는 것은 아니다. 고종 19년이라는 소실 연대도 그렇고, 사실은 대장경이 몽골군에 의하여 불태워진 것이 아니라는 견해도 제기되어 있다. 이 같은 문제들을 본고에서 검토함으로써 고려 초조대장경의 본거였던 팔공산 부인사의 향후의 조사와 연구에 다소라도 도움이 되는 기본 자료를 제공하고자 한다.

1. 초조대장경의 각판

잘 알려진 바와 같이 이른바 '초조대장경'이 조성된 것은 거란의 대대적 침입이 있었던 고려 현종대(1009~1031)의 일이다. 거란의 침입에 의한 국난의 극복을 타개하는 방편으로 착수된 대장경 조판은 현종 12년(1021)경 현화사에서 시작되어 문종대, 혹은 선종 4년(1087)에 완성되었다.[1] 수준

---

[1] 초조대장경의 조성 연대는 명확하지 않다. 현종대에 대부분의 작업이 이루어지고 문종대에 완성된 것으로 보는 견해가 일반적이었지만, 선종 4년 초의 대장경에 관한『고려사』일련의 기록, "幸開國寺慶成大藏經"(2월 갑오), "王如興旺寺慶成大藏殿"(3월 기미), "幸歸法寺慶成大藏經"(4월 경자) 등이 초조대장경의 완성을 알려주는 것으로 인정되고 있다.(최병헌,「고려중기 현화사의 창건과 법상종의 융성」『한우근박사 정년기념사 학논총』, 1981 ;『고려 중·후기 불교사론』, 민족문화사, 1986, p.107.) 현종 11, 12년에 시작된 대장경 작업이 선종 4년 완성을 본다는 것은 이미 池內에 의해서 정리된 바 있다.(池內 宏,「高麗朝の大藏經」『滿鮮史硏究』中世 第2冊, 1937, p.522.)

높은 고려대장경의 완성은 한마디로 고려왕조의 정치적 안정과 문화적 역량이 유감없이 발휘된 사업이라고 할 수 있다.[2] 그러나 그로부터 2백년이 지난 13세기에 이르러, 몽골의 침입으로 부인사에 보관되어 있던 이 초조대장경의 판목은 한 순간에 재가 되고 말았다. 대장경은 처음 현화사에 있다가 속장경 작업과 함께 문종대 완성된 흥왕사에 보관하였던 것인데 어느 시기인지 대구의 부인사에 옮겨 놓았던 것이다. 초조대장경의 소실 시기는 강화천도 직후 몽골군의 제2차 침입이 진행 중이던 고종 19년(1232)의 일로 기록되어 있다. 그리고 몽골군에 의한 이 초조대장경의 소실이 최씨정권에 의하여 팔만대장경을 조성하게 하는 단초가 되었음은 널리 알려져 있는 바와 같다. 고종 24년(1237)에 착공되어 같은 왕 38년(1251)에 이르기까지 15년 동안의 대역사였다. 팔만대장경의 조성은 초조대장경이 근거가 되어 무신집정자 최우, 최항에 이르는 시기의 역점 사업으로 성취된 사업이었던 것이다.

현종조 초조대장경의 각판은 거란족의 침략에 대한 종교적 대응의 일환이었던 것으로 이해되고 있다. 팔만대장경의 제작 동기, 그리고 초조대장경과의 관련에 대해서는 고종 24년에 이규보가 다음과 같이 정리한 바 있다.

옛 현종 2년 거란주가 군사를 일으켜 침입하자 현종께서는 남행하여 난을 피하였는데, 거란군사는 오히려 송악성에 주둔하고 물러가지 않았습니다. 이에 현종은 여러 신하와 함께 더할 수 없는 서원(誓願)을 발하여 대장경 판본을 판각해 이루었는데, 그 뒤에 거란 군사는 스스로 물러갔습니

---

2) 문경현 선생은 현종대 초조대장경의 조성 배경으로 신라 이래 발달한 고려 불교문화의 역량, 고려인의 자주의식과 문화의식, 그리고 목판 인쇄기술의 발달을 들었고(문경현, 「고려 대장경 조조의 사적 고찰」『이기영박사 고희기념논총』, 1991, p.489.), 최병헌 선생은 거란의 격퇴에서 말미암은 자주적 문화국가로서의 긍지, 고려초이래의 혼란을 극복하고 정치적 안정을 이룩한 역사적 경험, 문벌귀족의 불교라할 교종의 융성 등을 들었다.(최병헌, 위의 논문, p.107.)

다. 그렇다면 대장경도 한 가지이고, 전후(前後) 판각한 것도 한 가지이며, 임금과 신하들이 함께 서원하는 것도 또한 한 가지인데, 어찌 그때에만 거란 군사가 스스로 물러가고, 지금의 달단은 그렇지 않겠습니까.(이규보, 『동국이상국집』 25, 「대장각판군신기고문」.)

현종대의 거란(요) 침입은 993년(성종 12)에 이어, 1010년(현종 1), 1018년(현종 8)의 두 차례에 걸쳐 대규모로 진행되었다. 특히 현종 즉위 직후인 1010년의 경우는 개경이 함락되어 왕이 나주까지 피란하는 고초를 겪었다.[3] 이에 의하면 초조대장경은 거란의 침략과 그로 인한 재난을 불력의 도움으로 대처하는 방안의 하나였던 것이다. 그러나 이 초조대장경 발원 동기는 거란 격퇴가 아니라 사실은 현종이 부모의 명복을 빌기 위한 개인적 동기에서 발원한 것이라는 주장 또한 이미 오래 전에 제기되어 있다.[4] "현종이 고비(考妣, 돌아가신 부모)의 명복을 빌기 위해 새로 건립한 현화사를 위하여" 대장경을 개판한 것이 그 시초이며, "현종조의 각경(刻經) 사업은 현화사를 위하여 대반야경 등 2, 3의 불전을 개판(改版)한 것에 발단하여 점차 장경 전부의 조조를 향해서 걸음을 내딛게 된 것"이라 하였다.

현종은 불우한 성장기를 보내고 쿠데타에 의하여 돌연 왕위에 오르게 된 인물이다. 그의 부 안종 욱(安宗 郁)은 태조의 제8자이며, 어머니 헌정왕후 황보씨는 경종의 비이며 성종의 누이였다. 황보씨는 성종 12년 대량원군 순(詢, 현종)을 낳으면서 사망하였고, 신성왕후 김씨의 소생인 안종은 경종비인 헌정왕후 황보씨와 관계한 사실이 밝혀져 성종 12년 사수(경남 사천)에

---

3) 이규보의 기고문에는 현종의 피란 시점을 왕 2년이라 했는데, 현종은 왕 1년(1010) 12월 27일(임신) 왕이 개경으로부터 피란길에 올라 이듬해 왕 2년(1011) 1월 7일 공주를 거쳐 13일 나주에 도착하고, 2월에 개경으로 환도하였다. 홍영의, 「현종의 공주·나주 파천의 배경과 의의」 『고려 현종과 공주』(고려 현종 공주방문 1천년 기념학술회의 자료집), 한국중세사학회, 2010, pp.45~49 참조.

4) 池內 宏, 「高麗朝の大藏經」上 『東洋學報』 13-3, 1923, pp.18~20.

유배되었다가 같은 왕 15년 사망하였다. 현종은 사실상 고아로 태어난 셈이며, 성종 이후 목종대에는 천추태후(경종비 헌애왕후)의 핍박으로 간난 (艱難)의 세월을 보내지 않으면 안 되었다. 12세 때 숭교사(崇敎寺)에서 출가하고, 목종 9년에는 삼각산의 신혈사(神穴寺)로 옮겨 사람들이 '신혈소 군'으로 불렀다. 그는 여러 차례 정치적 암살 위협을 모면하고 목종 12년 정변에 의하여 왕위에 오르게 된 것이다. 이 같은 성장 배경을 가진 현종은 즉위 후 바로 연등회와 팔관회를 부활시키는 등 적극적인 불교정책을 추진함 으로써 성종조 이후 한때 위축되었던 고려 불교의 진흥을 위하여 절대적 역할을 담당하게 된다.[5]

고려의 대표적 가람인 현화사는 현종이 부모의 명복을 빌기 위하여 조성한 것으로 널리 알려져 있다. 이 절은 현종 9년(1018) 6월 시작되어 13년(1022) 완공된다. 현화사 비의 음기에 의하면 현종은 부모의 명복을 빌기 위하여 현화사를 조성하는데 친히 조곡 2천여 석을 시주하였다고 한다. 현종대에는 천안의 홍경사와 천흥사, 예천 개심사, 충주 사자빈신사와 같은 거찰이 다수 조성된 시기이기도 하다. 그중 홍경사의 경우는 '봉선 홍경사'라 하여 사찰의 건립이 부모의 명복을 기원하는 의도가 분명하게 표현되어 있다. 홍경사는 일반 사찰의 종교적 기능 이외에 도로를 통행하는 사람들의 각종 편의와 안전을 도모하는 사회 복지적 기능을 담은 것이어서 부모에 대한 추선(追善)의 의도가 더욱 분명히 표현된 것처럼 보인다. 이에 비하여 거란 침입기인 현종 13년(1022) 사자빈신사의 경우, "나쁜 적들이 영원히 소멸되게 하소서(永消怨敵)"[6]라는 석탑 기명(記銘)에서 보는 것처럼 외적의 침입으로 인한 위기의식을 불력으로 극복하려는 기원이 담겨 있다.

---

5) 현종의 불교정책 및 현화사와 천안 지역의 사원 경영과 관련하여 김갑동, 「나말려초 천안부의 성립과 그 동향」『한국사연구』117, 2002, pp.51~56 및 최병헌, 「고려중기 현화사의 창건과 법상종의 융성」『고려 중·후기 불교사론』, 민족문화사, 1986, p.107 참조.
6) 조선총독부, 『조선금석총람』상, 「사자빈신사석탑기」, 1919, p.252.

초조대장경의 조성에 부모의 명복을 빈다는 현종의 개인적 염원이 포함되어 있을 수 있지만, 조성의 동기를 그렇게만 정리하는 것은 지나치게 그 의미와 배경을 축소한 해석이라 생각된다. 초조대장경으로부터 약 2백년 후, 같은 고려시대의 사람들은 초조대장경의 의미를 무엇보다 외난으로부터의 사직의 안녕을 기원하는 의미로 인식하고 있었다. 그것이 몽골 전란과 초조대장경 소실이라는 사태에 직면하여 당 시대인들이 가졌던 초조대장경에 대한 인식이었다. 앞에 인용한 이규보의 기고문이 이를 뒷받침하고 있다. 대장경 각판사업은 많은 시간과 재원, 그리고 총체적 문화역량의 결집이 요구되는 사업이다. 현종이 그 사업에 개인적 염원을 담았을 수는 있지만, 공식적으로는 역사적인 국가적 사업이었고, 그 배경에는 거란의 여러 차례에 걸친 압박, 그리고 사직의 안녕을 기원하는 이 시대 고려인의 염원이 함께 담겨져 있었다는 점을 부인하기는 어려울 것으로 본다.[7] 현종이 부모의 추선을 위해 발원하였다는 현화사의 경우만 하더라도 그 발원 동기가 부모의 추선(追善)에 그치지 않고, "나라가 발전(鼎盛)하고, 사직이 더욱 평안하기를 빌었다"[8]는 지적은 참고할 만한 점이다.[9] 같은 비문에는 성종년간 이래 거란의 침입에 대해서도 장황하게 언급하고 있는데, 이 역시 외란기 현화사의 창건이 갖는 국가적 사업으로서의 성격을 말해주는 것이라 할

---

7) 초조대장경에 대한 전체적 정리로서 천혜봉, 「대장경의 조판」, 『한국사』16, 국사편찬위원회, 1994, pp.103~121. 불교적 신앙에 의한 국가적 위기 극복이라는 호국적 의미가 명백히 담겨진 팔만대장경의 경우에 있어서도 참여 각성자가 죽은 부모의 명복을 비는 기원이 부분적으로 표현되어 있다.(정동락, 「강화경판 고려대장경 조성의 참여승려층과 대몽항쟁」, 『교남사학』7, 1996, p.79.) 부모에 대한 추모의 의미가 사직의 안녕을 기원하는 호국적 기원과 서로 배치되지 않는다는 점을 확인할 수 있다.

8) "聖上又發心立願 爲祝邦家鼎盛 社稷益安 (중략) 又立願爲欲追薦 二親冥福."(조선총독부, 『조선금석총람』상, 「현화사비음기」, 1919, p.249.)

9) 문경현, 『부인사장 고려대장경의 재조명』(세미나자료집), 영남대 민족문화연구소, 2008, p.39.

수 있다.

한편, 여기에서 대장경 각판의 동기에 대한 종래의 정치적 사회적 해석에 대하여 비판하고, 대장경의 조조가 고려 불교 자체의 발전이라는 문화적 관점에서 파악해야 한다는 비판에 대해서도 귀를 기울일 필요가 있다. 즉 대장경의 조판에는 전쟁 이전에도, 그리고 전쟁이 끝난 이후에도 있었던 것이며, 따라서 대장경의 각판 동기를 "불교라는 세계종교가 갖는 지식과 문화영역"에 입각하여 논의할 필요가 있다는 것이다.[10] 필자도 이러한 견해에 기본적으로 동의하는 바이지만, 요컨대는 대장경의 각판 동기를 보다 복합적으로 이해할 필요가 있다는 견해라고 생각된다. 이 같은 점을 전제하면서, 외적의 침입이 대장경 각판 동기로 일정하게 작용하였다는 것을 부정할 수는 없을 것이라는 점도 다시 확인하고자 한다.[11] 팔만대장경 (강화경판 고려대장경)의 조성이 몽골의 전란을 극복하기 위한 주요 방편으로 추진된 것임은 주지하는 바와 같거니와, 초조대장경 역시 외란의 극복에 의한 사직의 안녕이라는 염원이 판각의 동기에 포함되어 있었다는 것이다.[12]

---

10) 오윤희, 「2011년 고려대장경 천년의 해, 무엇을 기념할 것인가」『부인사장 고려대장경의 재조명』(세미나자료집), 영남대 민족문화연구소, 2008, p.53.

11) 문경현 선생은 초조대장경의 조조 동기를 "현종 고비의 추선, 왕실과 국가의 안녕", 그리고 왕실의 권위 제고 등 여러 목적이 있는 것으로 정리하였다.(문경현, 『부인사장 고려대장경의 재조명』(세미나자료집), 영남대 민족문화연구소, 2008, p.39.) 김윤곤 선생은 "대립 충돌세력의 상호화합과 문화적 통일을 위해서" 부인사 경판이 조성되었을 것이라고 하였다.(김윤곤, 「대구 부인사장 고려대장경판과 그 특성」『민족문화논총』39, 2008, p.500.)

12) 장경의 조조가 갖는 호국적 의미를 당대의 문장가 金坵(1211~1278)는 "한 藏經이 오로지 백만 군사보다 나을 것이니/ 응당 天魔 外道라도 엿보지 못하리라"라고 표현하였다.(金坵, 『止浦集』1, 「宣政殿行大藏經道場音讚詩」) 대장경이 갖는 호국적 의미를 지적한 것으로, 거란의 침입으로 국가적 위기에 처해있던 11세기에 있어서도 초조대장경이 갖는 이 같은 호국적 의미를 배제할 수는 없을 것이다.

2. 초조대장경의 부인사 이전

초조대장경은 처음 현화사 혹은 흥왕사에 소장되어 각종 불교행사에 이용되었다. 이것이 어느 시기에 어떤 연유로 멀리 부인사에까지 옮겨진 것인지는 관련 기록이 남아 있지 않다. 그러나 부인사에의 이전이 무엇보다 대장경의 안전한 보관을 위한 것이었음은 의심의 여지가 없다.13) 그리고 대장경의 안전을 위협하는 요인은 분명히 '내우외환'의 일이었을 것이다. 따라서 개경으로부터 부인사에의 이전은 대장경의 완성 이후로부터 몽골 전란 이전의 약 150년 동안의 사이가 된다. 따라서 바로 이 기간 대장경의 안전을 위협하는 사건에 대하여 주목해 볼 필요가 있다.

첫 번째로 떠오르는 것이 이자겸의 난이다. 인종 4년(1126) 2월에 이자겸 등은 군사를 발동하여 대궐을 침범하고 궁궐을 불태웠다. "이 날에 궁궐이 다 타버리고 오직 산호(山呼)·상춘(賞春)·상화(賞花)의 정자 셋과 내제석원의 행랑 수십 간만이 겨우 남았다"는 것이다.14) 궁궐이 완전히 전소되어버린 것이다. 왕은 이들의 위세에 압도되어 왕위를 물려주려고까지 하였다. 궁궐에 보관 중이던 국사(國史)는 직사관 김수자(金守雌)의 노력으로 그나마 겨우 멸실의 위기를 넘겼다. 개경에서 이 같은 소란을 겪은 터에 초조대장경이 이를 계기로 개경을 떠나 산곡간의 절로 옮기게 된 것인지도 모른다. 다음은 바로 이자겸의 난이 대장경의 부인사 이전의 계기가 되었을 것으로 보는 견해이다.

당시(인종대를 말함 – 필자) 금의 압력이 가중되고 있었고, 이자겸의 난, 서경의 난이 연이어 일어났다. 특히 이 이탁(李拓)의 난(이자겸의 난)은

---

13) 池内 宏, 「高麗朝の大藏經」『滿鮮史硏究』中世 第2冊, p.566. 그러나 戰禍로부터의 보호라는 문제 이외에 법상종과 화엄종 간의 종파간 대립이 그 배경이 되고 있다고 한다.

14) 『고려사절요』 9, 인종 4년 2월.

왕궁이 전소되는 난세였다. 이때 국보를 안전하게 수호하기 위하여 부인사로 이전했다고 추정된다.[15]

이자겸의 난 때 궁궐이 불탄 것은 충격적인 것이기는 하지만 그러나 이 때문에 시내에서 멀리 떨어져 있는 흥왕사의 대장경을 대구까지 옮겨야겠다는 결심을 갖게 되었을지는 여전히 의문이다.[16] 더욱이 금의 압력은 이자겸의 대금정책에 의하여 군사적 압력 가능성이 배제된 상태였고 '서경의 난'도 개경에 미친 영향은 미미하였다. 이유는 다르지만, 다른 관점에서 인종대를 지지하는 견해가 있다. 부인사에서 발견된 '無㝵智(무애지)' 비편과 관련하여, 이것이 의천의 적사(嫡嗣) 무애지국사 계응(繼膺)을 지칭한 것이고, 따라서 부인사에의 대장경 이전은 계응의 부인사 주석, 그리고 그의 영향력에 의한 것임을 상정한 것이 그것이다.[17] 그러나 계응의 부인사 주석 여부는 보다 적극적인 자료의 뒷받침이 필요한 문제이고, 또 그의 영향력을 인정하더라도 대장경의 부인사 이전이 특정 스님의 영향력만으로 가능하였으리라고 믿기도 어려운 일이다. 이전이 불가피하였던 객관적 여건에 대한 설명이 되지 않기 때문이다.

아무래도 대장경의 안전을 위협하는 보다 큰 요인은, 역시 외적의 침입이었을 것 같다. 부인사는 북으로부터의 외적 침입이 있을 경우 비교적 접근이

---

15) 문경현, 「팔공산 부인사 소장 대장경의 전말」 『부인사장 고려대장경의 재조명』 (세미나자료집), 영남대 민족문화연구소, 2008, p.40.

16) 흥왕사는 개경의 남쪽 개풍군 흥왕리에 위치한다. 38도 이남에 위치하여 1948년 당시 지표조사가 시행된 결과가 뒤에 소개되었다. 건물 가운데 절의 서측에 터가 남아있는 西高臺 건물이 장경판고였던 것이 아닐까 하는 추측이 있다. 황수영, 「고려 흥왕사지의 조사」 『백성욱박사 송수기념 불교학논문집』, 1959, pp.1126~1127. 흥왕사 창건에 대한 역사적 고찰에 대해서는 한기문, 「고려중기 흥왕사의 창건과 화엄종단」 『고려 사원의 구조와 기능』, 민족사, 1998 참고.

17) 정동락, 「신라·고려시대 부인사의 변천과 현실대응」 『민족문화논총』 39, 영남대 민족문화연구소, 2008, pp.526~529 참조.

어려운 남부 내륙에 위치하고, 그것도 팔공산이라는 상당히 높은 산에 자리한 점이 특징이다. 이는 특히 기병을 주력으로 하는 북방으로부터의 외적 침입을 대비하여 조치한 것이라는 점을 암시한다. 따라서 초조대장경의 부인사 이전은 대장경의 완성 이후 북방민족의 침입을 경험한 결과의 조치로 추정해 볼 수 있다. 그리고 이때의 외적의 위협은 대장경이 보관된 개경에 대한 위협 때문이었을 것이다.

이 같은 조건에서 대장경이 조성된 후 1232년 소실되기까지 개경에 대한 북방민족의 위협은 두 가지 예가 떠오른다. 첫째는 고종 18년(1231) 몽골군의 1차 침입과의 관련이고 둘째는 고종 3년(1216)부터의 거란족의 침입이다. 몽골군의 1차 침입 때에는 개경이 포위되고 적의 일부는 충주까지 진출하였다가 이듬해 1232년 초에 철수하였다. 그리고 바로 그해 7월 강화도에의 천도가 단행되어졌다. 개경이 사실상 포기되고 위기의식이 극도로 고조되었을 당시의 여건에서, 대장경의 이전이 가능한 시점은 1232년 6월 강화에의 천도 결정과 같은 시기이다. 즉 정부의 천도 결정에 대응한 조치로서 개경의 사원 나름대로 최소한의 피란과 주요 물품의 이송 대책을 수립하고 대장경을 부인사로 이전 조치하였을 가능성이다. 그러나 당시 강화천도가 예상할 수 없을 정도로 매우 급하게 결정되고 천도가 신속히 이루어졌던 점을 생각하면 1232년 천도 당시에 과연 대장경 판본을 대구까지 옮길만한 여유가 있었을까 하는 의문이 제기된다. 초조대장경의 양적 규모는 대략 6,000권 정도로 추산되거니와, 만일 천도시의 피란 조치였다면 부인사가 아닌 강화도에의 이전이었어야 할 것이다. 이 점에서 대장경의 부인사 이전이 1232년 강화천도를 전후한 시기의 조치였을 가능성은 매우 적어 보인다.

둘째는 몽골 침입 직전 최충헌 집권기 거란족의 침입이다. 걸노(乞奴) 등이 지휘하는 대요수국(大遼收國)의 거란족은 몽골군과 금군에 밀려 고종

3년(1216) 8월 고려 경내로 진입하게 되었다. 고려정부는 3군을 편성하여 청천강 이북 북계 여러 지역에서 이들을 격파하였다. 그러나 적의 후속부대가 가세되면서 거란족은 12월 황주를 도륙하고 이어 개경의 인근까지 출몰하면서 고종 4년(1217) 초 경기 여러 지역에서 전투가 이어졌다. 고려군은 제천, 원주 등을 함락한 적을 추격하여 제천 박달재에서 적을 격파하고 이들을 동북면 이북으로 내몰았다. 그러나 물러갔던 이들 거란족은 연말 다시 국경을 넘어 들어와 고종 5년(1218)에는 국경 일대에서 고려군의 공격이 이어지고 있었다. 9월 고려정부는 수사공 조충(趙沖)을 서북면원수로 임명하여 3군을 파견하고 공격을 강화하였다. 패퇴한 거란족은 평양 동쪽 강동성에 들어가 이를 포위할 무렵 돌연 몽골군이 동진국 군과 함께 거란족을 평정한다는 명분으로 고려 영내로 진입하게 된다. "몽골 원수 합진 및 찰라가 군사 1만을 거느리고 동진의 만노가 완안자연의 군 2만과 함께 거란적을 친다고 성언하고" 북계의 화·맹·순·덕주 등 4성을 공격한 데이어 강동성 포위전에 가담한 것이다. 이것이 여몽간의 공식적 첫 접촉이고 강동성전투로 거란족을 진압한 양국은 고종 6년(1219) 초 '형제맹약'을 체결하여 1224년 저고여 사건이 발발하기까지 공물을 매개로 한 외교적 관계를 유지하게 된 것은 널리 알려진 사실이다.[18] 이상이 고종 3년(1216) 이후 6년(1219)까지의 거란족의 고려 침입 상황이거니와, 그 기간은 4년에 걸치며 한때 고려는 개경을 비롯하여 중부지역까지도 위협을 당하였다. 전쟁이 진행 중이던 시기 이규보는 다음과 같이 당시 상황을 묘사하였다.[19]

이상하게 저 거란의 여민(餘民)들은 여진에 귀속된 지 오랜데도 마치

---

18) 『고려사』 23, 고종 세가 해당연월.

19) 고종 초 거란족 침입과 관련해서는 고병익, 「몽골·고려의 형제맹약의 성격」 『동아교섭사의 연구』, 서울대출판부, 1970, pp.147~161 ; 김상기, 『신편 고려시대사』, 서울대출판부, 1985, pp.373~376 및 윤용혁, 「초기 여몽관계의 성립과 파탄」 『고려대몽항쟁사 연구』, 일지사, 1991, pp.23~28 참고.

주인을 보고 짓는 개와 같이 반란을 일으켜 마구 설치다가, 마침내 숲을 잃은 노루처럼 온갖 광증을 부려 좌충우돌 하였습니다. 게다가 남의 경계에 침범하여 도리어 우리를 원수로 삼아 남의 땅에 붙어 있으면서 사람을 괴롭히기 일쑤이고 남의 양식을 빼앗으면서 사람을 해치는 것을 흔쾌하게 여기며, 심지어는 늙은 할미와 어린 아이들을 용서 없이 죽이고, 새끼 밴 망아지와 젖먹이 송아지를 남김없이 도살하며 불사(佛寺)를 불태워 다 잿더미를 만들기도 하고 범서(梵書)를 찢어 뒷간에 버리기도 하니 이것이 이른바 짐승의 마음이라, 어찌 사람의 정이겠습니까?(이규보,『동국이상국 집』41,「同前攘丹兵天帝釋齋疏」)

사원들이 불타고 불경 전적이 훼손되는 상황이 언급되어 있거니와, 당시 거란의 침입은 불교계에 커다란 타격을 입히고 충격을 주었던 것으로 보인다. 무엇보다 이들의 침입으로 절들이 "열에 아홉이 불탔다"고 표현할 만큼 사찰의 피해가 심각하였다.[20] 거란 침입 초기인 고종 3년(1216)에는 북쪽의 가장 저명한 사찰인 묘향산의 보현사가 불태워졌다.

　　보현사는 북쪽지방에서 유명한 절이라, 고인(高人)·석자(釋子)나 세속을 떠나 진리를 탐구하는 자들의 집결장소이다. 정우(貞祐) 모년(某年) 병자에 거란의 군사가 국경을 침범하여 불사(佛寺)와 신사(神祠) 할 것 없이 마구 불태워 이 절도 또한 타버리게 되고 불상과 모든 시설도 없어졌다.(이규보, 『동국이상국집』24,「妙香山普賢寺堂主毘盧遮那如來丈六塑像記」.)

보현사를 불태운 적은 개경을 위협하며 중부지역까지 횡행하였다.『고려 사』에 의하면 고종 4년(1217) 3월 거란적 6명이 국청사(國淸寺)에 잠입하였다 가 1명은 잡혀 죽고, 나머지는 도주하였다. 적의 간첩 3명이 개경 선의문에서

---

20) "州郡之丘墟者 自西以東 寺宇之灰燼者 在十則九."(이규보,「爲相府禳丹兵大集神衆 道場疏」,『동국이상국집』41.)

의 검문에서 검거되었는데 이들은 양수척과 적에 투항한 고려군이었다. 거란군 5, 6명이 선의문으로 침입하여 경비병 3명을 살해하고 여성 1명을 납치해 갔다. 또 거란군이 백령역에 이르러 순릉(혜종 릉)을 도굴하였다. 거란군 본대가 아직 개경에 이르지는 않았지만, 고려정부와 개경의 도성민으로서 극도로 긴장하지 않을 수 없었던 당시의 사정을 전하는 것이다. 바로 이 시기에 정부는 태묘의 신주를 태상부(太常府)로 옮기고, 현릉 태조와 창릉의 재궁(관)을 봉은사로 옮기고 현화사에 있는 안종, 현종, 강종의 신위를 숭교사로 옮겼다. 국왕 고종은 건성사에도 가고 묘통사에도 갔다. 또 장군 신선주 등에게 군사를 거느리고 숭인문과 홍인문 밖에서 거란군을 방비하게 하였다.21) 이것이 3월 한 달 동안의 경과이다. 거란의 개경 공략에 대비하여 분주했던 도성의 모습을 상상해 볼 수 있다.

4월(1217) 거란군 5천이 금교역(金郊驛)에 이르렀고 정부는 상장군 오응부 등으로 5군을 편성하여 숭인문으로 나가 거란을 막게 하였다. 적은 개경을 우회하여 원주 등지로 남하하였다. 수년 간의 거란과의 싸움, 그리고 개경에 대한 위협은 북방적의 침입에 대하여 경계심을 고조시킨 동시에 향후 개경이 결코 안전할 수 없다는 경고로서 받아들여지기에 충분하였다.

> 호랑이가 이미 방으로 들어온 뒤에야 비로소 우리를 튼튼히 할 계획을 세우려고 하였으니, 이 때문에 되놈들로 하여금 틈을 타고 서울에까지 밀어닥쳐 함부로 행패를 부리게 하였으며, 나라 창고를 점거해 먹고 저장해 놓은 것도 불사르고, 여자를 약탈해 욕보이고 찢어죽여 길에 시체가 널려 있고, 사찰은 열에 아홉이 불타버렸습니다. (이규보, 「爲相府禳丹兵大集神衆道場疏」 『동국이상국집』 41)

이와 같이 거란의 침입으로 인한 상황을 경험하면서 개경으로부터 대장경

---

21) 고종 4년 3, 4월의 정세에 대해서는 『고려사』 22, 고종세가 해당연월 참조.

이전의 필요성도 제기되었던 것이 아닐까 생각된다. 북으로부터의 외적이 개경을 위협할 때 내륙, 기병의 접근이 어려운 고지대의 사찰 중에서 대상을 검토하였을 것이다. 물론 대장경이 부인사로 이전된 데에는 또 다른 이유도 있었을 것이지만, 일단은 고종 3년 이후 거란의 침입과 개경에 대한 위협이 직접적 동기로 작용하였을 것으로 추측한다. 이렇게 좁히면, 대장경이 부인 사로 이전된 시기는 거란 진압이 종료된 고종 6년(1219)으로부터 수년 간, 대략 1220년경이 될 것이다. 몽골의 본격적 침입, 그리고 대장경의 소실로부터 10여 년 전의 일이 되는 셈이다.

3. 1232년 부인사 초조대장경의 소실

부인사의 창건은 신라시대 선덕여왕, 혹은 성덕왕대(702~737)로 전한 다.[22] 지금은 대부분이 폐사지의 상태이지만 지표상의 흔적만으로도 부인사 는 규모가 팔공산 최대의 사찰이었을 것임은 의심의 여지가 없다. 사역 내에 남겨진 석등(대구시 유형문화재 제16호), 서탑(대구시 유형문화재 제17호), 배례석의 자료는 전성기 통일신라 불교문화의 면모를 전하는 것이 고, 발굴조사에서도 통일신라기의 와류가 다량 출토한 점에서[23] 가람의 창건은 통일신라기로부터이고 그 사세가 고려시대로 계승되면서 발전된 것임을 알 수 있다. 고려기에 초조대장경의 장경 판고를 설치한 것으로 보더라도 사원의 규모나 비중이 당 시기에 작지 않았음을 짐작해 볼 수

---

22) 선덕여왕대는 '夫人寺'라는 절 이름과 관련한 전설에 의한 것이며, 성덕왕대 창건설 은 19세기 『경상도읍지』 혹은 『영남읍지』 등에 기재되어 있는 기록이다. 고고학적 발굴조사의 결과, 혹은 신문왕 9년(689) 대구 지역으로 천도 시도 등을 참작하여 성덕왕대 창건설을 신빙하는 견해가 많이 있다. 이에 대해서는 정동락, 「신라·고려 시대 부인사의 변천과 현실대응」 『민족문화논총』 39, 2008, pp.515~518 참조.
23) 대구대 박물관, 『부인사지 2차 발굴조사보고서』, 1991, p.163.

있다.

부인사가 소재한 팔공산은 영남 내륙지역의 상징적 장소로서 신라시대에
는 부악(父嶽)이라 칭하여, 5악 명산의 하나로 중사(中祀)에 들어 있어 매우
상징적 제사처로서도 기능하고 있었다. 부인사와 함께 동화사, 파계사 등의
사찰이 예로부터 전해오고 있고 『신증동국여지승람』에는 이밖에도 지장사,
선사암, 자화사, 보제사 등이 역시 팔공산에 소재한 것으로 되어 있다.24)
팔공산 부인사에 몽골군이 침입하여 절에 보관되어 있던 초조대장경 판본이
소실된 것은 고종 19년(1232)의 일로 널리 인정되고 있다.25) 국사 교과서
초조대장경에 대한 다음과 같은 기술은 이에 대한 현재의 일반적 이해를
잘 보여준다.26)

현종 때 거란의 침입을 받았던 부처의 힘을 빌려 이를 물리치려고 대장경
을 간행하였다. 70여 년의 오랜 기간동안 목판에 새겨 간행한 이 초조대장경
은 개경에 보관하였다가 대구 팔공산 부인사에 옮겼는데, 몽골 침입 때에
불타버리고 인쇄본 일부가 남아 고려 인쇄술의 정수를 보여주고 있다.

몽골군의 고려 침입은 고종 18년(1231) 8월부터의 일이다. 살례탑을 사령
관으로 하는 제1차 침입은 북계 일대에서 치열한 전투를 야기하였으나

---

24) 『신증동국여지승람』 26, 대구도호부, 불우.
25) 초조대장경의 소실에 대해서는 대부분의 개설서 혹은 고려시대 상설서에 몽골
    2차 침입군에 의한 것이라는 거의 일치된 내용이 기재되어 있다. "이 초조대장경의
    경판이 부인사에 소장되어 오다가 몽골 침입군에 의해 고종 19년(1232)에 처참하게
    인멸되었던 것이다."(민현구, 「고려대장경」,『한국사시민강좌』23, 1998, p.17) "그후
    초조대장경은 대구 부근의 부인사에 옮겨 보관하였다가 고종 19년(1232) 몽골침입
    으로 불타버렸다."(이병희, 『뿌리깊은 한국사(고려)』, 솔, 2002, p.284) "몽골군의
    별동대가 멀리 경상도까지 내려와 고려는 대구 근처의 부인사에 소중히 간직하여
    오던 초조대장경을 소실하는 등 피해를 입지만"(박용운,『수정 증보판 고려시대사』,
    일지사, 2008, p.560) 등이 그 예이다.
26) 『고등학교 국사』, 2002, p.271.

10월 안북부에서 고려 3군의 패퇴 이후 11월 말, 몽골군은 평주성을 도륙한 다음 개경 주위까지 박두하게 되었다. 몽골군은 이르는 곳마다 잔학한 구략을 서슴지 않았으며 그 피해와 참상은 비극적인 것이었다. 전쟁의 참화가 깊어가는 고종 18년 12월의 군신맹고문에는 이때 개경 인근 지역 일대에서의 참상을 다음과 같이 묘사하고 있다.

　　저 달단의 완악한 무리들이 이유 없이 국경을 침범, 변경 지역을 잔패케 하고 백성들을 살육하더니 점점 경기지역까지 침범해 들어와 사방을 유린 하되 마치 범이 고기를 고르듯 하여 겁박을 당해 죽은 자가 길에 낭자합니다. (『동국이상국집』 25, 「신묘12월일 군신맹고문」)

이 무렵 몽골군은 개경을 포위하는 한편 군의 일부가 충주까지 남하하여 충주성에서 전투를 벌였다. 12월 몽골군이 개경을 포위하자 고려정부는 왕족 회안공 정을 안북부의 살례탑 둔소에 파견하여 화의를 도모하였다. 이듬해 고종 19년 정월 11일 몽골군이 철수하고 개경에서의 계엄도 곧이어 해제되었다. 그러나 고려가 북계에 설치된 몽골의 다루가치에 대하여 적대적 조치를 취하고 동시에 강화에의 천도가 추진되면서 몽골의 재침입을 피할 수 없게 되었다. 고종 19년(1232) 6,7월에 걸쳐 강화천도가 이루어지고난 이후 8월, 고려에 대한 몽골의 정토전이 개시되었다. 살례탑의 재침군이 고려땅에 당도한 것은 빠르면 8월 말, 아니면 9월 초 쯤의 일이었을 것으로 보인다. 그후 살례탑이 용인의 처인성에서 저격된 것은 12월 16일의 일이었다. 이 3개월의 과정은 기록에 거의 나타나 있지 않다.[27]

고종 19년 몽골군이 강도정부에 사절을 보내 그 반응을 확인하는 기간동안 살례탑의 본군은 주로 서북면 일대에 머물면서 전국은 다소 소강국면이었던

27) 고종 18년 몽골의 1차 침략 이후 강화천도와 2차 침략에 이르기까지의 전반적 사정에 대해서는 윤용혁, 『고려 대몽항쟁사 연구』, 일지사, 1991, pp.40~61 참조.

것처럼 보인다. 그러나 이 기간 몽골군이 군사적으로 전혀 손을 놓고 있었던
것은 아니었다. 살례탑의 몽골군이 서경 일대에 주둔하면서 강화정부와
승강이를 하는 동안, 몽골군의 다른 일부는 이미 본격적인 군사작전을
진행하고 있었다. 11월 몽제에게 보낸 서장 중에서는 "귀국(몽골) 군사가
지나는 곳마다 노약자나 부녀자나 할 것 없이 서슴지 않고 닥치는대로
죽이고 있으므로, 온나라가 아무런 경황없이 허둥지둥 공포에 싸여 살겠다는
생각을 가지지 못하고 있습니다."[28]고 하여, 몽골군이 이미 군사적으로
고려정부를 압박하고 있었음을 말해주고 있다. 현종 때 만들어진 고려대장경
이 고종 19년에 소실되었다는 것은 이 시기 기록에 잡혀져 있지 않은 몽골군의
동태를 이해하는데 도움이 된다. 이 사이 몽골군이 강화도에 대한 직접
공격을 모색하고 있었다는 사실도 몽골군의 지속적 작전과 압박이 진행되었
음을 말해준다.[29] 그러나 정작『고려』와『고려사절요』의 고종 19년 조에
는 부인사 초조대장경의 소실에 대한 사실이 기재되어 있지 않다. 이 때문에
고종 19년 몽골군의 부인사 분멸을 의심하는 견해가 없지 않다.

초조대장경의 소실을 알려주고 있는 것은 팔만대장경의 제작이 완공되었
을 때에 "현종 때의 판본이 임진 몽병에 의해 불타 없어졌다"고 한 고종
38년에 이르러서의 기록이다. 여기에서의 '임진 몽병'이 바로 고종 19년의
몽골군을 지칭한 것이기 때문이다. 초조대장경의 소실이 고종 19년의 일이라
는 기록은 이규보가 작성한 글에 의해서도 다음과 같이 확인되고 있다.

심하도다, 달단이 환란을 일으킴이여! 그 잔인하고 흉포한 성품은 이미
말로 다 할 수 없고, 어리석고 어두움이 짐승보다 더 심하니, 어찌 천하에서
공경하는 바를 알겠으며 불법(佛法)이 있음을 알겠습니까.……이 때문에
저들이 경유하는 곳에는 불상과 불적(佛籍)이 모두 불태워졌고, 부인사

28)『고려사』24, 고종세가 38년 11월.
29)『세종실록지리지』평안도 태천군 인물.

소장의 대장경 판목도 또한 불태워져 남아나지 못했던 것입니다.(이규보, 『동국이상국집』 25, 「대장각판군신기고문」)

이 글이 만들어진 것은 팔만대장경의 판각을 시작한 고종 24년(1237)의 일이다. 고종 24년까지 몽골군의 고려 침입은 고종 18년의 제1차 침입, 고종 19년 제2차 침입, 고종 22년에 3(1)차 침입, 고종 23년에 3(2)차 침입 등 4회에 걸친다. 이 기간중 몽골군에 의한 사찰의 훼손과 소실이 적지 않았음을 위의 이규보 기고문은 말해주고 있다.

초조대장경의 보관처 부인사가 대구 팔공산의 부인사가 아니라 아마 개경에 소재한 부인사일 것이라는 견해도 이 같은 의문에서 야기된 것이라 할 수 있다.30) 또 팔공산 부인사 발굴 현장에서 지금까지 수습된 여러 명문와의 관련 사명이 '符仁寺(부인사)'가 아닌 '夫仁寺(부인사)'라는 점도 신경이 쓰이는 부분이다. 부인사 초조대장경의 소실 시기에 대해서는 일찍이 이케우치(池內)가 고종 19년(1232) 설을 부인하고, 제1차 침입기인 고종 18년(1231) 연말 설을 제기한 바 있다. 이것은 고종세가에서 같은 해 몽골군의 경상도 침입이 확인되고 있지 않기 때문이다.31) 그러나 수년 후 그는 이에 대한 견해를 수정하여 『고려사』에서 언급한대로 고종 19년 설을 채택하였다.32) 이에 의하여 초조대장경의 부인사 소실은 고종 19년 2차 침입 몽골군에 의한 것으로 사실상 확정되었다.33)

부인사 대장경의 소실 때에 기록에 나오지 않던 몽골군은 고종 41년(1254)

---

30) 문경현 선생의 논문에는 '김영수, p.167'을 이러한 견해의 근거로 제시하였다. 그러나 이 논문이 어떤 것인지 구체적으로 제시되어 있지 않다.

31) 池內 宏, 「高麗朝の大藏經(下)」『東洋學報』 14-1, 1924, pp.92~95.

32) 池內 宏, 「高麗朝の大藏經に關する一二の補正」, pp.94~104.

33) "그런데 저 부인사 소장의 고려대장경 구조판이 '毁於壬辰蒙古兵'이라 하여 이 고종 19년(임진) 제2차 몽구시에 분멸되었다고 하는 것으로써 보면, 이때 몽골군의 별동부대는 일시 이곳에까지 남하하였던 것이 아닌가. 재고를 요한다."(이병도, 『한국사(중세편)』, 을유문화사, 1961, p.564.)

에 팔공산 부근에 등장한다. 이들은 9월 14일 충주산성, 10월 19일 상주산성을 거쳐 남하하였는데 이듬해 초 몽골군이 철퇴하자 산성과 섬에 입보하였던 사람들이 다시 고향으로 돌아오는데 팔공산의 공산성에 입보한 사람들 중 굶어죽은 사람이 매우 많았다는 것이다. 또 고종 41년 대구지역에서 포로로 잡힌 백성이 많았다고 한다.[34] 상세한 침입 상황은 여전히 알 수 없지만 적어도 대구지방 일대를 구략하고 인근의 백성들이 팔공산의 산성으로 난을 피하였던 이러한 사정이 고종 19년 2차 침입 때에도 연출되었을 것으로 상상할 수 있다.[35]

대구 팔공산의 부인사가 대장경판 소장처로서의 부인사와는 다른 것이 아닌가 하는 의문도 제기될 수 있다. 『고려사』 등의 역사 기록에 대체로 符仁寺(부인사)라는 이름으로 기록된 데 반하여, 실제 절터의 발굴조사에 의하여 확인된 명문 자료, 혹은 조선시대 기록이 대체로 夫人寺(부인사), 혹은 夫仁寺(부인사)로 되어 있다는 점 때문이다. 그러나 대장경 소실과 거의 동시기에 이미 "부인사(符仁寺), 동화사 두 절의 승도가 영주(永州)를 공격하였다"[36]고 하여, 동화사와 같이 부인사의 이름이 거명되는 것을 보면, 이것이 같은 절의 다른 표기임이 분명하다. '夫人寺'의 표기는 조선시대의 문헌에 일반적으로 나타나는 표기이지만, 수습된 기와의 '夫人'명 기와는 고려시대의 기와에도 보이고 있어서 사실은 고려시대에도 절에서는 '夫人寺'라는 이름을 오히려 선호했던 것으로 보인다.[37] 절터 조사에서 '符仁'명

---

34) 『고려사』 24, 고종세가 41년 2월 및 『고려사절요』 17, 고종 41년 3월.
35) 대구 일대에서 피란민이 모여들었던 공산성은 원래 약 2.3km의 석축이었으나 훼손이 크게 진행된 상태이다. 산성의 高險한 위치에 의하여, 이 성이 전술적 요충(腔扼之地)으로서 보다는 피란지로서의 특성을 갖는다고 하였다. 이에 대해서는 김영하, 「공산성고」 『동양문화연구』 3, 1976, pp.101~102 참조.
36) 『고려사절요』 14, 신종 5년 10월.
37) 윤용진, 『부인사 지표조사보고서』, 경북대 박물관, 1986, pp.16~21 및 대구대 박물관, 『부인사지 2차 발굴조사보고서』, 1991, pp.1~3 참조.

이 전혀 보이지 않는다는 점도 시사적인 바가 있다. 사실은 절의 이름이 고려, 조선을 불구하고 '夫人寺'였던 것은 아닌가 하는 생각을 갖게 하기 때문이다.38)

　　부인사지의 조사에서 가장 관심의 초점이 되는 것은 경판고의 위치이다. 기왕의 조사에서 경판고로 추정된 건물지가 나오기도 하였지만,39) 경판고 여부가 확인된 것은 아니다. 부인사 대장경은 팔만대장경에 비하여 분량이 훨씬 적으며, 경판고 규모도 큰 차이가 있었을 것이다. 따라서 사지에 대한 전체적 개황이 충분히 파악되어 있지 않은 단계에서 성급하게 경판고의 위치를 확정하려는 시도는 아직은 무리한 시도로 생각된다.

4. 부인사 방화의 주체 문제

　　부인사 초조대장경이 1232년 몽골군에 의하여 불탔다는 것은 널리 알려진 사실이다. 이것은 앞에 인용한『고려사』세가의 "현종 때의 판본이 임진 몽병에 의해 불타 없어졌다"40)거나, 고종 24년 이규보작 「대장각판군신기고문」에 몽골군에 의하여 "부인사 소장의 대장경 판목도 또한 불태워져 남아나지 못했다"고 언급되어 있는 바와 같다. 그러나 이에 대하여 대장경의 소실 사건이 몽골군에 의한 것이 아니라는 견해도 제기된 바 있다. 그 근거는 고종 19년(1232) 당시 몽골병은 경상도 내륙의 공산(대구)에까지 진출한 사실이 없다는 점이고, 따라서 부인사의 소실 원인은 몽골군이

38) 김상영, 「부인사의 역사」『부인사의 역사와 문화』, 중앙승가대 불교사학연구소, 2009, p.12 참조. 한편 사명과 관련하여 1986년 경북대 박물관의『부인사 지표조사보고서』(1986)는 부인사의 표기를 '夫人寺'로 한 바 있다.
39) 현 부인사 건물 남쪽 축대에서 남쪽으로 60m 위치의 정면 5칸, 측면 4칸(17.0×12.5m)의 건물지가 조사단에 의하여 경판고로 추정된 바 있다.(대구대 박물관,『부인사지 1차 발굴조사보고서』, 1989.)
40)『고려사』24, 고종세가 38년 9월 임오.

아닌 다른 데서 구해야 한다는 것이다.41)

부인사의 소실이 몽골병의 침입이 미치지 않은 시점에서의 일이었다면, 방화의 원인은 과연 무엇일까. 그에 대한 해명은 대장경판이 몽골군이 아닌 "고려인의 손에 의하여 불태워졌다"는 것이다. "마치 임진왜란 때 한성의 궁궐과 정부의 문적도서(文籍圖書)의 소실이 왜군이 아닌 조선인에 의하여 불태워진 것과 이 임진몽골란 때의 대장경판 소실은 유사한 것"이라 하였다.42) 그럴 경우, 부인사 방화의 주체인 '고려인'은 구체적으로 어떤 집단인가. 이에 대해서는 다음과 같은 4가지 추정이 제시되고 있다.

① 공산 부근의 기아와 착취에 허덕이던 농민들이 곡식·폐백 등 엄청난 재부를 축적하고 있던 대가람 부인사를 습격하여 약탈할 때 이를 방어·수호하려는 사원 승병과 난민의 전투중에 실화로 소실되었을 가능성

② 절을 점거 약탈한 농민군이 의도적으로 방화했을 가능성

③ 부인사의 승병과 최가정권 군대와의 치열한 전투에서 소실되었을 가능성

④ 최가정권이 대장경을 불지르고 전 인민에게 몽골군에 대한 적개심을 진작시키고 이의 재조성을 위하여 전 인민의 호국사상과 신앙심을 자기 밑에 집결시키기 위하여 감행했을 것이라는 추정

등이 그것이다.43) 이러한 가능성을 제기하는 데에는 부인사가 무인정권과 일정한 갈등관계에 있었다는 점이 중요한 착안점이 되고 있다. 신종 5년 (1202) 10월 경주의 별초군은 운문산의 농민군, 팔공산의 부인사, 동화사의 승도를 끌어들여 반란을 일으키고 영주(永州)를 공격한 것이 그것이다.

---

41) 문경현, 「고려 대장경 조조의 사적 고찰」『이기영박사 고희기념논총—한국사학사연구』, 1991, p.495.

42) 위의 논문, p.496.

43) 위의 논문, pp.496~497.

이듬해(신종 6년) 9월에는 부인사와 영주 부석사, 청송 쌍암사 승도들의 반란 기도가 사전에 인지되어 관련자가 검거된 기록이 보이고 있다.[44] 요컨대 "정권의 안보를 위하여 국왕을 협박하여 강화도로 천도한 최우가 정권의 안보와 정통성을 확립하고자 고려 전인민의 민의를 수렴하고 국론을 통일하고자 하는 의도하에 사재를 기울여 재조대장경 조조사업을 단행하고, 이를 합리화하고 전 인민의 대몽골 적개심을 고취하기 위하여 의도적으로 몽골군이 불태웠다고 내외에 선전했다"는 것이다.[45]

부인사 소실이 대체로 농민들의 봉기, 혹은 부인사와 최씨정권과의 갈등에 의하여 야기되었을 것이라는 이 같은 견해는 수년 후인 고종 25년(1238) 황룡사탑의 소실과 그 방화 주체에 대한 논의와도 유사한 측면이 있다. 신라의 대표적 호국불적 황룡사탑에 대해서는 『고려사』 고종 25년 윤4월에 "몽골병이 동경에 이르러 황룡사탑을 불태웠다", 『삼국유사』에 "몽골의 병화로 탑과 장육존상과 전각이 모두 불탔다"[46]고 하여 몽골군에 의한 방화임이 명기되어 있다. 그럼에도 불구하고 이 무렵 적의 동태에 대한 기록이 없다는 것을 전제로 관련 기록의 신빙성을 부정하면서 황룡사탑의 소실이 몽골병화와는 무관한 것으로 결론지은 예가 그것이다.

> 1237년에는 적정에 대한 기록은 전혀 없다. 반면에 1237년 전라도와 경상남도 일대에서는 이연년의 농민폭동군이 활동하고 있었으며 이에 대하여 강도정부는 김경손 등을 파견하여 진압하게 하였다. 이것은 삼남

---

44) 『고려사절요』 14. 해당 연월.
45) 문경현, 앞의 「고려 대장경 조조의 사적 고찰」, p.495.
46) 『삼국유사』 3, 황룡사구층탑. 여기에서는 황룡사 소실 시기를 "고종 16년 무술 冬月"이라 하여 『고려사』의 "고종 25년 윤4월"과 차이가 있다. 필자는 당시 몽골이 군 침입과 관련한 자료를 검토하고, 황룡사탑의 소실이 고종 25년의 일이며, 당시 몽골군이 9월 이후에 남진하였던 점에 비추어 황룡사의 소실 시기는 고종 25년의 겨울일 가능성이 많다는 점을 밝힌 바 있다. 이에 대해서는 윤용혁, 『고려 대몽항쟁사 연구』, 일지사, 1991, pp.75~78 참조.

일대에 몽골 침략군의 적정이 없었다는 것을 말해준다. 이러한 일련의 사실을 종합해볼 때 황룡사 탑을 소각한 것은 몽골병이 아니라 다른 원인으로 인하여 발생한 사건이라고 추정할 수 있으며 그것이 정당하다면 고려사의 이 기사는 오기일 것이다.[47]

여기에서 황룡사탑 방화의 주체를 "몽골병이 아니라 다른 원인"이라 한 것은 명확한 언급은 피하였지만 인민들의 방화를 상정한 것이라 할 수 있다. 그러나 황룡사탑, 혹은 황룡사의 소실이 몽골군에 의한 것임은 『고려사』와 『삼국유사』에 명기되어 있는 사실이고, 이 시기 몽골군의 동태가 보이지 않는다고 단정한 것도 사실과는 다르다. 이러한 점에서 황룡사 소실의 원인을 막연히 '다른 원인'으로 상정하여 논의를 전개하는 것은 불필요한 상상에 토대한 논리 전개라 하지 않을 수 없다.[48]

고종 19년 몽골병에 의한 부인사 및 초조대장경 소실을 몽골군과는 무관한 것이고, 농민의 봉기 혹은 부인사와 최씨정권의 갈등에 의하여 야기된 내부적 요인에서 찾는 앞의 논의는 일단은 흥미로운 제안인 것은 사실이지만 사실적 근거가 너무 미약하다고 하지 않을 수 없다.[49] 부인사 초조대장경 소실이 '최씨정권의 의도적 방화'라는 것은 고종 19년 강화천도 직후의 시기로서 몽골 침입의 본토를 돌아볼 경황이 전혀 없었던 사정 하나만 감안하더라도 수긍하기 어렵고, 착취에 허덕이던 농민들에 의한

---

47) 김재홍, 『원 침략자를 반대한 고려 인민의 투쟁』, 과학원출판사, 1963, p.79.

48) 같은 북한의 책에서도 황룡사에 대한 상기한 견해를 인용하면서도 이를 사실로서는 확정하지 않고 있다. "우리나라의 력사책들에는 1237년에 전투가 있었다는 기사가 없다. 그러므로 1238년 4월에 몽골침략군이 동경(경주)에 쳐들어와 황룡사탑을 불태워버렸다는 기록은 사실이 아니라고 보는 견해도 있다."(『조선전사』 7, 과학·백과출판사, 1979, p.56.)

49) 문경현 선생의 부인사 관련 주장에 대해서는 "선뜻 동의하기 어려운 문제점"을 지니고 있다고 비판된 바 있다. 김상영, 「부인사의 역사」『부인사의 역사와 문화』, 중앙승가대 불교사학연구소, 2009, p.16.

방화라는 것 역시 이를 긍정하기에는 그 근거가 명확하지 않다. 30년 전 부인사의 승도들이 최씨정권과 갈등을 빚은 사건도 1232년 대장경 혹은 부인사의 소실사건과 연결시킬만한 단서는 되지 않는다.

몽골전란기의 역사를 고찰하는 데 있어서 반드시 유의해야 할 기본적인 전제의 하나는 『고려사』 등의 이 시기 관련 기록이 극도로 영세하다는 점이다. 이는 섬으로 천도한 무인정권이 지방의 정보를 소상히 파악하지 못했던 점도 있지만, 무엇보다 몽골과의 장기항전 이후 고려가 원에 정치적으로 종속된 데에 큰 원인이 있다. 부인사가 소실된 고종 19년의 경우만 하더라도 몽골 전란 관련 기록이 『고려사』에 거의 실리지 않은 채 이규보의 외교문서로 채우고 있는 점에서도 단적으로 입증되는 바와 같다. 따라서 당시 몽골군의 경상도 침입에 대한 기록이 없다고 하여 이를 근거로 곧 몽골군의 침입이 없었다고 간단히 단정할 수 없다는 것이다. 오히려 부인사의 소실 기록을 통하여 이 시기 몽골군의 경상도 침입 사실을 확인할 수 있는 것이다.

맺는말

대장경의 조조는 고려시대의 문화적 역량이 유감없이 발휘된 상징적 사업이다. 초조대장경은 11세기 초 거란의 침입 기간 중 조성이 시작되고, 13세기 몽골 전란기에 있어서는 이른바 팔만대장경의 조조의 계기를 만들었다. 본고는 대구 팔공산 부인사에 소장되어 있던 고려 초조대장경에 대하여 특히 이 대장경의 소실 문제 중심으로 검토한 것이다. 본고에서 정리한 주요 사실은 다음과 같다.

첫째, 초조대장경의 판각 동기에 현종의 개인적 기원이나 부모의 명복을 비는 기원이 포함되었을 가능성은 인정되지만, 거란의 침입을 배경으로 고조된 위기의식을 불력에 의하여 극복하려는 의도가 개재되어 있었음을 부정할 수는 없을 것이다. 초조대장경 각판사업은 외란기에 고려의 문화적 역량을 기울여 국가의 안녕을 기원하는 것이 중요한 발원의 동기라고 생각된다. 초조대장경 조성이 갖는 호국적 의미는 팔만대장경의 발원문에 의하여 분명히 확인된 사항이다.

둘째, 개경에 있던 초조대장경이 언제 어떤 이유로 부인사에 옮겨진 것인지는 확인할 길이 없으나, 고종 3년(1216) 이후 수년간 지속된 거란족의 침입에 위협을 느낀 결과였다고 생각된다. 이때 개경이 직접적 병화의 위협에 놓였고, 거란족에 의하여 보현사를 비롯하여 많은 사찰과 불교문화재가 소실된 경험이 있기 때문이다. 고종 6년(1219) 강동성의 역을 계기로 이 전투가 종식되었으므로, 대장경의 부인사 이전은 소실되기 10년 전, 대략 1220년 경이었을 것으로 추정한다.

셋째, 초조대장경의 소실은 고종 19년(1232) 몽골의 제2차 침입군에 의한 것임을 재확인하였다. 2차 침입 당시 몽골군이 경상도에 들어온 기록이 없다는 점에서 그 시기를 의심하거나, 혹은 초조대장경이 몽골군이 아닌 고려인에 의하여 분멸되었다는 주장이 제기된 바 있다. 부인사 방화는 농민군에 의한 것, 혹은 부인사와 최씨정권과의 갈등에서 야기된 소실 등이 제시된 가설의 줄거리이다. 그러나 이 같은 주장은 논리적 근거가 빈약한 제안으로서, 몽골군에 의한 소실이라는 기왕의 지식을 부정할 만한 설득력을 가지고 있지 못하다고 보았다. 적어도 몽골군에 의한 대장경의 소실은 기록의 근거를 분명히 가지고 있기 때문이다.

부인사는 신라 이래의 전통을 가지고 팔공산이라는 공간을 배경으로, 특히 고려시대에 크게 번창하였던 사원이다. 그동안의 단편적 조사를 통하여 확인된 사역(寺域)의 대강만으로도 이 같은 사실을 금방 짐작할 수 있다. 더욱이 초조대장경이 이곳에 보관되고 있었다는 사실은 부인사의 역사적 의의를 각별하게 만들고 있다. 그럼에도 불구하고 사역의 많은 지역이 사유지 상태에서 훼손 행위가 지속되고 있다. 사역을 조속히 확보하고 이에 대한 조사를 체계적으로 시행하여 가람의 전체적 성격이 파악되어야만 할 것이다. 그리고 이 같은 성격 파악을 통하여 사적으로서의 부인사를 어떻게 정리하고 정비하여 지역의 문화자산으로 위치시켜야 할 것인가에 대한 방향을 잡아 나갈 수 있을 것이다. 아마도 문헌으로 풀지 못하였던 많은 의문들도 사역에 대한 이 같은 기초적 작업에 의하여 어느 정도 그 해답을 기대할 수 있지 않을까.

(이 논문은 『한국중세사연구』 28, 한국중세사학회, 2010에 실린 것임)

제 2 장
고려 지역민의 대몽항전

Ⅰ. 1232년 용인 처인성에서의 대몽승첩

머리말

1232년(고려 고종 19년) 용인 처인성 승첩은 고려의 대몽전 사상 가장 극적이면서도 불가해한 수수께끼를 안고 있는 대몽승첩 사례이다. 1231년에 본격화된 몽골의 침략에 대항하여 당시 권력자였던 최우의 결단으로 1232년 개경으로부터 서울을 강화도로 옮긴 직후, 몽골의 침략은 재개되었다. 기세 등등하게 남하하던 살례탑의 몽골군은 용인의 처인성이라는 작은 성에서 살례탑이 돌연 사살당함으로써 이 싸움은 종식되었다.

살례탑은 왜 12월에 이 지역을 통과하게 되었는가, 그는 어디로 침략의 예봉을 향하고 있었는가, 살례탑을 적중시킨 그 화살은 누가 발사한 것이었는가, 지휘자 김윤후는 왜 전공에 대한 포상을 거부했는가, 살례탑을 사살한 이 처인성 전투는 대몽전에서 어떠한 의미를 갖는 것인가, 이러한 여러 사항들이 금방 문제로 떠오른다.

본고에서는 이 처인성전투의 경과를 정리하고, 아울러 여기에 등장한 김윤후라는 인물과 그 역할에 주목한 다음, 한국의 대외항쟁사에서 이 승첩이 갖는 의의를 언급함으로써 이 같은 의문에 대한 부분적 해답을 제시하고자 한다.[1)]

1. 1232년, 몽골군의 고려 침입

잘 알려져 있는 바와 같이 몽골군의 침략이 본격 개시된 것은 고려 고종 18년(1231)의 일이었다. 서북 국경지역에서의 방어전에도 불구하고 이를 돌파한 몽골군에 의하여 왕도 개경이 포위되었고, 고려정부는 몽골과의 화의를 체결함으로써 일단 몽골군이 철수하도록 유도하였다. 이듬해 고종 19년(1232) 집정자 최우는 강화도에의 천도를 전격 결정하고 즉각 이를 시행에 옮겼다. 이는 몽골의 재침을 대비한 최씨정권의 대응책이었다고 할 수 있겠다. 고려의 강화천도는 이후 무인정권의 대몽 강경책 유지의 기조가 되었고, 이후의 몽골군의 침략전 역시 궁극적으로는 강화도를 겨냥한 것이었다고 할 수 있다.

고려의 강화천도가 고종 19년(1232) 6, 7월에 걸쳐 이루어지고 난 이후 8월, 고려에 대한 몽골의 정토전이 개시되었다. 살례탑의 재침군이 고려땅에 당도한 것은 빠르면 8월 말, 아니면 9월 초 쯤의 일이었을 것으로 보인다. 그 후 살례탑이 용인의 처인성에서 저격된 것은 12월 16일의 일이었다. 따라서 살례탑은 고려 영내에 침입한 이후부터 죽음까지는 대략 석달 남짓의 기간이었던 셈이다. 이 시기 몽골군은 곧바로 군사적인 공략을 전개한 것은 아니었다. 몽골군은 처음 상당기간을 고려정부의 의도와 향후 전망, 대책 등을 확인하는데 주력하였으며, 본격적인 남진 공략은 이 같은 기간이 경과한 후의 일이었다.

이 3개월의 과정은 기록에 명확하게 나타나 있지 않다. 이 때문에『고려사』

---

1) 본고와 관련하여 필자는 「몽골의 2차침구와 처인성승첩-특히 광주민과 처인부곡민의 항전에 주목하여」(『한국사연구』29, 1980)라는 논문, 그리고 김윤후의 인물을 주목한 「몽골 항쟁의 주역 김윤후-왜곡된 역사가 영웅을 만들었다」(『여성춘추』, 92년 2월호)라는 글을 쓴 바 있다. 또『고려대몽항쟁사연구』(1991, 일지사)에서도 이에 대하여 언급한 바 있는데, 본고는 이 같은 기왕의 글을 많이 참고하여 작성하였으며, 이에 대해서는 특별한 註記를 붙이지 않는다.

에서는 이 시기를 당시 몽골군에게 보내졌던 이규보 제작의 서장을 『동국이
상국집』으로부터 전재하여 그 공백을 메우고 있다.[2] 이로써 보면 이 시기의
기록은 이미 『고려사』를 편찬하던 15세기에 매우 희소한 상태였음에 틀림없
다. 이 같은 기록의 결실(缺失)은 몽골군의 2차 침입 전반에 대한 지식의
빈곤을 야기하고 있다. 2차 침입군이 내침 이후 처인성에 이르는 시기별
경과라든가, 전투 상황, 몽골군의 의도 등에 대하여 거의 알 수 없는 상태로
되어 있을 뿐 아니라, 대몽전 사상 가장 주목되어어야할 처인성 싸움에 대해서
도 그 구체적인 전말을 파악할 수 없는 것이 그 실상인 것이다. 이 같은
기록상의 한계는 고려의 대몽전 전반에 걸치는 것이기는 하지만, 특히
2차 전쟁시의 경우는 그 도가 더욱 심하다.

　1232년 2차 침입의 몽골군은 어떤 명분으로 고려에 침입하였으며, 이들의
요구는 무엇이었는가? 또 고려와의 전쟁을 어떤 방향으로 전개하고자 하였
는가? 이에 대해서는 이 무렵 몽골군에 보내진 이규보 제작의 답장을 통하여
얼마간 엿볼 수 있다.

　몽골군의 2차 침입의 직접 계기는 고려정부가 돌연 개경을 버리고 강화천
도를 단행한 데 있었다. 이는 기존의 양국간 '화약'을 파기한 것이며 몽골에
대한 대결적 자세로 받아들여졌기 때문이다. 거기에 천도 직후 7월 경에는
서북면 일대에서 몽골의 다루가치에 대한 노골적인 적대적 조치를 취하였다.
내시 윤복창으로 하여금 서북면 일대 여러 지역의 다루가치에 대한 무장
해제를 추진하였으며, 서경에서는 이곳에 주재하여 있던 다루가치를 체포,
처단하려는 계획이 진행되었다. 그리하여 이 같은 일련의 반몽조치에 대하여
서경에서는 8월 1일 도리어 이에 반발하는 난이 일어났다. 즉 서경의 순무사
대장군 민희(閔曦)가 사록 최자온(崔滋溫)과 함께 장교들을 시켜 서경의

---

2) 몽골군의 침입기인 고종 9월부터 12월 사이 『고려사』 고종세가에 전재된 이들
　문서는 9월에 1건, 11월에 4건, 12월에 3건 등 도합 8건이며, 이중 7건이 몽골측
　또는 몽골군 진영에 보내진 것이다.

다루가치를 처단하려 하였는데, 8월 1일 서경인들은 다루가치 처단의 보복이 자기들에게 이를 것을 염려, 도리어 최자온을 구금하는 반란사건을 야기하였던 것이다. 이 사건은 고려정부가 반몽책으로 전환한 사실을 명백히 한 것이었다. 9월 강화도에 보내진 몽골군 지휘부의 편지는 이 같은 사실을 확인하는 한편으로, 몽골에 대하여 복속할 것인지, 아니면 싸우려는 것인지 고려측의 태도를 분명히 할 것을 요구하였다. 이에 대하여 고려는 강화천도가 결코 반몽책으로의 전환이 아니라는 점을 누누이 강조하였지만 몽골로서는 쉽게 이를 신빙할만한 여건에 있지 않았다.

이후 11월에 다시 살례탑에게 보내진 답장에서 보면, 고려는 몽골군에 대한 접대사와 함께 공물을 보냄으로써 고려가 몽골과 우호관계를 유지하고 싶어 한다는 것을 표시하였다. 이에 대하여 살례탑은 만일 그것이 사실이라면, 왕과 집정자 최씨가 직접 나와 몽골군을 마중할 것, 공물을 보다 충분히 보낼 것, 여몽간의 관계를 '손상'케 한 인물, 조숙창(趙叔昌), 송입장(宋立章) 등을 체포하여 보낼 것, 만노국 토벌에 돕는 군사를 낼 것 등을 요구하였다. 이는 몽골군이 고려측의 진의를 보다 분명히 타진하려하고 있음을 말해준다. 그러나 이후 몇 차례의 서장 왕래에도 불구하고 고려측의 반응은 말에서 그칠 뿐, 그에 상응하는 조치가 수반되지 않았고, 논의는 겉돌고 있었다. 살례탑의 본격적인 남하와 고려정부에 대한 군사적 압박은 이러한 확인과정을 거친 후인, 10월 이후의 일이었다.

2. 살례탑이 처인성에 이르기까지

몽골군이 강도측의 반응을 확인하는 기간동안 군사적으로 전혀 손을 놓고 있었던 것은 물론 아니다. 살례탑의 몽골군이 서경 일대에 주둔하면서 강화정부와 승강이를 하는 동안, 몽골군의 다른 일부는 이미 본격적인 군사작전을 진행하고 있었다. 가령, 11월 몽제에게 보낸 서장 중에서는 "귀국 군사가 지나는 곳마다 노약자나 부녀자나 할 것 없이 서슴지 않고 닥치는대로 죽이고 있으므로, 온나라가 아무런 경황없이 허둥지둥 공포에 싸여 살겠다는 생각을 가지지 못하고 있습니다"고 하여, 몽골군이 이미 군사적으로 고려정부를 압박하고 있었음을 말해주고 있다. 현종 때 만들어진 고려대장경이 고종 19년(1232)에 소실되었다는 것도,[3] 이 시기 기록에 잡혀 있지 않은 몽골군의 동태를 이해하는 데 도움이 된다. 현종 때 제작된 고려장경은 당시 대구 부인사에 보관되고 있었기 때문에, 이들 몽골군은 2차 침략시에 경상도 내륙에 이르기까지 내려가 있었던 것이다.

또 한 가지 주목되는 것은 이 사이 몽골군이 강화도 공격을 모색하고 있었다는 사실이다. 이에 대해서는 다음의 기록이 보인다.

> 고종 19년, 몽골병이 송경(松京)을 포위하여 왕이 강화도로 피란하였는데 적이 배를 만들어 치려고 할 때 변려(邊呂)가 향리로서 포로가 되었다. 적이 강화로 가는 수륙의 길을 물으며 불로 고문까지 하였으나 변려는 육로는 불통이고 수로는 매우 험하다고만 하고 끝내 말하지 않았다. 이에 적이 그 말을 믿고 배를 불사르고 물러났는데, 나라에서 즉시 상장군의 벼슬을 주었다.(『세종실록지리지』 평안도 태천군 인물)

강화도 침공계획을 위하여 태천의 향리 변려가 지목되었던 점은 이 무렵 몽골군이 서경 일대에 거점을 두고 있었고, 태천 등 서북면 지역의 사람들이 포로로 잡혀 고려에 대한 군사작전에 동원되고 있음을 말해주고 있다. 당시 이 작업은 변려의 비협조로 실천에 옮겨지지 못했다고 하지만, 실제로 배를 만들면서 준비를 진행시킨 점을 고려하면 계획은 매우 구체적으로 진행되었음을 말해준다. 몽골군은 아마 수전에 대한 두려움, 강화도

---

3) 『고려사』 24, 고종세가 38년 9월 임오.

공격 결과에 대한 불확실성 등으로 최종 포기한 것이었다고 생각된다.[4]

살례탑의 남하는 고려 내침 후 일정기간 이후의 일이었다. 고려정부의
의도와 생각을 명확히 타진하고, 그에 따른 대책의 정리에 시간이 소요되었
기 때문이다. 수차례에 걸쳐 편지와 사람이 왕래한 결과, 고려정부의 천도가
몽골과의 대결을 전제로 한 계산된 것이었다는 점, 몽골에 복속하여 그
명령을 따를 가능성이 없다는 것이 명백해졌을 때, 남은 것은 군사적인
해결책이었다. 살례탑의 남진은 대략 10월 경부터의 일이었을 것으로 보인
다. 이후 살례탑의 진로에 대해서는 다음의 자료가 참고가 된다.

> 몽골 원수 살알(撒歹)이 어사잡단 설신(薛愼)을 군중(軍中)에 잡아두고
> 송경(松京)에 와서 강을 건너 남하하고자 하였다. 설신이 살알(살례탑)에게
> "우리나라에는 다른 나라의 대관(大官)으로 남쪽강을 건너는 자는 불길하다
> 고 전해오는 말이 있다"고 하였다. 살알이 듣지 않고 한양산성으로 가서
> 이를 함락시킨 다음 처인성에 이르렀다가 날아온 화살에 맞아 죽었다.
> 몽골군은 송경에 돌아와서 설신을 식견이 있다 하여 강화에 돌려보냈다.
> (『신증동국여지승람』 10, 경기도 용인현 고적조)

이에 의하면 살례탑의 몽골군은 개경을 거쳐, 한양을 공략하고, 그리고
다시 한강을 건너 경기도 용인(처인성)에까지 당도하였던 것이다. 그런데
당시 남진하던 살례탑군에 대하여 개경에서는 장기적인 방어전이 성공적으
로 수행되었다고 보는 견해가 있다.

몽골 침략자들이 개경에 달려들자 성안에 있던 군대와 인민들은 침략군의

---

4) 몽골군의 강화도 침공 타진에 대한 기록은 약간 다른 표현으로 『신증동국여지승람』
54, 태천현 인물조에도 기재되어 있으며, 『동사강목』에서는 이를 고종 19년 '9월'의
일로 정리하고 있다. 전후의 맥락으로 보아 '고종 19년 9월'로의 정리는 무리하지
않다고 생각된다.

공격을 물리치는 싸움에 용감히 일떠섰다. 당시 개경에는 류수병마사가 거느리는 수천 명의 군대가 주둔하여 있었으며 또한 노비를 비롯하여 강화도에 들어가지 못한 수많은 인민들이 남아 있었다. 개경의 군민들은 포위한 침략자들에게 심각한 타격을 줌으로써 성을 끝까지 지켜냈다.[5]

즉 몽골의 2차 침략전에서 뒤에 언급하는 광주 남한산성과 용인 처인성에서의 전투 이외에 개경방어전이 함께 강조되어 있는 것이다. 이 같은 개경방어전에 대한 논의는 김재홍의 주장에 근거한 것인데, 그는 "개경성에서는 8,000명의 방어군을 위시한 인민들과 적 간에 상당히 격렬한 공방전이 전개되었으리라고 인정되는 바"라고 강조하고, 방어전의 전개 기간은 "포위한 적을 반대하는 개경방어군과 인민들의 투쟁은 제2차 침입의 전 시기에 걸쳐 진행된 것"이라 하여, 내침 이후 고려에서 철퇴하기까지 수개월에 걸친 것이었다고 단정하였다. 김재홍이 개경에서 살례탑과 공방전을 벌이며, 끝까지 개경을 지키고 있었다고 본 것은 이 시기의 기록들이 '개경에 이르렀다(到松京)' '개경을 포위하였다(圍松京)'라고 되어 있을 뿐, 개경이 함락되었다는 직접적 표현이 없다는 것, 개경에는 당시 8천의 고려 방어군이 주둔해 있었다는 데 그 근거를 두고 있다.[6] 그러나 이때 개경에 8천의 방어군이 있었다는 것이나, '도송경(到松京)' '위송경(圍松京)' 운운은 한마디로 매우 모호한 근거이다.

우선 개경의 8천 방어군이란, 천도 직후 불온한 개경의 치안을 위하여 주둔시킨 8령군의 왕경유수군(王京留守軍)을 가리킨 것이다. 그런데 7월 6일 고종이 개경을 출발, 강화도로 향하자 곧 개경 성안에서는 어사대의 조례(皁隷) 이통(李通)의 난이 발발하였고, 이들 반란군에 의하여 김중구(金仲龜), 김인경(金仁鏡)이 지휘하는 왕경유수군은 곧 축출되고 말았다. 이에

5) 『조선전사』 7, 1979, p.50.
6) 김재홍, 『원침략자를 반대한 고려인민의 투쟁』, 1963, pp.61~63 참조.

강도에서 조염경(趙廉卿), 이자성(李子晟) 등으로 긴급히 3군을 편성, 파견하여 개경반란군을 진압하기에 이른다.[7) 반란이 진압된 후 8령의 왕경유수군이 다시 개경에 주둔하였던 것인지, 살례탑 남진시에 개경의 유수군이 강화도로 철수하지 않고 개경의 방어를 위하여 그대로 잔류하였는지, 모두 알 수 없는 일이다. 설혹 약간의 잔류군이 있었다 하더라도 강화천도로 인한 민심의 심각한 이반은 개경민과의 연합에 의한 방어전 수행은 불가능한 상황이었다. '도송경(到松京)'을 개경 방어전 전개로 관련시킬 수 없을 뿐 아니라, 『세종실록지리지』『신증동국여지승람』에서 태주의 향리 변려에 대한 기록에서 '위송경(圍松京)'이라 한 것도, 고려의 강화천도 이전의 사실, 즉 고종 18년(1231) 몽골 1차 침략 때의 사실을 지칭하는 것으로 보아야 한다. 따라서 장기적인 수성방어전으로 개경을 방어하였다는 것은 근거가 모호한 주장이라 하지 않을 수 없다.

요컨대 살례탑군은 서경을 거쳐 일정기간 후 개경에 이르렀고, 다시 한양산성을 공격 함락하고, 한강을 건너 처인성에 이르렀다. 그런데 처인성에 당도하기까지 살례탑은 11월에 다시 광주(廣州)에서 치열한 공방전을 경험하게 되었다.

이 해 여름 나라가 오랑캐의 침략 때문에 도읍을 옮기게 되었다. 광주(廣州)는 중부지역의 거점이기 때문에 조정에서 특별히 공(李世華)을 파견하여 다스리게 하였다. 겨울 11월에 몽골의 대군이 수십 겹으로 포위하고 온갖 수를 써서 공격해오기를 몇 달에 이르렀다. 공은 밤낮으로 성을 수리하고 방비하며 상황에 따라 응변하되 뜻밖의 계책을 내어 사로잡거나 죽임이 심히 많았다. 오랑캐들이 불가능함을 알고 드디어 포위를 풀고 물러갔다. (『동국이상국집 후집』 12, 이세화묘지명)

---

7) 강화천도시 개경에서 발발한 李通의 난의 경과에 대해서는 윤용혁, 「고려대몽항쟁기의 민란에 대하여」『고려대몽항쟁사연구』, 1991, pp.366~368 참조.

라고 한 것이 그것이다. 11월 광주성에 대한 몽골군의 공격이 '몇 달'에 이르렀다는 것은, 12월 16일 처인성 싸움을 전제할 때, 두 달에 걸친 싸움이었음을 의미하는 것 같다. '수십 겹'으로 포위한 몽골군, 온갖 수를 써서 공격하는 몽골군을 맞아 광주부사 이세화(李世華, ?~1238)는 성안으로 옮긴 광주사람들과 함께 방어에 전력하였고, 상황에 따른 응변을 적절히 하여, 적 다수를 살상하거나 포로로 잡으며, 마침내 살례탑 몽골군의 집요한 공격을 막아내었던 것이다. 살례탑 군을 막아냈던 광주의 '성'은, 신라 문무왕 때 축성되고 고려시대에 일장성(日長城, 혹은 晝長城)이라 불렸던 오늘의 남한산성이다.[8]

> 남쪽지방 광주(廣州)라는 곳은
> 그야말로 요충지라
> 임금께서 의지하는 곳이므로
> 온나라를 지키듯이 하는데
> 때에 우리 이공이
> 나아가 방백이 되었네
> 바야흐로 오랑캐에 포위될 때에
> 그 운명을 헤아릴 수 없었는데
> 능히 기세로 누르고
> 담소하며 적을 물리쳤네
> 몸을 돌보지 않고 어려움을 구하니
> 그 공렬이 이처럼 드러났고
> 만인을 온전히 살리니

---

8) 日長山城은 "日長山 在州南五里 一云南漢山"(『신증동국여지승람』 6, 광주목 산천)이라 하여 州治와는 불과 5리밖에 되지 않은 거리이다. 신라 문무왕 12년(672)에 한강유역 진수의 거점으로 축성된 이후 고려시대까지 중부지역의 유력한 요충으로 꼽혀왔으며, 조선조에 대대적으로 확장 개축되어 남한산성이라는 이름으로 오늘에 이른다.

음덕을 저처럼 끼쳤네
            (「이세화묘지명」)

이상 묘지명 기록에서는 자료의 성격상 특히 지휘자였던 부사 이세화의
공적이 중점 강조되어 있기는 하지만, 좀더 정확히 정리하자면 이 싸움은,
이세화를 중심으로 한 광주사람들의 결집된 공적이었다. 이 사실은 고종
22년 5월의 조에서

　　광주(廣州)는 신묘, 임진년에 오랑캐 군사들에 포위 공격당했으나 능히
　　굳게 지켜 함락되지 않았으므로 상요(常徭)와 잡역을 면제하도록 한다.(『고
　　려사』 80, 식화지 3, 진휼조)

라고 한 것에서 알 수 있다. 여기에서 '신묘, 임진년'의 '오랑캐'란, 고종
18, 19년 살례탑에 의한 몽골의 1, 2차 침략을 가리킨다. 광주민들의 전공은
수년 후인 고종 22년에 지역민에 대한 집단 포상의 형태로 보상되었던
것이다. 이세화가 광주부사에서 예부시랑으로 영전하는 것도 같은 해의
일이었던 점을 고려하면, 이때에 전공에 대한 포상이 함께 이루어졌던
것 같다.
　처인성 이전, 광주에서의 싸움은 살례탑군이 그 남진의 과정에서 고려측
의 저항을 받고 있었음을 입증한다. 이 같은 사정에 대해서는 처인성전투
이후 고려정부가 동진국에 보낸 편지에서 다음과 같이 나타나 있다.

　　지금 나라가 비록 도읍을 옮겼으나 그 군마가 오는 데 당하여 오히려
　　대우하기를 더 후하게 하였는데, 그들은 이 뜻을 전혀 돌아보지 않고
　　원근의 외경(外境)을 횡행하여 잔폭하게 구략함이 옛날보다 더욱 심하니
　　이로 말미암아 사방의 주군이 성을 닫고 굳게 지키며 혹은 물을 격하여
　　스스로 굳게 하여 그 변을 관망하지 아니함이 없으되 그들은 더욱 병탄할

뜻을 가지고 공취하기를 도모하였습니다. 그러므로 열군(列郡)이 어찌 반드시 나라의 지휘에 구속되어 화심(禍心)을 품은 자와 더불어 어울려 스스로 범을 길러 먹히게 되는 환(患)을 재촉하리요. 이어서 특히 들어가 지킬 뿐만 아니라 혹은 가끔 백성들의 참지 못함을 인하여 나가 그들과 싸워 그 관인과 사졸을 살획함이 많았던 것입니다.(『동국이상국집』28, 「答東眞別紙」;『고려사』23, 고종세가 19년 12월)

아마도 광주 이외 지역에서도 종종의 공방전이 야기되었던 것을 짐작할 수 있겠다. 광주성에서의 실패 이후 살례탑은 이를 포기하고 다시 남진을 계속하였다. 처인성에서의 운명적인 싸움은 그 남진의 과정에서 발생하였다.

3. 12월 16일 처인성 싸움의 경과

처인성은 처인부곡에 위치한 작은 성이다. 처인부곡은 오늘날 용인시의 남부 지역 일대로, 조선 태종 13년에 북쪽의 용구현(龍駒縣)과 처인현이 합하여 용인현이 되었다.[9] 이곳 처인성에는 몽골군 내침 당시 인근의 처인사 람들이 피해 있었고, 그중에는 백현원의 승려 김윤후도 있었다. 처인성에서 의 전투 상황에 대해서는 사건의 극적 성격에 비할 때, 극히 소략한 사실만이 전하고 있다.『원사』(208, 外夷 고려전)에서는

8월에 다시 살리대(薩里台)를 파견하여 군사를 거느리고 고려를 정토케 하였는데, 왕경 남쪽에 이르러 처인성을 공격하던 중 유시(流矢)에 맞아 죽었다.

고 하여, 살례탑이 처인성에서 유시(流矢)에 맞아 죽었다는 간략히 기록되어

---

9)『신증동국여지승람』10, 용인현 건치연혁.

있다. 이 점 『고려사』의 기록에서도 별로 차이가 없다.

　　살례탑이 처인성을 공격하므로 한 중이 난을 피하여 성안에 있다가 그를 쏘아 죽였다.(『고려사』 23, 고종세가 19년 12월)

　성안에 있던 승려의 화살에 살례탑이 저격되었다는 사실이 더해져 있을 뿐이다. 『고려사』의 김윤후전에는 그 문제의 스님이 바로 백현원의 김윤후였다고 밝히고 있을 뿐이다. 처인성은 낮은 구릉지에 토축된 길이 불과 4백m 정도의 작은 성에 불과하다. 그리고 논을 사이에 두고 처인성과 정면으로 상대되는 아곡리의 구릉지에는 지금도 '살장(殺將, 死將)터'라는 곳이 전한다. 몽장 살례탑이 화살을 맞고 사살되었다는 장소인 것이다. 이로써 추측하면, 당시 남하 중이던 몽골군은 이 구릉지에 설진(設陣)하여 처인성과 대치중이었던 것으로 보인다. 이때의 전투상황에 대해서는, 다음과 같은 비교적 명쾌한 정리가 있다. 다소 길지만 참고삼아 인용해 둔다.

　　이때 처인성에는 용인을 비롯한 인근 각 고을에서 피난온 군민 1천여 명과 승장 김윤후를 비롯한 승병 1백여 명이 성안에서 방어에 임하고 있었다. 그리하여 살례탑 휘하의 몽골군 제4군의 일부인 기병 5백여 기가 처인성 부근의 완장리, 매릉리 일대에 포진하여 처인성에 대한 포위공격을 준비하게 되었다.
　　12월 16일, 용인으로부터 처인성 동북방 50리 지점에 도착한 몽골군 원수 살례탑은 처인성의 동북방인 완장리, 매릉리, 화동 등지에 병력을 3개대로 분산 배치하여 처인성에 대한 공격 준비태세를 갖추었다. 그런 다음 살례탑은 처인성의 동태를 파악하기 위하여 몸소 5, 6기의 정찰기병만을 거느리고 경장(輕裝)으로 처인성 동문을 향하여 접근해 나갔다.
　　한편 승장 김윤후는 처인성 동문 밖 3백m 지점 언덕(속칭 살장터)에 저격병 수십 명을 미리 매복시켜 유사시에 대비하고 있었다. 살례탑 일행이

이 지점에 이르자 매복하고 있던 고려군 저격병력은 몽골군의 주장 살례탑과 수행 기병들을 기습적으로 공격하여 사살하고 그 목을 베었다.[10]

이상은 당시 전투상황에 대한 매우 구체적인 묘사를 시도하고 있다. 사료의 영성함으로 인하여 구체적인 서술이 불가능한 형편에서 이 같은 서술은 독자들에게 훨씬 더 구체적인 인상을 남겨준다. 가령 살례탑이 사살될 때 그가 "처인성의 동태를 파악하기 위하여" "5, 6기의 정찰 기병만을 거느리고 경장(輕裝)으로" 나섰다가 매복중인 저격병에게 당했다는 것이 그 예이다. 그러나 여기에는 많은 부분의 상상과 추정이 사실과 구별됨이 없이 함께 섞여져 있어, 그 이해에 역시 신중한 배려를 요한다. 역사서의 원 기록에 의하면 살례탑의 사살이 '유시(流矢)'에 의한 것임이 강조되어 있고, '유시'라 할 때 그것은 비교적 먼 거리로부터 발사된 것이라는 느낌을 받는다. 이 점에서 위의 책에서, "매복하고 있던" 고려의 저격병력이 "기습적으로 공격하여 사살하고 목을 베었다"는 것은 실제 사실과도 차이가 있어 보인다.

한편 처인성 싸움 직후 동진국에 보내진 고려측의 서장에는, 승첩의 날이 12월의 16일이었다는 점, 그리고 이때 살례탑의 사살뿐 아니라, 사로잡은 몽골군도 많았다고 기록하고 있다.

　금년 12월 16일에 이르러 수주(水州)의 속읍인 처인부곡의 작은 성에서 바야흐로 서로 맞서 싸우던 중 화살이 괴수 살례탑에 적중하여 그를 죽였으며 사로잡은 자도 많았으므로 적의 남은 무리는 궤산하고 말았습니다.(『동국이상국집』 28, 「答東眞別紙」)

몽골군은 처인성전투에서 주장(主將)을 상실하자 철가(鐵哥)의 지휘하에

---

10) 국방부전사편찬위원회, 『대몽항쟁사』(류재성 집필), 1988, p.108.

곧 철군하였다. 그러나 이들의 철군은 일사불란하게 이루어진 것은 아니었다. 지휘체계의 혼란과 이에 따른 개별부대의 약탈 등을 위한 자의적인 행동 때문이었던 것 같다.

> 승려 한 사람이 전란을 피하여 성안에 있다가 살례탑을 사살하였고 포로로 한 것도 많았다. 나머지 몽골군은 궤산하였으나 일시에 함께 모여 돌아간 것은 아니었다. 혹은 먼저 가는 자도 있고, 혹은 뒤떨어지기도 하였으며, 동으로 향하려는 것 같기도 하고 혹은 서쪽으로 향하려는 것 같기도 해서 날짜를 지정한 것도 없었으며 향하는 바도 알 수 없었다(『동국병감』 하)11)

처인성전투에서 공훈을 세운 김윤후는 그 공으로 섭랑장을 제수받고 관도에 오르게 되었다. 그는 나중에 감문위의 상장군에 올라 고종 46년(1259) 동북면병마사, 그리고 이후 수사공 좌복사(守司空左僕射, 정2품)로 정년하였다.

처인성 승첩과 관련하여 두 가지 점을 좀 더 분명히 확인해 둘 필요가 있다. 첫째는 살례탑의 사살은, 살례탑의 불운이었다고는 할 수 있을지 모르지만, 결코 '우연'으로만 간주할 수 없다는 사실이다.12) 이 사실은 살례탑이 저격당한 후의 상황에 대하여, 앞에서 언급한 것처럼 고려측 기록에 "사로잡은 자도 많았으며 적의 나머지 무리는 궤산하였다"13)고 한 데서 짐작할 수 있다. 당시 처인성에서는 살례탑군에 대해 매우 조직적인

---

11) 『동국병감』의 이 기록은 고종 19년 12월, 처인성승첩 직후 동진국에 보내진 답장(答東眞別紙)(『동국이상국집』 및 『고려사』 고종세가 所收)에 의거 기술된 것이다.
12) 『고려사』 등의 관련 기록을 문자 그대로만 읽을 경우, 살례탑 사살은 매우 '우연'으로 생각되기 쉽다. 이 점, Henthorn이 "살례탑은 처인성 공격에서 '우연히' 김윤후가 쏜 화살에 맞아 죽었다"(W. E. Henthorn, *Korea ; the Mongol Invasions*, Leiden, 1963, p.74)고 한 것이 단적인 예이다.
13) "俘虜亦多 餘衆潰散."(答東眞別紙)

대응을 하였으며, 따라서 살례탑이 저격되자 곧바로 이들을 요격하여 다수를
포로로 잡는 것이 가능하였던 것이다.

　또 한 가지, 승려 김윤후가 처인성에서 살례탑군을 무찌른 것은 결코
그 한 사람에 의한 것이었다고 보기 어렵다는 점이다. 그러면 당시 처인성
안에는 어떤 사람들이 있었을까. 불확실하기는 하지만 약간의 승려집단이
함께 하였을 가능성이 있다. 그러나 확실한 것은 처인부곡민 다수가 이곳에
서 김윤후와 힘을 합쳐 몽골군의 공격에 대항하였으리라는 점이다.

　만일 전투에서 처인지역민의 공이 분명히 인정되었다면, 이들에 대한
포상이 반드시 있었을 것이다. 『고려사』 기록에는 승첩 이후의 지역주민에
대한 포상에 대해서는 아무것도 말하고 있지 않다. 그러나 충렬왕 31년(1305)
에 작성된 최서(崔瑞, 1233~1305)의 묘지명에 "중통원년(中統元年) 출위처
인현령(出爲處仁縣令)"[14]이라 하여, 그가 원종 원년(1260) 처인현령에 발령
되었음을 기록하고 있다. 이는 처인부곡이 1232년의 승첩 이후 1260년에
이르는 사이에 부곡에서 주현으로 승격된 사실을 말해준다. 지역주민에
대한 집단적 포폄의 일반적 방법의 하나가 군현 위계의 승강이었음을 생각할
때, 처인부곡의 주현 승격은 1232년 승첩에 대한 포상으로 주어진 것이었다
고 생각된다. 즉 이 싸움에서 처인지역민은 김윤후와 함께 공을 세웠던
것이다. 뒤에 김윤후가 충주에 파견되어 나가 몽골군과 치열한 공성전을
벌일 때도 김윤후는 충주민들을 철저히 항전의 주력으로 고무시켜 위기를
극복하고 있다. 이로써 생각하면 처인성에서의 김윤후도 처인부곡민을
지휘하여 살례탑군을 무찔렀던 것이라 추측할 수 있다.

---

14) 이난영, 『한국금석문추보』, 최서묘지명.

4. 살례탑은 누가 사살하였나

12월 16일, 살례탑은 처인성 공격도중 화살에 맞아 절명하였다. 살례탑을 적중시킨 그 화살은 누가 쏜 것이었는가. 일반적으로 그 장본인은 김윤후 스님이었던 것으로 알려져 있다. 이는『고려사』김윤후전의 기록에 의하여 다음과 같이 확인되고 있다.

> 김윤후는 고종 때의 사람으로 일찍이 중이 되어 백현원에 있었다. 몽골병이 이르자 윤후가 란을 처인성에서 피하였는데 몽골의 원수 살례탑이 와서 성을 치매 윤후가 이를 활로 쏘아 죽였다.

이로써 보면 김윤후의 살례탑 사살은 의심의 여지가 없어 보인다. 그러나이어지는 김윤후전의 기록은 이와는 사뭇 다른 사실을 전하고 있다.

> 왕이 (김윤후의) 공을 가상히 여겨 상장군을 제수하였다. 그러나 윤후는 공을 다른 사람에게 돌리면서 "싸울 때에 나는 활도 화살도 가지고 있지 않았으니 어찌 감히 헛되이 무거운 상을 받겠습니까" 하고 굳게 사양하며 받지 않았다. 이에 고쳐 섭랑장을 내렸다.(『고려사』103, 김윤후전)

여기에서, 김윤후는 살례탑 사살의 공을 다른 사람에게 돌리고 있을 뿐 아니라, 자신은 전투 당시 "활도 화살도 가지고 있지 않았다"고 하여 자신의 살례탑 사살설을 원천적으로 부인하고 있는 것이다. 물론 '상장군의 제수'라는 파격적인 포상도 받아들이지 않았다. 이 기록은 두 가지 사실을 우리에게 알려주고 있다. 하나는 강도의 고려정부가 김윤후를 살례탑을 쏘아죽인 장본인으로 알고 있었다는 사실이다. 둘째는, 그럼에도 불구하고 김윤후는 살례탑을 활로 쏘아죽인 장본인은 아니었다는 사실이다.

김윤후가 처인성에서 살례탑을 사살한 장본인이 아니었다고 한다면, 살례탑을 맞춘 그 화살은 누구의 것이었으며, 처인성에서의 김윤후의 역할은 무엇이었는가? 결론을 말한다면, 살례탑을 맞춘 화살은 처인부곡민의 것이었다. 이러한 점에서 살례탑이 '유시'에 맞아 죽었다는 표현이 일면 타당성을 갖는다. 김윤후의 역할은 이들 주민들을 지휘한 것이었다. 즉 처인성에서의 승전은 김윤후의 지휘에 의한 처인부곡민들이 함께 거둔 전공이었던 것이다. 강화도의 고려정부는 지휘자 김윤후를 살례탑 사살의 장본인으로 잘못 알고 포상 조치를 시행, 김윤후를 당황케 하였으며, 그것이 김윤후로 하여금 "공을 다른 사람에게 돌리도록" 하였고, "싸울 때에 나는 활도 화살도 가지고 있지 않았다"는 옹색한 답변을 하도록 만들었던 것이다. 김윤후가 정부의 상장군 제수를 끝내 받아들이지 않고, 대신 보다 낮은 계급인 섭랑장을 받아들인 것은 처인성에서의 자신의 역할과 관련한 이 같은 당시의 실정을 잘 반영하고 있다.

처인성에서의 고려정부의 포상조치와 관련해서는 정작 당사자가 포상을 거부하는 작은 해프닝이 있었다. 그러나 처인부곡민을 결집, 살례탑 사살의 전공을 거둔 처인성 승첩에서의 김윤후의 역할은, 결코 과소평가 될 수 없을 것이다. 그 구체적인 상황이 알려져 있지 않은 상황에서 우리는, 충주성에서의 지휘자 김윤후의 응전 형태를 관찰함으로써 그 감추어진 부분을 엿볼 수 있을 것이다.

처인성전투로부터 20여 년이 지난 고종 40년(1253), 김윤후는 낭장으로서 충주산성의 방호별감에 임명되었다. 이 무렵 야굴이 이끄는 몽골 침략군의 주력은 중부 내륙인 춘천, 원주를 거쳐 10월 10일 경에는 충주에까지 이르렀다. 이때 김윤후는 충주민들을 충주산성 안으로 옮기고 몽골군의 포위공격에 대비하였다. 몽골 주력군의 집요한 공격에도 불구하고 충주산성에서 김윤후는 70여 일을 버텨냈다.

몽골병이 주성(州城)을 포위하기를 무릇 70여 일에 성안의 식량이 거의 다하게 되었다. 김윤후는 사졸들을 독려하여 이르기를 "만일 능히 힘을 다한다면 귀천을 가리지 않고 모두 벼슬을 내리겠으니, 그대들은 이를 믿으라" 하고, 드디어 관노의 부적(簿籍)을 가져다가 불태워버리고 또 노획한 소와 말을 나누어주니 사람들이 모두 죽음을 무릅쓰고 대적하였다. (『고려사』 103, 김윤후전)

70여 일의 항전 끝에 몽골군은 공성에 실패하고, 결국 고려로부터 철수를 시작한다. 김윤후의 지휘력에 의하여 고무된, 상하 귀천을 막론한 충주민들의 값진 승리였던 것이다. 적군이 철수한 뒤인 이듬해 고종 41년 2월, 충주인들은 몽골군 격퇴의 전공으로 사졸로부터 관노, 백정에 이르기까지 군공에 따라 관작이 제수되었고, 김윤후는 낭장으로부터 감문위 섭상장군에 승진하였다. 또 4월에 이르러 충주는 국원경으로 승격 조치되었다.[15]

이 충주싸움에서 우리는 무엇보다 김윤후의 지휘자로서의 비결에 대하여 주목하게 된다.

첫째, 그는 정확한 판단력의 소유자였다. 충주성 공방전이 장기화되자 그는 노비 등 하층민들을 항전대열에 적극 참여시키는 것이 승전의 요체임을 간파하였다.

둘째, 그는 용기있는 사람이었다. 올바른 판단을 실천에 옮기는 데는 용기가 필요하였다. 충주산성에서 김윤후는 과감하게 관노비의 호적을 불태워버리고, 전리품을 사람들에게 분배하는 등, 고루한 명분론에 얽매이는 사람으로서는 전혀 불가능한 과감한 방법으로 문제의 핵심에 접근해갔던 것이다.

셋째, 그는 신의의 사람이었다. 이미 관노의 호적을 불태웠을 뿐 아니라,

---

15) 김윤후의 충주산성 방어전에 대해서는 윤용혁, 「충주민의 대몽항전과 몇 가지 관련 문제」『예성문화』16·17합, 1996, pp.31~34(본서에 수록된 「충주민의 대몽항전과 다인철소」) 참조.

신분의 귀천을 불문한 전공에 따른 관작 제수는 전쟁이 끝난 다음, 실제로 이행되었다. 여기에는 김윤후의 각별한 노력이 개재되어 있었을 것이다.

여기에 처인성전투 때의 김윤후를 덧붙이면, 그는 도덕적인 사람이었음을 알 수 있다. 다른 사람의 공을 자신의 것으로 하지 않고 끝까지 고위직 제수를 거부한 것은 그가 건강한 양심의 사람이었음을 입증한다.

처인성전투에서도 그는 정확한 판단, 용기, 신의 등 이상과 같은 지휘력을 가지고 처인부곡민들을 격려하면서 이들을 적극적인 항전의 대열에 서게 하고, 전승을 거두었다고 생각된다. 요컨대 그는 피지배층 다수가 갖는 항전력에 주목하여, 이들을 결집하는 훌륭한 지도력의 소유자였던 것이며, 처인성의 승첩에서도 이 같은 그의 지도력이 크게 주효하였다고 하겠다.

5. 처인성 승첩의 의의

남진중인 살례탑을 저격, 사살한 처인성 승첩에 대하여 가장 커다란 반응을 보인 것은 누구였을까? 아마도 당시 강화도에 옮긴 고려의 피란정부와 무인집정자 최씨가 아니었을까. 살례탑의 군사 작전으로 인하여 가장 곤경에 처해 있었던 것이 이들이었기 때문이다.

살례탑 침입의 직접 계기가 고려의 강화천도에 있었던 만큼, 몽골군의 침입에 의하여 천도 직후의 고려정부는 향후의 사태의 추이에 대하여 심한 불안을 가지고 있었다. 천도 자체가 많은 반대 의견을 무릅쓴 일방적 결정이었던 데다, 이를 계기로 각 지역에서 민란이 일어나 정세는 극도로 불안하였다. 천도 직후의 제반 체제와 시설은 불안정한 상태에 있었고, 본토를 휩쓰는 몽골군에 대해서도 별다른 군사적 대책을 가지고 있지 못한 실정이었다.

그러므로 처인성에서 돌연 몽장 살례탑이 사살되고 몽골군이 무너지자 이에 대한 강도정부의 반응은 적지 않게 흥분된 모습을 느끼게 한다. 무명의 김윤후에게 일약 상장군을 제수하는 포상 조치, 더욱이 그것이 처인성 싸움의 진상에 대한 정확한 정보 없이 조급하게 행한 것이었다는 점이 그 한 예이다. 승첩 이후 동진에 보낸 편지에서도 잘못은 어디까지나 몽골측에 있음을 강조하고 있는데, 그 어투는 매우 당당하다.

연전에 그들의 군사가 왔을 때 저들이 비록 맹약과 신의를 저버리고 횡포하였지만 우리나라에서는 잘못이 저쪽에 있을지언정 우리가 그들의 잘못을 본받고 싶지 않았기 때문에 대우를 시종 깍듯이 하여 보냈으며, 우리가 이렇게 도읍을 옮겼지만 그들 군사가 오면 대접을 더욱 후하게 하였던 것입니다.(『동국이상국집』 28, 답동진별지)

처인성 승첩 이후 곧 동진국에 이 같은 사실을 전하는 것도, 동진과의 관계 강화를 통해 몽골의 침략에 힘을 합하고자 하는 의도가 있었다고 하겠다. 그와 동시에 강도정부는 그동안 단절상태에 있던 금국(金國)에 대하여 사신을 파견하는 새삼스러운 조치를 취하고 있다. 금에 파견된 사신 최린(崔璘)은 길이 막혀 중도에 돌아오고 말았지만[16] 금의 황제에게 보내는 편지에는 금과의 전통적 관계를 상기시키면서 몽골의 침략으로 인한 어려움과 피해를 호소함으로써,[17] 금과의 연합을 다시 모색하였던 것이다. 강도의 내성 수축에 이어, 승첩 이듬해인 고종 20년(1233)에는 몽골의 공격을 방비하기 위한 외성을 쌓기 시작하였다.[18]

요컨대 살례탑 사살에 의한 2차 몽골군의 철수는 갑작스러운 천도와 여러 지역에서의 민란 등으로 극히 취약해진 강화도 최씨 무인정권으로 하여금, 보다 강력하게 그리고 지속적으로 반몽책을 지속시켜 갈 수 있는

---

16) 『고려사』 23, 고종세가 20년 3월.
17) 『동국이상국집』 28, 上大金皇帝表.
18) 『고려사』 82, 병지 2, 城堡.

발판을 만들어 주었다. 반몽 연합전선을 상정한 인접국과의 대외관계의
새로운 모색을 시도하기도 하고, 강화도의 방비시설을 대폭 강화하는 등
구체적인 작업을 진행하였다. 이로써 강도정부는 천도 이후의 대몽항전
전개에 보다 자신감을 가지게 되었으며, 고려의 대몽 장기항전이 가능하도록
하는 중요한 계기가 조성되었던 것이다. 이 점에서 처인성 승첩의 첫 번째
의의를 대몽항쟁의 장기적 전개를 가능하게 하였다는 것으로 정리할 수
있을 것이다.

처인성 승첩의 두 번째 의의는 이것이 고려의 정규적인 군사체계라든가,
관리조직의 지휘에 의하지 않은 순수한 지역주민들의 자위적 항전이었다는
점이다. 고려의 대몽항전은 정부의 강화천도로 인하여 침략군에 대한 조직적
이고 적극적인 대몽방어전의 전개가 이루어지지 못하였다. 이 때문에 전투의
현장에서는 피란 입보중인 지역주민들이 몽골군의 공격에 대하여 생존을
위한 자위적 차원의 방어전을 치른 경우가 많았다. 가령 고종 41년(1254)의
진천 싸움(임연), 상주산성 싸움(승려 홍지), 충주 다인철소의 싸움 등이
그 예이다. 관의 지휘를 받았다 하더라도 그 주력이 정규적인 군이 아니라
지역민들이었던 경우는 더욱 일반적인 양상이었다. 지역민들의 자율적
능력이 유감없이 발휘되어 역사의 전면을 장식하는 이러한 점은 대몽항전이
갖는 중요한 특성이거니와, 1232년 처인성 승첩은 그 가장 대표적이며,
최초의 예에 해당한다는 점에서 큰 의의가 있다.

지역 주민의 자발적 항전을 그 특징으로 하는 처인성 승첩은, 임진왜란
때에는 의병운동의 선구로서 인식되기도 하였다. 가령 임진왜란시 충청도
의병장 조헌(1544~1592)은 의병을 모집하는 격문에서

원충갑이 북을 한번 치고 매를 날려 치악산에서 합단적을 꺾고, 김윤후는
화살 하나로 돼지를 맞혀 죽여 황성(黃城)에서 몽병을 물리쳤으니, 이들은
모두 유(儒)나 승(僧)이었고, 무를 숭상하는 자나 뛰어난 장수가 아니었던

것입니다.(『重峰集』 13, 「起義討倭檄」)

라고 하여, 고려시대의 원충갑과 함께 김윤후를 의병 봉기의 선구적 사례로
거론하고 있는 것이다. 그가 처인지역민들과 함께 몽골군을 맞아 싸웠던
것을 생각하면, 처인성 승첩은 지역주민의 항전 참여라는 점에서 의병항쟁과
도 일면 맥락이 닿는 것이 사실이다. 김윤후와 함께 거론되는 원충갑은
고려 충렬왕 17년(1291) 원의 합단적(哈丹賊)이 침입하였을 때, 원주 치악산
성에서 입보한 성민(城民)들과 함께 이들의 포위 공격을 분쇄하였던 인물이
다. 이 싸움으로 적의 예봉이 꺾여 전세에 결정적 영향을 주었으며 그
공으로 원주는 익흥도호부(益興都護府)로 승격되었다.[19)

처인성 승첩은 향, 소, 부곡과 같은 신분제적 성격을 갖는 고려의 사회적
질서 해체의 한 기능을 하였다. 처인부곡이 현으로 승격된 정확한 시기가
확인되지는 않지만, 현으로의 승격이 지역민에 대한 전공의 포상이었으리라
는 점을 부인하기는 어렵다고 생각된다. 전공에 의하여 신분이 상승하고,
기존의 군현체계에 동요가 일어나는 현상이 대몽항쟁기에 야기되었다.
처인성 승첩도 이 같은 사회변동의 한 사례로 논의할 수 있다는 점에서
또 다른 의의가 있다고 생각된다.

맺는말

이상 본고에서는 1232년(고종 19), 고려의 강화천도 직후에 전개되었던
몽골의 2차 침략의 상황과 처인성에서의 몽장 살례탑 사살에 이르는 경과
등을 살폈다. 본고에서는 특히 1232년 12월 16일의 살례탑 사살이라는

---

19) 이에 대해서는 윤용혁, 「원 합단적의 고려침입과 연기대첩」 『연기대첩연구』, 공주대
박물관, 1994, pp.83~91(『충청 역사문화 연구』, 2009, 서경문화사 재록) 참조.

승리를 거두었던 처인성 승첩의 과정을 보다 구체적으로 논의하였으나, 자료의 부족으로 인하여 구체적인 의문점들을 해명하는 데에는 한계가 있었다. 그러나 이 승첩이 김윤후에 의하여 지휘된 처인지역민의 항전의 결과였음을 특별히 강조하였다. 아울러 살례탑의 사살은 김윤후 개인의 공적이 아니라 김윤후와 함께한 처인부곡민들이 거둔 위대한 승리였음을 확인하였다.

처인성 승첩의 의의로서, 여몽전쟁에 있어서 장기항전의 발판을 조성한 점, 지역민들의 자발적 자위적 항전으로서 피지배층을 역사의 전면에 등장시킨 의병운동의 선구적 사례라는 점, 그리고 군현체제의 신분적 성격을 변화시키는 사회변화의 한 양상을 초래하였다는 점 등을 그 의의로 꼽았다.

처인성 승첩은 그 역사적 의의에도 불구하고 기록의 소략으로 인하여, 유감스럽게도 자세한 전말이 전해지고 있지 않다. 그러므로 현지에서의 구전 등의 자료에 주목할 필요가 있고, 전투의 현장이었던 처인성 자체에 대한 조사연구 및 보존관리 문제도 매우 중요하다고 생각된다.

(이 글은 용인문화원, 『고려시대의 용인』, 1998에 실린 것임)

Ⅱ. 충주민의 대몽항전과 다인철소

머리말

몽골의 침입에 대한 고려 사람들의 항쟁은 13세기 역사의 큰 줄기를 이루고 있다. 무인정권이라는 특이한 정치 환경 속에서 전개된 대외항전은, 이 때문에 항전의 내용과는 별개로 그 성격에 대한 여러 논란을 불러일으키고 있는 것도 사실이다.

1231년 몽골의 고려 침입 이래 1259년의 6차 침입의 과정에 이르기까지 고려의 전토가 전화를 입었으며, 중앙정부의 지도력의 한계와 관련, 지방 각 지역에서는 생존을 지키기 위한 여러 형태의 자위적 차원의 전투가 전개되었다. 이들 많은 항쟁 지역 중에서도 특히 충주지역에 있어서의 대몽항전의 사례는 매우 주목되는 내용을 보여주고 있다. 고려의 대몽항쟁을 지역적 시각에서 정리하여 볼 때, 충주지역만큼 항전의 내용이 질량적으로 풍부한 지역이 없다. 이러한 점에서 충주지역은 고려 대몽항쟁사에 있어서 가장 주목되는 지역이라고 할 수 있다. 근년에 준공된 충주항전 전승기념탑의 건립도 이 같은 충주지역의 역사적 측면을 부각시키기 위한 것이었다고 할 수 있다.

필자는 충주민의 항쟁이 갖는 의의에 주목, 이와 관련한 몇 편의 논고를 발표한 바 있다.[1) 본고는 이 같은 기왕의 연구 결과에 의거하여, 먼저 충주민의 항전 사례를 간략히 정리하고, 그 역사적 의미를 고찰하는 한편 충주민의 항전과 관련한 몇 가지 주요 연구과제 및 다인철소 문제에 대하여 언급하려고 한다.

1. 충주민의 대몽항전

충주지역은 개전 이래 전쟁이 종식될 때까지 많은 항전사례가 기록에 남겨져 있다. 그 가운데 1231년 노군·잡류별초(奴軍 雜類別抄)의 항전, 1253년 충주성 항전, 그리고 다인철소민의 항전은 충주지역에서 전개되었던 대표적인 사례로 들 수 있다.

1231년 몽골군은 개경의 포위에 이어 선발대를 충주에까지 내려 보냈다. 12월, 갑작스러운 몽골군의 침입을 맞아 충주성에서는 이를 막기 위해 별초군이 조직되었다. 고종 18년(1231) 12월에 있었던 충주에서의 별초 방어군의 조직과 항전의 경과에 대한 기록을 그대로 인용하면 다음과 같다.

이보다 앞서 충주부사 우종주(于宗柱)가 매양 문부(文簿) 처리에 있어 (판관) 유홍익(庾洪翼)과 틈이 있더니 몽골군이 곧 이를 것이라는 소문을 듣고 성을 지킬 것을 의논하는데 의견이 같지 않았다. 우종주는 양반별초를 거느리고, 유홍익은 노군·잡류별초를 거느리고 서로 시기하더니 몽골군이 들이닥치자, 종주·홍익과 양반들은 다 성을 버리고 달아나고 오직 노군과 잡류만이 합력하여 격퇴하였다.(『고려사절요』16, 고종 19년 정월)

1) 윤용혁, 「13세기 몽골의 침략에 대한 호서 지방민의 항전」『호서문화연구』4, 1984 ;「몽골의 침략에 대한 고려 지방민의 항전－1254년 진천민과 충주 다인철소민의 경우」『국사관논총』24, 1991 ;「충주민의 대몽항전과 몇 가지 관련문제」『예성문화』16·17합, 1996.

이 충주성 싸움은 성의 방어를 위하여 주의 관리가 중심이 되어 별초군이란 방어군을 편성하였던 사실을 말해준다. 그리고 이 별초군은 양반별초, 노군·잡류별초라는 신분별 편성을 특징으로 하고 있다. 노군(奴軍)은 관청에서 사역하는 공노비를 주축으로 이를 임시 무장시킨 것이고, 잡류(雜類)란 관청에서 기술잡역에 종사하거나 관인을 시종하는 일종의 잡역인들이다. 몽골군이 박두해 왔을 때 이들의 지휘관인 관리들과 그리고 양반별초들이 모두 성을 버리고 도망해 버렸고 실제 전투에 참여, 성을 방어한 것은 노군·잡류별초였다. 도망했던 지휘관과 양반들은 몽골군이 물러간 후 돌아와 적이 약탈해간 물건에 대한 책임을 씌워 노군을 죽이려 하였으므로 이 때문에 대대적인 반란이 그 후 일어나게 된다. 몽골의 1차 침략으로 야기된 충주성전투는 충주의 주성(州城)이 전투지였던 것 같다. 그것은 몽골병 퇴각 후 부사 우종주 등이 다시 "주(州)에 돌아와" 관사(官私)의 은기(銀器) 등 물품을 점검한 것이나, 이후 노비들의 봉기과정에서 짐작할 수 있다.

고종 40년(1253) 몽골의 5차 침략 중에 있었던 충주산성 공방전은 대몽항전 사상 가장 인상적인 전투의 하나이다. 몽골 5차 침입군은 1253년 7월, 야굴의 지휘하에 내침하여 9월에는 이미 몽골군이 충주지역에 출몰하고 있다.

(고종 40년 9월 9일) 충주의 창정(倉正) 최수(崔守)가 금당협(金堂峽)에 복병을 두어 몽병이 오는 것을 기다려 급히 쳐서 15급을 베고 그 무기와 포로된 남녀 200여 인을 빼앗았다. 이 공으로 대정에 제수되었다.(『고려사』 세가)

충주의 향리 최수는 이 지역에서의 자신의 영향력을 바탕으로 주민들을 움직여 임시적으로 부대를 편성, 대몽전에 나섰다. 이들 충주민이 몽군으로부터 2백여의 포로를 탈취한 사실은 이들이 몽골의 침략으로 피해를 입은 농민들이었음을 암시하고 있다. 말하자면 충주 금당협에서의 전투는 충주지방민들의 순수한 자위적 차원의 항전이었던 것이다. 충주민들의 이 같은 자위적 항전에 대하여 몽골은 마침내 침략군의 사령관 야굴이 직접 주력을 이끌고 내려와 10월에는 충주성을 공략하는 작전으로까지 발전하게 되었다. 당시 충주성 방어의 책임을 맡은 인물은 1232년(고종 19)의 처인성 승첩으로 널리 알려진 김윤후였다. 그는 적장 살례탑을 사살한 처인성 승첩 이후, 정부로부터 섭랑장을 제수받아 무반으로서 관도에 올랐는데, 이 무렵 그는 낭장으로서 충주산성의 방호별감에 임명되어 있었다.

고종 40년(1253) 10월, 충주산성을 둘러싼 공방전은 무려 70여 일을 계속하였다. 당시 몽골은 야굴(也窟)의 지휘하에 아무간(阿毋侃)과 반역자 홍복원(洪福源)과 이현(李峴) 등의 안내를 받은 주력군이었으며, 게다가 인근 지역에서 항복한 고려인들을 공격에 참여시키고 있었다. 그러나 충주관민들의 항전은 강력하였다. 당시 충주민들의 치열한 항전상은 이듬해 고려정부가 산천신에 제사하는 글에 다음과 같이 묘사되고 있다.

　　또 전년(고종 40년)에 적이 대거 침입하여 동쪽 울타리의 여러 성이 며칠 사이 모두 도륙되므로 적은 승승장구, 예봉을 풀어 곧 군사를 중원(충주)으로 옮겨 빗발같은 시석(矢石)과 우뢰같은 북소리로 여러 달 공격하니 남은 외로운 성이 거의 위태하였나이다. 이때를 당하여 만약 이 성이 함락되었던들 그 밖의 여러 성보(城堡)는 가볍게 석권될 수밖에 없었는데 다행히도 월악대왕께서 큰 위력을 나타내어 가만히 도와주시므로 이에 능히 지켜 만세의 공을 이루었나이다.”(『고려사』 24, 고종세가 41년 12월 갑신)

충주산성 포위 다음 달인 11월이 되자, 적장 야굴이 기병 1천을 거느라고 먼저 전선에서 물러난다. 야굴이 충주에서 포위군을 두고 먼저 돌아간

것은 그의 신병 때문이라 하였으나, 실제 이유는 함께 출정한 황족 탑랄아(塔
剌兒)와의 내부적 갈등 때문이었다. 황족 탑랄아(塔剌兒)와의 갈등의 원인은
잘 알 수 없지만, 충주성에 대한 작전의 부진도 중요한 이유였을 것이다.
야굴의 소환 이후, 몽골군은 아무간과 홍복원의 지휘로 충주성 공격을
계속하였다. 그러나 충주성은 끝까지 사수되었다. 그리하여 12월 18일자
『고려사』의 기록에는 "충주에서, 몽골군이 포위를 풀었다는 것을 알려왔다"
고 적고 있다. 10월부터 12월 중순까지 무려 70여 일에 걸친 끈질긴 공격을
방어해 냄으로써 충주민은 5차 침략의 몽골군을 좌절시켰던 것이다.

충주성의 방호별감 김윤후는 어떻게 몽골군의 강력한 공격을 막아낼
수 있었던가. 이에 대해서는 『고려사』 김윤후전에서 다음과 같이 언급되고
있다.

> 몽골병이 충주성을 포위하기를 무릇 70여 일에 성내의 식량이 거의
> 다하게 되었다. 김윤후는 사졸들을 독려하여 이르기를 "만일 능히 힘을
> 다한다면 귀천을 가리지 않고 모두 관작을 내리겠으니 그대들은 이를
> 믿으라" 하고 드디어 관노의 서류를 가져다가 불태워버리고 또 노획한
> 우마를 나누어주니 사람들이 모두 죽음을 무릅쓰고 대적하였다.

여기에서 보면 충주산성의 승전은 김윤후의 뛰어난 지휘력과 충주민들의
강인한 항전의지의 결합으로 이룩된 것이었으며 결코 우연한 일이 아니었음
을 알게 된다. 처인부곡의 경우에서도 그러하였지만, 김윤후의 뛰어난 점은
무엇보다도 피지배 민중들에게 잠재한 항전력을 불러 일으켜 이를 실질적인
에너지로 점화, 분출시킨다는 점에 있다. 충주의 경우 이미 1231년 몽골의
1차 침략시 노군·잡류의 항전으로 이들의 잠재력이 실증된 바 있거니와
고종 40년 충주산성 방어전은 이러한 민중의 항전력과 훌륭한 지도력이
잘 결합된 결과였다고 할 수 있다.[2]

충주민의 승전은 몽골군의 남진을 좌절시킴으로써 경상도 지역에 대한 전화(戰禍)의 확대를 막았을 뿐 아니라 몽골로 하여금 미구에 화의를 명분삼아 서둘러 철군케 하는 계기를 만든 것이었다. 그리고 적군이 철수한 뒤인 이듬해 고종 41년 2월, 충주인들은 몽골군 격퇴의 전공으로 사졸로부터 관노, 백정에 이르기까지 군공에 따라 관작이 제수되었다. 지휘관 김윤후는 낭장으로부터 일약 감문위 섭상장군으로 승진하였다. 아울러 정부는 동년 4월, 상기한 포상에 대한 후속조치로 충주를 국원경으로 승격시키고 있는데 이러한 조치들은 당시 충주민들의 항몽전에 상응한 보상이었다.

뒤에 다시 논의할 것이지만, 충주시 이류면 일대로 비정되는 다인철소에서의 항전은 그 중요성에도 불구하고 유감스럽게도 관련 기록이 극히 단편적이다. 『고려사』의 세가에서조차 사실이 아예 누락되어 있으며 다만 같은 책의 지리지에서 행정구획의 연혁과 관련하여, "고종 42년, 다인철소의 사람들이 몽골군을 막은 공이 있었으므로, 소(所)를 올려 익안현(翼安縣)으로 승격시켰다"는 간략한 기록이 남아 있을 뿐이다.

고종 18년 충주성에서의 노군·잡류별초의 항전 이후 동왕 40년 충주산성의 방어전, 그리고 이듬해 다인철소민의 항전 등, 충주는 대몽항쟁사에

---

2) 충주 전승기념탑의 비문의 초안에서, 고종 40년의 충주성 승첩의 내용을 필자는 다음과 같이 요약한 바 있다. "1253년 몽골군은 다섯 번째로 고려를 침략하여, 충주산성 공격에 나서게 됩니다. 산성에는 침략군을 피하여 들어간 이 지역의 관리, 군병, 농민, 승려, 노비 등이 함께 하고 있었고, 방호별감 김윤후는 이들을 지휘하여 몽골군의 대공세에 맞서게 됩니다. 공방전은 어느덧 석 달째에 접어드는 장기전이었습니다. 성안에는 식량조차 바닥이 났고 바야흐로 위기는 목전에 당도하여 있었습니다. 그 때 김윤후는 사람들을 모아놓고 외쳤습니다. '만일 힘을 다해 적을 막는다면 신분의 귀천을 막론하고 모두 벼슬을 내리겠소.' 성안의 사람들은 아래부터 위에 이르기까지 사력을 다하여 싸웠습니다. 견디지 못한 몽골군은 포위를 풀고 고려 땅에서 철수하게 됩니다. 싸움이 끝나자, 공을 세운 사람들에게는 약속대로 신분에 관계없이 관직이 내려졌습니다. 이때 이곳 충주는 국원경(國原京)으로 승격되었는데, 이는 목숨을 던져 나라를 구한 충주사람들에 대한 감사의 표시였던 것입니다."

있어서 매우 뜻 깊은 항전을 연이어 전개하였다. 전쟁이 말기에 접어든 고종 40년대에 있어서도 대소의 각종 항전 사례는 여전히 빈번하게 등장하고 있다. 충주 다인철소에서 소민(所民)의 항전으로 물러났던 몽골군은 다시 충주를 거쳐 경상도 지경으로 남하하고자 하였다. 다인철소 전투 직후인 고종 41년(1254) 9월 14일자『고려사』세가의 기록에서는 "차라대(車羅大)가 충주산성을 공격하는데 갑자기 비바람이 크게 휘몰아쳤다. 성안 사람들이 정예를 뽑아 맹렬히 반격하자 차라대가 포위를 풀고 드디어 남쪽으로 내려갔다"라고 하여, 차라대 몽골군이 직접 충주를 공격하였던 사실을 전하고 있다. 충주의 이민(吏民)들은 몽골군이 침입하자 산성에 입보, 적의 포위공격에 대응하였던 것인데 여기에서의 충주산성은 인근 월악산의 산성일 것이다. 성안의 충주민들은 이미 여러 차례 항전의 경험을 바탕으로 나름대로의 전력을 확보하고 있었다. 그리하여 자체적으로 방어조직을 편성, 적의 공격에 치밀하게 대응하였던 것이다. 이에 차라대의 몽골군은 충주지역을 포기하고 경상도로 내려가게 된다.

이듬해 차라대에 의한 제2회 고려 침입시인 고종 42년(1255), 충주지방에서는 또 다른 전투가 전개되었다.『고려사』고종세가 42년 10월 2일자, "몽골병이 대원령을 넘으므로 충주에서 정예를 파견, 1천여 명을 격살하였다"는 것이 그것이다. 이는 충주민들이 지리적 여건을 이용, 인근의 대원령에서 남하중인 몽골군을 요격, 적을 크게 격파한 사실을 전하는 것인데 격살된 자가 1천이라는 것은 전투의 치열성, 그리고 충주민의 커다란 승전이었음을 말해준다.

연년 계속된 충주민의 항쟁에도 불구, 고종 43년(1256) 4월 충주는 적의 포위 공격으로 함락되었다. 구체적인 경과는 알 수 없지만 당시 충주의 관리들과 일부의 충주사람들은 인근의 월악산에 입보하여 있었다. 이 때문에 충주의 방어는 처음부터 취약성을 가지고 있었고, 몽골군은 성을 함락하자 그동안 충주에서의 연속적 패배를 보복, 충주성에 대한 '도륙'을 자행하였다. 몽골군은 이후에도 철수와 출병을 되풀이하였는데 고종 45년 10월, 박달재에서 충주의 별초군이 몽골군을 저격하여 피로인과 우마 및 무기를 빼앗은 사건에서 보는 것처럼 충주민의 항쟁은 여전히 지속되었다. 이듬해 고종 46년(1259) 초 몽골군의 철수와 고려 태자의 몽골 입조를 계기로 하여 여몽 관계는 새로운 국면을 맞게 된다.

2. 충주항전의 전투현장

충주민의 항전과 관련하여 한 가지 관심을 갖지 않을 수 없는 것은 각 항전의 전투 현장에 대한 문제이다. 충주항전의 전투 현장은 금당협(1253.9), 다인철소(1254.9경), 대원령(1255.10), 월악산성(1256.4), 박달현(1258.10) 등이 있고, 이들 중 금당협 같은 지역은 약간의 추정이 있기는 하나 정확한 지점은 아직 미상으로 되어 있다. 그 가운데 특히 몽골 주력군의 장기적인 포위 공격을 이겨낸 고종 40년(1253)의 충주산성 전투 현장에 대한 문제는 아직까지 해결되지 못한 문제 가운데 하나이다.

1253년 김윤후와 함께 한 충주항전의 전투 현장은 기왕에 충주시 소재의 남산성으로 알려져 왔으나, 그동안 일련의 조사에 의하여 고려 대몽항전 당시의 '충주산성' 혹은 '충주성'으로 보기는 어렵다는 결론에 이르렀다. 이에 의하여 '충주산성'의 위치에 대한 논의가 원점에서부터 다시 시작하지 않을 수 없는 사정이 되었다.

현재로서, 1253년 김윤후가 지휘한 충주항전의 현장에 대해서는 대략 세 가지의 가능성을 열거할 수 있다. 첫째는 충주의 읍성일 가능성이다. 충주지역에서 전투 현장이 '충주성'으로 기록된 예는 고종 18년(1231) 12월 몽골군의 1차 침입 때와 고종 43년 충주산성 전투 직전 '충주성'의 함락이 기록되어 있다. 여기에서 말하는 '충주성'은 충주의 읍성을 지칭하는 것이 틀림없다. 그런데 고종 40년(1253) 방호별감 김윤후가 지휘한 충주항전에 대한 기록 역시 다음과 같이 '충주', 혹은 '충주성' '주성(州城)'으로 나오고 있다.

> (고종 40년 10월) 야굴 등이 충주를 포위 공격하였다.
> (11월) 야굴이 충주에 있는데 병이 들어……정예 기병 1천을 거느리고 북으로 돌아갔다.(이상 『고려사』 24, 고종세가 ; 『고려사절요』 17)
> 몽골병이 충주성을 포위하기를 무릇 70여 일에 성안의 식량은 거의 다하였 다.(『고려사』 103, 김윤후전)

만일 위의 기록대로라면, 고종 40년 충주에서의 승첩 현장은 충주의 읍성이었다는 결론에 이른다. 이와 관련하여 이 싸움에 많은 관노비가 참여할 수 있었고, 노비문서가 성안에 보관되어 있었다는 것도 이 전투가 충주읍성을 근거로 한 싸움이었을 가능성을 높여주고 있다. 김윤후가 노비들의 적극적인 참전을 유도하기 위하여 "관노의 부적(符籍)을 가져다 불태워버렸다"는 것이 그것이다. 고종 18년 1차 침략시의 충주성 싸움의 경우에도 성 안 관노비의 적극적 참전이 있었고, 성안에 보관되어 있던 은기(銀器) 등의 귀중품 분실에 대한 문제가 언급되고 있다. 이에 비추어 고종 40년의 경우 많은 노비의 참여와 관노비 문서의 소각이 가능했던 것도 당시의 전투 현장이 충주읍성이었을 가능성을 높이고 있는 것이 사실이다. 이 때문에 차용걸 교수의 경우, 고종 40년 충주승첩의 현장을 충주의 읍성이었을 가능성에 큰 비중을 두고 있다.[3]

그러나 기록상의 '충주성'이라는 문자에도 불구하고, 승첩 현장을 읍성으

---

3) 차용걸, 「충주지역의 항몽과 그 위치」, 『대몽항쟁 승전비 건립을 위한 학술세미나』(발표자료집), 충주시민모임, 1993.

로 보기에 주저되는 것은 과연 이 읍성을 거점으로 야굴의 주력부대에 대항하여 70여 일간의 항전이 가능했겠는가, 또 방호별감으로 파견된 김윤후가 주변의 많은 산성의 존재에도 불구하고 몽골군을 읍성에서 맞았다는 것은 상식적으로 이해되지 않는다. 몽골군의 강력한 공격에 대항하는 가장 기본전략이 주읍으로부터 산성으로 입보하여 대항하는 것이었다는 점에서도 충주항전의 현장이 읍성이었다는 의견에 동의하기 쉽지 않은 점이 있다. 더욱이 당시 김윤후의 공식적인 직함은 '충주산성 방호별감'이었다. 또 '주성(州城)'이라 하였더라도 그것이 반드시 읍성이 아닌 산성인 경우가 많이 있다는 점도 이에 참고하지 않으면 안 된다. 이러한 점에서 읍성 이외의 주변 산성을 후보지로서 검토하는 것은 자연스러운 일이다.

이상과 같은 전제에서 두 번째 가능성의 지역으로 충주 인근지역에서 가장 험한 요새로 구축된 월악산성(덕주산성)일 가능성이 제기될 수 있다. 충주민의 대몽항전에서 전투지가 '충주산성'으로 명시되어 있는 것은 고종 41년(1254) 9월의 싸움과 고종 43년(1256)의 싸움이다.[4] 특히 고종 43년의 충주산성 전투는

> 몽골병이 충주성을 무찌르고 또 산성을 공격하였는데 관리와 노약자가 두려워 항거하지 못하고 월악신사(月嶽神祠)로 올라갔다. 그러자 홀연히 안개가 자욱하며 비바람과 우뢰가 함께 몰아치는 것이었다.(『고려사』 24, 고종세가 43년 4월)

고 하여 이들 충주의 관민이 당시 월악산에 입보하여 있었음을 보여주고 있다. 고종 41년 9월의 경우에는 "차라대가 충주산성을 공격하는데 갑자기 비바람이 크게 휘몰아쳤다"고 하여 43년의 경우와 유사한 상황을 보여주고

---

4) 고종 43년의 기록에는 그냥 '산성'이라고 하였지만 바로 앞에 나오는 '충주성'과의 문맥으로 볼 때, 이는 '충주산성'의 약칭으로 파악해야 한다.

있다. 이러한 점에서 고종 41년과 43년의 '충주산성'을 필자는 월악산성(덕주산성)으로 보는 것이 합리적이라는 의견을 제시한 바 있다.[5] 그러나 고종 40년의 김윤후가 과연 이 월악산성에 입보하여 몽골군에 대항하였을 것인가 하는 문제는 별개의 문제일 수 있다. 이 때문에 적어도 아직까지는 고종 40년 충주승첩의 현장을 월악산성으로 비정하는 주장은 나오지 않고 있다.

근년, 고종 40년 승첩의 현장으로 부각되고 있는 것이 '대림산성' 설이다. 최규성 교수는 대림산성이 충주의 관아와 4km 정도의 근거리이면서도 천험의 요새라는 점, 대림산이 충주의 진산이라는 점, 둘레가 5km(4,906m)의 대규모 입보용 성곽이라는 점, 지표조사에 의하여 고려시기의 유물(토기, 자기, 기와편)이 다수 확인된 점 등을 그 근거로 들고 있다.[6] 김윤후의 충주산성이 읍성 인근에 위치한 입보용 산성일 가능성이 많다는 점에서 필자 역시 현 단계에서 대림산성의 가능성에 무게를 두고 싶다. 대림산성의 충주승첩 현장 여부 문제와 별개로, 적어도 항몽전 당시 대림산성이 유효한 항전 거점으로 활용되었을 가능성은 매우 높은 것으로 보여진다. 이러한 점에서 향후 이 산성에 대한 보다 정밀한 고고학적 조사의 필요성이 제기되고 있다고 할 수 있을 것이다.

3. 충주항전과 철산의 문제

고종 42년(1255)의 사건으로 지금까지 알려져 있는 다인철소민(多仁鐵所民)의 항전도 충주지역에서 있었던 유명한 전투사례의 하나이다. 다인철소의 승전은 전투 자체가 갖는 전략적 중요성 이외에도, 이것이 지역민들에

5) 윤용혁, 『고려 대몽항쟁사 연구』, 일지사, 1991, pp.310~311.
6) 최규성, 「제5차 여몽전쟁과 충주산성의 위치 비정」『상명사학』6, 1998 ; 최규성, 「충주산성 비정문제 검토」『대몽항쟁의 전승지, 충주성은 어디인가?』, 제11회 중원문화학술회의 자료집, 예성문화연구회, 1999.

의한 순수한 자체방어 노력에 입각하는 사례라는 점에서도 주목을 끈다.
전투의 현장 다인철소는 충주의 서쪽 근교에 해당하는 충주시 이류면 일대로
알려져 있다. 이에 대하여『신증동국여지승람』에서는 '충주 서쪽 20리'
지점이라 하였고,『여지도서』에서는 18세기 당시 이 지역이 충주목의 '이안
면(利安面)'으로 편성되어 있었던 사실을 전한다.[7]

　다인철소민의 항전에 대해서는 유감스럽게도 그 기록이 극히 단편적이다.
『고려사』의 세가에서조차 전혀 기록되어 있지 않으며, 다만 같은 책의
지리지에 군현의 연혁과 관련하여 "고종 42년, 다인철소의 사람들이 몽골군
을 막는 공이 있었으므로 소(所)를 올려 익안현(翼安縣)으로 승격시켰다"는
간략한 기록이 남아 있을 뿐이다.[8] 다인철소민의 항전이 어떠한 것이었는지
그 내용에 대해서는 이 기록만으로 도무지 알 길이 없다. 그러나 한 가지
분명한 것은 이 전투의 주체가 소민(所民)이었다는 것, 그리고 당시 이들의
전공(戰功)이 전략적으로 매우 의미 있는 것이었다는 점이다. 그것은 이
전공에 대한 포상으로 강도정부가 소를 현으로 승격시킨 사실에서 확실해진
다.

　전공에 대한 포상으로서 해당지역의 행정구획을 승격시킨 사례는 다인철
소를 포함하여 확인이 가능한 것은 도합 4건에 불과하다. 고종 18년(1231)
3개월에 걸친 몽골군의 파상적 공세를 끝까지 막아내었던 귀주를 정원대도
호부(定遠大都護府)로 승격시킨 것, 고종 40년(1253) 70여 일의 사력을 다한

---

　7) 현재 충주시 서쪽, 이류면 일대의 야철지는 1996년 충주박물관에서 지표조사를
　　실시하여 41개소의 야철지를 확인하고 보고서를 출간하였다.(길경택 외,『충주
　　이류면 야철유적 지표조사 보고서』, 1996) 그 가운데 1998년 완오리 야철지를
　　발굴하였다.(충주박물관·국립중앙과학관,『충주 완오리 야철유적』, 1998), 길경택
　　은 충주지역 야철 유적 77개소 가운데 고려시대를 53개소로 추정하고(69%), 아울러
　　43개소(56%)를 차지하는 이류면의 분포가 다인철소의 소재 때문인 것으로 파악하
　　고 있다. 이에 대해서는 길경택,「충주지역의 야철유적」,『역사와 실학』32, 2007,
　　pp.889~895 참조.
　8)『고려사』56, 지리지 충주.

항전으로 몽골 5차 침략군을 저지, 철퇴케 하였던 충주를 국원경(國原京)으로 승격시킨 것이 그것이다. 여기에 부곡을 현으로 승격시켰던 사례로서는 고종 19년(1232) 적장 살례탑을 사살하여 침략군을 물리쳤던 처인성 승첩의 예를 들 수 있다. 이 경우 한결같이 1, 2, 5차 각 전쟁에서 가장 대표적인 고려의 승첩과 관련된 것들이다.

여기에서 제기되는 의문은 다인철소민의 전투가 어떠한 내용의 것이었기에 정부가 소(所)를 현으로 승격시키는 파격 조치를 단행했는가 하는 점이다. 다인철소 항전의 전략적 중요성은 다름 아닌 이 지역이 철소(鐵所), 즉 철제도구의 생산지였기 때문일 것이다. 전시에 있어서는 무기류를 비롯한 각종 군수의 공급이 끊임없이 요구되는데, 이때 철광은 특별히 그 중요한 자원이 된다. 일단 채굴된 철광은 인근지역에서 제련의 과정을 거쳐 각종의 철제품 제작으로 이어지게 되는데 이러한 작업은 철소(鐵所)에서 소민(所民)의 집단적 노동에 의하여 이루어지게 된다. 철제품의 제작에 있어서는 전시상황에서 수요가 급증한 무기류의 제작이 중요한 업무였을 것이다. 이러한 배경에서 생각할 때 충주지역이 당시 고려의 대표적인 철산지, 철제품 제작지였다는 사실은 주목을 끌기에 충분하다.

충주는 다인철소 이외에도 관내 여러 곳에 철산지가 있었던 것으로 추측된다. 이 때문에 충주에서 산출되는 토산품 중에서 철은 그 첫째로 꼽히곤 하였다.[9] 그리고 이들 충주의 철이 항몽전쟁 당시 실제로 일반 생활도구 이외에 각종 무기류의 제작 및 공급에 사용되고 있었음이 최자(崔滋)의 「삼도부(三都賦)」에 다음과 같이 분명하게 언급되고 있다.

중원(中原)과 대령(大寧)의 철은 빈철(鑌鐵)·납·강철·연철(軟鐵)을 내는데 바위를 뚫지 않고도 산의 골수처럼 흘러나와 뿌리와 그루를 찍고 파내되 무진장 끝이 없네. 홍로(洪爐)에 녹여 부으니 녹은 쇠가 물이 되어 불꽃에

9) 『신증동국여지승람』 권14, 충주목 토산조에서 철은 맨 앞에 거명되고 있다.

달군 양문(陽文), 물에 담군 음문(陰文)을 대장장이 망치 잡아 백번 천번
단련하니 큰 살촉[촉], 작은 살촉[鏑], 창[矛]도 되고 갑옷[釬]도 되고,
칼[刀]도 되고 긴창[槍]도 되며, 화살[鑪]도 되고, 작은 창도 되며, 호미도
되고 괭이도 되며, 솥도 되고 물통도 되니, 그릇으로는 집안에 쓰고 병기로는
전쟁에 쓰네.(『동문선』 2 및 『신증동국여지승람』 12, 강화도로부 형승)

여기에서 철의 대표적 산지로 언급되어 있는 중원(中原)은 물론 충주를
이르는 것이며, 대령은 황해도 해주를 가리킨다.[10] 충주 등지에서는 풍부한
철 생산이 이루어지면서 동시에 각종의 무기가 제작되고 있었던 것이다.
위에서 언급된 무기의 종류는 칼, 창, 화살촉 등 도합 8종이나 되는데,
생활·생산도구(호미·괭이·솥·물통)보다 훨씬 강조되고 있는 것을 보더라도
당시 철소(鐵所)에서는 무기제작이 중요한 업무로 되어 있었던 것 같다.
최자의 「삼도부」는 대략 고종 38,9년 경에 지어진 것이고[11] 따라서 충주의
철제무기류 제작에 관한 위의 묘사는 바로 다인철소민 항전과 같은 시기의
상황이었다고 볼 수 있는 것이다.

고려에 내침한 몽골군은 식량 등을 거의 현지 조달한 것으로 보이거니와
특히 전투의 지속적 수행을 위하여 무기류의 공급이 필수적이었을 것으로
생각된다. 무기에는 철제가 다수를 차지하기 때문에 무기류의 공급을 위해서
는 자연 철산지와 관련 기술자를 확보하는 것이 침략 몽골군에게 있어서도

10) 『고려사』 58, 지리지 3 및 『신증동국여지승람』 43, 해주목 郡名조에 의하면 '大寧'은
해주의 別號이며 토산조에는 철이 해주지역의 특산임을 언급하고 있다. 한편
『고려사』 98, 崔奇遇傳에서도 12세기 이자겸이 저택을 조영하면서 건축에 사용되는
철을 해주에서 구해오도록 조치한 사실도 보인다.

11) 최자의 「삼도부」가 지어진 시기는 명시된 것이 없다. 그러나 그 내용을 통해서
볼 때 ① 강화천도 이후 강도의 시설이 정비되고 난 시점이라는 점, ② '國難'(몽골
침략) 수년 후의 소강 기간 중이라는 점 등이 확인된다. 이러한 조건을 만족시키는
시기는 4차 침략(고종 34~35) 수년 이후, 5차 침략(고종 40) 개시 이전인 고종
30년대의 말이 된다. 이에 대해서는 윤용혁, 「고려대몽항쟁기의 불교의례」『역사교
육논집』 13·14, 1990, pp.442~443의 주 17) 참조.

중요한 관건이었을 것이다. 무기 이외에 몽골군 기병의 작전을 위해서는 소모품으로서 철제의 말발굽 편자[蹄鐵]도 계속 공급을 받아야만 하였다. 좀 뒤의 일이기는 하지만 충렬왕대 원에서 철의 공납을 고려에 요구하는 것도[12] 이러한 전쟁 수행을 위한 몽골측의 수요를 반영하고 있는 것이다.[13]

이상과 같은 전쟁 수행의 군수적 측면에서 볼 때, 충주지역의 확보는 고려에 있어서나 몽골군에 있어서나 전략적으로 중대한 의미를 갖는다는 것이 분명해진다. 충주지역에 대한 피아간의 치열한 공방의 한 배경에는 충주지역이 갖는 이 같은 특수성이 일정한 연관을 갖는 것으로 보아진다. 다인철소민에 의한 몽골군의 격퇴도 무기류의 제작 및 공급처로서의 이 지역이 갖는 특성 때문에 전략적 중요성이 크게 평가받지 않을 수 없었던 것이다. 강도정부에 의한 현 승격이라는 파격적 포상조치는 이러한 점에서 어느 정도 이해가 가능해지는 것이다.

4. 다인철소 전투의 시기문제

다인철소 항전의 시기는 지금까지 그것이 고종 42년(1255)의 일이었던 것으로 알려져 왔다. 고종 42년이라면 차라대에 의한 6(2)차 침략이 진행되던 때인데, 그것은 『고려사』 지리지 충주목조의 "고종 42년 다인철소가 몽병을 막는데 공이 있으므로 소를 올려 익안현(翼安縣)으로 했다"는 기록에 근거한 것이다. 이로 보아 고종 42년이라는 연대는 거의 의심의 여지가 없어 보인다. 그러나 인용한 위의 기록을 뜯어보면 여기에는 두 가지의 내용, 즉 다인철소 민의 항전 사실과 철소(鐵所)의 현 승격 사실이 함께 섞여 있음이 유의된다.

---

12) "元遣使 來求鐵."(『고려사절요』 19, 충렬왕 정월 을해.)

13) 원의 求鐵에 응하여 고려 조정은 즉각 이를 조치하였다. 『고려사』 28, 충렬왕세가 12년 3월 신미조에 "遣中郎將張得精 如元獻鐵"이라 한 것이 그것이다.

따라서 고종 42년의 연대가 이 두 가지 사실 중 어느 쪽에 해당하는 것인지는 구체적인 분석이 필요해진다. 물론 이 두 가지 사실이 모두 같은 해, 고종 42년에 해당할 것이라는 추측도 있을 수 있지만 이는 당시의 사정으로 보아 불가능한 일이다. 고종 42년(1255)의 6(2)차 침략 몽골군이 충주지역에 남하한 것은 9월 말, 10월 초의 일이었으며 이후 몽군은 경상도 및 전라도 일대를 횡행하다가 철수하는 것이 이듬해 고종 43년(1256) 10월 경의 일이었기 때문이다. 따라서 다인철소민의 항전을 고종 42년으로 볼 경우, 당해 년에 그러한 포상조치까지 취할 만한 시간적 여유가 우선 없었던 것이다.

다인철소민의 항전과 현으로의 승격이 같은 해일 수 없다는 점, 그리고 「지리지」의 기록에 명기된 고종 42년이라는 기록이 군현의 승격조치를 언급하는 「지리지」의 것임을 고려한다면, '고종 42년'이라는 연대가 다인철소의 익안현 승격의 시기임은 쉽게 판단이 가능해진다. 그렇다면 다인철소민에 의한 항몽전의 시기는 그 이전이 될 수밖에 없는데, 그 경우 5차 침략의 고종 40년(1253)과 6(1)차 침략이 있었던 고종 41년(1254), 이 두 해 중 어느 하나일 것이다. 고종 40년 충주산성에서의 승전으로 말미암아 충주는 국원경으로 승격되었는데 그 시기는 익년 고종 41년 4월의 일이었다.[14]

고종 41년은 몽골 차라대군의 6(1)차 침입으로 경상도 남부지역까지 크게 피해를 입었던 때이다. 동시에 이 해는 임연에 의하여 지휘된 진천전투, 승 홍지에 의한 상주산성의 승첩이 있었던 때이기도 하다. 즉 당시 몽골군은 8월 하순 다인철소를 경유 충주에 들어왔고, 10월 이후 경상도 남해안의 진주 지경에까지 남하해 내려갔다가 이듬해 고종 42년 2월 철수하고 있다.[15] 즉 고종 42년은 연초에 몽골군이 철수하여 그 전년도 전쟁에 대한 수습이 가능하였던 해였고, 따라서 고종 42년도 다인철소의 익안현 승격은 다름

14) 『고려사절요』 17, 고종 41년 4월조.
15) 윤용혁, 「몽고의 경상도 침입과 1254년 상주산성의 승첩」 『진단학보』 68, 1989, pp.40~41 참조.

아닌 전년(고종 41)의 전공에 대한 포상조치였던 것이다.

이상의 고찰을 통하여 볼 때 다인철소민의 항전은 종래 알려진 바 고종 42년(1255)이 아닌, 고종 41년 일로 그 연대가 다소 수정되어야 한다. 아마 고종 41년(1254)의 9월 초순쯤이 전투 시기가 될 것이다.

5. 충주민 항전의 역사적 의미

충주는 고려의 대몽항전사에 있어서 특히 주목받을 만한 지역이다. 항전의 외적 측면에서 뿐만 아니라 대몽항전의 가장 의미 깊은 항전 사례들이 풍부하다는 점에서도 그렇다. 본고에서 언급한 항전 사례를 표로 정리하면 다음과 같다.

충주민의 대몽항전 사례

명칭	시기	군사의 성격	지휘자	전투 내용	전투 결과
충주성전투	1231.12	충주의 노비와 잡류	池光秀 (노군도령)	관리와 양반은 도주	몽골군 격퇴
금당협전투	1253. 9	충주민	崔守 (충주 창정)	몽골군을 기습	15급 베고, 포로2백 탈환
충주산성전투	1253.10-12	충주관민, 노비	김윤후 (방호별감)	야굴군의 포위 공격을 70일 간 방어	몽군의 경상도 진출 봉쇄
다인철소전투	1254.9경	다인철소민		철제품 확보를 위한 몽군 공격	몽골군 격퇴
충주산성전투	1254.9	충주민		차라대군의 공격	몽골군 격퇴
대원령전투	1255.10	충주민		이동중의 몽골군 기습	몽골군 1천 여 사살
충주성전투	1256.4	충주민		몽골군의 포위공격	충주성 함락
월악산성전투	1256.4	충주관민		몽골군의 공격	몽골군 격퇴
박달현전투	1258.10	충주 별초군		철수중의 몽병 기습	포로와 우마, 무기 등 탈환

대몽항전사에 있어서 충주민의 항쟁이 갖는 역사적 의의는 특히 그 항전의 성격을 검토할 때 더욱 분명하여진다. 첫째, 이들 항전은 철저히 충주의 지역민이 주체가 된 항전이었다는 점이다. 위에 제시한 9회의 항전 사례에서 보는 것처럼 이들은 거의 모두가 충주민이 전투의 주력이 되어 몽골군과 맞서 싸운 것이었다. 중앙에서 파견된 관원들은 1253년 방호별감 김윤후를 제외하면 실제 전투의 지도능력을 거의 갖지 못하였던 것이다. 충주민의 항전은 관노, 소민(所民) 등 당시 신분적으로 열등한 지위에 있었던 천인들의 적극적 공헌이 인상적이다. 여타의 항전 사례에 있어서도 항전의 주체는 정부의 군인이나 관원들이 아니라 시종 충주민이었다. 1253년 적장 야굴의 포위 공격을 70여 일간이나 버티면서 마침내 몽골군을 고려에서 철수케 한 충주산성 전투의 경우는 중앙에서 파견된 지휘자 김윤후의 공헌이 적지 않았단 것이 사실이다. 그러나 그의 공헌은 바로 충주민의 투철한 저력을 간파하고 이것을 구체적인 항쟁의 동력으로 점화시키는데 성공한 것이었다고 할 수 있다.

둘째, 충주지역 대몽항전 사례에서 농민, 노비와 같은 하층민의 역할이 특별히 인상적이다. 1231년 충주성에서의 노군 잡류별초의 항전, 1253년 충주산성 전투에서 관노들의 역할, 그리고 1254년 다인철소민의 항전 등은 충주민의 항전에서 천민계층을 포괄한 피지배 민중의 절대적 역할을 입증한다.[16] 이는 고려의 대몽항쟁에서 각 지역 민중의 적극적 참여를 주목하고,

---

16) 고려의 항몽전쟁 과정에서 거두어졌던 중요한 승전 사례를 살펴보면 크게 두 가지의 유형이 발견된다. 중앙으로부터 파견된 지휘관이나 수령의 적절한 지휘력, 그리고 여기에 지방민들의 호응이 결합되어 성공적으로 적을 물리쳤던 것이 그 하나이다. 고종 18년(1231) 朴犀의 귀주성전투, 동년 崔椿命의 慈州城전투, 고종 19년(1232) 李世華의 廣州城전투, 고종 23년(1236) 宋文冑의 竹州城전투, 고종 40년(1253) 金允候의 충주산성전투, 고종 43년(1256) 宋君斐의 笠岩山城전투, 고종 46년(1259) 安洪敏의 寒溪山城전투 등이 그 대표적인 사례들이다. 그런가 하면 아예 국가의 방어 혹은 행정체계와 아무 관련 없이 지방민들의 자위적 방어 노력만으로 훌륭하게 적을 격퇴한 경우도 적지 않다. 고종 18년(1231)의 충주성전투, 고종

대몽항전의 주체를 농민, 노비와 같은 기층민 집단으로 보는 견해와 맥락을
같이한다. 그러나 다른 한편, 충주에서는 향리층의 역할도 무시할 수 없다.
금당협전투에서 창정 최수가 지역민을 지휘하고 있는 예에서 보는 것처럼,
이들 기층민의 항전에서 향리는 대체로 이들을 지휘하는 역할을 담당하였다
고 생각된다. 이러한 점에서 충주민의 항전은 고려 대몽항전의 주체를
설정함에 있어서 농민, 노비의 주체론을 뒷받침하고 있으면서도, 동시에
향리의 적극적 역할, 혹은 재지 승려들의 역할을 방증하고 있다.

셋째로, 충주민의 항전에서는 지역민의 전공에 대한 포상으로 행정단위의
위계 승격이 두드러지고 있다. 항몽전쟁의 과정에서 지방민들의 집단적
공적을 포상하는 한 방법으로 해당 지역의 행정구획을 승격시키는 사례는
정부에 의해 간혹 시행된 적이 있었다. 가령 고종 18년(1231) 3개월에 걸친
몽골군의 파상적 공세를 끝까지 막아내었던 여몽 1차전쟁 최대의 격전지
귀주를 정원대도호부(定遠大都護府)로 승격시킨 것, 고종 19년(1232) 적장
살례탑을 사살, 2차 침략군을 철퇴케 하였던 처인부곡을 처인현으로 승격시
킨 경우가 그것이다. 이들 사례는 모두 고려의 대표적 항몽전의 사례에
해당한다. 충주지역의 경우, 1253년 70여 일의 사력을 다한 항전으로 몽골
5차 침략군을 저지, 철퇴케 하였던 공으로 충주를 국원경(國原京)으로 승격
시킨 것, 충주 다인철소를 익안현으로 승격시킨 사례가 나타나고 있다.
전공에 대한 포상으로 행정단위의 위계를 승격시킨 경우는 실제 더 많이
있었을 것이나, 기록상으로는 충주지역을 포함하여 4례에 불과하다. 그중
2례가 충주의 경우에 해당한다.

충주지역에서의 행정단위 승격의 사례는 충주항전의 중요성을 입증한다.

___
19년(1232) 처인성전투, 고종 41년(1254) 상주산성전투, 그리고 같은 시기의 鎭州(충
북 진천)民의 항전은 그 대표적인 사례들이다. 다만 후자의 경우는 행정체계와의
직접적 관련성을 결하고 있기 때문에 자연히 그 실상이 잘 알려지지 못하고 묻혀버리
는 경우가 많았다. 따라서 중요한 승전의 경우도 내용은 언급되지 않고 겨우
전투가 있었던 사실만을 알리는 극히 단편적인 기록을 남기고 있을 뿐인 것이다.

동시에 그 전공이 기본적으로 충주의 지역민들에 있었음을 말해주는 것이기도 하다. 이러한 점에서 13세기 고려의 대표적인 항전 사례인 충주에서의 대몽항전은 그것이 기본적으로 농민, 노비는 물론 향리층까지도 포함하는 충주민에 의한 것이었다는 것이 명백히 부각되고 있다.

맺는말

　본고에서는 충주에서 전개되었던 항전의 사례들을 연대순으로 서술하면서 충주지역이 갖는 대몽항전사상의 중요성을 부각시키고자 하였다.
　충주는 몽골군의 1차 침입 때부터 6차 침입의 마지막까지 지속적인 항전을 전개하였다. 충주가 이처럼 고려 최대의 격전지가 되었던 것은 충주가 갖는 지정학적 중요성과 함께 충주민의 투철한 대외항전 의지가 발휘된 것이라 할 수 있다. 동시에 당시 충주가 고려의 대표적인 철산지였다는 사실이 대몽항전의 치열성과 일정한 관련이 있는 것으로 생각된다.
　대몽항전사에 있어서 충주민의 항쟁이 갖는 역사적 의의는 특히 그 항전의 성격을 검토할 때 더욱 분명하여진다. 9회의 항전 사례는 거의 모두가 충주민이 전투의 주력이 되어 몽골군과 맞서 싸운 것이었다. 중앙에서 파견된 관원들은 1253년 방호별감 김윤후를 제외하면 실제 전투의 지도능력을 거의 갖지 못하였던 것이다. 충주민의 항전에서 관노, 소민(所民) 등 당시 신분적으로 열등한 지위에 있었던 천인들의 적극적 공헌이 인상적이다. 1231년 충주성에서의 노군·잡류별초의 항전, 1253년 충주산성 전투에서 관노들의 역할, 그리고 1254년 다인철소민의 항전 등은 충주항전에서 천민층을 포괄한 피지배 민중의 절대적 역할을 입증한다. 여타의 항전 사례에 있어서도 항전의 주체는 정부의 군인이나 관원들이 아니라 시종 충주의 주민(州民)이었다.

고려의 대몽항쟁은 한국 역사에서도 가장 대표적인 대외항쟁 사례이다. 그럼에도 불구하고 남겨진 자료의 빈곤 등으로 우리의 역사와 기억 속에서는 거의 잊혀진 과거가 되어 있다. 대몽항전의 자료가 빈약하게 된 가장 중요한 요인은 항쟁 이후 고려가 정치적으로 원 간섭 하에 놓임으로써 대몽항전의 자료들이 의도적으로 지워지고 인멸될 수밖에 없었기 때문이다. 그러나 지워진 역사를 가능한 한 복원하고, 또 이를 오늘의 정신적 활력의 자산으로 삼는 것이야말로 7백여 년 전의 위대한 항전에 대한 우리의 응답이 될 것이다.

(「충주민의 대몽항전, 역사적 의미와 과제」, 『예성문화』 23, 2004를 크게 수정 보완한 것임)

III. 1254년 상주산성 승첩과 백화산성

머리말

13세기 몽골의 침입에 대하여 고려는 산성과 해도에의 입보를 통한 강력한 저항전을 전개하였지만, 실제 각 지역의 방위가 당해 지역에 전가됨으로써 지방민들의 고통은 감내하기 어려운 것이었다. 그럼에도 불구하고 몽골에 대하여 40여 년 항전이 가능하였던 것은 고려 각지에서 벌어진 지방민의 자위적 방어책 덕분이었다.

본고는 1254년(고종 41) 상주 백화산성에서 벌어진 몽골과의 전투에 대한 문제를 검토한 것이다. 상주 백화산성에서의 전투는 상주지역민들이 피란 입보 중 몽골군에 대한 적극 공격을 감행하여 적의 주력에게 큰 피해를 입힌 사건이다. 몽골의 '제4관인'이 저격 당해 숨지고 철수하였던 역사의 현장이며 상주 지역민들이 힘을 합쳐 민중의 저력을 과시한 사건이기도 하다.

본고에서는 당시 전투의 배경과 경과, 그리고 의의를 살피고 아울러 전투 현장인 백화산성에 대해서도 검토하고자 한다. 이를 통하여 상주민의 외적에 대한 저항, 그리고 지역을 지키려 했던 각별한 의지가 확인될 것이다.

1. 13세기 몽골의 고려 침입

징기스칸의 등장에 의한 몽골제국의 성립은 13세기에 있어서 동아시아 정세의 구도를 바꾸는 커다란 변화를 초래하였다. 몽골의 고려 침입에 의하여 야기된 전쟁은 1231년부터 1273년까지 40여 년을 지속하였다. 몽골은 12세기 초 이래 대륙에서의 주도권을 행사했던 금을 멸망시킨 후, 남송에 대한 압력의 일환으로 고려에 대한 공격을 강화하였다.

몽골의 침입 당시 고려는 1170년 이후 무인정권의 정치체제가 장기간 구축되어 있었는데, 최씨 무인정권은 기왕의 금에 대한 사대정책과는 달리 몽골에 대한 항전책을 선택하였다. 그리고 항전책의 일환으로 1232년 개경에 가까운 강화도로 서울을 옮기게 된다. 이에 의하여 고려·몽골간의 전쟁은 대륙에서의 금의 멸망에도 불구하고 1259년까지 장기적인 양상으로 전개되었다. 이 기간동안의 몽골군의 고려 침입은 흔히 6차에 걸친 과정으로 소개되고 있지만, 내용적으로는 대소 11회에 걸친 것이었다. 이에 대하여 강화도의 고려정부는 중앙군 파견에 의한 몽골과의 전면 전쟁을 회피하는 대신 문제를 외교적 방식으로 해결한다는 방침이었다. 고려정부는 내륙 및 연안 수로의 확보를 바탕으로 지방에 대한 관리체제를 지속적으로 유지하면서 유사시 농민들을 섬이나 산성으로 피란시키는 청야전술을 시종 구사하였다. 따라서 몽골 침입에 대한 고려의 전투는 실제로는 지방민들에 자위적 항전에 맡겨지는 경우가 많았다.

이상과 같은 사정을 좀더 구체적으로 이해하기 위하여 먼저 몽골군의 고려 침입에 대한 내용을 간략히 정리하면 다음과 같다.

몽골의 침입과 항전(1231~1259)

침입차례	침입기간	주요 침입, 전투지	주요 지휘자	주요 사항
제1차 침입	1231.8~ 1232.봄	안주, 철주, 귀주, 자주, 廣州, 충주	박서, 최춘명, 이원정, 이희적	
제2차 침입	1232.8~ 1232.12	廣州, 용인, 대구	이세화, 김윤후(승)	강화천도(1232.7), 적장 살례탑 사살
제3차 침입(1)	1235.윤7~ 1235.12경	지평(양평), 안주, 안동, 경주		
(2)	1236.6~ 1237.초	황주, 서울, 죽주(안 성), 아산, 예산, 부안	송문주, 현려, 전공렬, 박인걸	팔만대장경 조판 작업(1236~1251)
(3)	1238.8경~ 1239.4	개경, 경주		경주 황룡사 소실 (1238.12경)
제4차 침입	1247.7~1248.3	수안, 염주, 전라도		최우 사망, 최항의 정권 계승(1249)
제5차 침입	1253.7~1254.1	철원, 춘천, 원주, 충주, 양양	대금취, 이주, 최수, 박천기, 정지린, 김윤후	적장 야굴 소환
제6차 침입(1)	1254.7~1255.2	충주, 진천, 상주, 교하(파주), 산청	장자방, 임연, 홍지(승)	
(2)	1255.8~ 1256.10	충주, 현풍, 光州, 신안(압해도)	송군비, 한취, 이천	몽골, 연안의 섬 침공
(3)	1257.5~ 1257.10	태천, 개경, 직산, 전라도	정인경, 이수송	
(4)	1258.6~1259.3	개경, 충주, 강원도 (금강산)	안홍민	적장 차라대 사망 (1259.3경)

1259년 고려 태자의 몽골 입조를 계기로 몽골군의 군사적 침입은 종식하였지만, 개경환도는 1270년에야 이루어진다. 개경환도는 무인정권의 붕괴에 의하여 비로소 가능하였으며, 그것은 고려정부의 몽골에 대한 복속을 의미하는 것이었다. 그러나 고려의 반몽세력은 삼별초를 중심으로 다시 봉기하여 진도 혹은 제주도를 거점으로 1273년까지 몽골에 저항하며 항전하였다.

몽골군이 경상도에 진입한 것은 고종 41년(1254)의 제6(1)차 침략과 이듬해 6(2)차 침략 때의 일이다. 그중 고종 41년의 경우는 차라대의 주력이 경상도의 남해안까지 진입해 들어옴으로써 심각한 피해를 야기하였는데 상주산성에서 몽골군을 패퇴시킨 사건도 이때에 이루어지게 된다.

2. 1254년 상주산성 승첩

고종 41년(1254) 7월 압록강을 건넌 차라대의 몽골군은 빠른 속도로 남하, 9월에 충주산성을 거쳐 경상도로 진입하였는데 상주산성에서 황령사(黃嶺寺)의 승(僧) 홍지(洪之)의 반격으로 큰 피해를 입은 사실이 10월 19일자 기록에 등장한다. 상주산성에서 퇴각한 몽골군은 각처에서 보복적인 구략을 일삼는데, 이후 단계(丹溪 : 경남 산청군)에까지 내려갔다.

몽골군은 경남지역으로 남하하는 과정에서 대구를 경유하였다. 이 사실은 이듬해 몽골군의 철수과정에서 포로로 잡혀가던 대구민(大丘民)이 도망, 강도정부에 당시 몽골군의 상황을 제보한 사건이나, 대구 인근의 거민(居民)들이 팔공산의 공산성(公山城)에 입보하였던 사실에서[1] 확인되어진다. 또한 원종 원년 2월, 원으로부터 환국하는 원종을 따라 고려에 입국한 강화상(康和尙, 康守衡)에 대하여 그가 진주사람으로 일찍이 포로가 되어 몽골에 들어갔던 자라고 소개하고 있거니와 몽골군이 진주에 들어왔다면 그것은 바로 고종 41년 차라대군에 의한 것이었다고 보아야 할 것 같다. 이렇게 본다면 당시 몽골군의 진로는 상주로부터 대구, 단계(산청군)를 경유, 최씨정권의 경제적 기반지인 경상도 남해안의 진주지역까지 남하하는 것이었음을 알 수 있는데, 이들 몽골군은 대략 동년 말에 경상도에서 철수한 것으로 보인다.

고종 41년(1254) 차라대의 침략은 고려 각처에 혹심한 피해를 입혔다. 고종 41년 10월, 재신(宰臣)들이 대묘(大廟)에 기고(祈告)한 글에 의하면 "백성은 세(勢)가 궁하여 죽은 자는 해골을 묻지 못하고 산 자는 노예가

---

1) 『고려사절요』 17, 고종 42년 3월.

되어 부자(父子)가 서로 의지하지 못하고 처자(妻子)가 서로 보존하지 못한 다.”2) 하였다. 또,

> 이 해에 몽병에게 사로잡힌 남녀가 무려 20만 6천 8백여 인이요, 살륙된 자는 무려 헤아릴 수가 없었으며, 지나가는 주군(州郡)마다 모두 잿더미가 되었다.(『고려사』 24, 고종세가)

는 것이다. 한 해에 포로만 20여 만이라 한 것은 이 전쟁이 얼마나 고려에 많은 피해를 입혔는가를 짐작하게 한다.

이러한 기록으로 보면, 고종 41년(1254)은 대몽전쟁 사상 고려의 피해가 가장 컸던 시기였던 것 같고, 이 기간 몽골군의 주요 작전 지역이 경상도 지방이었던 만큼, 무수한 인명이 살육되고 포로로 잡혀가는 현상은 특별히 경상도 지역에서의 내용을 크게 반영하고 있다고 보아도 좋을 것 같다. 당시 몽골군에게 경상도민의 다수가 포로로 잡혀갔던 것은 앞에 언급한 대구민이나 진주 강화상의 예에서도 입증되고 있는 바이다.

몽골군에 의한 피해는 직접 적군의 칼날에 죽음을 당하거나 포로가 되는 것 이외에도, 침략군을 피하여 산성 등지에 황급히 입보하여 목숨을 보존하였던 입보민들에게도 심각한 것이었다. 다음은 당시 차라대군을 피하여 대구 팔공산 지역으로 피란하였던 사람들의 경우이다.

> 제도(諸道) 군현의 산성과 섬에 입보한 자들을 모두 출륙케 할 때 공산성에 입보한 군현으로 양식이 떨어지고 길이 먼 자는 굶어 죽는 자가 심히 많았으며, 노약자가 (거꾸러져) 구렁을 메우는 지경이었다. 심지어는 어린 아이를 나무에 매어두고 가버리는 자도 있었다.(『고려사』 24, 고종세가 42년 3월)

---

2) 『고려사』 24, 고종세가.

차라대군의 재침은 고종 42년(1255) 8월에 재개되어 해를 넘겨 이듬해 고종 43년으로 연결된다. 그리하여 고종 43년 상반기의 기록에는 당시 몽병(蒙兵)이 전라도와 경상도 양 지역에 동시에 진입하였음을 보여준다. 차라대의 주력은 전라도 방면에 깊이 투입되어 있었기 때문에 고종 43년(1256) 경상도의 몽골군은 상대적으로 적은 규모였으리라는 점을 추측할 수 있다. 경상도에 침입한 몽골군은 같은 해 4월, 현풍현(달성군) 인근에 출현하여 정박 중인 현풍현인(玄風縣人) 40여 척을 추격, 남녀 재물을 빼앗고 권농사(勸農使) 김종서(金宗敍)를 죽였다.

현풍현민들은 몽골군의 침략에 대하여 낙동강의 수로를 이용, 선박으로 피란하였다. 이것은 당시 경상도 여러 지역에서 행하여진 피란의 한 형태라고 보아야 할 것이다. 이 같은 피란은 수령, 혹은 현풍의 경우에서와 같이 중앙에서 파견되어온 관리에 의해 지휘된 집단적인 것이었다. 권농사는 바로 전년인 고종 42년에 중앙에서 파견된 관리들인데,[3] 그것은 농업과 관련된 것이라기보다는 주로 각도 군현민들의 입보를 지휘하기 위한 것이었다. 현풍현인들은 낙동강 중류에서 40척 선단을 구성하여 인근의 군현에 정박 도중 몽골군의 기습을 받았다. 따라서 이들의 피습현장은 현풍에서 얼마간 떨어진 인근 군현으로, 건너편 대안(對岸)의 고령군 지역이거나 보다 남쪽에 있는 창녕·합천(경남) 지역이 된다. 이렇게 볼 때 고종 43년의 몽골군은 경상도 북부지역을 종단하여, 아마 경남 지경까지 이르렀을 가능성을 보여주는 것이다.

고종 43년(1256) 몽골군의 침입에 당하여 경상도의 여러 지역은 수령이나 중앙에서 파견된 관리들에 의하여 산성 혹은 섬으로의 입보책이 광범히 전개되었던 것으로 보여진다. 고종 43년 정부의 경상도민에 대한 적극적인 입보조치는 아마 고종 41년의 전쟁에서 다수의 경상도민이 몽골군에 의해

---

3) 『고려사』 24, 고종세가 42년 5월 갑인.

포로가 되었던 것과 무관하지 않다고 생각된다. 이러한 가운데 경상도민은 전쟁과 피란의 갈래에서 안팎으로 심각한 고통을 경험하였으며, 다른 한편으로는 침략군과 직접 맞서 무력항전을 벌이기도 하였다. 고종 41년(1253) 차라대군의 경상도 침구시 상주산성에서의 항전이 그것이다. 고종 41년 (1253) 10월, 상주산성을 공격했던 차라대 휘하의 몽골군은 경상도 진입 직전, 충주지역에서 먼저 군사활동의 실패를 경험한다. 충주산성을 공격하는데 갑자기 비바람이 크게 휘몰아쳤고 충주민이 정예를 뽑아 반격하였던 것이다.

차라대의 몽골군이 충주산성에 대한 공성전을 벌인 기간은 대략 9월 초부터 10여 일 동안 전개된 작전이었을 것으로 짐작된다. 충주민들의 강력한 저항으로 이들 몽골군이 공격을 포기하였던 충주산성은 바로 꼭 1년 전 고종 40년(1252) 10월부터 12월에 이르는 70여 일간 몽골군 주력부대의 집중적인 공격에도 불구하고 이들을 격퇴시켜 철수케 하였던 격전의 현장이다. 차라대의 몽골군이 충주인들의 항전에 쉽게 공격을 중단 남하하였던 것은 바로 그 전년도의 패배와 실패에 교훈을 받은 것이라 볼 수 있는데, 다른 한편으로는 차라대군의 집중적인 전략지역이 중부지역이 아닌 경상도 지역이었음을 의미하기도 한다.

9월 중순 충주민들의 강력한 저항으로 공성전을 포기하고 경상도 지역으로 남진하였던 차라대군이 뒤이어 집중적으로 공성작전을 벌인 곳이 바로 상주산성이었다. 상주산성에서의 전투는 전투의 규모나 의의에 비할 때, 그 내용을 알리는 기록은 극히 소략하다. 『고려사』 고종세가의 41년 10월 19일자의 기록에

차라대가 상주산성을 치거늘 황령사(黃嶺寺)의 승(僧) 홍지(洪之)가 제4관인(第4官人)을 사살하였다. 사졸의 죽은 자도 과반수에 달하여 드디어 (적이) 포위를 풀고 퇴거하였다.

고 한 것이 관계기록의 전부이기 때문이다. 차라대의 충주산성 공격 및 남하에 대한 기사가 9월 14일자였던데 비추어, 10월 19일자에 기재된 상주산성의 전투기록은 여몽간의 공방전이 대략 20여 일 이상의 장기전이었음을 말해준다. 전투상황에 대한 여타의 자료를 전혀 발견할 수 없는 가운데 위의 기록은 당시 전투가 매우 치열하였고 또 고려의 승리로 귀결되었던 사실만 전하고 있다.

승 홍지가 속해 있었던 황령사는 상주시의 북쪽, 은척면(銀尺面) 황령리(黃嶺里)에 위치하는데,[4] 이곳은 경상도의 초입부(初入部)에 해당한다. 몽골군이 충주로부터 대원령(大院嶺)을 넘어 남하하자 상주 인근 지역민들은 산성에 입보, 적을 맞아 싸웠던 것이다. 당시 황령사의 스님이었던 홍지는 휘하 승도들을 중심으로 입보한 상주민을 규합, 자체적인 방어체계를 갖추어 차라대군의 공격에 대항하였던 것이라 생각된다. 여기에서 몽골군은 제4관인이라는 고급 지휘관이 사살 당하였고 사졸의 죽은 자가 과반이라 하여, 전투가 고려의 큰 승리로 종결되었음을 알 수 있다.

3. 상주산성과 백화산성

황령사의 승 홍지의 지휘로 차라대의 몽골군에게 타격을 주었던 전투지 상주산성이 어디를 가리키는 것인지는 기록상으로 분명하지 않다. 후대에 만들어진 각종 지지(地誌)를 참조할 때 상주의 대표적인 성은 병풍산성(屛風山城)과 백화산성(白華山城)의 둘을 꼽을 수 있는데, 위의 두 성 중 병풍산성은 상주 동쪽 10리 지점, 낙동강변의 병풍산에 위치, 주(州) 관아와의 지리적

---

4) 황령사에 대해서는 『신증동국여지승람』 29, 咸昌縣에서 현의 서쪽 37리, 황령산에 소재한 것으로 되어 있는데(佛宇 및 산천조) 현재 상주시 은척면 황령리의 황령사가 그것이다. 그러나 고려시대의 유구는 지표에 잔존하고 있지 않다.

근접성 등을 고려할 때 쉽게 입보가 가능한 성곽이다.[5] 이에 비해 백화산성은 상주로부터 서쪽으로 50여 리 떨어진 속현(屬縣) 중모현(中牟縣)에 소재하는데 "높고 험하며" 성안에 계곡과 더불어 샘이 다섯, 그리고 군창의 시설이 있었던 것을 보면,[6] 방어적 측면에서는 훨씬 유리한 여건이었음을 짐작할수 있다. 실제로 백화산성은 소백산맥의 줄거리, 계곡이 깊은 험준한 산록에 위치해 있다.

이제 여기에서 고종 41년(1253) 10월의 상주산성 전투를 다시 살펴보면 전투의 지휘가 정부의 공식직함을 갖지 않은 지역 거주의 승려에게 맡겨진 사실에 주목하게 된다. 이것은 당시 관리들이 이 성에 입보해 있지 않았다는 것을 말해준다. 아마도 당시 상주의 관리들은 관아에서 지리적으로 가까운 병풍산성에 입보하고 있었고, 황령사의 승려를 비롯한 인근 주민 다수가 백화산성에 들어가 있었다고 생각된다. 백화산성은 물이 풍부하고 지리적 측면에서도 방어요건이 보다 우월하였기 때문에 여기에 입보한 상주민들이 황령사 승 홍지의 지휘 하에 성을 지키는 한편으로 유격전의 방법을 활용하였음이 분명하다. 항몽 승전지 '상주산성'이 백화산성일 것이라는 이러한 추정에 확증을 주는 것은 조선조 상주읍지 『상산지』의 다음과 같은 기록이다.

> 고려 고종 때 몽골병이 충주로부터 상주 백화산성을 공격하므로 황령사의 승 홍지가 화살을 쏘아 (적의) 관인과 사졸의 죽은자가 과반이었으므로 드디어 포위를 풀고 물러갔다.(『(증보)상산지』 고적조)

이 기록은 『고려사』 고종 41년 상주산성 전투에 대한 기록을 거의 그대로

---

5) 병풍산성은 『경상도속찬지리지』(1469) 등에 그 이름이 등장하는데 『신증동국여지승람』(상주목 고적조)에서는 '沙代國古城'으로, 그리고 『여지도서』에서는 후삼국 시대 견훤의 부 아자개의 거성이었다고 하고 있어, 역사적으로 매우 중요한 지역이었음을 말해준다.

6) 『세종실록지리지』 상주목.

전재하면서 '상주산성'이 실제로는 '백화산성'임을 명시한 것이다. 이에 의하여 백화산성에서의 승첩이라는 공간의 문제는 의심의 여지가 없음을 확인할 수 있다. 백화산성이 대몽항전 당시 상주민들의 일반적인 입보처로서 활용된 성곽이었다는 것에 대해서는 다음과 같은 자료도 있다.

> 고려 때에 상주의 아전(吏) 김조(金祚)에게 만궁(萬宮)이라는 일곱 살 난 딸이 있었는데 부모가 단병(丹兵)을 피하여 백화산성(白華山城)으로 가다가 쫓는 군사가 가까워지자 창황하여 길가에 버리고 도망하였다가 사흘 뒤에 수풀 밑에서 찾았다.……15세가 된 뒤에 호장(戶長) 김일(金鎰)에 게 출가하여 록(祿)이 세 아들을 낳았는데 맏아들이 득배(得培)이다.(『세종 실록지리지』 상주목 인물조)

공민왕대 정당문학(政堂文學)을 지낸 상주인 김득배(金得培, 1312~1362) 의 선계(先系)와 관련한 위의 기록[7]은 고려시대 외적의 침구시 상주민들이 난을 피하여 백화산성에 입보하였던 사실을 말해주는 것이다. 그런데 여기에 서 사건의 배경이 되고 있는 단병(丹兵)의 침입이라는 것은 대몽항전기의 몽골군을 지칭하는 것이다. '단병(丹兵)'이라는 표현 때문에 이 사건을 고종 조 거란족의 침구(1216~1219)와 연결해 볼 수도 있는데, 당시 거란족이 상주에까지 침입한 사실이 없는데다 연대적으로도 들어맞지를 않는다. 즉, 외적의 침입은 김득배의 증조모인 만궁(萬宮)이 7세였을 때의 일인데, 15세에 출가하여 큰 손자 득배가 충선왕 4년(1312)에 출생한 사실을 전제할 때 1백년의 간격이 있어 맞지 않는 것이다. 따라서 위에 인용한 상주민들의 백화산성 입보는 거란족 이후의 사건인 몽골침입기, 즉 고종조 말년의 일로 파악된다.[8] 이러한 전제하에서 보면 상주의 아전 김조(金祚)가 몽골군

---

7) 같은 내용의 기록이 『고려사』 113, 金得培傳에도 실려 있다. 『고려사』에서는 몽골군 을 피하여 이들이 들어간 城을 '日華城'이라 하였는데 이는 '白華城'의 착오라고 하겠다.

을 피하여 백화산성에 입보하였던 이 사건도 고종 41년 9월경, 차라대의
상주 침입 당시의 것으로 보인다.[9]

4. 전투 현장으로서의 백화산성

백화산성이 구축된 백화산은 소백산맥의 지맥으로 예로부터 빼어난 산수
로 이름이 있는 곳이다.

> 백화산은 중모현 서쪽에 있는데 상주와의 거리는 77리이다. 소라껍데기
> 같은 모습의 우뚝 솟은 봉우리들이 가로로 펼쳐져 다 기록할 수 없다.
> 그 아래로는 큰 내가 산을 감싸고 흘러 남으로 사담(沙潭)에 이르러서는
> 혹 맑고 깨끗한 물이 깊어져서 못골(潭洞)을 이루기도 하고, 혹은 흩어져
> 비단폭을 이루기도 한다. 개울을 따라서는 가파른 절벽이 깎아 세운 듯
> 섰는데, 절벽 사이에는 묵은 소나무와 기이한 화초가 많다.(『상산지』(蒼石
> 本))

이 백화산의 최고봉인 한성봉(933m)을 중심으로[10] 그 남쪽 계곡을 내외
2중의 포곡식으로 둘러쌓은 것이 백화산성이다. 성은 삼국시대 신라의

---

8) 몽골군 침입을 '丹兵'의 침략으로 기록한 사례는 『여지도서』 황해도 瑞興縣 城池條에
　서도 보인다. 여기에서는 고종 34년 몽골 아모간 침입시의 사건을 '丹兵'으로
　기록하고 있다.

9) 金祚의 백화산성 입보를 고종 41년(1254) 상주산성 전투시의 경우로 간주하게
　되면 김득배의 증조모 萬宮이 출가한 것은 1262년(원종 3)이 되어, 손자 得培의
　출생과 50년 간격이기 때문에 적당한 터울이 된다. 金祚의 피난을 고종 20년대
　몽골 唐古軍의 침략기로 설정하면 간격이 많고 차라대 침략 말년으로 잡을 경우
　역시 터울이 좁은 감이 있어 적당하지 않다.

10) 한성봉은 일제 때 捕城峰으로 이름이 바뀌어 근년까지도 공식적인 지명으로 되어
　있었으나 지역주민들의 노력으로 2008년 그 이름을 되돌려 국리지리원의 공식적
　지명 개정이 이루어졌다.

대백제 전초기지로 유명한 금돌성(今突城)으로 간주되고 있거니와, 이 성의 전체 둘레는 5,553m, 총 연장의 길이는 7,165m에 달한다.[11]

현재 백화산록(白華山麓)의 계곡, 저승골은 몽골군이 고려군의 유격에 협공당하여 몰살했다는 전설이 내려오고 있다.[12] 그 밖에 방성재, 전투갱빈 등의 지명이 전한다. '방성재'는 홍지 등에게 격파된 몽골군의 패잔병이 방성대곡을 하며 넘어갔다는 고개이고, '전투갱빈'은 몽골군의 침입 때 전투가 일어난 '강변'이라는데, 그 위치는 모동면 수봉리 사담(沙潭)에서 500m 정도의 하류에 해당한다.[13] 몽골군과의 대대적 전투를 뒷받침하는 내용이기도 하다.

그러나 다른 한편 이들 지명 전설의 공간을 몽골군과의 전투를 반영하는 것으로 보는 의견과는 다른 주장도 있다. 저승골의 경우도 금돌성에 이르는 도중에 암벽으로 이루어진 이 절벽 같은 작은 계곡을 경유할 이유가 없다고도 하고 이 때문에 차라리 방성재나 전투갱빈이 실제 전투지였을 가능성이 많다는 것이다. 저승골의 이름은 몽골군 격살의 현장이라기보다 "너무 위험하여 도저히 오르기가 어려운 계곡"이라는 의미일지 모른다는 것이다.[14]

고종 41년(1254) 차라대 몽골군에 대한 상주산성에서의 전투는 『고려사』

---

11) 조희열, 「성」『백화산』, 상주문화원, 2001 참고.
12) "백화동천 제1경에 속하는 저승골은, 천혜의 요새로서 정상인 한성봉이 하늘과 맞닿은 듯한 거대한 암벽으로 된 계곡이다. 워낙 골이 험하고 암벽의 경사가 심하여 이 골에 한번 들어가면 도저히 나올 수가 없는 곳이라고 현지 주민들은 말하고 있다. 차라대가 이끈 몽골병이 황령사 승려 홍지에게 과반이나 죽임을 당하였다고 하니 이름만 들어도 섬뜩한 곳이다."(곽희상, 「지리」『백화산』, 상주문화원, 2001, p.45) "황령사 승 홍지가 백성들을 지휘하여 이곳에서 적을 맞았고 금돌성 남쪽 石川(일명 龜水川, 中牟川) 계곡으로 밀어 넣어 싸워 이긴 것이다. 그래서 이 석천에서 북쪽의 금돌성을 향해 난 암벽 계곡을 저승골로 부른다는 것이다."(조희열, 「성」『백화산』, 상주문화원, 2001, pp.476~477)
13) 조희열, 「성」『백화산』, 상주문화원, 2001, pp.473~479.
14) 위와 같음.

에 기록된 경상도민의 유일한 항전 사례이다. 그런데 한기문 교수는 『호산록 (湖山錄)』의 시를 근거로 1254년의 상주산성 전투가 상주에서의 세 번째 전투에 해당한다고 하였다.[15] 『호산록』에 의하면 산양현의 신민서(申敏恕) 가 진정국사(眞靜國師) 천책(天頙, 만덕산 백련사 제4대 주지)에게 다음과 같이 말하고 있다.

　　상주는……비록 두 번이나 병화에 거듭 짓밟혀 남은 것이 없을 정도로 쓸쓸하게 되었지만, 예부터 하늘이 좋은 세상을 만들 때는 이인(異人)을 내려 보내는 경우가 있었습니다.(『호산록』「游四佛山記」)[16]

　　진정국사의 이 기록은 대략 고종 31년(1244) 경의 것이므로, 1254년 백화산 성에서의 전투 이전에 상주는 이미 2차례 몽골의 피해가 있었음을 말해주고 있다. 그렇다면 1254년 이전, 2회에 걸친 몽골군의 상주 침입은 언제였을까. 이에 대하여 한 교수는 고종 19년(1232) 대구 부인사 대장경의 소실이 있었던 시기와 고종 25년(1238) 경주 황룡사 소실의 시기를 들었고, 아울러 고종 34년(1247)에도 경상도의 안찰부사 전광재(全光宰)가 경주에 출진(出 鎭), 선승(禪僧)을 모았다는 기록으로 미루어 몽골군의 경상도 내지 상주 침입 가능성이 높다고 파악하였다.[17] 1247년 경주에서의 선승 집회에 대한 기록은 다음과 같다.

　　정미년(고종 34, 1247)에 금성(경주)에 출진, 선승들을 불러 모으고 서룡선 로(瑞龍禪老) 연공(連公)을 초청, 법회를 주관케 함으로써 몽골의 침입을 물리쳤다.(『고려대장경』제45권, 補遺)

---

15) 한기문, 「상주의 역사와 백화산」『백화산』, 상주문화원, 2001, pp.63~64.
16) 『호산록』은 허흥식, 『진정국사와 호산록』, 민족사, 1995를 참고함.
17) 한기문, 「상주의 역사와 백화산」『백화산』, 상주문화원, 2001, p.64.

이 자료를 근거로 당시 몽골군이 경주에까지 들어온 것으로 보는 견해도 있지만[18] 이 자료의 문면(文面)만으로는 그 점을 확신하기는 어렵다. 이 시기 몽골군의 일부가 전라도와 충청도 충주까지 이르기는 하였으나 경상도에까지 입구하였다는 증거는 명확하지 않기 때문이다.[19]

고종 19년(1232) 살례탑 몽골군의 선발부대는 그 하반기에 대구 부인사 소장의 대장경을 불태웠는데 기록은 확실하지 않지만 당시 이 부대는 충주와 상주를 거쳐 대구에 침입하였을 것으로 추정된다. 또 고종 25년(1238) 경주에 침입한 때에도 역시 상주를 경유하였을 가능성은 많은 것으로 보인다. 몽골군이 상주를 침입 혹은 경유하였을 때 상주와 그 주변 지역민이 고종 41년의 경우와 마찬가지로 백화산성에 대거 입보 피란하였을 것이다. 상주의 북쪽, 문경 경계와 가까운 황령사의 승 홍지가 백화산성으로 옮긴 것도 당시 백화산성에 원근 각지에서 많은 피란민이 집결되어 있었음을 말해주는 것이다.

후대의 일이기는 하지만 임진왜란 때에도 의병과 피란민이 백화산성에 입보하였다. 당시 상주의 인물 월간(月澗) 이전과 창석(蒼石) 이준(李埈)의 우애를 담은 <형제급난도>(경상북도 유형문화재 217호)는 임란 당시 의병과 상주민들이 백화산성을 이용하였던 사실을 전한다. 임진왜란 이듬해인 1593년 봄 백화산 기슭의 향병소에서 왜적의 급습을 받은 위급한 상황에서 이전은 복통과 곽란을 일으킨 아우 이준을 업고 백화산성으로 피하여 구사일생 하였던 것이다.[20]

고종 41년(1254) 상주승첩에 대해서는 전투의 상세한 내용이 전하지 않는다. 이것은 당시 지방 각처에 일어났던 여타 전투의 경우처럼 기본적으로 기록의 소략함 때문이다. 상주산성의 승첩은 몽골군의 고급 지휘관을

---

18) 서윤길, 「고려의 호국법회와 道場」『불교학보』14, 1977, p.120.
19) 윤용혁, 『고려대몽항쟁사연구』, 일지사, 1991, pp.88~95.
20) 한기문, 「상주의 역사와 백화산」『백화산』, 2001, pp.69~70.

포함한 다수의 적군을 궤멸시킨 큰 전투였다. 그럼에도 불구하고 관계기록은 겨우 승전의 사실 정도만을 간략히 전하고 있을 뿐이다. 상주산성의 승첩에 대해서, 관계기록이 극히 간략히 처리된 것은 일면 관변측(官邊側)의 정보 부족과도 관련이 있다. 상주산성에서의 항전은 중앙정부와 아무런 관련을 갖지 않은 채 순수한 지역민들의 자위적(自衛的) 항전이었다는 점이 그 중요한 특징이다. 이들은 백화산의 지형을 효과적으로 활용하여 적을 궤멸시키기에 이른 것이다. 상주승첩이 지역민들의 순수한 항전으로 이루어졌다는 사실은 자연히 그 사실적 내용이 간과되고 묻혀버리는 결과를 가져온 것이다.

　1254년의 상주승첩은 고려의 대몽항전사에서 1232년의 처인성 승첩과 여러 가지 점에서 유사한 성격을 가지고 있다. 이 두 전투가 모두 지역민들의 순수한 자위적 항전이었다는 점, 지휘자가 관리가 아닌 현지의 승려였다는 점, 전투의 경과가 고려 측의 큰 승리로 귀착되었다는 점 등이 그렇다. 이러한 점에서 상주산성의 승첩은 적장 살례탑을 사살했던 처인성 승첩과 함께 대몽항전사의 중요한 전투 사례로서 주목되어야 할 것이다. 그리고 동시에 이 전투가 극히 간략한 한마디의 언급으로밖에 기록에 남아있지 않은 것은 경상도 각처에서의 몽골군의 구략과 유린에 대하여 자위적 차원에서 항전하였을 많은 사실들이 기록의 한계로 말미암아 침묵 속에 묻혀버렸으리라는 확신을 갖게 하기에 충분하다.

맺는말

　본고는 몽골의 침입과 고려의 이에 대한 항전을 고종 41년(1254) 10월 상주 백화산성에서의 승첩을 중심으로 검토하였다.

　상주가 속한 경상도 지방은 그 지리적 특성과 관련하여 왜구의 침입 이외에는 대륙 북방으로부터의 침략을 별달리 경험한 바 없는 지역이다.

그럼에도 불구하고 몽골 침략기에는 이들의 침입이 서북면(평안도)으로부터 경상도 방면을 향하는 대각선의 노선을 주로 선정함으로써 중도 좌절로 진입에 실패한 것까지 포함, 경상도 방면은 도합 11회 중 9회에 이르고 있다. 이 때문에 경상도 지역은 국경에서 멀리 떨어진 반도의 동남단에 위치한다는 지리적 조건에도 불구하고 몽골의 침입으로 많은 피해를 입게 되었으며 한편으로 이 지역이 전라도와 함께 대몽항쟁기 무인정권과 강도정부의 주요 경제 기반이었던 만큼, 농민들의 고통은 이중적이었다고 볼 수밖에 없다. 그러나 몽골군의 경상도 침입과 경상도민의 항전에 대한 기록은 극히 단편적이고 소략하여 그 실상을 잘 파악하기 어렵게 되어 있다. 고종 19년(1232)의 유명한 대구 부인사 대장경 소실사건, 그리고 고종 25년(1238) 경주 황룡사의 재난 등은 그 기록의 단편성에도 불구하고 몽골군에 의한 피해의 심각성을 단적으로 보여주는 것이다.

상주산성 전투는 차라대의 몽골군이 처음으로 고려를 침입했던 고종 41년(1254) 10월, 6(1)차 침략 때의 일이었다. 이에 대해서는 사서에 간략한 기록이 보이고, 전투 결과에 대하여서는 적의 '제4관인'으로 표현된 차라대 휘하의 유력한 고급 지휘관이 사살되고, 몽골군 사졸의 "죽은 자가 과반수"라 할 정도의 기록에 남을 승첩 사건이었다. 그럼에도 불구하고 고려 대몽항전사 속에서 상주산성 전투는 별달리 주목되지 못하였다. 이 전투는 상주 인근의 피란민이 중심이 되고 황령사의 홍지라는 승려가 이를 지휘, 정부조직과 전혀 연관을 가지지 않은 순수한 자위적 항전이었다. 이 점에 있어서 백화산에서의 상주산성전투의 성격은 고종 19년(1232) 살례탑을 사살하였던 처인성 승첩과 매우 흡사한 면을 갖는다.

전투 현장인 상주산성은 현재 백화산(白華山) 정상에 있는 백화산성(금돌성)이라고 하는 사실 또한 본고의 논증을 통하여 확인하였다. 이 지역은 S자형의 깊은 산곡(山谷)이 특히 발달하여 당시 산성의 상주민들이 이러한

지형적 특성을 이용, 일종의 유격전에 의하여 적을 패퇴시킬 수 있었음을
짐작할 수 있다. 대몽항전의 실제 양상에 대하여 매우 단편적인 지식밖에
가지고 있지 못한 실정에서 소략하기는 하지만 이 상주산성의 전투는 매우
중요한 가치를 갖는다고 생각된다.

　대몽항전기 고려에서 중앙군의 역할이 극히 제한적인 것이었던 데 비하여
각 지역에서 치열하게 전개되었던 지역민의 항전은 가장 인상적인 내용을
이루고 있다. 용인, 아산, 충주, 상주 등의 사례에서 보는 바와 같이 각
지역민의 항전은 극히 보편적인 항전의 양상이었다. 그것은 신분체계를
초월하는 또 하나의 질서로서, 지역 공동운명체라는 독특한 특성을 가지고
있던 것이다. 대몽항전기 장기 항전이 가능했던 한 측면은 호족의 성립
이후 본래 고려 사회가 가지고 있던 지역공동체의 기반 때문이었다고 할
수 있다. 이에 의하여 지역민들이 향리를 중심으로 일정하게 조직화되어
있었기 때문에 수령 혹은 방호별감이 주도하는 산성과 해도에의 입보,
몽골에 대항하는 군사작전의 전개가 가능하였고 상황에 따라서는 수령을
대신하여 호장과 같은 향리, 혹은 큰스님과 같은 지도력 있는 명망가에
의하여 효율적 방어 전력으로서의 기능을 발휘할 수 있었던 것이다.[21]

　　(이 글은 상주시 지역혁신협의회 <상주 백화산 개발방안 인식을 위한 세미나>(2008.
　　　　　　11. 25)에서의 발표논문을 수정 보완한 것임)

---

21) 고려시대 지역 자위공동체 의식에 대해서는 노명호, 「지역자위공동체 의식과
　　국가 체제」『고려국가와 집단의식』, 서울대출판문화원, 2009 참고.

Ⅳ. 1236년과 1256년 아산지역 전투

머리말

충남의 북부지역에 해당하는 아산은 아산만의 해로와 내륙수로에 의하여 외부와 소통되고 경기도와 인접한 곳이어서 다른 충남지역과는 다소 구분되는 지역적 성격을 가지고 있다. 근년 아산지역의 급격한 인구집중과 도시화도 이 같은 지역적 특성과 관련이 있을 것이다.

아산만 연안은 대체로 오늘날 충남 북부지역 및 이에 연접한 경기도의 서남부지역으로서 내륙으로 깊이 만입(灣入)된 아산만을 중요한 교통로로 활용하고 있는 지역이다. 이곳은 선사, 고대 이래 일정한 문화적 축적이 있었던 곳이며 삼국, 후삼국의 쟁란기에는 경쟁 세력 간의 각축장으로서 그 전략적 중요성이 부각되었던 곳이기도 하다.

경기지역에 인접한 아산만과 곡교천의 내륙수로는 고려 12조창의 하나인 하양창, 조선조 공진창과 같은 조운 거점의 입지가 되었고, 고려 말에는 왜구의 침입 루트, 1894년에는 청일전쟁의 초기 전투지가 되기도 하였다.[1] 아산 현지에 남아 있는 유일한 청일전쟁 관련 유적으로 일제 때 만든 '鎭淸岩

---

[1] 당시 청일 양국군은 아산만 입구의 풍도를 거쳐 백석포 일대를 통하여 상륙하였다. 아산지역의 청일전쟁에 대해서는 최덕수, 「청일전쟁과 아산」『아산의 역사와 문화』, 공주대박물관, 1993, pp.126~135 참고.

(진청암)'이라는 석각(염치읍 강청리 소재)이 주목되는데, 청일전쟁 때 청일 양국군이 아산만을 통하여 상륙한 것은 몽골 전란기에 있어서 아산만 연안에서 전개된 일련의 전투와도 연관하여 고찰하는 것이 가능할 것이다.

기왕에 필자는 대몽항전기에 광범하게 이루어졌던 산성 및 해도에의 지방민들의 피란 입보와 관련, 아산지역에 있어서 천안 및 평택민의 아산지역 이주 문제를 고찰한 바 있다.[2] 본고는 13세기 몽골전란기 아산지역의 사정과 여기에서 벌어진 전투에 대하여 검토하려는 것이다. 아산지역에서의 전투는 1236년(고종 23), 1256년(고종 43)의 2차에 걸친 기록을 확인할 수 있다. 전자는 온양의 향리가 지역민을 지휘하여 몽골군을 격퇴한 사례이고, 후자는 고려의 중앙군이 직접 출정하여 아산지역의 몽골군을 격퇴한 사례이다. 이 같은 사례는 아산지역의 전략적 중요성을 입증하는 것이기도 하지만, 고려의 대몽항전의 구체상을 보여주는 것으로서 일정한 역사적 의미가 있다.

1. 온양민의 몽골군 격퇴와 향리 현려(玄呂)

몽골군의 침입으로 아산지역에서 전투가 벌어진 것은 기록상 고종 23년(1236)과 고종 43년(1256)의 일이다. 1236년에는 8월 몽골군이 아산만 연안 일대에 광범하게 포진하였고, 이때 온양(온수군)에 침입한 몽골군을 향리 현려가 온수(온양)군민을 지휘하여 격퇴하였다. 1256년에는 4월 아산만에 주둔해 있던 충주도 순문사 한취가 몽골병을 격퇴하고, 6월에는 강도정부로부터 파견된 이천(李阡)의 수군이 온양에서 적을 격파하였다. 한편 이때 최씨정권의 사병집단인 마별초(혹은 야별초)군이 이 지역에 투입되기도

2) 윤용혁, 「고려 대몽항쟁기 지방민의 피란입보 사례 - 아산만 연안지역의 경우」 『백제문화』 22, 1992.(『고려 삼별초의 대몽항쟁』, 일지사, 2000 재수록.)

하였다. 정부가 강도 방어에 임하고 있던 중앙의 군사력을 아산지역에 투입하였다는 것은 매우 특별한 점이 있는데, 이는 아산만 일대가 차지하고 있던 전략적 중요성과 밀접한 관련이 있다.

몽골의 침입군이 충남지역 북부의 아산만 연안으로 침략해 온 것은 3차 침략 때부터의 일이다. 고종 18년(1231) 1차 침입 때에는 서북 변경(평안도 지역) 국경지역에서 쌍방간에 치열한 전투를 치른 끝에 몽골군은 개경의 포위와 압박에 군사적 목표를 집중하였다. 이듬해 2차 침입 때는 강화도로 천도한 고려정부를 압박하는 것이 주 목적이었는데, 이들 몽골군은 경기도 용인의 처인성에서 격퇴되어 사실상 중부 이남지역은 아직 몽골의 피해가 미치지 않았던 상황이었다. 3차 침입은 고종 22년(1235)에 개시되었는데, 이듬해 1236년 몽골군은 아산만 연안에 침입하여 일대를 횡행하면서 이 지역을 장악하고자 하였다. 따라서 아산만 연안에 대한 몽골군의 침입은 비교적 이른 시기부터 시작된 것이라 할 수 있다.

아산만 연안에 대한 몽골군의 침입에 대해서는 『고려사』 세가에 다음과 같이 언급되어 있다.

> (고종 23년) 8월 23일 몽골군 100여 명이 온수군(溫水郡, 온양)으로부터 차현현(車懸峴)으로 남하하였다. 24일, 몽골군이 남경, 평택, 아주(牙州), 하양창(河陽倉) 등처에 나누어 주둔하였다.(『고려사』 24, 고종세가)

당시 몽골군은 경기 방면에서 남하하는 과정이었으며, 그 과정에서 일부는 온양을 거쳐 공주 쪽으로 내려갔고, 다른 대부대는 아산만 연안 각처에 나누어 포진한 것이다. 이것은 당시 아산지역이 몽골군에 있어서 두 가지 방식으로 공략 대상이 되었음을 알 수 있다. 중부 이남으로 남하하는 과정에서의 육로 교통의 중간 경유지, 그리고 해양과 접한 아산만 연안이 갖는 전략적 중요성에 입각한 군사적 접근이 그것이다. 이어 9월 3일에는 온수(온양군을 중심으로 한 공방전이 전개되었는데 온양이 몽골병에 의하여 포위되고, 이에 온양의 향리인 현려(玄呂)가 지역민들을 이끌고 나가 적을 격파하였다. 온양인의 공격으로 화살에 맞아 죽은 적병이 2백여 명이라 할 정도로 성을 둘러싼 치열한 공방전이 전개되었다. 고종 23년(1236) 9월 온양에서의 전투에 이어 12월 20일자에는 대흥(예산군)의 수령으로부터 접수된, 몽골군의 포위 공격을 분쇄하고 다수의 무기류까지 노획하였다는 보고가 실려 있다.[3] 이로써 보면 1236년의 몽골군은 대략 8월부터 그해 연말까지 아산만 연안지역에 대한 장악을 시도하였으며, 부대의 일부는 충남의 서부지역까지 진출하였음을 알 수 있다.

고종 23년(1236) 현려라는 인물이 등장하는 온양에서의 전투는 정규군사가 아닌, 지역민들이 중심이 되어 적극적인 방어전을 펼친 사례로서 지역민들이 향리의 지휘하에 적을 격파한 사건이었다는 점에서 주목되는 전투이다. 전투의 경과에 대해서는 다음과 같이 기록되어 있다.

> 9월 3일 몽골병이 온수군을 포위하므로 군리(郡史) 현려(玄呂) 등이 문을 열고 나가 싸워 크게 이겼다. (이 싸움에서) 2급을 참수하였고 시석(矢石)에 맞아 죽은 자가 200여 인이었으며 노획한 무기도 심히 많았다. 온수군의 성황신이 은밀히 도운 공이 있다하여 왕이 신호(神號)를 가봉(加封)하고 현려를 군의 호장(戶長)으로 삼았다.(『고려사』 24, 고종세가 23년 9월)

성을 중심으로 한 공방전에서 온수군(온양)의 향리인 현려는 몽골군을 크게 격파한 것이다. 그런데 여기에는 이들 온수군의 군대가 어떤 성격의 집단인지는 밝혀져 있지 않다. 그러나 수령이 등장하지 않고 향리인 현려의 지휘를 받아 몽골군과 싸운 것을 생각하면 전투의 주력은 다름 아닌 온양의 지역민들이었다.

---

3) 『고려사』 24, 고종세가 23년 12월.

몽골과의 전투에서는 정부군과 무관하게 지역민들이 자율적으로 몽골군과 싸운 사례들이 적지 않게 발견된다. 고려의 대몽항전은 정부의 강화도 천도로 인하여 침략군에 대한 조직적이고 적극적인 대몽방어전의 전개가 이루어지지 못하였다. 이 때문에 전투의 현장에서는 피란 입보 중인 지역주민들이 몽골군의 공격에 대하여 생존을 위한 자위적 차원의 방어전을 치른 경우가 많았다. 가령 고종 19년(1232) 용인 처인성전투를 비롯하여4) 1254년 (고종 41)의 진천 싸움(임연),5) 상주산성 싸움(승려 홍지),6) 충주 다인철소의 싸움 등이 그 예이다. 관의 지휘를 받았다하더라도 그 주력이 정규적인 군이 아니라 지역민들이었던 경우는 더욱 일반적인 양상이었다. 그 가운데는 종종 향리의 지휘를 받아 지역민들이 대몽전에 투입되는 경우가 있었다. 같은 해(1236) 10월, 부령(부안)에서는 의업거인(醫業擧人) 전공렬(全公烈)이 복병으로 몽골병을 요격하여 적을 격파한 적이 있고, 고종 40년(1253) 9월 충주에서 창정 최수(倉正 崔守)가 몽골군을 기습하여 15급을 베고 포로로 잡힌 2백 명을 탈환하였다. 이듬해 1254년 8월 진천의 향리 임연은 몽골군을 격파하여 대정에 임명된 적이 있고, 비슷한 시기 충주 다인철소민의 항전 역시 향리의 지휘에 의한 전투였다고 추측된다.7) 향리 지휘에 의한 지역민의 항전은 순수한 향토방위의 사례로서 그 의미가 매우 깊으며, 그 가운데

---

4) 윤용혁, 「몽골의 2차침구와 처인성 승첩」『한국사연구』29, 1980 ; 「1232년 용인 처인성에서의 대몽승첩」『고려시대의 용인』, 용인문화원, 1998.

5) 윤용혁, 「몽골의 침략에 대한 고려지방민의 항전 - 1254년 진주민과 다인철소민의 경우」『국사관논총』24, 1991.

6) 윤용혁, 「몽골의 경상도침입과 1254년 상주산성의 승첩」『진단학보』68, 1999.

7) 『고려사』 기록에 의하면 충주 다인철소는 몽골 방어의 공으로 고종 42년에 익안현으로 승격되었다. 이 때문에 다인철소의 전투는 보통 고종 42년의 사건으로 정리되어 있으나, 고종 42년은 포상의 시점이고 전투는 그 전년에 일어났다고 보아야 한다. 필자는 이에 대하여 다인철소민의 항전이 고종 41년(1254) 9월의 일로 추정한 바 있다. 윤용혁, 「충주민의 대몽항전과 몇 가지 관련 문제」『제7회 중원문화 학술회의』(자료집), 1995, pp.40~44 참조.

1236년 온양전투는 기록상 가장 이른 시기의 사례라는 점에서도 의미가
있다.

온양에서의 전승에 대하여 정부는 높은 평가를 하였다. "온수(온양)군의
성황신이 은밀히 도운 공이 있다 하여 왕이 신호(神號)를 가봉(加封)하고
현려를 군의 호장(戶長)으로 삼았다"고 한 것에서 이를 확인할 수 있다.
이상 향리 지휘에 의한 지역민의 항전 사례를 표로 정리하면 다음과 같다.

향리 지휘에 의한 지역민의 대몽항전 사례

시기	전투지역	지휘자	전투내용	비고
1236년 9월 (고종 23)	온수군 (온양)	현 려	성을 포위한 적을 성 밖으로 공격. 적 200여 명 사살, 무기 다수 노획	호장 승진
1236년 10월 (고종 23)	부령 (부안)	전공렬	복병으로 몽골병 요격, 격살	醫業 入仕
1253년 9월 (고종 40)	충주	최 수	몽골군 기습, 15급을 베고 포로 2백명 탈환	
1253년 9월 (고종 40)	진천	임 연	몽골군 대파	대정 임명
1253년 9월 (고종 40)	충주 다인철소	성명 미상	몽골군 격파	소에서 현(익 안)으로 승격

향리의 지휘에 의한 지역민의 전승 사례에도 불구하고, 몽골전란은 특히
향리의 재지적 기반을 크게 동요시키는 결과를 가져왔고, 세력이 더욱
약화하는 계기가 되었던 것이 전반적 상황이었다. 향리들이 군현민과 함께
산성과 해도, 혹은 타지역으로 집단적 이주의 대상이 되었기 때문이다.
조선 초 토성(土姓)에 대한 망성(亡姓)의 비율이 중부이북과 이남이 현저한
차이를 보이는 것도 이 같은 전란의 영향을 반영하는 것으로 해석되고
있다.[8]

---

8) 김광철, 「여몽전쟁과 재지이족」『부산사학』12, 1987, pp.54~61. 이에 의하면
조선 초 토성과 망성의 비율은 황해(82%), 강원(80.9%), 함경(73.3%), 경기(69.1%),
충청(32%), 전라(10.5%), 경상(2.7%) 등으로, 삼남지역과 중부이북 간에 커다란

2. 1236년 온양전투의 현장

다음으로 군리 현려에 의한 온양전투의 현장이 구체적으로 어느 곳인지에
대한 문제이다. 몽골군이 '온수군을 포위'하고, 현려가 성 밖으로 나가
공격하였다는 것으로 보아서 전투는 읍치 주변의 진성(鎭城)에서 벌어졌을
것이다.

온양의 구읍치는 현재 아산시의 도심에서 산 넘어 남쪽으로 떨어진
읍내동으로서, 조선조의 관아 유적이 남아 있다. 아마 고려시대의 온수군
읍치도 동일 공간일 것이다. 지표조사 자료에 의하면 이 읍치 주변에서는
2개의 성곽이 확인된다. 읍내동에 소재한 읍내동산성과 역시 같은 읍내동
소재 성안말산성이 그것이다. 읍내동산성은 '온주아문'이 있는 읍치의 진산
인 연산(燕山) 해발 100m 내외 동서 2개의 봉우리에 퇴뫼식으로 조성한
935m 길이의 석성이다. 남·동·북문과 우물지가 확인되었으며 특히 남문지와
동문지 부근에 건물터가 밀집되어 있다.

관아에서 읍내동산성과 거의 같은 거리이지만 동측 방향에 위치한 성안말
산성은 구릉을 둘러싼 포곡식의 토축성이다. 평지와 좀 낮은 산지를 둘러싸
고 있어서 위치가 덜 험하지만 나말여초 전란기에 배방산성의 견훤과 맞선
왕건의 고려군이 주둔하였다는 전설이 있다.[9] 성의 규모는 '성안말'이라는
지명이 암시하듯 보다 넓은 지대를 점유하고 있다. 그리고 이들 지역에서
온양천을 경계로 남동쪽에 험고(險固)하고 큰 규모의 배방산성이 위치한다.
석축으로 길이 1.5km 규모인 배방산성은 백제시대 초축으로 전해지는 온양

격차를 보인다.

9) 충남발전연구원,『문화유적분포지도(아산시)』, 2003, p.161. 후삼국시대 고려의
　　통일전쟁에서 고려군의 거점을, 서정석은 인근 배방산성일 가능성이 높다고 보았
　　다. 유금필이 남산에 올라 졸다가 태조 왕건의 위급함을 알게 되었다는 전설적
　　이야기를 참고한 것이다. 서정석,『아산 읍내동·성안말산성』, 한얼문화유산연구원,
　　2009, pp.119~120.

지역의 대표적 관방이다.[10)]

읍내동산성, 성안말토성, 그리고 배방산성은 온양 읍치에 근접한 성곽으로서 일찍부터 주목되어온 공간이다. 이는 온양읍치의 성인 탕정성(湯井城)이 백제 온조왕 36년 7월 축성되었다는 기록이 있기 때문이다. 특히 유원재는 문제의 초기 백제 탕정성이 읍내동산성이었고, 배방산성은 탕정성의 부속산성이었다고 판단하였다. 동시에 성안말산성은 읍내동산성보다 늦은 시기에 조성된 것으로 통일신라 이후 고려시대의 치소였다고 정리하였다. 읍내동산성의 백제시기 와편에 대하여 성안말토성에서는 통일신라, 고려의 와편이 주류라는 근거에 의한 것이다.[11)] 한편 온양 읍치의 관방과 관련하여 고려 태조 11년(928) 유금필이 왕건의 명으로 탕정군에 쌓았다는 성도[12)] 이 일대에 해당한다. 다음 자료는 그 위치를 가늠하는데 참고가 된다.

> 당시 백제의 장군 김훤·애식·한장 등이 3천여 군을 거느리고 청주(靑州)를 침범하였다. 하루는 유금필이 탕정군 남산에 올라 앉아 졸고 있는데 꿈에 어떤 큰 사람이 나타나 이르기를 "내일 서원(西原)에 반드시 큰 변고가 있을 것이니 빨리 가라"고 하였다. 유금필은 놀라 깬 후 그 길로 청주로 가서 적군과 싸워 격파하고 독기진(禿岐鎭)까지 추격하였는데 죽이고 포로 잡은 자가 3백여 명이었다.(『고려사』 92, 유금필전)

여기에서 유금필이 주둔한 곳은 '탕정군 남산'인데, 이곳이 아마 유금필이 축성하였다는 산일 것이다. 남산이라면 지리적 위치상 배방산성일 가능성이 많다.[13)]

10) 충남발전연구원, 『문화유적분포지도(아산시)』, 2003, pp.161~161, pp.275~276 참조.
11) 유원재, 「웅진시대의 북경의 요새, 탕정성과 대두산성」 『웅진백제사 연구』, 주류성, 1997, pp.74~80.
12) 『고려사』 82, 병지 2, 성보.
13) 김갑동, 「고려의 후삼국 통일과 유금필」 『군사』 69, 2009, pp.46~47.

이들 성안에서의 출토유물에 대한 견해는 연구자에 따라 격차가 있지만, 읍내동산성에 비하여 성안말산성의 시기가 늦다는 점은 일치되고 있다. 즉 고려시대에 있어서 성안말산성은 온수군의 치소였든지, 그렇지 않더라도 중요한 거점 공간으로 이용되었음에 틀림없다.[14] 온양은 곡교천의 내륙수로를 통하여 아산만과 연결되고, 곡교천의 지류인 온양천이 성안말산성 앞으로 통과하고 있다.

온양의 읍치 주변 관방시설의 조건에서 생각하면, 당시 온양 읍치의 관리와 주민들은 읍내동, 성안말, 배방산성 등 읍치 주변 여러 성에 분산되어 있었던 것으로 보인다. 아마도 군리 현려는 온양의 수령과 별도의 주민들을 이끌고 입보하여 있었던 것으로 보이며, 현려가 입보하여 있던 곳은 성안말산성이 가장 유력한 것으로 생각된다. 이 점은 앞에서 논의된 성지의 형태 및 성내에서 수습되는 유물상과도 대체로 부합한다.

3. 1256년 아산지역의 대몽항전

아산만 연안에 대한 몽골군의 공세가 다시 강화되었던 것은 고종 43년 (1256)의 일이었다. 당시 몽골군은 1253년부터 고려에 대한 공격을 크게 강화하여 매년 고려에 침입하였다. 1256년은 차라대에 의한 6차 침입의 2회째로서, 적이 경상도, 전라도 남부지역까지 적극적인 공세를 펼칠 때였다.

---

14) 읍내동산성의 '백제' 와편에 대해서는 유원재 이후 정치영 등에 의하여 집중적으로 분석되었는데, 그 결론은 이들 와류의 연대가 통일신라(7세기 중반~9세기 무렵)에 해당한다는 것이었다.(정치영·주혜미, 「아산 읍내동산성 기와의 특징과 연대」, 『전통문화논총』 7, 한국전통문화학교, 2009, pp.206~217.) 이 문제와 관련하여 서정석은 읍내동산성의 와류가 백제기와의 특징인 模骨 흔적이 거의 나타나지 않고, 그나마 모골이 있는 기와 연대도 9세기 경까지 생산된 것이어서 백제기로 확신할 수는 없다는 것이다. 서정석, 『아산 읍내동·성안말산성』, 한얼문화유산연구원, 2009, pp.119~120 참조.

이 시기 아산지역에서는 충주도순문사 한취(韓就), 강도에서 수군을 거느리고 파견된 장군 이천(李阡), 그리고 마별초(야별초) 정인경 등의 전투가 기록에서 확인된다.

한취에 대해서는 고종 43년(1256) 4월에 "충주도순문사 한취가 아주(牙州)의 섬에 있으면서 선박 9척으로 몽병이 역습하자 모두 죽였다"[15]고 기록되어 있다. '아주의 섬'이란 아산만의 섬들을 말하는데, 이 '아주의 섬'은 천안민이 입보하여 있던 선장도였다고 생각된다. 당시 아산만 연안지역의 지방민 다수가 섬과 산성으로 입보해버리자 몽골군은 입보 거점을 공격하게 되고, 여기에서 고종 43년(1256)의 전투가 야기된 것 같다. 천안민의 선장도 입보가 1256년의 경우만은 아닐 것이지만, 유독 고종 43년(1256)이란 연대가 기록에 남게 된 것은 아산만 연안의 전투와 관련하여 기록이 남겨졌기 때문인 것 같다. 따라서 고종 43년 4월 몽골군과 선박 9척으로 접전을 벌여 적을 격파했던 한취(韓就)의 휘하 병력은 천안을 비롯, 이곳에 입보하여 있던 지방민들이었다고 보아야 할 것이다. 충주도순문사 한취는 충청도 지역민의 입보 등의 감독을 위하여 강도정부로부터 파견된 인물로서 이때 천안과 주변 아산만 연안지역의 입보를 지휘하면서 이들 입보민과 함께 선장도를 중심으로 몽골군의 공격에 대항하였던 것이다.

그런데 그로부터 1개월 후인 6월 1일 정부는 장군 이천(李阡)을 아산지역에 급파, 수군 200의 병력으로 몽골군을 막게 하는 조치를 취하고 있다. 이천의 군은 해로를 통하여 아산만으로 진입하였고, 이어 온양(온수)에서 적을 크게 무찔렀다. 고종 43년(1256) 6월 23일자 기록에 "장군 이천(李阡)이 몽병과 온수현에서 싸워 수십 급을 베고 포로된 남녀 백여 인을 빼앗았다"[16]고 한 것이 그것이다. 무인집정자 최항은 은 6근으로 사졸들을 포상할 정도로 아산지역에서 적을 공파한 이들의 공을 높게 평가하였다.

---

15) 『고려사』 24, 고종세가 43년 4월 경인(29일).
16) 『고려사』 24, 고종세가 43년 6월 임오.

한편 이 무렵 서산 출신 정인경(鄭仁卿)이 "고종 말년 직산, 신창"에
주둔한 몽골군을 야습(夜襲)한 사실이 있다.[17]

정인경은 서주(서산) 사람인데 고종 말년 몽병이 내침, 직산·신창에 주둔
하자 인경이 종군, 밤을 타 진지를 쳐 공이 있었으므로 제교(諸校)에 임명하
였다.(『고려사』107, 정인경전)

여기에서는 정인경이 아산지역에서 작전을 수행한 시기를 '고종 말년'이
라 하였지만, 그의 묘지명에 의하면 이것은 고종 43년(1256)의 일로 되어
있다. 즉 몽골군이 내침하자 정인경이 '응모 종군'하여 전공을 세웠고 이에
의하여 무반직인 대정(隊正)에 임명되었다는 것이다. "병진년(고종 43, 1256)
에 대조(大朝, 몽골)의 군마가 우리 서울지역까지 난입하였을 때, 공은
겨우 19세였지만 모집에 응하여 종군, 머리를 베고 포로를 잡은 자가 많았
다"[18]고 한 것이 그것이다.

한편 서산 정씨가의 정인경(鄭仁卿) 관련 자료(「政案」)에서는 "병진년
7월 17일 신(新)·온수(溫水)·직(稷) 등 3개 군에 송고대왕(松古大王)이 주둔하
거늘 (정인경이) 야간 전투에 마별초로 먼저 들어가 보좌한 공으로 등재"되었
다고 기록되어 있다. '신(新)·온수(溫水)·직(稷)'은 '신창·온수·직산'으로서,
오늘의 아산시 일대와 천안시 일부에 해당한다. 이에 의하여 고종 43년(1256,
병진년) 7월 '송고대왕'이 몽골의 대부대를 이끌고 아산만 일대를 제압하고
있었으며 이에 대해 정인경이 야간을 이용하여 이를 격파하였던 알려주고
있는 것이다.[19] '송고대왕(松古大王)'은 『고려사』에 '송길대왕(松吉大王)'

17) 『고려사』107, 정인경전.
18) 「정인경묘지명」은 국립중앙박물관에 소장되어 있고(No.신5850), 『조선금석총람』,
   『한국금석전문』 등에 수록되어 있으며, 김용선 역주, 『고려묘지명집성』(하), 한림대
   아시아문화연구소, 2001, pp.694~698에 번역문이 실려 있다.
19) 정인경의 아산지역 전투 참전에 대해서 필자는 종래 '고종 말년'이라는 시기를

혹은 '산길대왕(散吉大王)'으로 표기되어 있으며, 1254년(고종 41)부터 고려
에 투입되었던 인물로 고종 45년 말에는 조휘·탁청의 반부(叛附)에 힘입어
쌍성총관부의 기초를 닦았던 영향력 있는 자였다.

한편 원종 15년(지원 11년, 1274)에 작성된 서울 안암동 개운사(開運寺)
소장 불상(목조아미타불좌상)의 조성발원문에는 아주(아산)의 '옛 절이 훼
손되어(古寺毀)' 새로 불상을 조성하여 봉안하게 되었음이 언급되어 있다.
최성은 교수는 여기에 언급된 '동심접(東深接)'을 아산현 '동쪽 5리 지점'의
동심산(東深山) 또는 동심사(東深寺)[20]로 추정하고, 이것은 몽골 전란기에
이 절이 훼손되었음을 의미하는 것으로 파악하였다.[21] 아마도 그 시기는
1236년과 1256년에 해당할 것이고, 특히 후자일 가능성이 더 많을 것으로
생각된다. 아산지역의 지리적 위치로 인하여 전란의 피해가 이 지역의
절에까지 미쳤다는 것은 충분히 가능한 일이기 때문이다.

4. 아산지역의 대몽항전과 최항정권

한취, 이천, 정인경 등에 의한 1256년 아산지역 전투에서 주목되는 것은
무엇보다 몽골군에 대한 강도 무인정권의 적극적 대처 양상이다. 강화천도
이후 강도정부는 몽골에 대하여 시종 소극적 입장을 견지하였다. 방호별감이
나 수령을 통한 산성과 해도에의 입보가 강도정부의 중요한 대책이었고,
이 때문에 각 지역별 항전은 자위적 역량에 맡겨지는 경우가 일반적이었다.

고종 44년(1257)으로 파악하였다. 그러나 '병진년'이라는 「정안」의 자료에 의하여
이것이 고종 43년(1256)의 사건임이 확실해지게 되었다. 윤용혁, 「정인경가의
고려 정착과 서산」『호서사학』48, 2007, pp.56~60 참조.

20) 『신증동국여지승람』20, 아산현 산천.

21) 최성은, 「13세기 고려 목조아미타불상과 복장묵서명」『한국사학보』30, 2008,
pp.119~124 참고.

그런데 1256년 아산지역에 대해서는 충주도순문사를 파견하여 입보민을 관리하고 몽골군을 해상에서 요격하는 적극성을 보였다. 강도정부에서 파견된 순문사(巡問使)가 당시 침략군에 대응한 입보책을 추진하고 있던 사실에 대해서는

> 몽병이 압록강을 건넜다고 북계병마사가 보고하므로 즉시 5도의 안찰사와 3도 순문사로 하여금 거민을 독령(督領), 산성과 해도에 입보케 하였다. (『고려사』 24, 고종세가 40년 7월 갑신)

고 한 데서도 확인된다. 여기의 '3도순문사' 중에 충주도순문사가 포함되어 있었던 것이며, '충주도(忠州道)'란 충주지방이 아니라 충청도를 가리킨다고 보아야할 것이다. 1256년 6월 장군 이천에게 수군을 주어 직접 아산만에 진입하고, 온양까지 중앙군을 투입한 사실, 무인집정자 최항이 은 6근으로 사졸들을 포상할 정도로 아산지역에서 적을 공파한 이천의 공이 높게 평가되었다.[22] 거기에 더하여 정인경의 예에서는 최항정권은 사병집단인 야별초(마별초)를 아산의 전투현장에 직접 파견한 것으로 파악되고 있다. 앞서 인용한 바 있지만, 정인경의 신상자료인 「정안(政案)」에서 "병진년(1256) 7월 17일 신(新)·온수(溫水)·직(稷) 등 3개 군에 송고대왕(松古大王)이 주둔하거늘 (정인경이) 야간 전투에 마별초로 먼저 들어가 보좌한 공으로 등재"되었다고 한 것이 그것이다.

마별초는 원래 최씨정권의 의장대로서 전투병력으로 보기는 어렵기 때문에 여기에서 '마별초'가 혹시는 '야별초'를 가리키는 것인지도 모른다.[23]

---

22) 『고려사』 24, 고종세가 43년 4월, 6월 및 윤용혁, 『고려 대몽항쟁사 연구』, 1991, 일지사, pp.324~325 참조. 1994년에 진수한 한국 최초의 국산 잠수함 '이천함'은 바로 1256년 온양에서 적을 격파한 이천 장군의 이름을 취한 것이다.

23) 주지하다시피 마별초는 최씨 무인정권의 주요 사병으로서 특히 기병 의장대적 성격을 갖는 것으로 알려져 있다. 한편으로 이제현의 『역옹패설』에서는 삼별초를

그것이 여하튼 이것은 퍽 이례적인 것이어서, 아산지역에 대한 각별한 대처 이유가 무엇이었는지에 대한 의문이 제기된다.[24] 최씨정권기 야별초의 대몽전 투입은 실제 일상적으로 이루어졌던 것은 아니기 때문이다. 야별초의 현장 투입 사례를 간략히 정리하면 다음과 같다.

> 고종 22년(1235) 9월, 야별초 도령 이유정(李裕貞)이 160명 군을 이끌고 대몽전 참여, 해평에서 전사함
> 고종 22년(1235) 10월 야별초가 지평현인과 밤에 몽병을 공격하여 살획이 많았음
> 고종 23년(1236) 7월 경별초 교위 희경 등이 몽병을 협격하여 살상이 매우 많았고, 말·의복·궁시(弓矢) 등을 취함
> 고종 23년(1236) 12월 야별초 박인걸이 공주 효가동에서 몽병과 교전, 16명 전사함
> 고종 46년(1259) 1월 한계성에서 방호별감 안홍민이 야별초를 거느리고 출격, 적을 섬멸함

신의군, 마별초, 야별초의 합칭이라 하여 마별초를 삼별초의 한 부대라고 기록하고 있다. 그리고 김윤곤 교수에 의하면 최우가 처음 야별초를 조직할 때 마별초의 일부 조직을 분리하여 조직하였을 가능성이 있기 때문에『역옹패설』에서 마별초를 삼별초의 하나로 간주한 기록이 잘못된 것으로만 간주하기 어렵다는 견해가 피력된 바 있다.(김윤곤, 「삼별초의 대몽항전과 지방군현민」,『동양문화』20·21합집, 영남대 동양문화연구소, 1981, pp.149~151 및 김윤곤, 「별초군의 조직」『한국사』18, 국사편찬위원회, 1993, pp.180~181 참조.) 이것은 마별초가 실제 삼별초 혹은 야별초와 혼동되는 경우가 있을 수 있음을 암시한다고 생각된다.

24) 「양렬공실기」(『서산정씨 가승』상)에서는 "年十四 中第三人及第"라 하여 정인경이 14세(1254)에 과거에 급제하고 15세(1255)에는 '中部上星化一里'에 '留邸'하고 16세에 처음으로 대정에 보임되었다고 한다. 여기에서 14세에 '中第三人及第'라 한 것은 얼른 보면 과거에의 급제를 의미하는 것처럼 보이지만, 뒤의 '마별초'와의 연관을 생각하면 과거 합격이 아니라 바로 마별초(혹은 야별초)에의 入格을 의미한다고 생각된다. 그리고 이듬해 '中部上星化一里'에의 '留邸'는 강도에서의 마별초(야별초) 근무를 지칭하는 것이 아닌가 해석된다. 이에 대해서는 윤용혁, 「정인경가의 고려 정착과 서산」『호서사학』48, 2007, pp.56~60 참조.

특히 1235년 야별초 도령 이유정(李裕貞)의 경우, 그가 야별초군으로 대몽전에 투입될 때 집정자 최우로부터 사전에 참전에 대한 인가를 받았던 것을 보면[25] 야별초의 대몽전 투입은 정부의 특별한 조치에 속하는 것이었다.[26]

몽골군의 아산만 연안에 대한 침입은 무엇보다 이 지역이 갖는 전략적 중요성과 관련이 있는 것으로 생각된다. 그리고 그것은 아산만 일대가 강화도에 가까운 전략 거점이라는 점, 그리고 강화도에 연결되는 조운로의 안전 확보라는 두 가지 이유 때문일 것이다. 그 가운데 특히 몽골군이 아산만 일대를 장악하고 이를 발판으로 하여 강화도에 대한 공세를 강화할 경우 강도정부가 곤경에 처할 우려가 있었다. 한 조사에 의하면 강화도에서 아산만의 여러 지역에까지 도달하는 데는 2일이면 충분하고, 급하면 6시간의 항해로 가능한 거리였다.[27] 고려 건국 직후(태조 원년, 918) 태조 왕건이 시중을 역임한 김행도를 '동남도초토사 지아주제군사'로 아산현에 파견하고, 이듬해 2년(919) 8월 개국1등 공신인 홍유 등을 예산에 파견하여 주민을 안집(安集)시켰던 것은 아산만 일대에 대한 교두보 설정 과정이었는데, 이 역시 전란기 아산만 지역이 갖는 전략적 의미와 특수성을 반영하는 것이다.

---

25) 『고려사』 24, 고종세가 22년 8월.

26) 야별초의 직능에 대해서는 ① 捕盜·禁暴·刑獄 ② 도성의 수위와 친위대적 임무 ③ 군대로서의 활동과 임무 등으로 분류된 바 있다. 군으로서의 임무는 야별초 직능의 일부에 그쳤던 것이다. 김상기, 「삼별초와 그의 란에 대하여」『동방문화교류사논고』, 을유문화사, 1946, pp.108~113 참조.

27) 김명진은 아산만과 경기연안에 대한 현지 조사를 통하여 개성에서 아산만까지 이르는 데는 돛단배로 2일이면 충분하다는 것, 인천에서 아산(선장면) 해안까지는 급하면 6시간으로 가능하다는 것을 현지민으로부터 확인하였다.(김명진, 「태조 왕건의 충청지역 공략과 아산만 확보」『역사와 담론』 51, 호서사학회, 2008, pp.30~31.) 강화도에서 아산만까지의 시간은 인천과 비슷할 것이며, 물 때를 맞추어 서두르면 6시간으로 가능한 거리라는 점을 짐작할 수 있다.

강도정부의 해도 입보책에 대한 대응책으로 몽골군은 섬에 대한 공격을 강화하고, 강화도를 압박하는 전략을 고종 41년(1254)부터 적극적으로 구사하였다. 그리하여 고종 43년(1256)의 경우도 차라대가 병선 70척을 동원, 압해도 침공을 시도하고, 이어 8월에는 강화대안 갑곶강 밖에 대군을 몰고와 강도정부를 압박하였다. 몽골군은 8월에 앞서 3월에도 강화도 착량에 이른 적이 있다.[28] 4월 충주도순문사 한취(韓就)의 해상에서의 몽병 요격, 6월 강도정부로부터의 장군 이천의 아산만 파견과 온양전투, 7월 마별초(야별초) 정인경의 투입, 이천 군에 대한 최항의 포상 등 아산 일대에서 야기된 강도정부의 적극적 대응은 해상 및 강화도에 대한 몽골의 전반적 공세에 대한 대응책이었던 것이다.[29]

강화도에 연결되는 조운로상의 중요성도 아산만 일대에 대한 강도정부의 관심사항이었을 것이다. 아산만 연안은 평야지대에 교통이 발달한 세수(稅收)의 중심인데다 강도(江都)와 근접한 곳이기 때문에 강도의 고려정부와 최씨정권은 이 지역에 대하여 각별한 관심을 가지고 있었다. 그리고 덧붙이자면 아산은 인근의 발달된 평야지대로부터의 풍부한 식량이 집산되는 곳이기도 하다. 아주 하양창이 고려 13조창의 하나로 되어 있었던 것도 이 같은 아산만 연안지역의 조건을 설명해주는 것이다.[30] 고려 말 왜구 침입 때도 아산은 왜구의 주요 침입로 중의 하나였는데, 이 역시 몽골침입기와 유사한 지리적 조건에서 비롯된 것이라 할 수 있다.[31] 아산만 일대가

28) 『고려사절요』 17, 고종 43년 6월 및 『고려사』 24, 고종세가 43년 8월.

29) 몽골군의 해도침공 및 강화도 대안에 대한 공세에 대해서는 윤용혁, 「고려의 해도입보책과 몽골의 전략변화」 『역사교육』 32, 1992, pp.69~80 참조.

30) 아주 하양창은 조선시대의 慶陽縣이며 현재는 경기도 평택시에 속해 있다. 고려 초의 打伊浦가 성종조에 便涉浦로 개칭된 곳에 설치된 것이며 그 위치는 현재 평택시 팽성읍 노양리, 본정리로 추정된다. 김덕진, 「고려시대 조운제도와 조창」 『고려 뱃길로 세금을 걷다』, 국립해양문화재연구소, 2009, p.140 참조.

31) 1360년(공민왕 9) 5월, 1369년(공민왕 18) 11월, 1377년(우왕 3) 3월, 10월, 1378년(우왕 4) 6월, 7월 등에 왜구의 아산지역 침입 기록이 있다. 이에 대해서는 국방군사연구소,

몽골침입의 남진로 상이었던 것이 왜구에 있어서 북진로 상으로 바뀌는 것 이외에 개경과의 관련 등에서는 기본적으로는 유사한 지리적 여건이었다. 이 때문에 집정자 최항에 있어서 아산만 일대에 대한 장악은 강도를 안정화시키는 중요한 전략의 일부였다고 할 수 있다. 최항은 고종 30년(1243) 최우의 정권을 계승하여 고종 44년(1257)까지 대략 15년간 집권하며 대몽항전을 주도하였다.

맺는말

13세기에 있어서 30년에 걸치는 몽골군의 침략은 고려의 지방민들에게 있어서 견디기 어려운 재난이었다. 농민들은 침략군을 피하여 인근의 산성, 혹은 몽골군이 접근하기 어려운 섬으로 입보하여 들어가 생존을 유지하거나, 저들의 포위 공격에 적극적으로 맞서 싸웠다.

본고에서는 특히 아산만의 핵심지역인 아산에서의 전투에 대하여 검토하였는데, 몽골이 아산지역을 적극 공략하고자 했던 것은 기록상 1236년(고종 23)과 1256년(고종 43)의 양년 간의 일이었다. 그중 1236년은 온양 향리 현려에 의한 몽골군 격퇴, 그리고 1256년에는 순문사 한취의 전투, 강도정부로부터 이천(李阡) 휘하의 수군 파견과 서산인 정인경의 아산지역 전투 등 여러 사건들이 전개되었다.

고종 23년(1236) 9월 온수군의 향리 현려의 몽골군 격퇴는 온양민을 지휘한 지역민의 자위적 항전의 사례에 해당한다. 대몽항쟁기 몽골군의 예봉에 맞서 각 지역민들은 성에 입보하여 저항하면서 때로는 이를 반격하여 적을 타격하였다. 이러한 사례는 용인, 진천, 상주, 충주 등 여러 지역에서 야기된 일련의 양상이었다. 1236년 온양전투는 이러한 지역민의 자위적

『왜구토벌사』 연표, 1993, pp.287~312 참고.

항전 사례에 속하는 것인데, 향리에 의한 지휘가 이루어진 점도 특징에 해당한다.

고종 43년(1256) 4월에는 선장도에 입보한 천안민들을 몽골군이 공격하였다. 이 지역의 입보책 추진을 담당한 충주도순찰사 한취는 선박을 동원, 몽병을 역격(逆擊), 섬멸하기도 하였다. 이어 6월에는 강도정부에서 파견된 이천의 수군이 온양에 이르러 몽병을 격퇴하였으며, 다시 7월에는 무인집정자의 마별초(혹은 야별초)군이 아산만 일대에 투입됨으로써 이 지역의 전략적 중요성을 입증하였다. 대몽항쟁기 중앙군의 파견, 혹은 무인집정자의 야별초(마별초) 지방 파견은 일반적인 사례가 아니었다는 점에서 아산만 지역에 대한 무인집정자의 각별한 관심을 보여준 것이었다. 더욱이 1236년에는 온양에서의 전승에 대한 포상으로 향리 현려를 호장으로 승진시키고, 온수군 성황신의 신호(神號)를 더하는 포상 조치가 있었으며, 1256년 이천의 수군에 대해서는 집정자 최항이 은 6근으로 사졸들을 직접 포상하기도 하였다.

무인집정자의 아산만, 아산지역에 대한 각별한 관심은 결국 아산지역의 전략적 중요성에 기인하는 것이며, 그것은 무엇보다도 강화도의 안전판을 확보하는 일이었다. 아산만이 적에게 장악될 때 강화도는 울타리가 제거된 집처럼 위기에 처하기 때문이다. 또한 아산만 일대의 풍부한 생산력, 강도에 연결되는 조운로의 문제에 있어서도 아산만 확보는 강도정부와 무인정권에 있어서 매우 중요한 관건이었던 것이다.

본고는 아산지역에서의 대몽항전이 갖는 전략적 의미를 주목하면서, 아울러 읍내리산성, 성안말산성, 배방산성 등 전란기에 이용되었을 온양 읍치 주변의 성지에 대하여 관심을 가지고 검토하였다. 지표조사의 수준으로는 이들 성지의 역사성을 정확히 파악하기 어렵지만, 그중 특히 평산성 형태의 성안말산성이 1236년 향리 현려의 거점이 되었던 곳으로 본고는 추정하였다. 성안말산성은 읍내동산성 및 온양 읍치와 매우 근접한 위치이면서도 산줄기의 자연적 지형에 의하여 육로가 차단되면서 온양천을 앞에 두고 있는 입보처로서의 특징이 읽히는 곳이다. 향후의 보다 본격적 조사가 진행된다면 이들 역사적 산성의 기능과 특징이 구체적으로 확인될 수 있을 것이다.

아산지역에서의 항전이 이 지역의 전략적 중요성을 배경으로 하고 있다는 점을 강조하였거니와, 다른 한편 이 시기 아산은 다른 인근 지역민들의 유사시 피란처이기도 하였다. 평택민의 경우는 아주(아산)의 영인산성(신성산성)에, 천안의 경우는 아주(아산현)의 서쪽, 삽교천 하구에 형성된 섬인 선장도에 입보하였다. 역시 아산만 지역의 전략적 위치를 입증해주는 것이다.

(이 논문은 『순천향 인문과학논총』 28, 순천향대학교 인문과학연구소, 2011에 「고려의 대몽항쟁과 아산-1236년과 1256년 아산지역 전투를 중심으로」라는 제목으로 실린 것임)

제3장
여몽전쟁기 강화도성의 제 문제

Ⅰ. 고려의 해도입보책과 몽골의 전략변화

머리말

고려 고종 18년(1231) 이후 30년간 지속되는 여몽전쟁이, 기동성을 특장(特長)으로 하는 몽골의 군사력에 대하여 고려가 해도(海島) 혹은 산성에의 입보라는 일종의 청야전술로 대응하였다는 것은 잘 알려져 있는 사실이다. 말하자면 해도에의 입보책은 산성에의 입보와 더불어 고려의 가장 핵심적인 대몽전략의 축을 이루었던 것이다.[1]

한편 전쟁의 장기화는 여몽 양측을 모두 초조하게 하였고 특히 몽골측은 개전(開戰) 후 25년 가량이 경과한 고종 말년, 주로 차라대의 침구기간을 통하여 뚜렷한 전략상의 변화를 보이고 있다. 몽골군의 고려 해도침공 및 강도(江都) 대안(對岸)에서의 시위라는 전략상의 새로운 시도가 그것인데

---

[1] 이러한 점은 일찍부터 주목되어 가령 箭內는 고려의 장기항전 가능 요인의 첫째로서 고려가 "地勢上 정복하기 어려운 나라"였다고 결론짓고 있다.(箭內 亘, 「蒙古の高麗經略」 『朝鮮地理歷史硏究報告』 4, 1918, p.259.) 箭內의 지적은 그것이 고려의 內的 항전력을 간과한 표현이라는 점에서 그대로 수긍하기는 곤란하지만 산성 및 海島에의 입보가 고려의 주요 대몽전략이었던 사실을 지적하는 것이었다. 이병도 역시 고려의 장기 항쟁의 이유 중에 "우리나라의 지리 관계로, 산성과 해도를 유일한 피난 본거지로 하여 농민이 수시로 입보·出居하면서 농경에 종사할 수 있었던 것"을 들고 있다.(진단학회, 『한국사(중세편)』, 1961, p.599.)

이는 고려의 해도 입보에 대한 몽골군의 적극적 공세의 일환이라 할 만한 것이었다.

본고는 고려의 대몽전략의 중심이 되었던 해도입보책의 전개와 그 내용을 종합적으로 고찰하는 한편 이로 말미암는 몽골의 고려 해도침공이라는 새로운 전략 변화에 대해 살핌으로써 여몽전쟁 전개 양상의 일단을 정리해보고자 하는 의도에서 쓰여진 것이다.

고려의 해도입보 전략에 대해서는 기왕에 선학의 연구 업적이 없었던 것은 아니나 부분적인 논급에 그쳤고,2) 이로 말미암는 몽골의 고려 해도침공이라는 전략 변화는 종래 전혀 간과되어 왔던 문제이다.3) 이러한 점에서, 본고가 고려의 대몽항쟁에 대한 이해를 돕는데 조금이라도 보탬이 되기를 기대해 본다.

1. 고려의 해도입보전략

고종 18년(1231), 저고여의 피살 사건 이후, 침묵의 긴장이 감돌던 여몽관계는 마침내 살례탑의 내침으로 교전 상태로 전환된다. 이것이 8월 하순의 일이었는데 북계 지역의 제 성을 둘러싼 치열한 공방전에도 불구하고 몽골의 주력은 빠른 속도로 남하하였다. 그리하여 동년 11월 29일 선봉대는 개경

---

2) 고려의 해도입보책에 대하여 논급한 기왕의 연구 업적 중 가장 대표적인 것으로는 김상기,「삼별초와 그의 난에 대하여」,『동방문화교류사논고』, 1948 ; 주채혁,「초기 여몽전쟁 略察-兩軍의 작전여건을 중심으로-」『淸大史林』3, 1979를 들 수 있다.

3) 몽골의 고려 해도침공에 대한 관심은 이를 '수륙 양면작전의 시도'라 표현한 Henthorn의 짤막한 언급이 거의 유일한 것이었다.(Henthorn, *Korea, the Mongol Invasions*, Leidon, 1963, p.131.) 최근에 이르러 해도입보책과 관련한 2편의 논문이 발표되었다. 강재광,「대몽전쟁기 최씨정권의 해도입보책과 전략해도」『군사』66, 2008 및 윤경진,「고려후기 북계 주진의 해도입보와 출륙 僑寓」『진단학보』109, 2009 등이 그것이다.

근교에 당도하고 뒤이어 양국 간에 화의가 모색되기에 이른다.

고려정부는 9월에 급히 제 도(道)의 군사를 징집, 3군을 파견하였으나 방어군으로 출동한 3군은 황해도 황주 부근의 동선역에서 적의 기습을 받은 데 이어, 안북성에서 크게 패함으로써 사실상 몽골군과의 정면 대결은 포기되고 만다. 주목되는 것은 이때부터 이미 북계지역에서 해도입보가 이루어지고 있다는 사실이다. 9월 황주와 봉주의 수령은 산하 주민을 이끌고 철도(鐵島, 용천)에 입보하였으며,[4] 함신진(의주) 부사 전한(全僴) 역시 비슷한 시기에 개경정부의 허가를 받아 신도(薪島)에 입보하였다.[5]

황주, 봉주의 서해도민이 철도에 입보한 것은 몽골 침략 후 불과 20일 정도밖에 지나지 않은 시기이며 특히 이외에도 북계의 상당수 지역이 섬에 입보한 것으로 되어 있다. 즉『고려사』지리지(3)에 의하면 선주·창주·운주·박주·곽주·맹주·무주·태주·은주 등 10개 주가 "고종 18년 몽골군을 피하여 해도에 들어갔다"는 것이다. 그러나 당시 북계에서는 산성을 중심으로 전투가 이루어지고 있었고 실제 해도입보가 정책적으로 추진된 것은 역시 강화천도와 함께 취해진 조치였다고 보아야 할 것 같다.[6]

고종 19년(1232) 6월 최우의 사저에서 강화천도가 최종 결정되면서 "사자를 여러 도에 내어 백성을 산성과 해도로 옮기도록" 하는 조치가 취해졌다.[7] 말하자면 강화천도는 차후 대몽항전의 전개 양상을 해도입보의 차원에 고착시키게 한 공식적 결단이었던 것이다. 몽골측 자료가 강화천도에 대하여 "고려가 반(叛)하여 각 현의 다루가치를 죽이고 서울과 여러 주군의 백성을 거느리고 해도에 숨어 거수(拒守)하였다"[8]고 한 것은 해도입보에 입각한

4)『고려사』23, 고종세가 18년 9월 정유.

5)『고려사절요』16, 고종 18년 10월.

6) 윤경진,「고려후기 북계 주진의 해도입보와 출륙 僑寓」『진단학보』109, 2009, pp.119~124.

7)『고려사』129, 최충헌 附怡傳.

8)『원고려기사』태종 4년 6월.

고려의 대몽전략의 분명한 전환을 잘 지적한 것이라 생각된다.

고려의 해도입보전략은 강도의 거점 강화에 의하여 이후 지속적으로 일관되었다. 4차 전쟁기에 해당하는 고종 35년(1248) 북계 병마사 노연(盧演)으로 하여금 "제 성의 백성을 모두 옮겨 해도에 입보"[9]하도록 한 것도 이 같은 추이를 반영한다. 특히 전쟁이 장기적으로 전개되는 고종 40년 해도입보 관계 기사는 부쩍 증가하고 있다. 주로 차라대에 의한 6차 침입기간(1254~1259)이 되는 이 무렵은 고려가 다른 어느 때보다도 병화(兵禍)로 인하여 심한 고통을 당한 때였고 동시에 그 재난이 전국적으로 확산되었던 시기였다.

고려 해도입보책의 전개에 있어서 우선 지적할 수 있는 점은 이미 언급한 바와 같이 그것이 강도정부를 중심으로 한 전략적 차원에서 이루어졌다는 사실이다. 차라대가 전라도 압해도를 공격하였을 때 몽골군과 함께 있었던 낭장 윤춘(尹椿)이 최우에게 해도입보의 성과를 강조하면서 "지금 계책으로는 마땅히 섬 안에 둔전하여 농사도 짓고 지키기도 하고 청야(淸野)로써 기다리는 것이 상책입니다"[10]고 한 것은 말하자면 일종의 청야전술로서의 해도입보책을 다시 확인시키는 것이었다. 그것이 전략적 차원이었기 때문에, 강도정부는 몽골군의 침략시마다 산성과 해도에의 입보를 명하고 이를 강력히 추진했던 것이며 경우에 따라 강제적인 방법의 동원도 불사하였다. 다음 사료는 당시 강도정부가 얼마나 강력하게 이를 추진했는가를 단적으로 보여주고 있다.

장군 송길유를 파견하여 청주민을 해도에 옮기도록 하였다. 길유는 백성들이 재물 때문에 옮기기를 꺼릴 것을 염려하여 공사재물을 모두 태워 버렸다. 이에 앞서 항(沆)은 제 도에 사자를 보내어 거민(居民)을 모두

---

9) 『고려사』 23, 고종세가 35년 3월.
10) 『고려사절요』 17, 고종 43년 6월.

몰아 섬으로 들어가게 하고 따르지 않는 자는 집과 전곡(錢穀)을 불태우도록
하였다. 이 때문에 굶어 죽는 자가 10에 8, 9였다.(『고려사절요』17, 고종
43년 8월)

공사(公私)의 재물을 모두 불태워버림으로써 해도입보를 강제하는 송길
유의 행위가 기본적으로 최항의 지시에 따른 조치였다는 것은 해도입보책이
가졌던 청야전략(淸野戰略)으로서의 성격을 잘 말해주고 있다.

다음으로 파악되는 것은 해도입보의 시행이 행정구획 단위별로 이루어진
다는 점이다. 즉 각 수령들이 관하 이민(吏民)을 이끌고 해도에 입보하고
있는 것이다. 앞에서 언급한 바와 같이 황주와 봉주는 수령이 백성을 이끌고
철도(鐵島)에, 함신진 부사 전한(全僩)이 신도(薪島)에 입보한 것이 그 예이다.
그밖에도 맹주 수령이 신위도(神威島),[11] 옹진현령이 창린도(昌麟島)에서[12]
각각 활동하는 사례는 모두 수령이 관하 이민을 거느리고 섬에 입보하고
있었음을 말해준다. 여몽 간에 화의가 진행되던 고종 46년 3월 "주현의
수령들로 하여금 피난민을 이끌고 출륙하여 농사를 짓도록 하였다"[13]고
한 것은 해도입보의 기본 단위가 주군현의 행정구획 단위였음을 확실히
하고 있다. 북계 주진(州鎭)의 경우 여몽전쟁 기간 중 그 행정치소가 자주
옮겨졌던 것도 그것이 기본적으로 이 같은 행정구획 단위의 이동이었기
때문에 가능한 것이다.

해도에의 입보는 각 주현의 행정구획 단위로 시행되었지만 그 명령은
흔히 강도정부로부터 양계 병마사, 혹은 안찰사 등에게 하달되고 있다.[14]

11) 『고려사절요』16, 고종 44년 7월에 "蒙兵陷神威島 孟州守胡壽被害"라 하여 맹주수령
    胡壽가 신위도에 있었던 사실을 말하고 있거니와 그것이 맹주인의 해도입보였다는
    점은 "高宗 四十四年 [胡]壽出守孟州 時孟避兵 僑寓海中"(『고려사』121, 열녀전
    胡壽妻兪氏)이라 한 데서 분명하다.
12) 『고려사절요』17, 고종 44년 9월.
13) 『고려사』79, 식화지 2, 農桑.
14) 『고려사』23, 고종세가 35년 3월 및 『고려사』24, 고종세가 40년 7월 갑신.

따라서 병마사, 안찰사는 각 주현 수령들의 입보를 지휘 감독하였던 것으로 판단된다.15) 이 때문에 양계의 경우는 병마사영(兵馬使營)까지 해도에 옮겨져 있었다. 동북면은 고주(高州)·화주(和州) 등 관하 15주인과 함께 의주(宜州) 관하의 죽도(竹島)에,16) 서북면은 석도(席島) 혹은 가도(椵島)에 병마사영이 있었던 것으로 믿어지며,17) 일반 주현과 같이 병마사영도 필요에 따라 옮겨졌던 것이다.

해도입보에 있어서 현실적으로 가장 중요한 당면 문제로 대두되었던 것은 역시 입보민의 생계 문제였다. 특정의 주현이 해도에 입보할 경우 관하의 거민이 모두 입보해온 것은 아니지만 일시에 많은 인원이 제한된 지역에 수용됨으로써 야기되는 생계의 문제는 입보민에게는 물론 이를 지휘 감독하는 입장에서도 고민스러운 문제가 아닐 수 없었다. 입보 이후라도 최소한의 생활 여건이 충족되지 않는 경우 입보책 자체가 와해 위기에 직면하기 때문이다.

동북면병마사 신집평(愼執平)은 고주·화주·정주·장주·의주·문주 등 관하 15주의 백성을 이끌고 저도(猪島)라는 섬에 입보하였으나 방어상의 난점 때문에 죽도로 옮기게 된다. 그러나 죽도는 섬이 좁고 식수조차 공급이 쉽지 않은 곳이어서 병마사의 지휘에도 불구하고 대다수 입보민이 도망해버린다. 죽도로 억지로 입보한 입보민의 고충을 해결하기 위해 병마사 신집평

15) 고종 말년에는 '방호별감'이 특별히 파견되어 해도입보를 지휘 감독하는 사례가 자주 나타나는데 이는 전란의 장기화로 인한 지휘체계의 약화를 보강하기 위한 조치였던 것으로 생각된다.
16) 동북면병마사는 고종 45년 10월 관하 州民과 함께 처음 猪島로 옮겼는데 동년 12월의 기록에는 죽도로 나타난다.(『고려사절요』 17, 고종 45년 10월 및 12월.)
17) 고종 말년 金之岱의 시문에 '北界營 在島席島作'이라 하였으며(김지대가 北界知兵馬使에 임명된 것은 고종 45년 5월의 일임), 원종 10년 崔坦의 반란시 기록에 의하면 이때 椵島에 병마사영이 있었던 것으로 추측된다. 兩島 모두 대동강 가에 위치하며 석도는 서해도 豊州, 가도는 서경 三和縣 관할이다. 이에 대해서는 변태섭,「고려 양계의 지배조직」『고려 정치제도사 연구』, 일조각, 1971, pp.228~229 참조.

은 식량의 조달을 강도정부에 요청하고 있다.[18] 이 같은 사실은 당시 입보지
휘자들이 안고 있었던, 전략상의 조치와 백성들의 생계 문제의 충돌로
말미암는 고민을 짐작케 한다. 입보민의 생활 보장은 입보책의 성패를
좌우하는 가장 중대한 과제였던 것이다.

북계(서북면)의 병마판관 김방경의 사례는 입보 이후의 생계 문제를
지휘관의 기지와 노력에 의해 해결하려 했던 상황을 전해준다. 그는 관하
이민을 이끌고 위도(葦島)에 입보한 후 제방을 쌓아 바닷물을 막고 농경지를
간척하였으며, 섬에 저수지를 만들어 용수 문제를 해결하였다. "백성들이
처음에는 괴로워하였으나 가을이 되니 풍년이 들어 사람들이 그 덕으로
살아났다"는 것이다.[19]

해도입보의 계속적 추진을 가로막는 가장 큰 장애요인이 되었던 입보민의
생존여건은 전략적 입장에서 입보책을 추진하는 강도정부로서도 중요한
문제가 아닐 수 없었다. 그것은 입보 지휘관의 노력으로 해결하기는 어려운
문제였다. 그리하여 입보민의 어려움을 완화시키려는 다음과 같은 조치들이
취해진다. 고종 41년 2월에는 충청·경상·전라의 3도와 동계·서해도에 사신
을 보내 산성과 해도를 돌아보고 피난처는 토전(土田)을 지급하도록 하였고,
고종 43년 12월에는 피난지가 치소와 하룻길 정도라면 돌아가 경작하는
것을 허락하고, 그 나머지는 섬 안의 토지를 지급하되 부족하면 "연해
지역의 한전(閑田)과 궁원전(宮院田)·사원전(寺院田)을 지급하라"는 조치를
내리고 있다.[20] 이와 함께 다시 고종 45년 2월에는 "섬에 들어간 주현은
1년 동안의 조(租)를 면제한다"[21]고 하였다.

---

18) 『고려사절요』 17, 고종 45년 10월 및 12월.
19) 『고려사』 104, 김방경전. 『고려사절요』에는 이것이 고종 35년 3월의 기사로 정리되어
    있다.
20) 『고려사』 78, 식화지 1, 田制.
21) 『고려사』 80, 식화지 3, 진휼.

이처럼 입보민에 대한 조세 감면, 섬 안 혹은 연해지역 토지를 나누어주거나, 유사시 즉각적 입보 가능지역의 경우 경작을 허가하는 등의 조치들은 입보민의 생계난을 조금이라도 완화해보고자 하는 노력의 일단으로 생각할 수 있을 것이다.[22] 해도입보를 전략으로 추진하는 강도정부의 고심이 적지 않았던 사실을 짐작케 한다.

2. 몽골의 고려 해도침공

몽골은 고려의 강화천도가 단행된 직후 강도의 침공 가능성을 타진한 적이 있다. 배를 만들어 강도를 공격하고자 했으나 태주인 변려(邊呂)의 비협조로 포기했다는 것이다.[23] 그러나 몽골이 실제적인 시도로서 고려 해도에 대한 침공을 구체적으로 모색하게 되는 것은 20여 년 뒤의 일이다.

고려 해도침공 작전이 구체화되는 것은 제5차 침구에 해당하는 야굴(也窟)의 침입(1253~1254) 때부터인 것으로 보인다. 이 같은 몽골의 전략 변화를 암시하여 주는 것으로 고종 40년(1253) 몽군 둔소에서 최항에게 보내어진 영녕공(永寧公) 준(綧)의 서장(書狀)이 주목된다. 앞서 고종 28년(1241) 몽골의 3차 침입 후 인질로 몽골에 파견되었던 영녕공 준은 이때 몽군의 출정에 동원되어 있었다. 그는 최항에게 보내는 편지를 통하여 몽골 재침의 원인과 그 위세, 그리고 이를 철퇴케 할 수 있는 방안을 제시하는 가운데 이들 몽골군이 "수내(水內)와 산성을 나누어 공격하려 하고 있다"고 하여 몽골군

---

22) 백남운은 이것이 일반 백성의 생활보장책이라기 보다는 "국가재정의 보충책 혹은 그 수취경제의 재생산을 위한 것"(白南雲, 『朝鮮封建社會經濟史』(上), p.236)이었다고 단정하고 있으나, 이는 해도입보의 지속적 추진을 위한 강도정부의 대민 조치라는 점을 그대로 받아들이는 것이 좋을 것이다.

23) 『신증동국여지승람』 54, 평안도 태천현 인물. 이 사실은 『동사강목』에 고종 19년 9월의 일로 기록하였다.

의 작전 계획을 예고하고 있다.[24] 그러나 실제로 당시에는 몽골군이 고려 해도에 대한 침공을 시도하였다는 기록은 보이지 않는다. 다만 그 이듬해인 고종 41년 2월에 "몽골의 병선 7척이 갈도(葛島)를 침략, 30호의 민호를 잡아갔다"[25]는 북계병마사의 보고가 기록되어 있을 따름이다. 이 갈도 침공이, 몽골군에 의하여 시도된 기록상 최초의 고려 해도침공이다. 그러나 이때 이미 대부분의 몽골군은 고려로부터 철군한 뒤였다.

'수내(水內)'를 공파하겠다던 처음의 위협과는 달리, 5차 침입에서 몽골군이 적극적인 해도침공을 시도하지 못한 것은 전쟁의 조속한 종결 때문이었던 것 같다. 고종 40년(1253) 7월 고려에 내침한 몽골군은 동년 12월, 고종의 승천부 출륙과 제2왕자 안경공(安慶公) 창(淐)의 입조 등 고려의 긍정적 반응을 얻어냄으로써 공격을 정지하고 점차 철군하였던 때문이다. 그러나 갈도 침구 사건이 발생한 것을 보면, 당시 고려 해도침공을 위한 실질적 준비 작업을 진행하고 있었던 것 같다.

몽골군이 고려 해도에 대한 공격을 본격 전개하는 것은 차라대의 6차 침구기간 중으로서, 고종 42년(1255) 12월의 "몽병이 배를 만들어 조도(槽島)를 공격하였으나 이기지 못하였다"[26]는 것이 그 첫 기록이다. 그러나 이 무렵 몽골군은 전라도 서해안 일대의 여러 섬에 대하여 대대적인 침공 작전을 모색하고 있었다. 차라대의 압해도 침공은 그러한 작전의 일환이었던 것으로 믿어진다. 당시의 사정은 몽골군에 투항하였다 도망해온 낭장 윤춘 (尹椿)의 전언에 의하여 확인된다.

"차라대가 일찍이 수군 70척을 거느려 깃발을 성하게 늘어세우고 압해도 를 치려하여 춘(椿)과 한 관인을 시켜 별선(別船)을 타고 독전하도록 하였습

24) 『고려사』 129, 최항전.
25) 『고려사』 23, 고종세가 41년 2월 기미.
26) 『고려사』 23, 고종세가 42년 12월 임진.

니다. 압해 사람들이 대포 2개를 큰 배에 장치하고 기다리니, 양편 군사가 서로 버티고 싸우지 않아 차라대가 언덕에 임하여 바라보고 춘 등을 불러 말하기를, 우리 배가 대포를 맞으면 반드시 가루가 될 것이니 당할 수 없다 하고, 다시 배를 옮기어 치게 하였습니다. 압해도 사람들이 곳곳에 대포를 배치하였기 때문에 몽골군이 드디어 수공(水攻)의 장비를 모두 파하였습니다."(『고려사절요』 17, 고종 43년 6월)

압해도 침공에서 적이 전혀 무력하였다는 것은 다소 일방적 설명이었을 수 있으나,27) 하여튼 몽골군이 고려의 해도침공에 70척의 대군을 동원하였다는 점은 작전의 규모면에서 주목할 만하다. 더욱이 그것이 차라대에 의하여 직접 지휘되었다는 사실은 몽골군의 전략 변화를 확실히 증명하는 것이라 하겠다. 그러나 몽골의 이 작전은 수군을 남하시키는 강도정부의 적극적 대응책과 입보민들의 항전에 부닥쳐 실패로 돌아가고 말았던 것이다.

차라대의 압해도 침공이 실패한 이후 그처럼 큰 병력이 동원된 조직적 작전은 시도되지 않았지만 소규모 병력에 의한 고려 해도에 대한 침공은 계속되고 있다.

> (고종 43년 10월) 몽병 60인이 애도(艾島)를 쳤으나 별초가 이를 모두 사로잡거나 포로로 하였다.(『고려사』 24, 고종세가)
> (고종 44년 8월) 몽병이 신위도(神威島)를 함락하였다. 맹주수(孟州守) 호수(胡壽)가 해를 입자 그의 처 유(兪)씨는 적에게 더럽힘을 당할까 두려워하여 물에 몸을 던져 죽었다.(『고려사절요』 17)

---

27) 윤춘이 차라대의 압해도 침공을 거론한 의도는 해도입보책만이 유일한 대몽방어 전략임을 주장하기 위한 것인데, 이는 일면 자신의 입장을 변호하는 논리도 되고 있다. 윤춘은 원래 양근성(양평)의 방호별감으로 파견되었다가 고종 40년 10월 몽골에 항복하였다가 이때 강도에 도망해 온 인물이다. 같은 시기에 인근 天龍山城에서 적에게 출항한 황려현령 鄭臣旦, 방호별감 趙邦彦의 경우 몽골군 철퇴 직후 각기 해도에 유배 조치된 바 있기 때문이다.

(고종 44년 9월) 서해도 안찰사가 보고하기를 몽골 병선 6척이 창린도(昌麟島)에 침입하므로 옹진현령 이수송(李壽松)이 별초를 이끌고 이를 공격하여 물리쳤다 하므로 이수송에게 7품을 더하였다.(『고려사』 23, 고종세가)

즉 고종 43년(1256) 10월에는 몽병 60인이 애도를 침구하였고, 이듬해 44년(1257) 8월에는 신위도가 함락되었으며, 같은 해 9월에는 몽골 병선 6척이 서해도의 창린도를 침공하고 있는 것이다. 이상은 몽골군의 서해 방면에서의 작전이거니와 동북면 연안에서도 몽골은 동진병을 동원, 고려의 해도를 크게 위협하고 있다. 고종 45년(1258) 12월에 "동진국이 수군으로 고성현의 송도(松島)를 포위하고 전함을 불태웠다"[28]한 것이 그것이다. 앞에서, 동북면(동계) 15주의 백성을 이끌고 죽도에 입보해있던 병마사 신집평이 "저도(猪島)는 섬이 큰 데 사람이 적어 지키기가 어렵다 하여 드디어 15주로써 죽도로 옮겼다"고 한 이유를 여기에서 이해할 수 있게 된다. 이제 해도입보는 입보민에게 절대적인 안전을 보장해 주는 것만은 아니었던 것이다.

3. 몽골의 해도침공 양상 및 성격

몽골에 의한 고려 해도침공의 경과를 앞에서 살펴보았거니와, 이와 관련하여 몇 가지 내용들을 좀더 정리해 보고자 한다.

먼저, 몽골군이 침공을 감행하였던 섬으로서 섬 이름이 확인되는 것은 갈도·조도·압해도·애도·신위도·창린도와 동진의 침입을 받은 송도 등이다.

---

28) 『고려사』 24, 고종세가. 한편 『신증동국여지승람』(45, 강원도 고성군 산천)에서는 松島에 대하여 "在郡南二十三里 沙路連陸 高麗高宗四十五年 東眞國 以丹師 來圍此島 焚燒戰艦"이라 하였다.

이들은 모두 본토에 살던 사람들이 입보하여 있던 지역이었던 것으로 보이며, 고성현 송도를 제외한 나머지 섬은 모두 서해안 연변에 위치한 작은 섬이다. 몽골의 침공 도서가 주로 서해 연안의 섬이었다는 사실은 이들의 침구가 주로 서해에 가까운 평안·황해·경기·충청·전라지역에서 이루어졌다는 것을 의미하며, 특히 강도와 관련한 전략적 성격과 연결된 때문인 것으로 보인다.

몽골군에 있어서 해도침공의 최대 관건은 무엇보다도 병선과 배를 움직일 수부(水夫) 동원의 문제였을 것으로 생각된다. 고려는 해도입보에 대한 안전을 도모하기 위해서라도 연안의 선박을 철저하게 소개(疏開)하였을 것이기 때문이다. 이 때문에 몽골군은 해도침공에 소요되는 선박을 조선에 의존하지 않으면 안 되었다. "몽병들이 배를 만들어 조도를 공격하였다"29)거나, "몽골인들이 배를 만들어 강도를 공격하고자 하였다"30)는 기록이 이 점을 말 해준다. 차라대가 압해도를 공격할 때 동원하였던 선박 70척도 거의 조선에 의하여 마련하였을 것으로 생각되며 이 때문에 강도정부가 수군을 파견, 몽골군의 계획을 사전에 봉쇄하려던 시도가 시간적으로 가능하였다고 하겠다. 몽골의 왕만호(王萬戶)가 10령의 군사로 서경에 주둔하면서 전함을 짓고 있었다는 것도31) 조선에 의한 해도침공의 장기적 준비 작업이었을 것이다.

이러한 제약조건으로 말미암아 몽골군이 고려의 해도공격에 동원한 병력과 전함의 규모는 전체적으로 소규모를 벗어나지 못한다. 차라대의 압해도 침공 때에 70척을 동원하였던 것을 제외하면 갈도 침공에 7척, 애도는 몽병 60인, 창린도는 6척 등에 불과하다. 이것은 몽골의 해도침공이 무엇보다 선박 동원에 일정한 제약이 있었음을 말해준다.

---

29) 『고려사』 24, 고종세가 42년 12월.
30) 『신증동국여지승람』 54, 평안도 태천현 인물.
31) 『고려사』 24, 고종세가 46년 2월.

몽골군의 해도침공 결과를 종합하면 조도·창린도 및 압해도에서는 고려의 강력한 저항에 부닥쳐 격퇴 당하였으며, 애도에서는 별초군에 의해 몽병 60인이 섬멸 당하였다. 그러나 한편으로 갈도에서는 30호의 민호를 잡아가고, 신위도에서는 입보민을 지휘하던 맹주의 수령을 살해하고 섬을 함락시키고 있다. 차라대 침입 기간인 고종 41년 이후 44, 45년에 집중적으로 시도되었던 몽골의 해도침공은 무엇보다도 고려의 해도입보책에 대응하는 몽골군의 적극적 전략 변화였다는 점에서 흥미 있는 문제라 할 수 있거니와, 이제까지 논의한 몽골의 해도침공 사례와 그 결과를 간략히 정리하면 다음과 같다.

몽골군의 고려 해도공격 사례

연 월(고종대)	공격받은 섬	공격 규모	결 과	비 고
41년(1254) 2월	갈도(북계)	병선 7척	30호 잡혀감	
42년(1255) 12월	조도(전라도?)	미 상	격퇴	
43년(1256) 초	압해도(전라도)	병선 70척	〃	차라대 지휘
43년(1256) 10월	애도(북계)	몽병 60인	섬멸	
44년(1257) 8월	신위도(북계?)	미 상	함락	
44년(1257) 9월	창린도(서해도)	병선 6척	격퇴	
45년(1258) 12월	송도(동계)	미 상	전함 소실	동진 수군

고종 41년(1254) 이후 전개되는 몽골의 해도침공과 관련하여 주목되는 현상의 하나는 이 기간 동안 몽병이 강화 대안에 출현하여 강도를 압박하는 현상이 잦아진다는 점이다.[32] 고종 40년부터 45년에 걸치는 수년간 집중적으로 나타나는 이러한 사태는 처음 척후병과 같은 소부대 기병들의 출현에 불과하였으나, 고종 43년(1256) 이후 강도에 상당한 위협이 될 만큼 확대되고 있다. 고종 43년 3월에는 최항이 도방까지 동원, 강도의 요해지를 지키는

---

32) 몽골군의 강화 대안 출현을 『고려사』 고종세가 및 『고려사절요』에 의거하여 정리하면 다음과 같다.

조치를 내리는가 하면[33] 같은 해 8월에는 차라대가 주력을 이끌고 직접
그 대안에서 강도를 위협한 일도 있었다.[34]

몽골의 대대적인 강화 대안에서의 시위와 위협은 고종 42년부터 45년에
걸쳐 집중적으로 나타나거니와, 이것이 해도침공이라는 새로운 전략의
시도기간과 일치하고 있음은 결코 우연한 일이 아니다. 몽골군의 이러한
무력시위는 해도침공과 표리를 이루어, 강도정부를 위협하기 위한 일종의
양면작전의 성격을 가진 것이었기 때문이다. 고종 44년(1257) 여몽간에
화의의 실마리가 풀리자 몽골측이 "승천부·갑곶강 밖과 여러 섬 인민의
구략을 금하였다"[35]고 한 것에서도 이것이 전략적으로 추진된 것이었음을
알 수 있다. 요컨대 몽골의 고려 해도침공이란 몽골 나름의 일관된 전략체계
하에서 도출되었던 것으로서, 몽골의 강화 대안에서의 위협적 시위와 병행된
강도를 겨냥한 수륙양면에서의 공세였던 것이다.

대체로 고종 45년(1258) 이후 몽골군의 해도침공은 종식된 것처럼 보이지
만 그러나 이것이 해도에 대한 공격의 포기를 의미하는 것은 결코 아니었다.
오히려 그들은 보다 장기적인 준비에 착수하여 강도정부를 압박하였던

연월(고종)	병력 규모	출현 지점	비고
40년(1253) 9월	10여 기	갑곶강 밖	
42년(1255) 1월	20여 기	갑곶강 밖	
42년(1255) 1월	100여 기	승천성 밖	來屯
42년(1255) 1월	50여 기	승천성 밖	
42년(1255) 8월	20여 기	승천성	
43년(1256) 3월	미 상	착량 밖	
43년(1256) 8월	대규모	갑곶강 밖	차라대 지휘
45년(1258) 8월	미상	승천성·守安·童城	來屯
45년(1258) 9월	300여 기	갑곶강 밖	〃
45년(1258) 9월	대규모	갑곶강 밖	〃

33) "蒙兵到窄梁外 崔沆使都房 分守要害."(『고려사』 24, 고종세가 43년 3월.)
34) "車羅大·永寧公·洪福源等 到甲串江外 大帳旗幟 牧馬于田 登通津山 望江都 退屯守安
縣."(『고려사』 24, 고종세가 43년 8월 신사.)
35) 『고려사』 24, 고종세가 44년 7월 무자.

것이니, 고종 46년 서경에 주둔하며 조선 작업을 하고 있었다는 앞의 왕만호
에 관한 기사가 이를 말해준다. 고종 45년 이후 몽골군의 해도침공 사례가
나타나지 않는 것은 최씨정권의 몰락으로 인한 강도정부의 태도변화와
그에 따른 전국(戰局)의 전반적 소강상태가 가져다준 결과였던 것이다.

4. 강도정부의 대응과 입보책의 위기

몽골의 고려 해도에 대한 침공이 비록 제한된 여건과 상황 가운데서
시도되었지만 그것이 강도정부에게 주는 부담은 결코 작은 것이 아니었다.
특히 서해연안 제 도에의 침공과 더불어 병행된 강도 대안에서의 위협은
그러한 부담을 가중시켰을 것으로 보인다. 차라대가 파견한 몽사(蒙使)
파호지(波乎只)가 몽제의 명령이라 하면서 "고려가 정말 출륙한다면 계견(鷄
犬)이라도 절대 해치지 않을 것이나 만약 그렇지 않으면 수내(水內)를 공파하
라 하였다"[36]고 호언하였던 것은 이와 같은 몽골의 전략변화를 상기시키면
서 강도에 대한 직접 공격도 불사하겠다는 협박이었던 것이다.

몽골의 해도침공에 대한 강도정부의 대처 방식은 본토의 경우에서와는
달리 단호하고 적극적이었다. 수전의 경우에, 우세한 여건을 갖춘 고려로서
몽골군에 의한 일련의 공세를 그냥 좌시할 수만은 없었을 것이다. 고종
43년(1256) 차라대 몽골군이 압해도를 비롯한 전라도 서해안에서 대규모
해도침공 작전을 준비하고 있을 때에도 강도정부는 이광(李廣)과 송군비(宋
君斐) 등을 급히 남하시켜 몽골군을 사전에 분쇄하도록 조치하였다. 이들은
영광에서 길을 나누어 수륙 양면으로 협공하려는 작전을 세웠는데, 몽골군의
철저한 방비 때문에 뜻을 이루지는 못하고 이광은 섬으로 다시 돌아가고
송군비는 장성 입암산성에 입보하였다.[37] 당시 강도정부가 몽골의 해도침공

---

36) 『고려사』 24, 고종세가 45년 6월.

에 대응하는 입장의 단호함을 읽을 수 있다. 같은 해 4월 아산만 연안에서는 충주도 순문사 한취(韓就)가 아주(牙州)의 섬에 있으면서 선박 9척으로 몽병과 접전하였고,[38] 이에 대응하기 위하여 강도정부가 장군 이천(李阡) 휘하 수군 2백여 인을 현지에 파견, 온수현에서 적 수십 급을 베고 사로잡힌 남녀 1백여 인을 탈환하였다. 이에 대해 최항은 은 6근으로 사졸들을 포상하였다고 한다.[39]

몽골의 고려 해도침공에 대하여 강도정부가 본토의 경우에서와는 달리, 이처럼 매우 민감하게 그리고 적극적으로 대처하였던 데에는 몇 가지 이유가 있었다고 본다. 그것은 해도입보책이 고려의 마지막 대몽전략이었다는 데서, 이에 대한 도전이 고려를 크게 자극하였을 것이다. 더욱이 몽골의 서해연안 섬에 대한 공격은 고려의 해상 운수 기능을 약화 혹은 마비시키는 것이었으며, 동시에 몽골의 강도에 대한 군사적 침공까지도 가능할 수 있다는 점은 강도정부로 하여금 위기의식을 갖게 하는 충분한 요인으로 작용하였다고 생각된다.

여몽전쟁 30년을 일관해 온 고려의 해도입보책이 몽골측을 곤혹스럽게 만든 것은 사실이었던 것 같다. 강회선무사(江淮宣撫使) 조양필(趙良弼)이 "고려가 비록 작은 나라이지만 산과 바다에 의지하여 국가가 20여 년 간 용병하였으나 아직 신복치 않았다"[40]고 한 것이나 "저들이 강산의 험함을 믿고서 섬 안에 곡식을 쌓아두고 삼가 지키면서 움직이지 않으니 무슨 계책으로 이를 취하리요"[41]한 마형(馬亨)의 지적이 이를 단적으로 말해준다. 그러나 사실상 고종 말년 이후 고려의 해도입보책은 일정한 한계점에 직면하

---

37) 『고려사』 24, 고종세가 43년 정월 및 3월.
38) 『고려사』 24, 고종세가 43년 4월.
39) 『고려사』 24, 고종세가 43년 6월.
40) 『고려사』 25, 원종세가 원년 3월.
41) 『원고려기사』 지원 6년 11월.

고 있었다. 전란의 장기화와 더불어 본토 주민들이 강도정부의 지시에서 점차 이탈하는 현상을 보이고 있었기 때문이다.

강도정부는 이러한 추세에 대응하여 강온의 양면책으로 해도입보를 독려하게 된다. 즉 입보민에 대해서는 앞에서 언급한 바와 같이 전토의 지급과 조세 감면 등의 회유적 조치가 베풀어지는 한편으로, 강압적 방법이 불사되었다. 경상도 수로방호별감으로 파견된 대장군 송길유가 해도입보 조치에 따르지 않는 자가 있으면 "때려죽이거나 혹은 긴 새끼로 사람의 목을 잇달아 엮어서 별초군을 시켜 양끝을 잡고 끌어서 큰 물속에 던져 거의 죽게 되면 꺼내고 조금 깨어나면 다시 그와 같이 하였다."[42]는 것이다.

해도입보의 추진을 위한 잔혹한 방법의 동원은 기본적으로 강도정부의 방침을 충실히 추종한 것이었다고 할 수 있다. 이처럼 해도입보의 집행과정에서 백성들의 집과 재산, 곡식을 모두 불태워버리거나 불응자들에게 가혹한 고문도 불사하는 일련의 사태는 해도입보 조치가 이미 백성들의 전체적 동의를 상실하고 있음을 의미한다. 더욱이 강압적인 입보의 추진은 오히려 민심의 이탈을 가속시키는 요인으로 작용하게 된다. 차라대 침입 이후 송길유가 '장군' '대장군'으로서 방호별감의 직을 받아 해도입보를 추진하고 있는 점도 입보책의 집행이 지방 수령의 한계를 이미 넘어선 것을 암시한다. 강도정부의 무리한 해도입보 요구가 그 집행과정에서 인민들과의 마찰을 불가피하게 하고, 이로 말미암아 많은 문제가 야기되었으리라는 것은 충분히 예상되는 일이기도 하다. 다음 자료는 해도입보의 경우는 아니지만 이와 같이 입보 추진자와의 상반된 입장으로 인한 마찰과 갈등을 설명해주고 있다.

백돈명(白敦明)이 동산성(東山城) 방호별감이 되어 백성을 몰아 입보케

---

42) 『고려사절요』 17, 고종 45년 정월. 송길유가 경상도에서 활동한 시기는 고종 44년의 일로 추정된다.

하고 출입을 금하였다. 주리(州吏)가 고하기를 "벼를 미처 수확하지 못한데
다 적군이 아직 이르지 않았으니 벼를 베어 오게 해주십시오" 하였다.
돈명이 이를 듣지 않고 드디어 아전을 처단하였더니, 인심이 이반하여
모두 그를 죽이고자 하였다. 몽골병이 성 아래 이르매 돈명이 정예병
6백을 이끌고 싸우러 나갔는데 사졸들이 싸우지 않고 도망해 버렸다.(『고려
사』 101, 백돈명전)

입보를 추진하는 지휘자의 강압적 처사에 대한 불만이 실제 접전이
벌어진 상황에서 고의적 전투거부로 노출되어 버린 것이다. 고종 45년
5월 위도에 피하였던 입보민들이 정부군에 대항하여 반란을 일으키는 것도
동일한 맥락에서의 사건이다. 위도에 입보해 있던 박주인들이 문제를 일으키
자 강도에서 별초군을 파견하였으나, 정부 파견인들인 낭장 최예, 지유
윤겸과 감창 이승진 등을 죽이고 아예 몽골군에 투항해버렸던 것이다.[43]
사건 이후 정부는 장군 박견, 낭장 김군석으로 위도를 선유하고 이어,
후속조치로서 북계지병마사 홍희를 파면시키고 있는데 파면의 이유는 "홍
희가 여색을 좋아하고 국사를 돌보지 않으므로 그 지방 민심이 이반하였다"
는 것이다.[44] 난후 사건에 대한 책임이 지병마사에게 있었다고 한 점,
입보에 대한 관대한 조치 등 사후 처리과정에서 보면 이 사건의 책임이
입보민을 관할하고 있던 지휘관에게 전적으로 있는 것으로 강도정부는
판단하고 있었던 것 같다. 이렇게 볼 때 박주인들의 반란 사건은 생업의
불안에다 관할관의 고압적 조치에 자극된 때문이었을 것으로 생각되어진다.
다음의 사례들도 역시 유사한 상황에서 빚어진 사건들이다.

북계의 애도와 갈도에 들어가 있던 각 역인(驛人)들이 경별초 7인을

---

43) 『고려사』 24, 고종세가 45년 5월.
44) 『고려사절요』 17, 고종 45년 5월.

죽이고 몽골에 투항하였다.(『고려사』 24, 고종세가 46년 3월)

석도와 가도에 있던 사람들이 모반하므로 서북면병마사 이교(李喬)가 도령 위득유를 파견하여 이를 치고 괴수 내동 등을 참하였다.(『고려사』 25, 원종세가 원년 정월)

애도·갈도 혹은 석도·가도 등 북계 여러 섬에서 이같이 연이어 발생하는 사건들은 기본적으로 민심의 이반에 연유하는 것이라 생각되거니와, 이 점은 본토의 경우도 마찬가지였다. 그리하여 이 무렵 산성에 입보해 있던 백성들이 입보의 지휘관인 방호별감을 살해하고 몽골에 투항하는 사례가 속출하였다. 고종 45년(1258)의 경우만 예를 들어 보면, 9월에 광복산성(廣福山城)에 피난해 있던 이민들이 방호별감 유방재를 살해하고, 또 12월에는 달보성민(達甫城民)이 방호별감 정기 등을 붙잡아 각각 몽골에 투항한 사건이 연이어 발생하였던 것이다.[45] 강도정부에 대한 백성들의 이 같은 민심이탈은 고종 45년 최씨정권의 몰락과도 결코 무관한 것으로 생각되어지지 않는다.

맺는말

이상에서, 고려 대몽항전의 주요 전략이었던 해도입보책의 전개과정을 살피고 아울러 이로 인하여 야기되는 고려 해도침공이라는 몽골군의 전략변화를 주목해 보았다.

해도입보라는 고려의 대몽전략은 몽골의 1차 침구(1231) 직후 북계지역에서 시작되었는데, 이듬해 강화천도의 단행은 대몽항전의 전개 양상을 해도입보의 차원에 고착시키는 전환점이 된다. 강도정부를 중심으로 한 전략적

---

45) 『고려사』 24, 고종세가 해당 연월 참조.

차원에서 추진된 해도입보는 행정구획 단위별로 이루어졌다. 따라서 지방수령들이 관하 이민을 거느리고 입보하였으며 병마사 등은 이를 다시 총괄 지휘하고 있었다.

입보민들에 있어서 가장 중요한 문제는 입보시의 생존 여건이었다. 때문에 이 문제는 입보 지휘자들의 최대 숙제가 되었으며 입보민들의 주된 불만요인의 진원이었다. 강도정부는 입보민들에 대하여 도내(島內) 혹은 연해 토지의 지급, 조(租)의 면제 등으로 회유하기도 하고, 반대로 입보의 집행 과정에서 집과 재산을 불태워버리거나 가혹한 체벌을 가하는 등 강압적인 방법을 동원하였다. 그러나 고종 말년 무인정권의 전쟁 지도능력 약화와 함께 전란의 장기화로 인하여 이탈된 민심은 강압적인 입보책과 마찰을 일으켜 민요(民擾)로 폭발하게 된다. 이는 해도입보책이 내부적으로 난관에 봉착하였음을 의미하거니와 최씨정권의 몰락과도 무관하지 않은 일이라 생각된다.

몽골군이 해도침공을 전략적 차원에서 모색한 것은 고종 40년(1253) 이후의 일이다. 고종 41년(1254)부터 45년(1258)에 걸쳐 서해안의 여러 섬들이 침공을 받았으며 아산만 연안에서 치열한 접전이 벌어지기도 하였다. 몽골군은 신위도를 함락하고, 갈도에서는 입보민을 잡아가기도 하였지만 대체로 고려군에 의하여 패퇴 당하였다.

몽골군은 고려의 해도침공을 감행하는 기간동안 강도 대안에서 무력시위를 전개함으로써 수륙 양면에서 강도를 위협하였다. 이에 대하여 강도정부는 먼 곳까지 수군을 급파하는 등 적극적으로 대처하였다. 이는 해상에서의 고려의 우세한 여건 이외에도, 몽골의 해도침공이 강도침공으로 번질 소지가 있다는 점, 그리고 강도와 연결되는 해상 운수로의 차단 가능성 때문에 강도정부에 직접적 위협으로 받아들였던 것 같다.

고려의 해도입보책이 여몽전쟁을 장기화시켰던 주요 요인의 하나였음은 부인하기 어렵다. 그러나 동시에 몽골의 고려 해도침입은 전란으로 취약해 있던 강도정부를 당황케 하는 전시적 효과가 있었던 것으로 생각된다. 고려 본토에 대한 철저한 유린 그리고 본고에서 다룬 바, 연안 여러 섬에 대한 침공에서 몽골이 겨냥했던 실질적 과녁은 역시 강도였다. 이러한 의미에서 여몽전쟁 전개과정상의 강도의 위치, 혹은 강도를 둘러싼 제반 상황에 대한 조명이 본고와 관련 고려의 대몽항쟁사의 이해를 위해 필요하다 고 생각된다.

(이 글은 『역사교육』 32, 역사교육연구회, 1982에 실린 논문을 크게 수정한 것임)

II. 고려 도성으로서의 강도의 제 문제

머리말

강도(江都)는 39년간(1232~1270)의 고려 도읍지이다. 1232년 강화에의 이도는 몽골의 침략이라는 비상 상황하의 사건이었지만, 공식적으로는 일시적 피란이 아닌 개경에서 강도로의 '천도'였고 이 때문에 강도는 개경과 같이 '황도'로 지칭되기도 하였다. "오랑캐를 피하여 천도한 후……중성을 쌓아 황도(皇都)를 둘렀다"[1]고 한 것은 대몽항전기 집권층의 강도에 대한 인식을 압축적으로 표현한 것이었다.

강도는 도성으로서의 기간이 오랜 것은 아니지만, 몽골전란의 어려운 시점에서 경영되어 대몽항전의 중심 기지가 되었다는 점에서 특별한 의미가 있다. 더욱이 고려의 수도 개성이 아직 자유로운 학술조사와 출입이 이루어 지지 않고 있는 만큼, 남한지역에 소재한 또 하나의 고려 도읍이라는 점에서 도 중요한 의미를 부여할 수 있다.

강화도의 역사적 내용에는 청동기 시대의 고인돌, 혹은 근대화 과정에서 의 시련의 현장 등을 대표적으로 들 수 있지만, 그 가운데 특히 강화가

---

1) "公當避狄遷都之後……□中城以屛皇都."(김용선 편,『고려묘지명집성』「최항묘지 명」, 한림대 아시아문화연구소, 2001, p.388.)

13세기 고려왕조의 왕도였다는 사실은 이러한 강화 역사의 중심을 차지하고 있는 사실이라 할 수 있다. 그러나 실제 고려 왕도로서의 강화의 역사성은 현재 그다지 부각되어 있지 않다. 이러한 점에서 강화는 13세기 고려 도성으로서 그 역사성이 다시 재현되어야 할 필요가 있다.

고려 도읍으로서의 강도가 갖는 역사적 의미에도 불구하고 고려 도성으로서의 강도 연구는 아직 기초적 단계에 머물고 있다. 강화도성으로서의 강도에 대한 관심 자체가 비교적 근년의 일이기 때문이다. 그동안 이에 대한 기초 조사의 양이 많지 않은데다 급격한 도시 개발로 인하여 유적의 조사 혹은 보존 환경이 급격히 악화되고 있다는 점도 유의되는 점이다. 이러한 점에서 현재의 단계는 강도의 조사 연구 및 보존에 대한 지금까지의 진행 내용을 점검하고 향후의 방향을 고민하는 폭넓은 관점에서의 논의가 필요한 실정이라 할 수 있다.

도성으로서의 강도에 대한 문제에서 우선 도성을 구성하는 제요소를 분야별로 검토할 필요가 있다. 고려궁궐, 성곽, 도시개발, 사원 등의 문제 등이 그것이다. 본고는 이러한 강도 도성으로서의 문제를 문헌적 연구와 고고학적 조사로 나누어 검토 정리하되, 근본적으로는 도성의 중심점이 되는 궁궐의 문제를 중점 제기하려고 한다. 이러한 문제를 검토하는 전제로서 필자는 먼저 그동안 강도에 대한 우리의 인식이 철저하지 못했다는 점을 지적하고 싶다. 강도는 전란을 피하기 위한 임시적 피란처였다는 인식이 크게 자리 잡고 있다는 것이다. 그리고 이 점이 강도를 고려의 왕도로서 인식하고 접근하는 데 큰 장애가 되어온 것은 아닐까 하는 생각을 갖게 된다. 그러나 1232년 강화로 이전한 것은 분명히 개경으로부터 강화로의 '천도'였다는 점을 다시 인식할 필요가 있지 않을까 한다. 강화가 명실상부한 고려의 또 하나의 왕도, 강도였다는 사실의 재인식에 대한 문제인 것이다.

1. 강도 고려궁궐의 위치 문제

1) 고려궁궐의 위치 비정

강화도성의 문제를 검토하는 데 있어서 첫 번째의 과제는 고려궁궐의 문제이다. 강도의 고려궁궐은 어디에 지어졌으며 어떻게 구성되었는가 하는 가장 기초적인 문제가 그것이다. 고종 19년(1232) 6월 강화천도 결정 이후, 고종 21년(1234) 2월에 강도의 고려궁궐은 일단 완성되었다.[2] 대략 2년 가까운 조영 기간이 소요되었던 셈이다.

강도 궁궐에 대한 연구의 우선은 궁궐의 위치 문제였다. 강도시대로부터 이미 7백 년이 경과한 시점에서 궁궐의 흔적은 확인할 수 없는 상태였다. 다만 『세종실록지리지』 혹은 『동국여지승람』과 같은 조선 초의 지리지에 의하면, 고려궁지의 위치는 강화부의 '동쪽 10리' 지점의 '송악리'라 하였는데, 이는 『고려사』의 기록에 근거한 것이다.[3] 고려궁지 위치에 대한 '부 동 10리'설은 조선조 후기의 지리지에까지 계속 이어졌지만, '부 동 10리'를 그대로 적용할 경우 그 위치는 갑곶진 혹은 이에 가까운 개활지가 되어 상식적으로 납득하기 어렵다. 고려궁지에 대한 직접적 언급은 아니지만 고려시대 도성의 중심이 강화산성의 중심과 대략 일치한다는 것은 조선총독부에 의한 대정 5년도(1916) 고적조사에서 이마니시(今西 龍)에 의하여 처음 표명되었다. 8월 이후 경기도 일대에 대한 조사과정에서 강화도에 대해서는 고려 능묘와 지석묘 및 도성 관련 유적을 검토하였던 것이다.[4] 이마니시는 고려궁지에 대해 각종 지리지에 기록된 '부 동 10리'가 실제로는 '1리'의 오류가 아닐까 하는 의견을 조심스레 개진하면서,[5] "고려 국도가

2) 『고려사』 23, 고종 21년 정월 계미 ; 『고려사』 23, 고종 21년 2월 정해 및 계미.
3) 『고려사』 56, 지리지 1, 강화현.
4) 朝鮮總督府, 『大正五年度 古蹟調査報告』, 1917, p.16.
5) 위의 책, p.224.

지금 부(府)의 북쪽 송악산에 자리한 것은 송도의 송악산과 같은 것으로
고려 국도가 오늘의 부성(府城) 위치의 중심이 되었던 것은 확실하다"고
정리한 바 있다.[6] 이로써 판단하면 이마니시(今西) 역시 조선조의 행궁과
유수부가 있는 일대를 고려궁지로 생각했던 것 같다. 따라서 '부 동 10리'
혹은 정자산(견자산) 밖에 궁터가 있다는 기록에 대해서는 '귀족의 저택'
정도라는 생각이었다.[7]

   그 후 고려궁지의 위치 문제를 본격 거론한 것은 이병도였다. 그는 개경과
동일한 이름의 강화 읍내의 진산인 송악산을 주목하고 송악산의 국세(局勢)
가 개경의 그것과 방불하다는 점, 강안(江岸)으로부터의 방적(防敵)을 고려
한 지리적 조건, 성곽과의 관계 등을 고려하여 조선시대의 행궁과 유수부
동헌이 있었던 현재의 '고려궁터'(사적 133호)를 고려궁궐터로 지목하였
다.[8] 이것은 "강화부의 동쪽 10리", 혹은 "부의 동남쪽 정자산(견자산)
밖"이라는 조선조의 지리지 및 읍지 기록과는 어긋나는 것이다. 그러나
이 지점은 국가사적으로 지정되어 현재까지 '고려궁지'로 인정되어 왔다.

   필자는 고려궁지에 대한 후대의 문헌기록이 현재의 견해와 배치된 점을
지적한 바 있지만, 그러나 결론적으로 현재의 '고려궁지'의 위치에 대해서는
이의를 제기하지 않았다.[9] 강도 궁궐에 대하여 기록상의 견자산 동쪽 설은
별궁인 연경궁의 존재 때문에 나온 것으로 추정하고, 사적 133호 현재의
지점을 궁궐터로 비정할 수 있는 문헌적 근거를 보완 제시함으로써 기왕의
고려궁궐터에 대한 위치 비정을 지지하였던 것이다.[10]

   그러나 '고려궁지'로 지정되어 있는 현재의 지점은 고려궁궐터로서의

----

6) 위의 책, p.226.

7) 위의 책, p.227.

8) 이병도, 『고려시대의 연구』, 을유문화사, 1948, pp.276~277.

9) 윤용혁, 「강도의 경영과 방비」, 『고려 대몽항쟁사 연구』, 일지사, 1991, pp.163~170.

10) 윤용혁, 「고려시대 강도의 개발과 도시 정비」, 『역사와 역사교육』 7, 웅진사학회,
    2002, pp.14~15.

의문점을 여전히 가지고 있다. 첫째는 건물의 가용 면적이 너무 좁다는 점, 둘째는 지금까지의 고고학적 조사 결과 고려궁터로 지목할 수 있는 현저한 자료가 확인되지 않았다는 점 등이 그것이다. 국가사적 133호로 지정된 강화읍 관청리 743-1번지, '강화 고려궁지'는 1964년도에 사적으로 지정되었는데 지정면적은 7,534m²에 불과하다.[11]

만일 '고려궁지'가 실제 강도시대의 고려궁궐터였다고 한다면 그것이 실제 궁궐터의 면적의 일부에 국한된 상징적 의미밖에 가지고 있지 않다는 것은 자명하다. 현재의 '궁지'는 조선시대에도 행궁, 외규장각 또는 강화유수부 등의 주요 시설의 입지가 되었고 따라서 여러 차례의 건축사업에 의하여 고려 당시의 상태가 크게 훼손된 상태라 할 수 있다. 그러나 만일 이곳이 고려시대의 궁궐터였다면 13세기 궁궐 건축의 최소한의 흔적이 확인될 수 있어야 하지 않겠느냐는 기대가 당연히 수반된다. 이러한 기대에 부응할 만한 자료가 아직 확인되지 않았고, 이 때문에 고려궁터에 대한 의문점은 여전히 해소되지 않고 있는 상태인 것이다.

2) '고려궁지'에 대한 고고학적 조사

강화의 고려궁지는 1964년 국가사적 지정에 이어 1970년대에 궁지에 대한 정비공사가 이루어진 바 있지만 정밀한 지표조사, 혹은 고고학적 조사는 근년까지 이루어지지 않았다. 아이러니컬한 것이지만 고려궁지에 대한 본격적인 고고학적 조사는 고려궁지에 대한 관심에서가 아니라 외규장 각지에 대한 조사의 필요성 때문에 실시되었다. 즉 '고려궁지'내에 위치한 외규장각지를 조사하기 위해서 '고려궁지'의 사적 지정구역이 조사되었던 것이다.

---

11) 문화재관리국, 『지정문화재목록』, 1998, p.158.

한림대 박물관에 의한 외규장각지에 대한 발굴조사는 1995년 12월부터 2001년 10월까지 도합 4회에 걸쳐 실시되었다. 1차 조사는 고려궁지 북쪽의 2개소 공지 및 사이의 경사지에 대한 트랜치 탐색을 통하여 관련 유구의 매장 상태와 범위 확인, 2차 조사는 1차 조사의 결과를 토대로 고려궁지 북담장 뒤편 평탄지에 대한 전면 조사, 3차 조사는 명위헌 서측 대지에 대한 전면 발굴, 4차 조사는 고려궁지 북담장을 철거하고 조사하여 외규장각 지를 확인하는 작업이었다. 조사 결과 '고려궁지' 중앙부에 남향한 외규장각 건물을 확인하였는데, 이에 대한 조사과정에서 '고려궁지'의 많은 부분이 발굴조사의 대상이 되었던 것이다.

외규장각지에 대한 조사 결과, 제기된 문제는 이 지역에서 고려궁지에 대한 흔적이 나타나지 않았다는 점이다. 조사단도 이 점을 인식하여 고려궁 지에 대한 문제를 간단하게나마 언급하였는데, 그것은 고려시대 연구자로서 는 다소 충격적인 내용을 담고 있다. "발굴지역 어디에서도 고려시대 유구로 추정되는 것은 찾을 수 없었다. 단 소량의 청자편이 출토되어 이곳이 고려궁 지의 유지임을 반증하고 있다."12)고 한 것이다. 이 보고서에 기재되어 있는 '소량의' 청자편은 그 수량이 4점에 불과하였다.13) 이것으로 이 터가 "고려궁 지임을 반증하고 있다"고 보기에는 지나치게 희소한 분량이라 아니할 수 없다. 조사단은 보고서의 서문에서 외규장각과 관련한 고려궁지에 대한 문제를 다음과 같이 언급하였다.

> 발굴 결과에 의하면 이곳은 고려궁지로도 추정은 가능하지만 잔존 유구는 모두 조선행궁지에 속한 것으로 밝혀졌으며, 그 유적의 범위도 현재의 담장 구역을 벗어나서 훨씬 더 넓은 광역에 조성된 것으로 판명되었습니 다.14)

---

12) 노혁진 외, 『강화 조선궁전지(외규장각지)』, 한림대 박물관, 2003, p.164.
13) 위의 책, pp.134~135.

이것은 발굴 결과 조선 궁전지의 범위가 현재의 사적 지정구역에 비하여 훨씬 광역의 범위라는 점, 그리고 잔존한 유적의 내용은 모두 조선시대 궁전지라는 것으로 요약할 수 있다. 발굴을 통하여 확인한 건물은 모두 6개였는데, 장령전과 만령전은 여기에 포함되지 않았다. 따라서 한림대 조사단은 장령전, 만령전 추정지역을 매입하여 정밀한 발굴조사를 추가하고 아울러 조선시대 "궁전지 전체에 대한 보호조치를 강구하는 것이 남은 과제"라는 점을 애써 강조하였다.15)

그 후 외규장각지 발굴조사에 대한 후속작업이 실현된 것은 2008년부터의 일이었다. 12월부터 이듬해 2009년 3월에 걸쳐 실시된 '강화 고려궁지 유적 발굴조사'가 그것이다. 조사기관은 겨레문화유산연구원, 조사 목적은 고려궁지 지정구역 내의 유적의 성격 구명을 위한 것이었다. 이에 의하여 외규장각 건물터 후면의 경사지에 대한 조사가 실시되었으며 여기에서는 조선조의 와류, 자기류와 함께 고급의 청자편이 약간 출토되었다.16) 고급의 고려 청자편이 출토한 발굴 결과는 '강화 고려궁궐 흔적의 첫 확인'으로 매스컴에 보도되었다.17) 그러나 이것은 단편적인 청자편의 확인이었을 뿐, 고려의 유구가 확인된 것은 아니었다. 고려시대 유구 흔적이 수반되지 않은 단편적 유물이 고려궁궐에 대한 증거가 되지 못한다는 것은 말할 필요가 없다.

고려궁지 구역 내에 대한 발굴조사는 현재로서는 고려시대 유구의 흔적을 전혀 가지고 있지 않다. 자료상으로 보면 현재 조사가 진행되는 지점은 조선시대 장령전이 있었던 지점으로 추정된다. 고려궁지 중에서도 지대가

---

14) 위의 책, p.23.
15) 위와 같음.
16) 인천광역시 강화군, 「강화 고려궁지 발굴조사 지도위원회의 자료」, 2009. 2에 의함.
17) 『연합뉴스』, 『세계일보』 2009. 2. 27.

매우 높고, 아마 대지 조성 자체도 기왕의 건물터를 이용한 것이 아니라 새로 대지를 조성하여 건물을 조성한 것으로 보인다. 청자편의 출토량도 상대적으로는 매우 적은 수량이다. 결국 국가사적으로 지정된 고려궁지 구역은 조선시대 행궁, 외규장각, 만령전이 있던 조선의 궁전지였다고 할 수 있다. 이병도 선생의 강도시대 고려궁궐터 추정 이후 당연시 되어왔던 '고려궁지'에 대하여, 근본적 인식의 전환을 요구받고 있는 것이다.

2. 고려궁궐 문제의 재탐색

1) 조선 행궁지로서의 '고려궁지'

지금까지의 '고려 왕궁지'와 주변에 대한 고고학적 조사의 결과는 이 지점이 고려왕궁지였다는 전제에 대하여 별다른 자료를 제공하지 못하였다. 따라서 이제는 고려궁지에 대하여 무언가 다른 관점에서 접근해 보아야할 시점이 된 것은 아닌가 하는 생각을 갖게 된다. 우선 사적 133호로 지정된 고려궁지의 터는 조선시대의 궁전이 있었던 공간이다. 이곳에는 행궁을 비롯하여 외규장각, 그리고 선왕의 위패가 모셔진 장령전 등이 있었다. 한편 장령전의 동측에는 약간의 거리를 두고 만령전이 위치한다. 사적으로 지정된 구역은 장령전 구역까지이고, 만령전 자리는 지정 구역에서 벗어나 있다. 다시 말해서 고려궁지로 지정된 사적 133호 구역은 지금까지의 조사 결과로서는 고려궁지 여부가 모호한 상태에서 조선시대의 강화 행궁 관련 시설만이 확인된 것이다.

1881년에 제작된 국립중앙도서관 소장 <강화부 궁전도>는 조선시대 궁전의 내용이 상세히 나타나 있는데, 이 도면에 의하면 당시 강화궁전 터에는 장령전을 중심으로 그 아래 좌측에 외규장각과 행궁이 표시되어 있다. 만령전은 이들 건물의 우측 한참 떨어진 곳에 세워져 있으나 이들 제 건물은 성벽과 담장으로 둘러싸여 있다. 이 궁전의 중심건물은 역시 선왕의 위패를 모신 장령전이고 담장 시설에 의하여 장령전, 외규징각, 행궁 등이 각각 구분되어 있다. 이들 건물은 서로 가까이 연접되어 있으면서도 고도상(高度上)의 레벨 차이가 있다. 행궁이 상대적으로 레벨이 낮고, 외규장각의 향우측에 있는 장령전은 다른 건물보다 지대가 높고 동시에 북측으로 돌출하였다. 장령전이 갖는 특성을 건물을 통하여 강조한 것으로 보인다. 조선시대 궁전 구역의 중심건물은 장령전이며 향좌측으로는 계곡이, 향우측으로는 산줄기가 흘러내려 만령전 구역이 별도 존치한다. 도면에 나타나 있는 건물의 규모는 장령전이 6칸×4칸, 외규장각 3칸×2칸, 행궁은 5칸×3칸 정도로 묘사되어 있다. 만령전은 이들과 동측으로 다소 떨어져 별도 구역에 조성되어 있는데 봉선전과 나란히 배치되었다. 봉선전은 다른 건물과 같은 팔작집이지만 만령전은 맞배식 건물인 점이 특징적이다.

1995년 이후 4차에 걸친 한림대박물관 팀의 외규장각지 조사에 의하여 확인된 결과에 의하면 외규장각으로 추정되는 건물은 동서 14m, 남북 11.5m 규모, 정면과 측면이 모두 각 3칸의 건물로 보이는데 실제로는 전면 1열의 석렬은 처마기둥의 기초로서, 실제 건물은 정면 3칸, 측면 2칸이 된다. 이 건물의 특징은 초석의 기초 시설을 적석 대신 회와 모래, 붉은색 점질토를 섞어서 단단히 다진, 이른바 '입사기초'로 시공한 점이다. 이 건물은 동서 약 18m, 남북 14m 규모의 담장으로 구획된 구역 안에 위치하여 있다.[18] 이를 1881년에 그려진 <강화부 궁전도>의 외규장각과 비교하면 건물의 크기, 장방형의 담장에 의한 구획 등이 유사하게 일치하고 있다.[19]

---

18) 노혁진 외, 『강화 조선궁전지(외규장각지)』, 한림대 박물관, 2003, pp.160~161.
19) <강화부 궁전도>는 병인양요로 소실된 행궁과 외규장각, 장령전, 만령전 등을 복원하기 위하여 고종이 1861년(고종 18) 모사한 것으로 모두 4폭의 折帖式으로 되어 있는 채색 도첩이다. 그 제1폭은 행궁도, 제2폭은 외규장각, 제3폭은 장령전, 제4폭은 만령전 등으로 되어 있다. 이에 대해서는 강화군, 『강화 옛지도』, 2003,

한편 이 궁전도에는 외규장각과 서쪽으로 담장을 격하여 행궁이 위치하여
있다. 행궁의 규모는 정면 7칸, 측면 5칸 형태인데 정, 측면 모두 전면
각 1열은 건물의 처마기둥을 설치한 초석이어서, 실제 건물은 정면 5칸,
측면 3칸이 된다. 행궁과 규장각 사이에는 담장과 담장 역할을 겸하는
행랑이 있고 양측이 서로 통할 수 있는 문이 시설되어 있다. 한편 행궁의
서측에는 작은 규모의 연당이, 북측은 지대가 다소 높지만 계단을 시설하여
오를 수 있는 일종의 후원(後園)이 조성되어 있고, 척천정(尺天亭)이라는
이름의 육각정이 건립되어 있다. 연당은 방형의 석축으로 조성하였다. 발굴
된 노출 유구가 이 그림과 정확히 일치하는 것은 아니지만, 대략적 상황을
확인할 수 있다. 따라서 외규장각 서측 유구는 일부 훼손과 멸실이 진행되기
는 하였지만, 바로 행궁터라는 사실을 알 수 있다.

한림대 팀의 조사가 외규장각지의 확인이었기 때문에 장령전과 만령전은
조사에 포함되지 않았다. <강화부 궁전도>에서 장령전을 살펴보면, 장령전
의 위치는 외규장각 구역과 부분적으로 연접되어 있으나 지대가 훨씬 높고
송악산 기슭의 북쪽으로 훨씬 빠져 있다. 장령전의 규모와 형태는 대체로
행궁과 일치하며 중앙 계단을 이용하여 장령전 건물에 오르도록 되어 있다.
즉 이 조선궁전지의 중심 건물은 장령전으로서 조성되어 있다. 그리고
앞서 언급한 바와 같이 만령전 구역은 동측에 별도로 조성되어 있다. 아마
현재 전지로 경작되고 있는 지점 일대라고 생각된다. 한편 장령전의 동측에
는 의식과 제사에 사용하는 각종 기물을 보관 관리하는 부속건물이 위치한다.
이 부속건물과 장령전의 담장 사이에도 석축의 연지가 시설되어 있다.

조선조 강화도에 왕실 관련 건물이 처음 들어선 것은 광해군 14년(1622)
태조의 어진(御眞)을 모시기 위한 봉선전(奉先殿)이었다.[20] 그후 인조년간
후금이 침입하자 인조는 강화도로 피란하였으며, 이것이 인연이 되어 난이

---

pp.90~91 참조.
20) 『광해군일기』, 광해군 10년 7월 무자.

종식된 이후 인조 9년(1631)에 행궁을 짓도록 하였다. 숙종대에 이르러 강화도의 군사시설은 전면적으로 보강되었다. 병자호란시 청군에 의하여 강도가 함락된 충격과 함께 위기를 대비한 피란지로서의 가치를 재인식한 결과라 할 수 있다. 효종 이후 숙종대에는 왕실의 주요 서책과 자료, 기록물들이 강화도에 보관되기 시작하였다.

장령전이 건축된 것도 숙종년간의 일이었다. 숙종 21년(1695) 강화유수 김구(金構)가 행궁 동쪽에 장령전을 건축하였고, 숙종 31년(1705)에는 민진원(閔鎭遠)이 강화행궁을 재건하였다. 숙종 39년(1713) 강화유수 조태로(趙泰老)가 장령전 동쪽에 다시 별전(別殿)이라는 전각을 세웠으며, 이 건물이 영조대에 만령전이라는 이름을 갖게 되었다. 경종 원년(1721) 유수 홍계적(洪啓迪)이 장령전 서쪽에 건물을 신축하여 구전과 신전의 구별이 있게 되었다. 외규장각이 이곳에 들어선 것은 정조 5년(1781)의 일이다.[21] 외규장각에는 왕실의 서적·의궤·옥책 등이 보관되게 되었다. 외규장각을 비롯하여 강화의 행궁을 비롯한 궁전 시설은 고종 3년(1866) 병인양요에 의하여 프랑스군에 의하여 모두 소실되었다.

2) 고려궁궐 문제의 재탐색

조선조의 궁전 혹은 관아지가 고려 강도시대의 궁궐터와 일정한 상관이 있을 것이라는 점은 아마 지금도 여전히 유효한 결론일 것이다. 이 때문에 김창현은 지정된 고려궁지를 중심으로 고려의 제1정전인 선경전이, 그리고 그 남쪽 경사지를 따라 여정궁, 승평문, 응명문, 의봉문 등이 차례로 있고 구남문터 부근, 지금은 공원으로 조성된 평지에서 구정(毬庭)에 이른다는 가설을 제시하였다.[22] 즉 고려궁지 지정구역에 고려시대 선경전이 위치하고

---

21) 『정조실록』 11, 정조 5년 3월 계미.
22) 김창현, 「고려시대 강화의 궁궐과 관부」 『국사관논총』 106, 2005, pp.240~242

이로부터 여러 시설이 경사면을 따라 층단 대지에 조성되었다는 가정인
것이다. 그러나 지금까지 '고려궁지'로, 그리고 김창현에 의하여 선경전으로
비정된 구역을 '고려궁지'로서 계속 지지해도 될 것인가에 대해서 이제
다시 선택을 해야 하는 시점에 이르렀다고 필자는 생각한다. 조선조 이후
새로운 궁전 관련 건물의 신축과정에서 옛 터가 크게 파괴되었다는 점을
전제로 하더라도 현재의 사적 지정 구역이 고려궁지의 중심 구역이라고
볼 수는 없기 때문이다.

  강도시대의 고려궁지 문제와 관련하여 우선 다시 상기해야 할 것은
궁지의 범위가 매우 넓었을 것이라는 점이다. 현재 '고려궁지'의 사적 지정
구역은 불과 1만m² 미만이다. 따라서 강도 궁궐의 범위를 현재의 지정구역에
서 벗어나 광역으로 설정하여 검토하는 것이 매우 중요한 문제가 된다.
개경의 만월대를 염두에 둔다면 강도의 고려궁궐은 우선 3개 지역을 1차적
가능지역으로 정밀한 검토를 할 필요가 있다고 생각된다. 첫 번째는 현재
고려궁지의 아래쪽 경사지, 둘째는 현 '고려궁지'의 향우측 사면, 그리고
세 번째는 '고려궁지'의 향좌측 사면이다. 첫 번째 '고려궁지'의 아래쪽
경사면은 궁궐 구역으로서는 가능성 높은 지역이지만 그 대부분은 건물
밀집의 상태로서 유효한 조사가 불가능한 상태에 있다. 따라서 현재의
'고려궁지'를 중심으로 고고학적 시굴이 가능한 주변 지역에 대한 전반적
조사를 진행할 필요가 있다. 두 번째 '고려궁지' 향우측 사면은 조선조
행궁 관련 시설의 일부라 할 만령전이 소재한 곳이기도 하다.

  다음, 고려궁지의 재탐색과 관련하여 김창현이 '고려궁지'의 서측 지역,
이른바 '궁골' 일대를 궁궐의 범위에 넣어 대관전, 강안전 등의 궁전지의
위치로 제안한 점이 유의된다.[23] 이곳은 앞에 언급한 세 번째 고려궁궐
후보지에 해당한다. 구전에 의하면, '궁골'의 지명은 고려시대 '수진궁(壽進

    참조.
  23) 김창현, 앞의 「고려시대 강화의 궁궐과 관부」, p.241.

宮)'이 있었던 데서 기원한 것이라 한다.[24] 『고려사』 등의 기록에서 '수진궁'
이라는 궁전명은 확인되지 않는다. 그러나 이 같은 구전이 고려시대의
궁궐의 존재에 대한 암시인지도 모른다. 만일 현재 남겨진 조선조 강화산성
이 송악산 일대 환축 범위가 강도시대의 내성의 윤곽과 관련이 있다면
궁골의 고려궁지 가능성도 진지하게 검토해 볼 필요가 있지 않을까 생각한다.

강화산성의 환축 범위에서 보면 현재의 '고려궁지'는 성내 우측의 모퉁이
에 위치하고, 향우측의 경사면을 상정하는 경우에는 성 밖에 궁이 위치한
셈이 된다. 강화산성 내의 중심 남사면은 산성의 개략적 중앙에 해당한다는
점에서 이 산성이 고려의 내성 등과 어느 정도 일치할 경우 고려궁지의
입지로서의 가능성을 일정 부분 확보하고 있는 셈이다. '고려궁지' 구역이
강도시대 궁궐의 범위에 포함되었을 가능성은 여전히 배제할 수 없지만
고려궁궐의 중심 구역이었다고 보기는 어렵기 때문에, 궁궐의 범위를 광역으
로 상정하고 조사가 현실적으로 가능한 주변지역에 대한 연차적 시굴 조사를
실시하여 구체적인 해답을 찾아가야 하는 것이 현재의 당면 상황인 것으로
판단된다.

3. 성곽, 무덤, 사원의 문제

1) 강도 성곽의 문제

천도 이후 고려는 내, 외, 중의 3성을 구축하였다. 내성은 천도 직후인
고종 19년(1232)에, 외성은 이듬해 고종 20년(1233)에 시축하여 24년(1237)에
완공하고, 이어 중성은 고종 37년(1250)에 구축되었다. 강화도성의 성곽문제
에 대해서 처음으로 관심을 제기한 것은 1916년 조선총독부의 위촉으로

---

24) 강화문화원, 『강화지명지』, 2002, p.20.

강화지역을 조사한 이마니시(今西龍)였다. 그는 『고려사』에서의 중성을
바로 강화부성(강화산성)에 비정하고 아울러 『강화부지』 등에서 언급한
'장령의 성문현', '선원의 대문현', '인정의 서문현' 등을 외성의 성문으로
가정하였다. 강화부성(강화산성) 이외에 '외성'으로 비정한 토성지를 지리
지와 읍지 자료에 근거하여 현장을 직접 확인하는 한편 해안 수백 리를
환축하였다는 외성 관련 기록은 과장된 기록으로 치부하였다.[25] 즉 이마니
시는 궁성을 둘러싼 중성을 강화산성에, 그리고 읍 주변에 토축된 성지를
외성으로 비정하고 해안성의 존재는 인정하지 않은 셈이다.

　도성의 성곽에 대한 보다 본격적인 고찰은 이병도, 김상기에 의하여
이루어지게 된다. 이병도 선생은 조선시대의 강화산성이 대체로 고려의
내성에 해당하고, 외성은 강화도 동쪽 해안을 두른 것, 그리고 선원면 대문현
일대에 보이는 토성이 중성의 잔적이라 하였다.[26] 이에 대하여 김상기
선생은 내성의 경우는 궁궐을 두른 일종의 궁성 성격의 것이라 보고, 그
위치는 고려궁터 남쪽, "김상용의 순절비각을 남문허(南門許)"로 하는 좁은
범위로 설정하였다. 동시에 조선조 강화산성을 고려 중성, 이병도 선생이
중성으로 비정한 것을 외성에 비정함으로써 의견 차이를 보여주었다.[27]
이에 대하여 윤용혁은 내성의 경우는 김상기 선생의 의견을 취하고, 중성과
외성은 이병도 선생의 의견을 취하는 견해를 정리한 바 있다. 동시에 강도
내성은 궁성, 중성은 도성, 외성은 해안 방어성의 성격을 갖는 것으로 이해하
였다.[28]

　그러나 강도의 도성 경영은 개경과의 관련성을 통하여 보다 구체적인
파악이 가능하다고 볼 수 있다. 이러한 점에서 개경의 도성에 대한 연구의

25) 朝鮮總督府, 『大正五年度 古蹟調査報告』, 1917, pp.224~226.
26) 이병도, 앞의 『고려시대의 연구』, p.277.
27) 김상기, 「삼별초와 그의 란에 대하여」 『동방문화교류사』, 을유문화사, 1948, p.195.
28) 윤용혁, 「고려시대 강도의 개발과 도시 정비」 『역사와 역사교육』 7, 2002, pp.18~30.

진전은 강화도성의 연구에 있어서도 일정한 시사를 주는 것이었다. 개경의 자료를 염두에 두면서 강화도성의 구조를 검토한 것이 김창현의 연구이다. 그리하여 궁성, 중성, 외성 이외에 강도에 황성의 존재 가능성을 제안하였다.29) 이에 대하여 필자는 강도 궁성의 성격을 논의하는 한편 근년 고고학적 지표조사의 결과를 토대로 중성과 외성의 문제를 보다 구체적으로 검토한 바 있다.30)

강도의 성곽 문제와 관련하여 그동안 혼선을 빚어온 사안의 하나가 강화산성이었다. 강화산성이 강도시대의 것과 일정한 관련이 있다는 전제 때문이다. 그러나 현재까지의 조사 결과는 부분적인 중복이 예상되기는 하지만 전체적으로 강화산성은 조선조 숙종대에 구축된 별도의 산성이다. 다만 송악산과 견자산 등지의 구간에서 고려의 성곽과 겹칠 가능성을 상정할 수 있지만, 이 역시 아직 구체적으로 양자의 관계가 확인되어 있지 않기 때문에 이에 대한 구체적인 검토가 긴요하다. 강도시대 내성의 범위는 시내를 가로지르는 동낙천의 북측에 한정되었으며 이를 부분적으로 이용하며 크게 범위를 확대한 것이 조선조의 강화산성이었다는 것이 필자의 의견이다.31) 조선조까지 토축의 잔적이 남아 있었던 것으로 보이므로 향후 이에 대한 면밀한 검토가 이루어져야 할 것이다.

외성의 경우는 여러 차례 지표조사를 통하여 비교적 상세하게 조사되고, 그 결과 사적(452호)으로 지정되었다. 2005, 2006년에 실시된 한국문화재보호재단의 강화외성에 대한 지표조사는 강화읍 대산리 적북돈에서부터 초지돈에 이르는 약 23km 구간이었다.32) 체성의 상단부는 대부분 붕괴 유실되었

---

29) 김창현, 「고려 개경과 강도의 도성 비교 고찰」, 『한국사연구』 127, 2004.
30) 윤용혁, 「고려 강화도성의 성곽 연구」, 『국사관논총』 106, 2005.
31) 윤용혁, 위의 논문, pp.208~212.
32) 동양고고학연구소, 『인천 강화외성 지표조사 보고서 – 초지구간』, 2001 ; 선문대 고고연구소, 『강화전성 지표조사보고서』, 2002 ; 현남주 외, 『강화외성 지표조사보고서』, 한국문화재보호재단, 2006.

지만, 성벽의 기저부는 거의 남아 있음을 확인하였다. 그러나 확인된 외성은 대체로 조선조의 축성이며, 고려조의 외성의 범위와 흔적은 확실하지 않은 상태이다. 외성의 구축 범위도 조선조에 비하여 규모가 작은 듯하고, 부분적으로는 조선시대의 것과 겹치기도 하고 더 안쪽에 축성되어 있는 것 같기도 하다.[33] 조선조의 외성은 강화 동안인 염하 일대 연안에 돈대를 구축하는 사업의 일환이었으며, 숙종 4년(1678) 12월부터 이듬해에 걸치는 기간 대대적인 공역으로 축성되고 이후의 재수축과 정비과정을 거치게 된다.[34]

내성과 외성이 후대의 재수축 혹은 신축 등으로 혼선이 있는 것에 비하여 비교적 이러한 문제가 적은 것이 중성이다. 그러나 중성의 경우는 성곽의 흔적이 부분적으로 잔존하여 있을 뿐 아니라, 간략한 지표조사조차 근년에야 비로소 이루어진 상태이다. 따라서 이에 대한 보다 정밀한 조사가 필요할 뿐 아니라, 보존 상태와 현지 여건을 고려하여 일정구간을 문화재로 지정하는 작업이 현안이라 할 수 있다.

13세기 강도를 기준으로 할 경우 여러 종류의 성곽 중 가장 고려적인 요소를 가지고 있고, 실제 원형을 잘 확인할 수 있는 것이 내성이나 외성보다는 오히려 중성이다. 그러나 현실적으로 강도에 있어서 중성의 존재에 대한 인식은 극히 미흡한 상태임을 자인하지 않을 수 없다. 2008년도에 선원면 창리−신정리의 도로 개설공사중 신지동 부근에서 중성의 유구가 확인된 것을 계기로 2009년에 간단하지만 이에 대한 고고학적 조사가 이루어진 바가 있다.[35] 역사상의 중성이 고고학적으로 확인된 것은 이것이 처음이

---

33) 각종 지리지에 언급된 강화외성의 길이 37,076척을 영조척으로 환산하면 11,567m로서, 사적 지정구간인 23km에 훨씬 미치지 못한다. 이 때문에 조사자는 고려 외성의 실제 길이와 범위에 대한 확신을 가질 수 없다는 점을 언급하고 있다. 현남주 외, 『강화외성 지표조사보고서』, 한국문화재보호재단, 2006, pp.147~149 참조.
34) 조선조 외성의 축성 사정에 대해서는 배성수, 「강화외성과 돈대의 축조」 『강화외성 지표조사보고서』, 한국문화재보호재단, 2006, pp.371~395 참조.
35) dongA.com 2008. 12. 24, <고려 강화성 제 모습 찾는다>.

라 할 수 있는데, 최근 인화−강화 도로 건설공사 J구간에서 다시 중성의 축성 유적이 조사되어 주목되고 있다. 위치는 월곶리 해안에서 강화읍으로 이어지는 산줄기 봉재산의 능선이며, 구축된 중심토루의 크기는 저폭이 최대 212㎝, 최소 137㎝이다. 토축은 단단하게 다진 판축의 구조이며 안팎으로 기초 석렬을 설치하고 그 안쪽에 토루를 구축한 것은 앞의 신지동 부근에서와 같은 방식이었다. 조사지역에서는 토축의 안팎으로 동시기의 건물지군이 함께 확인되어 중성의 기능 문제와 함께 향후 깊이 있는 검토의 대상으로 부각되었다.[36] 강도 중성유적은 13세기 강도의 도성 구조 및 성곽 축조 기술을 이해하는 데 극히 중요한 것으로 평가된다.

2) 왕릉과 고분의 문제

근년 강화의 고려 유적 중 고고학적 조사가 비교적 체계적으로 이루어진 것은 고려 왕릉들이다. 왕릉의 경우는 다른 유적에 비하여 구역이 제한되어 있고 도심에서도 멀리 떨어져 있어 어떤 점에서는 조사상의 편의성이 있기도 하였을 것이다. 그러나 이들 능묘는 하나같이 이미 도굴을 당한 상태에서 조사되었다.

강화도에는 2기의 고려 왕릉과 2기의 왕비릉이 있다. 왕릉은 고종(홍릉)과 희종(석릉)의 능이고, 왕비릉은 강종비(고종의 모후)인 원덕태후 능(곤릉)과 원종비 순경태후의 능(가릉)인데, 희종릉(석릉)의 경우는 폐위된 상태에서 조성된 것이었다. 가릉이 강화군 양도면 능내리, 석릉과 곤릉의 위치는 양도면 길정리이며, 이들 위치는 강화도의 비교적 남쪽에 해당하는 진강산 기슭이 된다. 고려산록 국화리에 소재한 홍릉 이외에는 대체로 진강산을

중심으로 서측에 가릉, 동측에 곤릉이 있고 그 중간에 석릉이 위치한 형세이다. 조성의 순서는 가릉(1236), 석릉(1237), 곤릉(1239), 홍릉(1259)의 순이며, 문화재 지정 내역은 홍릉 사적 224호, 석릉 369호, 가릉 370호, 곤릉 371호 등으로 모두 국가사적으로 지정되어 있다. 이들 왕(비)릉 중 국립문화재연구소에 의하여 2001년 석릉(희종릉)이 처음 조사되었는데,[37] 이후 2004년에 가릉(원종비 릉)과 곤릉(강종비 릉)을 연이어 발굴함으로써, 이미 도굴의 피해를 입기는 하였지만 강화도에 조성된 고려 왕릉의 내용을 구체적으로 확인하는 기회를 갖게 되었다.

이들 강화의 고려 능묘는 오랫동안 황폐되었던 것을 조선 현종 때 강화유수 조복양(趙復陽)이 왕명을 받아 묘역을 정비하였다고 한다.[38] 이들 능묘에 대하여 처음으로 학술적 검토가 이루어진 것은 조선총독부에 의한 대정 5년도(1916) 고적조사에 의한 것이었다. 강화도성 유적과 함께 이들 능묘는 당시 조선총독부의 고적조사위원 이마니시(今西 龍)에 의하여 현지조사가 이루어졌다.

강화의 왕릉은 산의 기슭 경사면에 대략 4단 내외의 단을 장대석으로 구획하여 묘역을 조성하였다. 능침이 조성된 상층부에는 방형의 적석 유구를 조성한 다음 그 중앙부에 석실의 능침부를 마련하였는데, 석실이 있는 봉토부는 석실의 위쪽에 판석을 깔고 그 위에 일종의 호석의 기능을 한 것으로 보이는 8각(가릉, 석릉) 혹은 12각(곤릉)의 구조물을 설치하고 봉분을 조성하였다. 호석처럼 보이는 석실 위의 구조물은 가릉의 경우 중심 길이가 320cm, 곤릉 370cm, 석릉은 270cm로 보고되어 있다. 석실의 벽석 구축은 잘 다듬은 장대석을 사용한 경우(가릉)도 있고, 할석을 사용한 경우(석릉, 곤릉)도 있다. 한편 봉분은 ∩모양의 석축의 곡장으로 둘러싸여 있다.

묘역에는 석상이 배치되는데, 제1단에 석양(石羊)과 같은 석수, 제2단에

---

37) 국립문화재연구소, 『강화 석릉』, 2003, p.33.
38) 『강화부지』 능묘조.

석인(石人)을 세웠는데, 석인상은 총 4구였다고 추측되었다. 무덤은 모두 도굴된 상태이지만, 청자편, 토기편, 금속장식류, 유리구슬, 화폐(동전), 와전류 등 약간의 출토물이 수습되었다.[39] 강종비의 능묘인 곤릉의 성우는 위에 언급한 것처럼 석실 위 봉토부의 호석을 12각으로 조성한 점, 석실 바닥에 전돌을 깔고 있는 점 이외에 능묘 앞에 일종의 배례공간인 정자각 건물을 조성한 것이 다른 점이다. 석실의 크기만을 비교하면 가릉(255×170×175cm), 곤릉(330×245×220cm), 석릉(330×220×230cm)으로서, 가릉이 약간 작은 규모이나 전체적으로 큰 차이가 없고, 개경의 다른 왕릉의 경우에 비교하더라도 규모가 크게 작아졌다고 하기는 어렵다.[40]

이들 고려의 왕릉과 관련해서는 몇 가지 논점이 제기된 바 있다. 왕릉의 규모 문제, 석실 위에 조성된 호석 형태 구조물의 성격, 그리고 이 구조물이 8각과 12각으로 구성된 것에 따른 차이 등이 그것이다. 우선 호석 형태의 구조물의 성격에 대한 것인데, 이 구조물 안에는 할석이 가득 채워져 있다. 필자는 이 구조물의 기능이 내부에 채운 할석의 유실을 방지하는 것이 일차적 목표이며 이에 의하여 봉분이 튼튼히 유지되고 묘실을 도굴로부터 보호하는 것이 목적이었다고 생각한다. 그러나 이 구조물은 일반적인 호석처럼 외부에 노출된 것이 아니고 봉토의 내부에 포함되어 있었던 것으로 생각된다. 따라서 실제 봉분의 크기는 이 호석 구조물의 지름보다 더 컸다고 보아야 할 것이다. 고려 왕릉의 봉분 지름은 잔존상태 대략 10m 내외, 최소가 6m 이상이고,[41] 봉분 내 석실의 긴 변(邊)이 3m 내외인 점을 감안하면

---

39) 국립문화재연구소, 『강화 석릉』, 2003, pp.41~43 및 국립문화재연구소, 『강화 고려왕릉 – 가릉·곤릉·능내리석실분』, 2007, pp.59~62, 141~145, 457~462 참조.

40) 국립문화재연구소, 위의 『강화 고려왕릉 – 가릉·곤릉·능내리석실분』, pp.457~460.

41) 현존 상태에서의 왕릉 봉분의 지름은 순릉(혜종) 11m, 안릉(정종) 11.5m, 헌릉(광종) 6.4m, 영릉(경종) 8.6m, 강릉(성종) 13m, 선릉(현종) 9m, 경릉(문종) 8.2m, 성릉(순종) 8m, 유릉(예종) 8m, 양릉(신종) 6.6m, 소릉(원종) 10m, 명릉(충목왕) 8m, 총릉(충정왕) 6.2m 등이다. 그 밖의 왕실 무덤의 경우도 봉분의 크기는 큰 차이가 없다. 이에

지름 3m 미만의 이 호석 모양 구조물이 봉분 밖으로 노출되는 호석일
수 없다.[42] 그리고 이 구조물이 봉토의 내부에 포함되어 실제로는 감추어져
보이지 않기 때문에 8각과 12각의 차이도 여기에 특별한 의미를 부여할
수 있을 것인지에 대해서도 의문이다.[43] 가릉의 경우 석실 위쪽의 구조물을
호석처럼 외부로 노출시켜 복원한 결과, 석실보다 작은 규모의 봉분이
혹처럼 솟아 기이한 외형을 보여주고 있다.[44]

　가릉과 곤릉, 인근의 능내리 고분에서는 피장자의 인골 자료가 발견되었
으며, 이에 대한 분석 결과 피장자가 여성이라는 것이 확인되었지만, 자료의
상태가 좋지 않아 형질학적 특징을 파악해내지는 못하였다.[45]

　여러 왕릉급 무덤중 가장 관심을 끄는 것은 역시 고종의 릉(홍릉)이다.
앞의 왕실 무덤 3기가 모두 진강산록에 위치한 데 비하여, 고종의 홍릉만이
도성에 가까운 고려산 기슭 강화읍 국화리에 위치한다. 이 같은 위치의
차이는 고종을 다른 왕실 인물과 구별한 때문이라 생각된다. 묘역을 비교적
경사가 심한 사면을 4단으로 나누어 조성하였으며 봉분의 지름은 약 5m,

대해서는 장경희,『고려왕릉』예맥, 2008 참조.

42) 석릉의 경우 이 호석 모양의 석실 위 구조물의 크기는 '동서 2.7m, 남북 2.6m(추정)'이
　다. 국립문화재연구소, 앞의『강화석릉』, p.42.

43) 석실 위의 호석 형태 구조물은 가릉과 석릉은 8각, 곤릉만 12각으로 되어 있다.
　이에 대하여 가릉은 태자비였고, 석릉은 폐위된 희종의 무덤이었고, 곤릉만이
　왕비릉(강종비)으로서 격에 차이가 있다는 점이 지적된 바 있다. 12각은 이 같은
　차이의 반영이라는 것이다.(국립문화재연구소,『강화 고려왕릉－가릉·곤릉·능내
　리석실분』, p.461) 그러나 왕비에 미치지 못하는 왕실무덤이라 할 가릉 부근 능내리
　고분 석실 위에서도 12각의 호석렬이 확인되었다. 능내리 고분은 인골재료 분석에
　의하여 여성의 무덤으로 확인되었는데, 강도 시기 강종비 이외에 왕비에 상응하는
　인물의 장례가 없었다는 점을 감안할 필요가 있다.

44) 순경태후의 무덤인 가릉(사적 370호)은 2006년 국립문화재연구소에 의하여 발굴되
　고, 이에 근거하여 2008년 복원되었다.

45) 지상현 외,「고려시대 출토 인골의 유전자정보 및 유기시료 특성 분석－강화
　고려왕릉 출토 인골 시료를 중심으로」『강화 고려왕릉－가릉·곤릉·능내리석실분』,
　2007, pp.499~508 참조.

3단에 석인상 4구 등이 배치되어 있다. 봉분 주위를 토축으로 둘러 곡장의 효과를 의도하였는데 ∩모양의 석축 곡장이 가설되어 있지 않은 점이 유의되는 사항이다. 그런데 1916년 이마니시(今西 龍)의 조사 자료에 의하면 석축의 담장 안에 봉분이 위치된 것으로 되어 있어 원래 곡장이 있었으나 후대의 정비 과정에서 이것이 변형된 것임을 알 수 있다.[46] 설명에 의하면 당시 봉분의 높이는 5척, 지름은 14척, 호석은 일부만 남아 있으나 원래는 12각이었으며, 봉분의 좌우 및 후방의 3면에 걸쳐 돌담이 남아 있는데 너비는 28척 5촌(또는 29척 5촌) 규모라 하였다.[47]

홍릉과 관련하여 이것이 후대에 이장된 왕릉이라는 주장이 있다. 원래 홍릉은 고려산 기슭, 국화리가 아니고, 개경을 바라보는 강화도 북안, 강화읍 대산리 연화봉,[48] 혹은 월곶리 홍릉골(홍록골)에 있었는데 고려산에 이장하였다는 것이다.[49] 그러나 15세기 자료인『동국여지승람』의 고려 왕릉에 대한 다음 자료는 홍릉의 이장설과는 차이가 있다.[50]

고려 고종릉 : 부(府)의 서쪽 6리에 있다. 홍릉이라 한다.
원덕태후릉 : 부의 남쪽 23리에 있다. 고려 고종의 비이며, 곤릉이라 한다.
고려 희종릉 : 부의 남쪽 20리에 있다. 석릉이라 한다.
순경태후릉 : 부의 남쪽 24리에 있다. 고려 원종의 비이며, 가릉이라 한다.

---

46) 인천광역시립박물관,『강화의 고려고분 – 지표조사보고서』, 2003, pp.39~42 및 今西 龍,「高麗朝陵墓調査報告書」『大正五年度古跡調査報告』, 朝鮮總督府, 1917, pp.375~380 참조.

47) 今西 龍, 위의 보고서, pp.375~380.

48) 홍재현,『강도의 발자취』, 강화문화원, 1990, p.106.

49) 한글학회,『한국지명총람』경기편 상, 강화군, 1985, p.69 및 p.76 참조. 조복양이 강화유수에 재임한 것은 현종 4년(1663) 12월부터 현종 6년(1665) 6월까지의 2년 미만의 기간이다.『현종실록』에서는 이 기간 유수 조복양이 강화의 방어시설과 군비에 대하여 특별히 관심을 가졌던 사실을 알 수 있으나, 홍릉과 관련된 자료는 찾지 못하였다.

50)『신증동국여지승람』12, 강화도호부 능묘조.

여기에서 홍릉은 강화부의 '서쪽 6리'라 하였는데, 이것은 국화리의 현재 위치에 부합하는 지점이기 때문이다. 홍릉의 원래 소재지라는 연화봉은 강화 북안의 구릉성 산지로서 해안에 가깝고 산도 작아 왕릉의 입지에 적합해 보이지 않는다. 그러나 이 같은 이장설이 어디에서 연유한 것인지는 확인해 볼 필요가 있다. 홍릉은 구한말의 혼란기에 도굴의 피해를 입기도 하였다.

> 고려조 고종 홍릉이 파굴되었으므로 범인을 조속히 체포하여 죄를 다스리게 하고, 해당 지방관으로 하여금 파손된 곳을 보수하고, 보수작업이 끝나면 비서승을 파견하여 제사를 지내게 하였다.(『고종실록』 광무 10년 10월 15일)

강도시대의 자료로서는 왕릉 이외에 고려 고분군들의 존재가 매우 중요하다. 왕릉 및 왕비릉이 모두 석실분인데 대하여 이와 구조가 다른 석곽묘는 허유전 묘(인천시 기념물 26호), 양오리 고분군, 석릉 주변 고분군, 장흥리 고분군, 여차리 고분군, 하도리 고분군 등이 있으며,[51] 왕릉급에 비견되는 석실분으로서 가릉과 인접한 지역에서 능내리 고분(시 기념물 28호)이 조사된 바 있다.[52] 그밖에 이규보 묘(시 기념물 15호), 김취려 묘 등이 알려져 있으며, 국화리 고분군, 창후리 고분군, 고천리 고분군, 외포리 고분군, 초지리 고분군, 선두리 고분군 등의 존재가 보고되어 있다.[53] 이들 고분들의 많은 경우가 일제 이후 극심한 도굴의 피해를 입었다. 청자를 비롯한 강도시대의 우수한 작품들이 이 고분에 포함되어 있었기 때문이다. 1916년 강화도에 대한 간략한 지표조사를 실시할 때 "왕씨 고려시대의 분묘는 본도(강화도

---

51) 이희인, 「강화 고려고분의 구조와 유형」『인천문화연구』 2, 2004, pp.72~74.
52) 국립문화재연구소, 『강화 고려왕릉 – 가릉·곤릉·능내리석실분』, 2007, pp.343~358.
53) 인천광역시립박물관, 『강화의 고려고분 – 지표조사보고서』, 2003 참조.

를 말함-필자) 및 속도(屬島)에 대단히 많은데 대개 강화 재도(在島) 40년
간 매장된 섯이어시 우수한 유물을 가지고 있기 때문에 도굴이 성행하였다.
강화 발굴품의 이름이 일시 시정(市井) 사이에 높아 지금은 거의 다 발굴되어
버린 것 같다"[54]고 한 것은 이러한 무차별한 도굴의 실태를 전하는 것이다.[55]
그럼에도 불구하고 강도시대의 지상건축물이 사실상 거의 흔적을 남기고
있지 않은 현 단계에서 이 시기 조성된 무덤 자료는 무엇보다 고려 도성으로서
의 강화를 뒷받침할 매우 귀중한 유적이라 하지 않을 수 없다. 강화의
고려 고분은 시기적으로 강화도읍기인 13세기의 유적이 집중된 것이고,
이 같은 시기적 정합성은 고분의 구조 및 출토 유물을 통하여 고려 연구,
혹은 강도사 연구에 매우 중요한 기준 자료로서 그 효용성이 크다.[56] 이러한
점에서 고려시대 강화도에 조성된 고분들에 대하여 각별한 관심이 요구된다.

3) 강도의 사원과 선원사

도성으로서의 강도를 복원하는데 있어서 그 구성 요소로서 사원의 존재를

---

54) 今西 龍, 『大正五年度古跡調査報告』, 朝鮮總督府, 1917, pp.227~228.

55) "개성 강화도 중심의 고려시대 고분은 근년 가장 먼저 파괴되어 幾萬의 귀중한
   고려자기를 기타 공예품과 함께 도굴해갔다."(關野 貞, 『朝鮮 建築と藝術』, 岩波書
   店, 1941, p.254), "근자에는 개성, 해주, 강화 등지의 고려고분이 여지없이 파멸되었
   으니 옛적에는 오직 금은만 훔치려는 도굴이었으나 청일전쟁 이후로부터는 도자기
   의 골동열에 눈뜨기 시작하여 요즘 5, 6년동안은 전 산이 벌집처럼 파헤쳐졌다."(고
   유섭, 「輓近의 골동수집」『동아일보』 1936년 4월)는 등의 증언은 당시의 심각한
   실태를 전하는 것이다. 강화도 고려 고분의 도굴 실태에 대해서는 정규홍, 「개성·강
   화도 일대 고려 능묘의 파괴」 『우리 문화재 수난사』, 학연문화사, 2005, pp.219~230
   에 잘 정리되어 있다.

56) 가령 강화고분의 청자 유물은 청자의 편년, 강도시대 도성의 생활의 양상을 파악하는
   데 매우 유익한 정보를 제공한다(한성욱, 「강화의 강도시기 도자문화」『인천문화연
   구』 2, 인천광역시립박물관, 2004) 그러나 유적의 소재에 비교할 때, 관련 자료의
   축적은 상당히 빈약하다고 할 수 있다. 향후 보다 계획적인 조사의 필요성을
   제기하는 것이다.

빼놓을 수 없다. 강도의 사원에 대해서는 강도에서의 불교의례를 검토하는 과정에서 관련 자료가 개략적으로 정리된 것이 있다.[57) 이에 의해 『고려사』와 『신증동국여지승람』에 등장하는 강도 경영 사원들의 명칭과 내용이 소개되었다. 그러나 사원의 실제 위치를 비롯한 구체적인 검토는 그다지 이루어지지 못하였다. 그 후 이러한 미비점을 다소 보완한 것이 김형우의 연구다. 그에 의해 태조의 진영이 봉안된 봉은사, 법왕사 등에 대한 구체적인 논의를 진척시켰다. 가령 종래 하점면 장정리 5층석탑과 석조여래입상이 있는 절터를 봉은사에 비정한 견해를 부정하고,[58) 아마도 봉은사는 강도 시가에 들어와 있었을 것으로, 그리고 법왕사는 강화중학교 근처로 추정하였다. 그 밖에 강도시대 강화의 절터로 추정한 곳은 다음과 같다.[59)

건성사와 복령사 : 남산 또는 고려산 주변
묘통사 : 마니산 참성단 아래
왕륜사 : 마니산의 서쪽 능선 절터골
보제사 : 화도면 심도중학교 뒤 한얼교 교당 근처
외제석원 : 송악산 근처
묘지사 : 사기리 이건창 생가 뒤
미륵사 : 하음산 부근
흥왕사 : 마니산 남쪽 흥왕리

---

57) 윤용혁, 「대몽항쟁기의 불교의례」 『고려 삼별초의 대몽항쟁』, 일지사, 2000, pp.44~51 및 김창현, 「고려 강도의 신앙과 종교의례」 『인천학 연구』 4, 인천대 인천학연구원, 2005, pp.1~36 참고.
58) 절터에 있는 고려기의 여래입상이 신라 양식을 계승한 고려 전기라는 연대관에 근거한 것이다. 그러나 이에 대해서는 14세기 전반으로 보는 연대관도 있어 불상의 연대 확정에 일단 어려움이 있다.(윤현희, 「강화 하점면 석불입상 연구」 『인천문화연구』 2, 인천시립박물관, 2004, pp.231~245.) 김창현 역시 봉은사가 석불이 있는 봉천산 방향이 되기는 어렵다고 보았다.(김창현, 위의 「고려 강도의 신앙과 종교의례」, p.9.)
59) 김형우, 「고려시대 강화 사원 연구」 『국사관논총』 106, 2005, pp.272~278.

홍천사 : 양도면 삼흥리 홍천마을

강도 사원의 비정은『강도지』의 자료와 현지답사에 의한 것인데, 아직은 확실하지 않은 점이 있고 특히 강도 성내에도 여러 사원이 있었을 것이나 이 역시 구체적으로 논의할 수 있는 단서가 없는 실정이다.[60]

강도의 사원 중 역시 가장 중요한 것은 권신 최우의 원찰로서 고종 33년(1246) 창건된 선원면 지산리 소재 선원사(사적 259호)이다. 선원사에 대해서는 동국대 박물관에서 1996년부터 2001년까지 여러 해에 걸쳐 발굴을 실시하여 사지의 전모가 밝혀진 바 있다.[61] 다만 사지에서 '선원사'라는 결정적 자료가 나오지 않았고, 선원사의 위치가 선원면 충렬사 일대라는 문헌기록이 있는 점 때문에 조사된 지역이 과연 선원사인지에 대해서는 아직까지 논란이 종식되고 있지 않다.[62] 선원사의 위치에 대해서는 연구자

---

60) 한편 창건 시기를 단정할 수 없으나 진해사지(강화읍 갑곶리), 용장사지·홍릉사지·황련사지(이상 강화읍 국화리), 병풍암사지(강화읍 남산리), 송악사지(강화읍 대산리), 왕림사지(강화읍 옥림리), 범머리사지·추정 묵왕사지(이상 강화읍 용정리), 혈구사지·정미사지·혈구산 무명사지(이상 선원면 선행리), 용당사지(선원면 연리), 천제암지(화도면 문산리), 덕장사지(양도면 삼흥리), 임해사지(양도면 인산리), 안양사지·금사골사지(이상 양도면 조산리), 하일리 무명사지(양도면 하일리), 봉금산 구주사지(내가면 오상리), 대정사지(내가면 외포리), 이현 박국절터·원충사지(이상 하점면 이강리), 수월사(하점면 장정리), 월명사지·광대사지(송해면 하도리) 등이 강화도 소재 사지로서 보고되었다. 임석규, 「강화의 사지」, 『인천문화연구』 2, 인천시립박물관, 2004, pp.202~218 참조.

61) 동국대학교 박물관, 『사적 259호 강화 선원사지 발굴조사 보고서』, 2003.

62) 고두섭(「선원사지와 신니동 가궐지의 연구」『선원사지와 신니동 가궐지』, 강화문화원, 1999), 이종철·조경철·김영태(「강화 선원사의 위치 비정」『한국선학』 3, 2001) 등이 '선원사지'에 대한 부정적 견해를 피력한 바 있다. 이에 대하여 김병곤은 발굴된 유적이 선원사지라는 점을 논증하였고(김병곤, 「강화 선원사와 신니동 가궐의 위치 비정을 위한 기초자료의 분석」『진단학보』 104, 2007 ; 「사적 제259호 강화 선원사와 신니동 가궐의 위치 비정」『불교학보』 48, 동국대 불교문화연구원, 2008), 최근 채상식이 이에 다시 반론을 제기하는 형태로(채상식, 「강화 선원사의 위치에 대한 재검토」『한국민족문화』 34, 부산대 한국민족문화연구소, 2009) 논의는 종식되지 않고 있다.

들의 견해도 양분되어 있다.[63] 이 선원사지는 현재까지 확인된 강도시대의 유적 가운데 가장 큰 규모의 시설로서 강화도읍기를 대표할만한 가치를 가지고 있다. 의문점이 남아 있는 것은 사실이지만, 그러나 선원사지로 비정할 수 있는 여러 요소를 가지고 있는 점도 부인할 수 없다.[64] 향후 충렬사 일대에 대한 조사가 더 진전되면 이에 대한 해답도 더 분명해질 것이다.

선원사지와의 관련에서 한 가지 지적하고자 하는 것은, 이것이 고려 도성으로서의 강도의 건설에 대한 중요한 시사를 준다는 점이다. 선원사의 건설 규모는 당시 강도의 도시 설계 전반의 규모가 결코 영세한 시설이 아니었다는 증거가 되기 때문이다. 현재 선원사지의 사적 지정구역은 11540.5m²이다. 물론 이 건물의 실제 경역은 이보다 넓었을 터인데, 이처럼 대규모의 건물을 실제 경영하였다는 사실이 우선 주목해야 할 점이다. 강도시대 도성 건설이 실제 이러한 대규모 시설을 포함한 도성 건설이었으며, 이는 내, 외, 중, 3중의 성곽 시설을 구축한 것과도 맥락이 상응하는 것이다.

맺는말

강화도는 고려 39년간(1232~1270)의 도읍지이다. 1232년 강화에의 천도는 몽골의 침략이라는 비상 상황하의 사건이었지만, 공식적으로는 일시적 피란이 아닌 개경에서 강도로의 '천도'였으며, 개경과 같이 '황도'로 지칭되

---

63) 김형우, 김창현 등은 선원사지에 대한 긍정적 견해를 피력한 바 있다. 김창현은 충렬사 부근이 선원사와는 별도의 사지일 가능성이 있으며, 아마 보제사일 것으로 추정하였다. 김창현, 앞의 「고려 강도의 신앙과 종교의례」, pp.7~10.

64) 1942년도 조선총독부 발행의 『朝鮮寶物古蹟調査資料』에 선원면 지산리 국유림에 선원사지가 소재한 것으로 기재되어 있는데, 현재 사적으로 지정된 구역을 지칭하는 것 같다. "터는 수 계단에 걸친 규모가 큰 굉장한 건물이 있는 것 같다"는 설명이 덧붙여 있다.(p.26)

기도 하였다. 그러나 강화는 그 분명한 역사적 이력에도 불구하고 고려 도성으로서의 도시 개발과 상징화가 퍽 미진한 상태이며, 고려 도성으로서의 강화 연구 역시 아직 기초적 작업의 단계에 머물고 있다.

본고는 강화도읍기의 상징이라 할 고려궁궐터의 문제를 중점 논의하고, 아울러 도성의 공동 구성요소라 할 성곽 무덤, 사원의 문제에 대해서 지금까지 조사와 연구 결과를 종합적으로 점검하였다. 여기에서 도출된 결론 및 제안된 의견은 다음과 같다.

첫째, 사적 133호로 지정되어 있는 고려궁궐터는 지금까지의 연구의 경과 및 최근의 고고학적 조사 결과를 종합할 때, 고려궁궐의 중심구역으로 보기 어려워졌다. 지정구역은 조선시대에 행궁이 위치했던 지역이지만, 고려궁궐터의 중심 구역은 아니었다고 판단된다. 고려궁지의 확인은 원점에 서부터 다시 검토하는 작업이 필요한 시점이 되었으며, 일단은 송악산 남사면, '고려궁지'의 좌우측에서 궁지 확인을 위한 보다 면밀한 검토를 필요로 한다.

둘째, 강화에는 내성, 중성, 외성의 3중성이 구축되었는데 이와 관련한 기본적 이견이 아직 해결되어 있지 않다. 보다 깊이 있는 현지조사의 필요성이 높아지고 있는데 그중 특별히 가장 대표적인 중성의 존재가 아직까지 잘 밝혀져 있지 않다. 중성에 대한 보다 체계적 조사와 연구는 강화 성곽 문제 중 가장 중요한 관건이 된다.

셋째, 강화에는 도합 4개의 왕릉, 왕비릉이 있고, 도읍 기간동안 많은 양의 귀족 무덤이 조성되었으나 일제시기 이후 극심한 도굴이 자행되었다. 강도시대의 생생한 자료를 가장 잘 보여줄 수 있는 이들 고려 고분에 대한 집중적 조사의 필요성이 시급하다.

넷째, 선원사지는 선원사 여부를 둘러싼 논란이 아직 해결된 것은 아니지만, 강화도읍기를 대표하는 유적이라는 점에서 그 의미를 존중하는 것이 필요하다고 생각한다.

앞으로의 강화 연구는 13세기 '고려 도성'이라는 포괄적 개념을 가지고 종합적으로 접근하는 것이 필요하며, 이러한 결과를 통하여 '중세 역사도시'라는 개념을 도시 개발에 적용하려는 현실적 노력도 함께 요구된다. 고려 도성 관련 유적에 대한 조사와 연구를 장기적 계획을 가지고 체계적으로 진행해야 한다. 도성유적은 궁궐, 관아, 성곽, 사원, 주거, 무덤 등 여러 요소를 포괄한다. 각각의 단위 유적에 초점을 맞추는 것이 아니라 이를 통합적 관점, 광역적 관점에서 시야에 두면서 개별 유적에 대한 검토를 단계적, 장기적으로 지속해야 한다. 개성에의 출입과 연구가 자유롭지 않은 현재의 상황에서 강화는 고대의 역사도시에 비견할 수 있는 중세 역사도시, 중세의 왕도로서의 명확한 정체성을 가지고 있다. 이러한 점에서 필자는 한국 중세의 왕도, 고려의 황도로서 강화의 보다 적극적인 이미지 부각이 필요하다고 생각한다. 이를 위해서 강도의 도시사적 연구는 보다 깊이 있게 진행될 필요가 있다.[65]

(이 글은 『한국사학보』 40, 고려사학회, 2010에 실린 논문임)

---

65) 본고는 강화문화원과 한국중세사학회 공동주최한 학술회의 <강화 강도시기의 고려궁지 복원을 위한 제검토>(2009. 11. 5)에서 처음 구두 발표된 것이다. 이 학술회의에서는 본고 이외에 김기덕(「강도의 궁궐입지와 개경궁궐의 풍수비교」), 김창현(「강도 고려궁궐과 행정시설의 축조과정」), 신안식(「강화 강도시기의 성곽 건설과 파괴과정」), 한성욱·현남주(「강화 고려궁지 지표조사」) 등이 발표하였으며, 박종기 교수의 사회로 박종진, 장지연, 홍영의, 최종석, 김진덕, 유중현 등이 토론에 참여하였다. 본 논문과 관련하여, 본서에 함께 실린 「고려시대 강도의 개발과 도시정비」, 「고려 강화도성의 성곽 연구」는 중복되는 부분이 없지 않고 서로 엇갈리는 듯한 서술도 있지만, 논문의 작성 시기가 차이가 있고 그 시점의 연구 단계를 보여주는 의미도 있다고 생각되어 원고를 크게 수정하지는 않았음을 밝힌다.

Ⅲ. 고려시대 강도의 개발과 도시 정비

머리말

옛날 고려 임금은 무슨 일로 이곳에 도읍을 옮기었을까	麗王何事昔移都
연경궁이며 강안전의 대궐이 허무하기만 하네	延慶康安摠虛無
큰 종이 땅에 묻혔다지만, 누가 감히 파내겠는가	埋地洪鍾誰敢發
하늘 가득 우뢰소리 몰아치고 말았다면서	滿天雷雨卽時驅

(高在亨, 『華南集』)[1]

    한반도의 중부 서해안에 위치한 강화도는 선사 이래 사람들의 적합한 삶터로서의 기능을 담당하여 왔다. 고인돌과 같은 청동기시대 유적의 집중적 분포는 이 같은 강화도의 성격을 잘 말해준다. 그러나 강화도가 우리 역사에서 보다 독특한 기능을 담당하게 된 것은 그 지리적 특수성과 깊은 관련을 맺고 있다. 삼국시대 혈구진이라는 이름의 군진 설치, 고려시대 대몽항쟁기의 39년간 전시 수도, 그리고 19세기 제국주의의 침략기에 있어서 강화도가 차지하고 있었던 전략적 중요성 등은 강화도가 갖는 지리적 중요성과 깊은 관련을 가지고 있다.

---

1) 고재형(1846~1916)의 시집 『화남집』은 1890년 경의 저작이라 하며, 이 시는 강화문화원, 『江都古今詩選』, 1988, p.33에서 옮긴 것이다.

　강화도에는 그 산천의 이름 중 '고려'와 직접 관련을 갖는 지명이 적지
않다. 그중 강화읍의 진산에 해당하는 산은 '송악산'이 되었고, 강화읍
서쪽에 위치한 435m의 높은 산은 '고려산', 그리고 이 고려산에서 서쪽으로
흘러내리는 개천은 '고려천'이다. 이들 지명은 이미 조선 전기의 지리지에
등장하는 것으로서, 강화도와 고려의 깊은 연관을 단적으로 상징하고 있다.
　본고에서는 특히 13세기 고려의 대몽항전기에 있어서 전시 수도라 할
'강도'의 도시 경영에 대하여 고찰하고자 한다. 강화도는 우리 역사 속에서
특히 군사적 중요성이 많았지만, 도시로서의 측면에 있어서는 전시 도읍기였
던 1232년부터 1259년까지의 39년이라는 기간이 가장 중요한 시기였다고
할 수 있다. 그러나 정작 이 시기에 대한 실제 현장 자료는 매우 소략하다.
이 때문에 13세기 강도에 대한 논의는 몇 줄 문헌자료에 근거한 개괄적인
수준을 별로 벗어나고 있지 못한 것이 솔직한 현실이고 상황이다.
　본고에서는 천도 이전 강화도의 상황에 대하여 잠깐 살피고, 이어 1232년
의 천도 이후 이루어진 궁궐, 성곽, 관아 등 도시 경영의 제반 내용을 정리하여
보고자 한다. 강도의 도시 경영이라고 하지만, 실제 관련 사료의 빈약함,
그리고 지표조사나 고고학적 조사와 같은 학술적 기초작업이 별로 이루어지
지 않은 상태에서의 본고의 정리는 큰 한계성을 가질 수밖에 없다는 점을
우선 전제해 두어야 할 것 같다.

1. 천도 이전의 강화

1) '혈구진'에서 '강화현'으로

　강화도의 전략적 혹은 군사적 중요성이 주목된 것은 삼국시대부터의
일이다. 고려조에 이르러 수도가 인근의 개성으로 확정되면서 강화도의

지리적 중요성은 보다 증대되었다고 할 수 있다. 그러나 몽골의 침략이라는 비상시국의 상황에서 고려의 국도가 강화도로 옮겨지는 고종 19년(1232)의 이전에는 이 지역에 특별히 도시 경영이라 할 만한 인구 밀집지역이 있지 않았을 것은 물론이다. 이러한 점에서 1232년의 강화천도는 강화 역사에서 가장 중요한 변화의 계기였다고 할 수 있다.

기록상 처음 등장하는 강화도의 이름은 고구려의 지명인 혈구도(穴口島), 혹은 혈구군, 그리고 '갑비고차(甲比古次)'이다. 아마도 이 지명이 '혈구군' 이전의 강화도의 가장 오래된 이름일 가능성이 높다.2) 신라 경덕왕대에 이르러 '혈구'라는 이름은 '해구(海口)'로 바뀌는데, 혈구든 해구든 이들 이름은 모두 강화도가 갖는 지리적 특성 내지 중요성을 표현하는 지명으로 생각된다. 신라시대 주요 군사 거점에 군진(軍鎭)이 설치되면서 원성왕 6년 혈구진이 설치되고 아찬 계홍(啓弘)을 혈구진의 진두(鎭頭)에 임명하였 다 한다.3)

대략 삼국 및 통일신라기에 있어서 강화도의 중심 거점은 혈구군, 혈구진 이었고 혈구산이라는 산 이름도 이에서 비롯된다. 혈구산은 강화도의 여러 산들 중 가장 중앙부에 위치하고 있는데, 혈구군 혈구진의 치소는 바로 이 혈구산의 남쪽 기슭이었을 것이다. 이 지역은 강화섬의 지리적 중심부이 며, 혈구산의 남쪽인 불은면 삼성리에는 '서문안' '습진평(習陣坪)' '돌성' 등 예사롭지 않은 지명이 아직 전하고 있다.4) 이곳의 지형은 현재와는 퍽 차이가 있어, 고대에는 해안선이 깊이 만입되어 이 혈구산 아래도 선편에

---

2) '갑비고차'는 '두개의 고지' 즉 '겹곶(重串)'의 의미로 해석되며, '갑비고차'가 후대 '갑곶'으로 옮겨졌다고 한다. 이동림, 「강화도의 지명」『강화도 학술조사보고서』, 동국대 강화도학술조사단, 1977, pp.85~87 참조.

3) 『신증동국여지승람』 12, 강화도호부 명환조.

4) 혈구산 아래 습진평, 삼성리 일대가 이른바 '혈구진 터'라 함에 대해서는 1932년 『속수증보 강도지』(p.175)에서도 언급되어 있는데, 여기에서는 그 혈구진의 흔적으 로 성터, '동문안' '서문밖' '營廳洞' 등의 지명을 들고 있다.

의한 교통의 편이 있었다고 한다.[5] 혈구진으로부터 강화현으로 그 중심이 바뀌는 것은 대략 고려 초의 정세 변화와 깊은 관련이 있는 듯하며, 지리적으로도 섬의 육지부분이 확장되면서 혈구군의 치소의 경우 해안 수로와의 교통상의 연결이 점차 어려워져 중심 치소로서의 효용성도 상실하였을 것으로 생각된다.

2) 강화도는 여러 개의 현으로 이루어져 있었다

강화도는 흔히 '강화'로 대표되기는 하지만 '강화' 1개의 군현으로 이루어져 있었던 것은 아니었다. 이 같은 천도 이전의 강화도의 행정구역적 상황에 대하여는 다음의 자료가 참고가 된다.

　　(강화현의) 영현(領縣)은 셋이다. 강음현(江陰縣)은 본래 고구려의 동음내현(冬音奈縣)인데 경덕왕 때 개명하였고, 혈구도 안에 있으며 지금의 하음현(河陰縣)이다. 교동현(喬桐縣)은 본래 고구려 목근현(木根縣)인데 섬이고 경덕왕 때 개명하여 지금에 이른다. 수진현(守鎭縣)은 본래 고구려의 수지현(首知縣)인데 경덕왕 때 개명하였으며, 지금의 진강현(鎭江縣)이다.(『삼국사기』 35, 지리 2)

즉 강화도에는 강화현 밑에 하음현(河陰縣),[6] 교동현(喬桐縣), 진강현(鎭江縣) 등 3개의 현이 속해 있었다. 그 중 교동현은 교동도라는 별도의 섬이기

---

5) "舊郡(혈구진을 말함)東 平原中은 古稱石城(今 三成里 돌성)이라. 舊時에 海水가 自大靑浦로 直通于石城前하니 漕運旣便이오 城礎石材 至今堆疊하고 墻垣遺址 散在野中하니 當時 建治를 可知요 而地在海水, 洌水交口하니 '海口' '洌口' 지명이 亦이 此라."(『속수증보 강도지』 상, p.175.)

6) 『고려사』 56, 지리지에서는 하음현의 고구려이름 동음나현은 芽音縣이라고도 하였으며, 신라 경덕왕 때 沍陰縣이라 하였다가 고려에 와서 '하음'으로 고쳤다 한다.

때문에 강화도 밖에 위치해 있고, 따라서 고려시대 강화도에는 강화현과 함께 하음현, 진강현 등 3개현이 삼국 이래 존치하여 있었던 것이다.

'혈구' 혹은 '해구'로 불리던 강화현의 이름이 오늘날과 같은 '강화'로 된 것은 '고려 초'이고, 이곳에 현령관이 파견된 것은 현종 9년(1018)의 일이다.[7] 즉 삼국 이래 3개의 현으로 나누어져 있던 강화도는 고려조에도 형식상 3개 현이 그대로 존속되었지만, 사실상 강화현 중심으로 운영되고 있었던 셈이다. 이 같은 강화현 중심의 운영은 신라통일기 이후의 일이었던 것으로 되어 있다.[8] 한편 강화도에는 하음, 진강현 이외에 해령향(海寧鄕)이라는 행정구역이 고려기에 있었다.[9] 해령향의 기원에 대해서는 잘 알 수 없지만, 해령향까지 포함하면 강화도에는 원래 강화현을 포함하여 4개의 행정구역이 설치되어 있었던 셈이다. 그리고 이 같은 행정구역의 설정은 이 지역 토착세력의 세력권과도 깊은 관련을 갖는 것으로 보인다.

강화도가 원래 4개 행정구역, 혹은 세력권으로 나누어져 있었음은 성씨의 분포 상황에 의해서도 짐작해 볼 수 있다. 이에 대하여 15세기『세종실록지리지』에서 다음과 같은 기록을 볼 수 있다.

<강화도호부> 土姓 4 : 崔, 韋, 黃, 高
來姓 3 : 田, 魯, 韓
續姓 2 : 金, 李
<진강현> 姓 5 : 魯, 蘇, 高, 井, 萬
<하음현> 姓 5 : 李, 田, 奉, 吉, 萬
來姓 1 : 鄭
<해령향> 姓 2 : 高, 宋

7)『고려사』56, 지리지 1, 양광도 강화현.
8)『신증동국여지승람』12, 강화도호부 고적조.
9) 위와 같음.

성씨의 분포에 있어서 4개 지역이 다소 겹치는 성씨가 보이기는 하지만, 이 같은 구분은 이들 지역이 원래 서로 나누어져 있었던 상황을 말해준다.[10]

강화도가 원래 4개 지역으로 나누어져 있었다면 그 위치는 어떠하였을까. 이에 대하여『신증동국여지승람』에서는 하음현과 진강현의 두 현 모두가 "강화부의 남쪽 25리"에 위치한 것으로 되어 있다. 그리고 해령향은 "진강현의 서쪽 5리" 지점이라 하였다. 한편『강화부지』에는 진강현의 위치를 '진강산의 남쪽'이라 하였는데, 진강산은 강화군의 남서쪽 양도면에 해발 443m의 비교적 높은 산인데, 진강현의 원래 치소는 이 산의 남쪽 기슭에 있었던 것으로 추정할 수 있다.[11] 해령향이 이곳에서 서쪽으로 5리라고 하였으니, 강화읍에서는 역시 서남쪽 방면, 진강산의 서쪽 기슭임을 짐작할 수 있는데, 그 터는 양도면의 바닷가 하일리로 알려져 있다.[12]

『신증동국여지승람』에서는 하음현 역시 "강화부의 남쪽 25리"라고 하였지만, "하음폐현 : 하음산 아래 있다"[13]라고 한 것에서 보듯이 이는 사실과 다르다. 하음현의 진산인 '하음산' 혹은 '봉두산(鳳頭山)'[14]은 높이 291m, 현재 하점면의 봉천산이다.[15] 그렇다면 하음현의 치소는 대략 하점면 봉천산 남쪽 신봉리 일대가 된다.[16] 이것은 강화읍내에서 서북쪽으로 멀지 않은 거리인데, 강화천도 초기 이규보가 임시로 하음현의 객사에서 거처하였

---

10) 『신증동국여지승람』에서는 하음현의 경우, 奉씨 대신에 秦씨, 萬씨 대신에 力씨를 들고 있다.

11) 한글학회,『한국지명총람』경기편에서는 진강현의 치소가 양도면 '도장리 북쪽 벌판'이라 하였다.

12) 한글학회,『한국지명총람』경기편 상, p.131.

13) 『여지도서』강화부.

14) 『강화부지』고적조.

15) 奉天山의 유래는 하늘에 제사하기 위하여 고려조에 산정에 축조한 봉천대에서 유래하였다. 조선시대에는 하음산 봉수가 이 산에 있었으며, 고려 때 하음현의 진산이었다. 이에 대하여는 한글학회,『한국지명총람』경기편 상, 1985, p.60 참조.

16) 『한국지명총람』에서는 하음면의 고을터가 하점면 신봉리의 '각골, 오수물, 골말' 일대라고 하였다.

다는 사실에 비추어 볼 때도 이에 부합한다.[17]

　이상과 같은 상황을 다시 정리하여 보면, 강화도는 대략 4개의 행정구역으로 나누어져 있었는데, 그 중 강화도의 북쪽은 하음현, 남동쪽은 진강현이었고, 남서쪽은 해령향이었다. 그리고 강화현은 섬 안에서 가장 중심적 행정구역으로서, 강화도의 동쪽 중앙지역으로 편성되어 있었던 것임을 알 수 있다.

2. 강화천도와 초기의 강도 경영

1) 최씨가 아니면 강화천도는 없었다

　고려의 서울을 강화도로 옮기는 강화천도의 직접 배경이 된 사건은 고종 18년(1231) 8월부터 시작된 몽골군의 전면적 침략이었다. 이들 몽골의 1차 침략군은 그해 11월 말 개경 근교에까지 이르렀으며, 고려정부와의 화의 타결에 의하여 이듬해 고종 19년(1232) 정월 철수를 시작하였다. 천도 문제는 몽골군 철수 직후인 2월에 처음으로 공식 제기된다. '천도'라는 문제가 갖는 시행상의 난관에도 불구하고, 강화에의 천도는 결정으로부터 시행에 이르기까지 그것이 매우 빠르게 진행되었다는 점이 강화천도와 관련하여 우선 주목되는 점이다. 2월 공식 논의 이후 6월 16일에 강화천도의 방침이 확정되고, 곧이어 7월 7일 국왕이 강화에 도착하게 된다. 천도의 논의로부터 확정, 시행에 이르는 전 과정이 불과 반년밖에 걸리지 않은 초고속의 진행이었던 것이다. 이것은 몽골 침략으로 인한 위기라는 것이 배경이 되었지만, 무엇보다도 당시 정권이 1인에 의하여 장악되고 있던 무인정권하라는 상황에 의하여 가능하였던 것이라 할 수 있다.

---

17) 『동국이상국 후집』 1, 「寓河陰客舍西廊有作」.

1232년 강화천도에 대한 이 같은 논의 진행의 과정을 정리하면 다음과 같다.

> 2월 20일(신미) 재추가 전목사(典牧司)에 모여 이도(移都)할 것을 의론하였다.
>
> 5월 재추가 선경전(宣慶殿)에서 모여 대몽 방어책을 논의하였다.
>
> 5월 23일(계묘) 4품 이상관들이 또 회의를 하였다. 모두 성을 지켜 적과 대항할 것을 말하였으나 재추 정무(鄭畝)와 대집성(大集成) 등만은, 마땅히 도읍을 옮겨 난을 피하자고 하였다.
>
> 6월 16일 최우가 자기 집에서 재추를 모아 천도를 의논하였다. (중략) 이날 최우는 왕에게 빨리 왕궁을 떠나 강화로 갈 것을 요청하였다. (하략)
>
> 7월 6일(을유) 왕이 개경을 출발하여 승천부에 이르고, 7일(병술) 강화의 객관에 들었다.(이상 『고려사』 23, 고종세가 및 『고려사절요』 16)

논의와 준비의 과정이 거의 생략된 채 강화천도가 일반적인 상식을 뛰어넘어 매우 화급히 추진되었던 점은 이미 당시에도 인식되고 있었다. 이규보의 시에서 "천도란 옛부터 하늘 오르기만큼 어려운건데, 공굴리듯 하루아침에 옮겨왔네"[18]라는 최우의 '결단'에 대한 칭송은 그 한 예이다.[19] 다만 창황중의 일이었지만, 최소한의 정리 과정은 수반되었던 것 같다.[20]

한편 천도의 논의 과정에서 천도의 가부만 논의되었지, 천도 대상지에

---

18) 『동국이상국집』 18, 「望海因追慶遷都」.

19) 강화천도의 진행과정과 배경 등에 대한 보다 상세한 내용에 대해서는 윤용혁, 「고려의 대몽항쟁과 강도-강화천도와 강도 경영을 중심으로」 『고려사의 제문제』, 삼영사, 1986, pp.766~782 참조.

20) 예종대 송에서 가져와 궁중에 모신 부처의 어금니(佛牙)를 천도하면서 분실한 사실을 몇 년 후에야 알고, 천도시 작성된 「紫門日記」를 통해 이 보물이 內侍 大府卿 李百全에게 맡겨진 사실을 확인하여 마침내 보물을 다시 찾게 되었던 에피소드가 이를 말해준다.(『삼국유사』 3, 탑상 4, 前後所將舍利)

대한 논의가 별로 없었다는 점도 흥미롭다. 이것은 당시의 상황에서 천도지로서 강화도만한 곳이 없다는 것이 상식이었기 때문이었을 것이다. 몽골군의 침입으로 개경이 급박한 상황에 처하여 있을 무렵, 일부 관원들은 가족들을 강화도로 피란시킨 경우가 있었다. 이때 개경에서 가까운 승천부의 부사 윤린(尹璘)과 녹사 박문의(朴文檥)는 비상시 피란처로서의 강화도의 유용성을 최우에게 제언하였고, 이에 대하여 몽군의 침략에 궁지에 처해 있던 최우는 비상한 관심을 가지게 되었던 것 같다.

> (고종 18년 12월) 승천부사 윤린, 녹사 박문의가 몰래 가족을 강화에 두고 최우에게 말하기를 "강화는 가히 난을 피할 만하다"고 하였다. 우가 그 말을 믿고 두 사람을 시켜 먼저 가서 살펴보게 하였는데, 중도에서 몽골군에게 붙잡혔다.(『고려사절요』 16)

천도가 이루어질 경우, 강화도가 대상이 된다는 것은 복잡한 논의가 없었던 것 같지만, 실제 시행에 있어서는 구체적으로 강화도의 어느 곳을 신도(新都)로 경영할 것인가 하는 것도 문제이다. 이에 대한 검토는 시간상으로 충분한 여유가 없이 천도 조치가 이루어졌지만, 강화도가 천도지로 부상되면서 바로 검토되기 시작하였던 것 같다. 위에 인용한 바, 승천부사 윤린 등을 강화도에 파견하여 현지를 살피도록 한 내용 중에는, 구체적인 천도 대상 지점의 물색 의도까지를 포함한 것이었을 것이다.

신도의 공간은 강화도의 중심 치소였던 강화현 치소가 거의 그대로 신도의 공간이 되었던 것 같다. 그리고 기존의 설비나 시설을 궁색하나마 이용하면서 신도의 건설을 하지 않으면 안 되었다. 1232년 7월 7일 강화에 당도한 고종은 임시로 강화 객관에 기거하였으며,[21] 이규보는 인근 하음현의 객사에 기거하였다. 고종이 강화 객관을 임시 처소로 이용하였다는

---

21) 『고려사절요』 16, 고종 19년 7월.

것은 신도의 건설이 바로 강화현의 치소지역에서 이루어졌음을 암시하는 것이라 생각한다.

강화현의 치소지역은 대략 오늘의 강화읍으로서, 섬의 북쪽에 위치하면서 해로에 의하여 개경 혹은 타 지역과의 교통이 편리하고, 주변에 산이 둘러 있어서 방어시설을 구축하는 데 있어서도 좋은 지리적 조건을 갖추었다고 할 수 있다. 강화천도에 의하여 강화현은 군으로 승격되면서 강도로 불리었다고 하는데, 강도의 경영에 의하여 종래의 강화현치가 폐지되지는 않았을 것으로 생각된다. 대신 인근의 지역으로 이전하여 군 치소로서의 기능을 명목상으로나마 지속하지 않았을까 생각한다.

2) 선후가 바뀐 천도와 도시 건설

강화천도와 관련하여 이를 위한 구체적인 작업 중 가장 우선적으로 이루어진 것은 아마 궁궐의 건축이었을 것이다. 고종 19년(1232) 6월 16일 천도방침을 확정하자마자 최우는 2령의 군을 발하여 신도의 궁궐 조영에 바로 착수하도록 하였다. 고종이 강화에 당도한 것은 이로부터 불과 보름 남짓인 7월 7일의 일이었기 때문에 왕은 궁궐이 완성되기까지 강화현의 객관 등지에서 한동안 임시적으로 거처할 수밖에 없었다. 궁궐 및 관아의 조영에는 지방 각처에서 징발한 민정(民丁)의 노동력이 이에 충당되었는데 고종 21년 정월의 기록에는 "여러 도의 민정을 징발, 궁궐과 백사(百司)를 지었다"[22]고 하고, 다시 다음달 2월에 "궁궐을 짓기 때문에 대장군 송서(宋 緖)의 집으로 왕의 거처를 옮겼다"고 하였다.

고종 21년 1, 2월이면, 강화도로 천도한 지 1년 반이 경과한 시점이고, 따라서 궁궐이나 관아의 조영이 상당한 진전이 있었던 시기였을 것이다.

---

22) 『고려사』 23, 고종 21년 정월 계미.

이 같은 강도 정비의 상황에 대해서는 고종 21년 2월의『고려사』기록에

> 때는 비록 천도의 초창기였으나 무릇 구정(毬庭), 궁전과 절의 이름이
> 모두 송도를 모방하고, 팔관. 연등. 행향도량은 한결같이 구식(舊式)에
> 의하였다.

라고 하였다. 민거의 경우도 천도 직후부터 대대적인 조영이 시작되었을
것이다. 고종 21년 정월 궁궐 남쪽 마을에서 화재가 발생하였을 때, "수천의
집이 불탔다"[23]고 한 것을 보면 1년여의 사이에 이미 큰 도시가 형성되었던
사실을 확인할 수 있다.

이로써 강화천도 이후 대략 1년 반이 경과한 고종 21년(1234) 초에는
궁궐, 관아, 사원, 그리고 민거 등의 기본시설이 어느 정도 마련되었던
것임을 짐작할 수 있다. 성곽의 경우 초기 작업에 대한 기록은 없지만
강도는 천도와 함께 대규모의 노동력을 집중적으로 투입하여 기본 시설을
갖추어 나갔던 것이다. 이 같은 사정은 그후 최씨의 공을 기리는 고종의
조서 가운데 "진양공 최이는……몸소 임금을 받들고 땅을 골라 천도를
단행, 몇 년 되지 않아 궁궐과 관아를 모두 지었다"[24]고 기록되어 있다.

천도 초기의 이 대대적인 역사에는 군인과 최씨의 사병, 그리고 주민들의
노동력이 투입되었다. 고종 19년(1232) 6월 천도 방침이 확정되면서 떨어진
첫 주요 조치는 궁궐의 조영에 종사할 2령의 군대를 강화에 파견한 일이었다.
고종 38년(1251) 국자감 건립, 고종 42년(1255) 종묘의 건립에는 최씨정권의
사병들이 작업에 투입되었다. 그러나 각종 건축 및 토목공사에 투입된
대부분 인력은 징발된 백성들이었던 것 같다. 고종 21년 궁궐 관아의 조영과
관련한 기록에서 "여러 도의 민정(民丁)을 징발하여 궁궐과 관아들을 지었

---

23)『고려사』53, 오행지 1.
24)『고려사』129, 최항전.

다"고 한 것이 이 점을 뒷받침한다. 고종 22년 윤 7월의 기록에서 "광주(廣州), 남경(南京)으로 하여금 강화에 합입(合入)하도록 하였다"[25]고 한 것은 개경으로부터의 이주민만으로 한계를 느낀 정부가 인근의 대읍인 광주, 남경민까지 강화로 옮겨 그 인적 기반을 보완하였음을 말해준다.

천도 초기에는 궁궐, 관아, 성곽 구축 등 제반 건설·토목사업에 진력하였을 것이지만, 동시에 주택의 건축도 중요한 문제였을 것이다. 천도 초기 이규보의 시 중에 "강화로 천도한 뒤 나만은 집을 짓지 않고, 온 가족과 함께 하음(河陰) 객사의 서쪽 행랑을 빌어 여러 달을 지내다 갔다"든가,

> 천도한 새 서울에 날로 더욱 집을 지으니
> 수천의 누에가 다투어 고치를 짓는 듯[26]

이라고 표현하고 있는데, 이는 천도 초기 주거 건축이 성하게 이루어지고 있었음을 잘 보여주고 있다.

3. 강도의 고려궁궐과 왕궁지

1) 강도의 고려궁터 위치는 확실한가

궁궐의 조영은 강화천도와 관련한 가장 우선적 사업이었다. 국왕의 이어(移御)에 의하여 강화는 '신도(新都)'로서의 위치가 비로소 확정될 수 있기 때문이다. 그러나 강화천도 이후의 궁궐 조영에 대한 기록이 거의 남아 있지 않기 때문에 궁궐의 명칭, 혹은 위치 등에 대하여 알 수 있는 사실은 별로 많지 않다. 이와 관련하여 당시 "궁전과 절의 이름이 모두 송도를

---

25) 『고려사』 23, 고종세가.
26) 『동국이상국후집』 1, 「寓河陰客舍西廊有作」.

본떴다"라 한 것에 의하여, 궁궐 조영의 많은 부분을 개경의 그것에 준하였음을 짐작할 수 있다.

『고려사』 및 『고려사절요』에 보이는 강도의 궁전들로서는 강안전(康安殿, 고종 31년 8월), 연경궁(延慶宮, 32년 3월), 수창궁(壽昌宮, 33년 5월), 용암궁(龍嵒宮, 36년 윤 2월), 여정궁(麗正宮, 36년 9월), 궐서궁(闕西宮, 37년 7월), 금단동궁(今旦洞宮, 39년 4월) 등을 들 수 있다. 그러나 이들 궁은 대개 별궁들이고, 본궐의 경우는 별도였다. 한편 궁궐이 갖추어진 이후에는, 풍수신앙과 관련한 이궁과 가궐도 뒤에 조영되었다.[27]

강도시대의 고려궁궐과 관련하여 우선 궁금한 것은, 강도시대 고려궁궐의 위치에 관한 문제이다. 강도에 조영된 궁전 가운데 그 위치가 대략 나타나 있는 것은 연경궁이다. 고종 32년 '강도 견자산 북쪽마을'의 민가 8백여 호가 불타고 80여 명이 타 죽는 대화재가 발생하였을 때, 이 불이 연경궁까지 연소시켰다는 기록이 있어,[28] 연경궁의 위치가 대략 견자산 북쪽기슭 부근이었음을 알 수 있다.[29] 그러나 강화도읍시의 궁궐 중 '본궐' 의 위치는 현재 사적 133호로 지정되어 있는 강화읍 관청리의 '고려궁지'로 알려져 있다. 그러나 이 같은 '믿음'에도 불구하고 실제 고려궁궐터의 위치는 명확하지 않은 점이 있다. 다시 말해서 사적 133호 지정 지역이 어떤 근거로 고려궁터인지에 대한 실증적인 자료가 마련되어 있지 않다는 점이다. 고려궁성의 지역 범위가 어느 정도였는지는 더욱 모호한 상태에 있다. 더욱이 문헌의 자료들은 고려궁궐의 위치를, 이곳으로부터 오히려 동쪽 10리 지점으로 기록하고 있는 자료가 다수 눈에 띄고 있어서 이 같은 점에 대한 논의를

---

27) 延基 裨補의 관념에 의하여 고종 46년 2월 마니산 남쪽(흥왕리)에 이궁을, 그리고 삼랑성(정족산성)과 神泥洞(선원면 신지동)에 假闕을 창건하였다. 이에 대해서는 이병도, 『고려시대사연구』, 을유문화사, 1948, pp.284~291 참조.

28) 『고려사』 53, 오행지 1.

29) 『속수증보 강도지』는 연경궁의 위치에 대하여 '今 小東門內 城峴 北岡'이라 하고, 아울러 강안전에 대해서는 '在延慶宮 東北岸'이라 하였다.

정리하지 않으면 안 되는 형편이다.

고려궁터의 위치에 대한 가장 오랜 자료는 "(강화)부의 동쪽 10리 지점 송악리에 옛날의 궁터가 있다"[30]거나, "옛날 궁터가 송악리에 있는데 (강화 도호)부의 동쪽 10리 거리이다"[31]라고 한 15세기의 자료이다. 이들 기록은 강도의 고려궁터에 대한 가장 오랜 기록일 뿐 아니라, 『고려사』와 같은 신빙성이 높은 사서에 기록되어 있다는 점에서, 쉽게 부정하기도 어렵다. 18세기 『여지도서』에는 고려궁터에 대하여 위의 기록보다 좀더 구체적인 내용을 싣고 있다.

> 고려궁의 옛터(麗宮故址) : 부(府)의 동남쪽 정자산(亭子山) 밖에 있다. 지금은 밭이 되어 있는데 사람들이 전하기를 고려 도읍시 옛 종을 그 땅에 묻어 두었는데 일찍이 파내려고 했더니 우뢰가 울리고 비가 쏟아졌다고 한다. 궁터 4, 5리 안에는 큰 집의 터와 관아의 옛 터가 있고, 담벼락이 옛날대로이며 줄지은 건물의 초석이 완연하다. 부서진 기와 벽돌조각은 이곳 저곳 밭두럭 사이에 쌓여 있다. 대묘동 대감동 등의 지명은 지금도 고치지 않은 채이다.[32]

이에 의하면, 고려궁터는 강화읍내의 동쪽 견자산 밖(동측)에 위치하는데 지금은 모두 밭으로 경작되는 지역이다. 궁터 일대에는 큰 집터와 관청의 터가 남아 있는데, 건물의 초석이나 기와 벽돌 등이 이를 증명한다는 것이다. 여기에서 묘사한 지역은 앞에서 강화부의 '동쪽 10리' 지점이라 한 것과 일치한다. 『여지도서』의 18세기 기록은 그 후 『강화부지』 혹은 『속수증보

---

30) "府東十里 松嶽里 有故宮基."(『고려사』 56, 지리지 1, 강화현 및 『세종실록지리지』 강화도호부.)

31) "故宮基 在松岳里 距府東十里."(『신증동국여지승람』 12, 강화도호부 고적조.)

32) "麗宮故址 : 在府亭子山外 今爲田場 人傳麗都時 舊鐘埋置其地 曾欲掘出 雷雨暴至 云 宮址四五里之內 多有巨室遺墟 及公廨舊址 周墻依舊 列礎宛然 壞瓦破甓 隨處堆 積 於隴畝之間 大廟洞 都監洞之地名 今猶不改."(『여지도서』, 강화도호부 고적조.)

강도지』등 각종 강화읍지류에 거의 유사한 내용으로 실려 있다. 심지어 『강화부지』에시는 강도 내성의 위치 비정과 관련하여 "이제 (내성을) 옛 궁터로서 추정컨대, 당연히 송악의 동쪽일텐데 성터의 협활(狹闊)을 또한 확인할 수 없다" 하여, 내성의 위치를 궁터가 송악 동쪽이라는 데 근거하여 찾으려하는 모습을 보여주고 있다. 즉 조선조 후기에 있어서 강도의 궁궐은 부치(府治)가 있는 송악의 기슭이 아닌, 그로부터 동남쪽 10리 밖에 소재하였던 것으로 인식되고 있었던 것이다.[33]

이상의 기록으로 본다면, 고려궁터의 위치는 아무래도 현재의 강화 읍내에서 동쪽으로 10리 지점 일대에서 찾지 않으면 안 된다.『여지도서』등의 18세기 이후 기록에서는 이와 관련한 고려시대의 지명으로 '대묘동' '도감동' 등의 지명까지 언급하고 있는데, 이 지역은 지금 강화읍의 동쪽인 옥림리, 월곳리에 소재한다. 그러나 이 같은 분명한 기록의 존재에도 불구하고, 이 지역을 고려궁궐터로 보는 의견은 없다. 이에 대하여 일찍이 이병도 선생은 "정자산 부근의 유허는 이궁 혹은 기타 건축물의 것"[34]으로 보았고, 김상기 선생 역시 "이러한 재동(在東) 또는 동남설(東南說)의 근거는 후일에 창건된 어느 이궁 또는 가궐의 궁성이 그 방면에 있었으므로 나온 오전(誤傳)"일 것으로 규정하면서, 구체적으로는 "충렬왕 16, 17년 경에 합단(哈丹)의 입구(入寇)로 말미암아 왕이 강화로 천거(薦居)하였을 때에 창건된 장봉신궁(長峰新宮)이 혹 그 방면에 있던 것이 아닌가"고 추측하였다.[35] 필자의 경우도 고려궁터의 문제를 검토하면서 이 같은 기록의 연원을 강도시대의

---

33) 李衡祥의『江都誌』(1696)(한국정신문화연구원 간행,『甁窩集』3, 1990 所收)에서는 강도시대 고려궁궐에 대하여 "造山坪궁궐 : 고려 고종 임진년에 入都하여 甲午年에 지었다"고 하여, 천도 직후 고종 21년(1234)에 '造山'에 궁궐이 건축되었음을 말하고 있다. '조산'은 '알미'라고 하는 곳으로 강화읍 갑곳리, 읍내에서 동남쪽 지점이어서, "府의 동남, 정자산 밖"이라는 것과 부합한다.

34) 이병도,『고려시대사의 연구』, 1948, p.277.

35) 김상기,『고려시대사』, 1961, p.195 및 p.204.

별궁인 연경궁이 견자산 쪽에 있었던 데서 기인하였을 것이라고 단정한
바 있다.36)

　강도의 고려궁궐터가 현재 사적 133호로 지정되어 있는 '고려궁지' 일대였
으리라는 것을 처음 제시한 것은 아마 『속수증보강도지』(1932)에서였던
것 같다. 즉

　　窃觀松嶽以南은 惟此一帶上下岡에 多舊址遺墟요 又其地勢 與松京之滿月
　　臺邱園으로 爽塏之基恰同이로다.37)

라 하여, 송악산의 남측 기슭에 옛 건물의 유허가 많다는 점, 지세(地勢)
상으로 개성의 만월대와 흡사하다는 점이 그 이유였다. 이 같은 견해를
보다 구체화하여 고려궁지를 확정한 것은 이병도, 김상기 선생이었다. 특히
이병도 선생은 송악산의 이름이 개경에서 따온 것이므로 강도의 신궁(新宮)
도 개경에서와 같이 송악산을 주산으로 하는 것이어야 한다는 점, 강화
송악산 하의 국세(局勢)가 개경의 그것과 방불한 조건을 갖추었다는 점,
강안(江岸)으로부터의 방적(防敵)을 고려한 지리적 조건, 성곽과의 관계
등을 들었으며,38) 김상기 선생 역시 이에 전적으로 동의하였던 것이다.39)
고려산, 송악산, 견자산, 남산 등으로 둘러싸인 지형상의 조건, 그리고 이들
지형을 이용하였을 도성과의 관계, 개경 만월대의 위치 등 제반 정황을
고려할 때 이 같은 견해를 부인하기는 어렵다고 생각된다. 조선시대에
이르러 이곳에 역시 행궁이 설치되거나 유수부가 들어서거나 외규장각
등의 시설이 들어선 것도 고려시대 왕궁의 입지와 무관하지 않을 것이다.

---

36) 윤용혁, 「고려의 대몽항쟁과 강도」 『고려사의 제문제』, 1986, pp.786~788 참조.
37) 『속수증보 강도지』 상, p.185.
38) 이병도, 『고려시대의 연구』, 1948, pp.276~277.
39) 김상기, 『동방문화교류사연구』, 1948, p.195.

고려의 왕궁과 강도의 중심이 현재의 강화읍 시내를 중심으로 형성되었다
는 기록상의 근거도 진혀 없지 않다. 강화로 천도한 지 대략 10년이 경과한
고종 27년(1240)에 지은 이규보의 시에는 새 도읍 강도의 위치에 대하여
다음과 같이 언급되어 있다.

> 송악산 옛 자취 허황한 꿈이거니
> 황폐해진 그 땅일랑 다시는 생각마오
> 그대여 바라보라, 새도읍 화산(花山)을
> 가운데 궁전 열어 천자(天子)를 받드노라
> 일 천집 여기저기 푸른 기와 즐비하고
> 일만 부엌 아침저녁 푸른 연기 일어나네.[40]

여기에서 새 도읍 강도를 '화산(花山)'으로 지칭하고 있는데, '화산'은
지금 강화읍의 안산(案山)에 해당하는 남산(南山)을 말한다.[41] 다시 말해서
당시 강도와 고려왕궁의 위치는 송악산으로 상징되기도, 그리고 남산인
'화산'으로 상징되기도 함으로써, 강도의 중심과 왕궁이 바로 송악산과
남산의 사이에서 형성되어 있음을 말해주고 있는 것이다. 또 15세기 강화부
의 유수부 관아에 대한 정이오(鄭以吾)의 기문 중에

> 옛적에 선왕이 오랑캐의 난리를 피해 이곳에 들어와 사직을 보존하였다.
> 산천은 전과 같은데 성과 대궐은 빈 터만 남았으니, 그 당시를 생각하면
> 천승만기(千乘萬騎)가 그 가운데 머물렀을 것이 상상된다.[42]

고 하여, 강화 유수부의 건물이 있는 인근 일대가 바로 고려궁터였음을

---

40) 『동국이상국집』 7, 「次韻李侍郎見和二首」.
41) "花山 : 在府南五里."(『신증동국여지승람』 12, 강화도호부 산천조.)
42) 『신증동국여지승람』 12, 강화도호부 궁실조.

암시하고 있다.『여지도서』소수의「강도부지」에서도 강화의 형세에 대한
설명에서

> 고려산과 송악산은 그 북쪽에 있는데 남쪽을 향하여 열려 기상(氣狀)의
> 웅려함이 용반(龍盤)에 호랑이가 웅크리고 있는 것 같다. 이 사이가 반드시
> 천 백년 반전(盤磚)이 흩어지지 않는 아름다운 기운이 있는 곳이다. (중략)
> 여대에 40년을 내거(來居)하여 궁터와 성터가 아직 완연하다.

고 한 것 또한 반드시 고려궁지의 위치를 지정한 것은 아니지만, 강화도에서
송악이 갖는 지세상의 뛰어남과 고려 이후의 중심적 치지였음을 암시한다.
   이러한 점에서 볼 때 고려왕궁의 위치는 현재의 사적 지정지역을 벗어나
다른 지역에서 찾기는 어렵다고 보아진다. 그럼에도 불구하고 사적 133호
지역에서 아직까지 고려궁터를 뒷받침할만한 이렇다 할 증거물이 나온
바가 없다는 사실도 기이한 일이다. 이것은 후대 행궁, 관아 등의 건설로
인한 자료의 파괴에 크게 기인하겠지만, 다른 한편으로는 아마 이 지역에
대한 조사의 미진 때문일 것이다.[43)

2) 14, 15세기 강화군의 치소는 강화읍이 아니었다

   강도시대 대궐의 위치와 관련하여 조선시대 기록들의 신빙성을 부분적으
로 부정하는 이 같은 견해에 대하여 필자 역시 의견을 같이하는 바이지만,
그러나 어떤 연유로 이처럼 그 추정지역이 서로 엇갈리게 되었는지에 대해서

43) 고려궁지는 1995년 이후 4차에 걸쳐 한림대 박물관에 의하여 발굴조사가 실시된
   바 있으나 조사 목적은 조선시대 외규장각지의 확인에 두어져 있었다. 근년 고려궁
   지 주변에 대한 제한적인 범위의 발굴조사가 실시되었으나 고려 왕궁지의 유구는
   확인되지 않았다. 이 때문에 필자는 사적 지정 구역에 구애되지 않고 왕궁지의
   소재를 보다 면밀히 검토해야 필요가 있음을 강조하였다. 본서에 실린「고려도성으
   로서의 강도의 제 문제」, pp.248~251 참조.

는 여전히 석연하지 않다. 이러한 점에서, 강도시대의 고려궁궐에 대한 위의 기록들을 다시 검토해 볼 필요가 있다.

우선 강도 대궐을 '부의 동쪽 10리 지점'으로 규정한『고려사』,『세종실록지리지』등의 기록에 대해서이다. 여기에는 고려궁터의 소재지를 '부동(府東) 10리'에도 불구하고, '송악리'로 기재하고 있음이 주목된다. '송악리'라는 지명이 관청리 일대를 지칭한 것을 확인할 수는 없지만, 송악산 기슭의 지역이 '송악리'로 불렸으리라는 것은 매우 자연스럽게 생각된다. 다시 말해서『고려사』와『세종실록지리지』의 기록은 현재의 사적 133호 지역을 궁궐터로 언급한 자료였다고 볼 수도 있다는 것이다. 다만 그 경우 '부동 10리'라는 기록을 이해할 수 없는데, 어쩌면 이것은 당시 강화부의 치소가 후대의 유수부 지점(사적 133호 지점)이 아닌 서쪽 10리 지점에 소재하였던 것이라 보아야 할 것이다. 즉 고려 이후 조선 초기까지 강화의 치소가 읍내에서 서쪽으로 10리 지점에 위치하였고, 이 때문에 고려궁지의 위치를 '부동 10리'라 하였으리라는 추측이다. 읍내 '고려궁터'에서 대략 10리 지점 서쪽이라면, 강화읍 국화리나 내가면 고천리 정도가 될 수 있다. 이와 관련하여,『동국여지승람』에는 혈구산의 위치가 "부의 서쪽 10리에 있다"고 하였는데, 이에 준할 경우 서쪽 10리는 강화읍에서 나례현 고개(고려산과 혈구산 줄기의 사이)를 넘어 내가면 고천리가 가능한 지역이 된다. 그리고 이곳에는 옛 읍터로 전하는 지역이 있다. 고려산 기슭 남쪽에 위치한 고비(연촌)마을이 그곳이다.

> 심주고을터(심주골터, 심주 고읍터) 나루고개 서쪽 약 110미터 거리에 있는 터. 옛 한길 북쪽 두둑으로 기와조각, 옛 담 쌓은 터가 있는데, 고려 때 심주(沁州, 강화군) 고을이 있었다함. 지금도 이곳에 아사(衙舍)터, 향교터, 옥터가 있는데 그 서쪽골을 승주골이라 함.[44]

---

44) 한글학회,『한국지명총람』(경기편, 상), 1985, pp.95~96.

이 같은 내용은 1932년에 간행된 『속수증보 강도지』에 다음과 같이 언급되어 있다.

沁州古邑墟：其址在高麗山南하야 尙稱古邑里하니 自瓦冶坪으로 將向羅麗嶺하면 未及嶺一町墟에 路北平原이 是야니 至今傳衙舍, 鄕校, 刑獄址 諸田名하고 廢垣遺礎가 散在壟畎間하고 居人이 傳稱其西岡曰심주골(或訛稱 승주골)이라 하고 多訛傳古邑爲古阜하니 此는 俗音에 고읍이와 고-븨가 聲相近함이러라.[45]

필자는 2000년 3월 29일, 내가면 고천리 연촌(고비) 마을을 방문, 이러한 구전을 확인할 수 있었다. 고려산의 서남쪽 기슭 '나룻고개(나례현)' 너머에 바로 위치한 이 마을은 원래 '고읍(古邑)'이었던 것이 '고비'로 불렸다는 것이다. 지표에 구체적인 건물의 터가 남아 있는 것은 아니지만, 이 같은 사실은 오래 전 이곳에 실제로 치소가 소재한 적이 있었음을 말해준다.[46] 『신증동국여지승람』에 의하면 당시 강화부의 관아는 이미 송악산 아래 현재의 유수부 건물이 있는 '고려궁지'에 소재하고 있었다. 그렇다면 읍치가 내가면 고천리에 있었던 시기는 15세기 이전이어야 한다. 또한 강도의

---

45) 『속수증보 강도지』 상, pp.176~179. 한편 『강화부지』(고적조)에서는 "舊邑址：在府北城外 唐州洞"이라 하였으나, 이에 대하여 『속수증보 강도지』 상(p.179)에는 '州'名 때문으로 인하여 야기된, 전혀 근거없는 이야기로 비판하고 있다.

46) 이 같은 확인 작업에는 고천리의 연촌마을 거주 李康周, 李起華님의 증언과 도움을 받았다. 이곳에는 '장사땅'이라는 곳도 있는데, 오랜 옛날 전쟁으로 인하여 장사군(인)들이 진을 치고 막사를 짓고 거주하였기 때문이라 전한다고 한다. 이 '고읍' 마을까지 옛날에는 바닷물이 들었다 하며, 이 때문에 '나룻고개(나례현)'라는 이름이 나왔다 한다. 혹 '장사땅'의 구전이 강도 당시 삼별초의 주둔처와 관련이 있었던 것은 아닌가 하는 의심이 있다. 필자는 내가면 구하리 일대를 1270년 봉기한 삼별초의 출항지로 추정한 바 있거니와(윤용혁, 「삼별초의 봉기와 남천에 관하여」 『고려 삼별초의 대몽항쟁』, 일지사., 2000), 고비마을의 골짜기는 이와 연결되고 있다. 고비마을 일대가 삼별초군의 주둔지였다고 한다면, 삼별초군이 그 인근에서 진도를 향하여 출항한 사실이 훨씬 선명하게 이해될 수 있다.

위치가 현재 강화읍 지역이었다고 한다면, 고천리 고비(연촌)마을 치소 시기는 1270년 강도의 분멸 이후의 시기가 된나고 할 수 있다. 이로써 추정할 때, 치소의 존치는 일단 14세기에서 15세기에 걸치는 시기가 되는 것이다.

4. 내·외·중, 강도 3중 성곽의 구축

1) 확인되어 있지 않은 강도의 고려 성곽

대몽항쟁기 강화도가 몽골군의 침략으로부터 비교적 안전할 수 있었던 이유의 하나는 성곽 구축에 의한 방어 설비에도 있었다. 강도의 성곽 구축 작업은 천도 초기부터 줄곧 이루어진 것이었는데, 강도 성곽 시설은 내성, 중성, 외성의 3중으로 이루어졌다고 알려져 있다. 이 3성 중, 내성에 대해서는 전혀 기록이 남겨져 있지 않지만, 외성과 중성에 대해서는 약간의 기록을 볼 수 있다.

우선 외성에 대해서는 고종 20년(1233), 혹은 동왕 24년(1237)에 축조한 것으로 되어 있다.[47] 이 같은 연대상의 상위(相違)는 다름 아닌, 외성의 시축(始築)과 완공의 시기를 각각 지칭한 것으로 해석되고 있다. 즉 강도 외성은 천도 직후인 고종 20년부터 24년까지 햇수로 5년간의 공사 끝에 이루어졌다고 보는 것이다. 이 점은 고종 22년 최우가 강화도의 연안에 제방을 쌓은 것[48]과도 관련이 있는 것으로 보여, 개연성을 높여주고 있다. 중성은 최항 집권기인 고종 37년(1250)에 이루어진 것으로 기록되어 있고, 내성 축조에 대해서는 기록이 없지만, 천도 직후인 고종 19년(1232)부터

---

47) 『고려사』82, 병지 城堡條에는 고종 20년, 『고려사』23, 고종세가에서는 24년에 각각 '築江華外城'한 것으로 되어, 축성연대가 일치되지 않는다.

48) "崔瑀與宰樞 議徵州縣一品軍 加築江華沿江堤岸."(『고려사절요』고종 22년 12월.)

시작되어 이듬해 일단 완성한 것으로 생각된다. 이렇게 보면 강도정부는 천도와 함께 내성을 쌓고, 곧이어 외성을 축성하였으며, 그로부터 13년이 경과한 최항시대에 다시 중성을 쌓아, 강도의 방어 설비를 보강하였던 것임을 알 수 있다.

강도의 성곽이 내·외·중의 3성으로 이루어졌다는 것은 이견이 없지만, 그러나 실제 이들 성의 구체적 범위와 유적이 명확하게 확인되어 있는 것은 아니다. 현재 강화읍에는 북산(송악산), 견자산, 남산 등을 이은 조선시대의 이른바 '강화산성'이 중심 성곽으로 남겨져 있다. 이 산성은 대부분 석축으로 되어 있고 양란 이후인 조선 숙종조에 강화도호부의 '부성(府城)'으로서 대대적으로 개축되었는데,[49] 1985년의 강화산성에 대한 실측조사 결과에 의하면 이 성은 7,122m의 길이로 계측되었다.[50] 강화산성은 조선시대 석축에 의한 대대적 개축이 있었지만 이것이 고려시대의 강도 성곽시설을 개축하였을 것으로 여겨지고 있다. 성곽의 구축이 지형적 특성을 이용할 수밖에 없고, 이 경우 궁궐이 소재한 강화읍내 강화산성의 범위는 고려시대 강도의 경우 역시 무시될 수 없었을 것이기 때문이다. 한편 토축으로 쌓은 성곽의 현저한 잔적이 강화읍에서 약 5km 남쪽 선원면의 선행리, 창리, 신정리 일대에 남아 있으며 정남 방향에는 '대문고개'라는 지명까지 남아 있다. 이것 역시 고려시대 강도 도성의 하나였으리라는 점을 의심하기 어렵다.

이에 대하여 김상기 선생은 선원면 대문고개의 토성을 고려 외성으로 보고, 읍내의 강화산성이 중성에 해당하는 것으로 파악하였고, 이에 대하여 이병도 선생은 읍내를 두르고 있는 강화산성을 고려 강도의 내성, 그리고 선원면 '대문고개'의 토성을 중성으로 보았다. 즉 김상기 선생이 강도의 중성, 외성이라 보는 것을, 이병도 선생은 이를 내성과 중성으로 보고,

49) 박광성, 「병자란 후의 강화도 방비구축」『기전문화연구』 3, 1973, pp.36~40.
50) 강화군, 『강화산성현황조사보고서』, 1985.

외성을 그 밖에서 구함으로써 강도 성곽의 범위를 보다 광역으로 상정하였다. 그런가 하면 조선시대의 일부 기록에는 외성의 범위가 강화도의 일부가 아닌 전체 해안을 빙 둘러쌓은 것이라고 되어 있기도 하다.[51)]

이상의 주장에는 현존하는 강화 성곽의 상황 및 조선시대의 각종 기록에 의하여 나름대로 일정한 근거들을 가지고 있으면서도 각각 미심스러운 점을 포함하고 있다. 가령, 『신증동국여지승람』에서는 강화 내성의 둘레(길이)가 3,874척이라고 하고 있는데, 만일 1척을 32cm로 잡을 경우 그 길이는 1.2km밖에 되지 않는다.[52)] 현재 강화산성의 실측 길이가 7.1km임에 비추어 볼 때, 이를 고려 내성에 해당하는 것으로 비정하는 이병도 선생의 견해는 잘 부합하지 않는 듯이 보인다. 그런가 하면, 『고려사』의 강도 중성에 대한 기록, "둘레가 2,960여 칸, 크고 작은 문이 17개"라는 설명에 비추어 볼 때, 이를 현재의 강화산성에 비정하는 김상기 선생의 견해도 역시 의문스럽다. 조사 결과에 의하면 강화산성에는 4대문, 4개의 암문, 2개의 수문이 있었던 것으로 되어 있는데, 이것이 물론 조선조 개축의 결과라 하나, '대소문 (大小門) 17개'와는 아무래도 맞아떨어지지 않아 보이기 때문이다.

2) 강도의 내성은 궁성의 성격이었다

---

51) 강도 3성에 대하여, 필자는 일찍이 이 문제를 검토하면서 이병도 선생의 주장에 동의한 바 있지만, 그러나 이 같은 동의에 대한 근거를 구체적으로 제시하지는 못하였다. 윤용혁, 앞의 「고려의 대몽항쟁과 강도」, pp.794~796.

52) 각종 지리지나 읍지류에 언급되어 있는 성곽의 계측치는, 산술적 계산으로 신빙하기는 어렵다. 계측치 자체의 신빙성 문제도 있고, 이의 환산도 예상하는 '원칙'과 실제가 다르기 때문이다. 가령 세종대 營造尺의 1척은 31.2cm였다고 한다.(박흥수, 「이조 척도표준에 관한 고찰」, 『素岩 李東植先生 화갑기념논문집』, 1981, pp.287~288) 예산 임존성의 경우, 『신증동국여지승람』에 5,194척이라 하였는데, 여기에 1척 31.2cm의 기준을 적용하면, 1,621m라는 계산이다. 그러나 이의 실제 계측 결과는 2,450m였다. 이 같은 현격한 차이가 있기는 하지만, 이 수치를 성곽 길이의 장단을 가늠하는 대략적인 자료로서는 참고할 수 있다고 생각된다.

　『고려사』에는 강도 내성 축조에 대한 기록은 없고, 다만 고종 46년(1259) 6월, 몽골 사신의 지휘하에 강도의 내성과 외성을 파괴하는 것만 나와 있다. 그러나 내성의 축조가 천도 직후, 궁궐, 관아 등과 동시에 1차적인 사업이었으리라는 것은 의심하기 어렵다. 우선 강도시대 가장 먼저 축성된 내성에 대한 초기자료를 검토하고자 한다.

　　옛궁성 : 송악리에 있는데 부의 동쪽 10리 지점이다. 고려 고종 때 쌓은 것이며, 내·외성 모두 토축이다. 외성은 둘레 37,076척, 내성은 둘레 3,874척 이다.(『신증동국여지승람』 12, 강화도호부 고적조)

　여기에는 둘레 3,874척의 내성과, 대략 그 10배 길이에 해당하는 37,076척의 외성에 대하여 언급되어 있다. 이를 현재 길이로 정확히 환산할 수는 없지만, 1척을 만일 32cm로 계산한다면, '내성'은 1.2km, '외성'의 길이는 11.9km가 된다.

　한편 내성의 규모와 관련하여 『강화부지』에서는 조선 후기 새로 축조한, 읍내의 '강화부성'(강화산성)의 둘레가 15리 343보인 데 비하여, 구성(舊城)의 크기가 1,658보였음을 암시하고 있다. 1,658보를 360보 1리로 환산할 경우, 4리 218보이며, 이를 읍내에 현존하는 강화부성(산성)과 비교할 경우, 구성은 새 성의 3분의 1 크기였다는 계산이다. 이 때문에 새 성은 옛 성의 성터와 범위를 '척벽(拓闢)'하였다고 묘사되고 있다. 강화읍에 현존하는 산성이 7.1km 길이임에 비추어 볼 때, 구성(舊城)은 대략 2.4km라는 계산이 나온다. 여기에서 말하는 '구성(舊城)'이 바로 고려조의 내성에 근거한 것으로 추정되거니와, 이렇게 보면, 고려시대 강도의 내성은 최소 1.2km~최대 2.4km, 대략 2km 이내의 둘레였다고 생각된다. 그리고 이 내성은 틀림없이 궁궐을 중심으로 한 축성이었을 것이다.

　강도의 내성이 현존하는 강화산성(부성)과 위치상의 근접성에도 불구하

고, 그 범위에 있어서 차이가 있었음은 조선 숙종조 강화부성의 축조에
대한 기록에서도 확인된다.

강화부성(산성)은 숙종 3년(1677)에 '개축'되기 시작하였는데, 이 강화산
성의 개축과 관련하여 많은 논란이 있었던 것은 이 성의 환축(環築) 범위
문제였다. 특히 남산을 축성의 범위에 넣을 것인지 여부가 중요한 문제의
초점이었다. 특히 남산을 그 범위에 넣을 경우 "동서 두 수문의 공사가
극히 호대(浩大)하다"53)고 난색을 표하는 것으로 보아, '구성'의 경우, 읍내를
관류(貫流)하는 동낙천(東洛川)을 포함하지 않은 범위였음을 암시받는다.
17세기에 이르면, 고려 당시의 내, 외성은 이미 형적을 잃고 부분적인 흔적만
을 남기고 있는 상태였던 듯하다.54) 그럼에도 불구하고 강화산성의 개축시
그 일부는 구성의 옛터를 활용하였다. 특히 강화산성에 연결된 "동남쪽
2리 정도는 구성(舊城)이 아직 남아 있다"55)고 하여, 견자산 부근의 옛
토성이 개축시에 그대로 활용되었음이 암시되어 있다.56) 고려의 내성이
이같이 정리될 때, 사적 '고려 왕궁지'에 오르는 입구 쪽의 김상용(金尙容)의
비각(순절지)이 있는 지점을 '구남문허(舊南門墟)'라 한 것도 명확히 이해된
다.57)

이상의 자료들에 의하여, 고려시대 강도 내성은 일부 강화산성과 겹치기
는 하지만, 남쪽 부분은 전혀 신축된 것이며, 성의 규모도 대략 2km 이내의
작은 규모였음에 주목하게 된다. 이 정도의 크기라면, 강도의 '내성'은

---

53) 『숙종실록』 35년 8월 무오.
54) "高麗時則 府中旣有內城 環島又有長城 今則內外俱無城."(『숙종실록』 7년 5월 계유.)
55) 『숙종실록』 36년 6월 계해.
56) 조선 숙종조 부성 개축에 관한 내용은 박광성, 「병자란 후의 강화도 방비구축」
    『기전문화연구』 3, 1973 참고.
57) 김상용 순절비에 '此爲江華府南門'이라 한 것에 근거하고 있는데(『강화부지』 고적
    조), 적어도 강화부성(강화산성) 개축 이전의 시기까지는 남문이 이곳에 세워져
    있었음을 짐작할 수 있다. 이는 개축 이전 고려의 내성의 잔적이 그대로 이어진
    것으로 보아도 좋을 것이다.

'도성'으로서의 의미보다는 '궁성'을 중심으로 한 협소한 범위였다고 보아야 한다. 앞에 언급한 바, 개경의 궁성이 2.2km 크기였음이 여기에서 참고된다. 외성, 중성과는 달리 강도 내성의 구축에 대하여『고려사』에 기록이 남겨지지 않은 것도 내성이 갖는 궁성적 성격 때문이었을 것이다. 즉 이 내성은 고종 19년 천도와 동시에 궁궐의 조영 작업시 일련의 작업으로 동시에 이루어졌기 때문인 것이다. 다만, 이 내성은 개성의 발어참성의 경우와 같이, 천도 이전의 강화성을 활용하였을 가능성도 없지 않다고 생각되지만, 이를 확인할 자료는 물론 없다.

　1932년에 간행된『속수증보 강도지』에서는 왕궁의 궁문에 대하여 몇 가지를 열거하고 있다. 그중에는 고려 왕궁의 궁문으로 '승평문(昇平門)' '광화문(廣化門)' '장녕문(長寧門)' 등의 이름과 그 특징, 위치 등에 대하여 열거하고 있다. 가령 승평문의 경우는, 왕궁의 정남문이며, 왕의 출입시에 조신은 승평문 밖에서 말을 타고 내리며, 2층의 누각이며, 국왕의 출입시만 이 문을 열고 외국의 사신도 모두 편문(便門)을 이용한다고 설명하였다.[58] 여기에서 말하는 '왕궁의 궁문'이 '내성'에 관련하는 것임은 물론이다. 고종 21년의 기록에 강도에서 승평문에 민원성(民怨性)의 글이 붙여졌던 일이 있는 것으로 보아 승평문의 존재는 분명한데,[59] 승평문은 개경에 있어서 궁성의 정남문이었기에 강도에서도 동일하게 왕궁의 정남문을 승평문이라 하였음을 짐작할 수 있다. 그러나 개경에 있어서 이 시기 왕궁의 동문은 동화문(東華門), 서문은 서화문(西華門)이었고, 광화문(廣化門)은 궁성 밖 황성의 동문이었다. 광화문, 장녕문의 근거가 어디에서였는지는 잘 알 수 없으나, 강도의 왕궁이 '승평문'의 경우에 비추어 개경의 그것에 준하였다고 본다면, 궁성문으로서 광화문, 장녕문의 설명을 그대로 신빙하기는 어렵다고 생각한다.

---

58)『속수증보 강도지』상, pp.186~187.
59)『고려사』129, 최이전.

『고려사』 등의 사서에 강도의 내성 축성에 대한 기록은 없다. 그 이유는 이것이 궁궐과 동시에 조영된 궁성의 성격을 가진 때문이었을 것이며, 따라서 궁성과 궁궐은 외성이 착공되는 고종 20년(1233) 경에 완성되었다고 생각된다. 그리고 이 2km 미만의 궁성이 바로 고려궁궐의 구역이었다고 볼 때, 강화도의 '고려궁지'의 범위도 지금보다 훨씬 넓은 관점에서 유의될 필요가 있다고 본다.

3) 강도의 외성은 해안 방어성의 성격이었다

다음으로 강도의 외성에 대한 문제이다. 외성의 축조에 대해서 『고려사』 에는 다음과 같이 간략히 언급되어 있다.

> 강화의 외성을 쌓았다.(『고려사』 82, 병지 2, 성보, 고종 20년)
> 이 해에 강화의 외성을 쌓았다.(『고려사』 24, 고종세가 24년)

이상의 축조 시기가 고종 20년과 24년으로 각각 엇갈려 있지만, 전자를 시축(始築) 시기, 후자를 완공 시기로 보는 경향이 많았지만, 이보다는 오히려 지속적인 외성 증축의 기록으로 해석하는 쪽이 적합할 것 같다. 그런데 이 외성은 강화의 해안에 작업이 집중되어 있었다. 이규보의 시는 단편적이지만, 이같이 해안을 둘러싸는 외성 축조의 사실을 다음과 같이 전하고 있다.

> 저번에 공(公)이 와서 이르기를, 해변에 새로 성을 쌓았는데 그 장관(壯觀)이 구경할 만하다.(『동국이상국후집』 2, 「次韻李平章後吳前詩見寄」)

고종 19년 천도 직후인 20년(1233)에 외성의 축성이 있었던 것을 보면,

외성 축조가 매우 일찍 개시되었음을 알 수 있다. 이는 외성의 축조가
강도의 방어에 있어서 전략적으로 매우 주요한 것이었음을 암시하는데,
실제 조선시대의 경우 외성의 중요성이 갖는 의미가 기록에 의하여 확인되고
있다.

　강화 해안, 특히 육지와 맞보고 있는 동안(東岸)의 외성은 양란을 거치고
난 조선 숙종조 이후 대대적으로 신, 개축되었다. 당시 정부는 강화 부성(府城,
강화산성)과 외성 축조를 두고 작업의 우선순위에 고심한 결과 외성 선축(先
築)의 방침을 확정하고, 숙종 17년(1691)부터 작업을 시작, 이듬해 18년
5월 '40리'에 걸치는 성역(城役)을 일단 완공하였다.[60] 이 '강화 외성 40리'의
범위에 대해서는 『강화부지』에서 "옥포로부터 초지에 이르기까지 바다를
연(沿)하여 쌓았는데, 무릇 43리 290보였다"[61]고 하여, 강화 동안을 남북으로
구축한 것이었다고 한다. 강도 외성에 대한 문제에 있어서 1차적인 것은
외성의 환축(環築) 범위이다. 이병도 선생은 외성의 범위를 "금(今) 불은면
삼성리, 서문동, 삼동암리, 신현리 덕성리 급(及) 동안(東岸) 일대를 위요(圍
繞)한 토루인 듯하다"[62]고 하여, 강화 동안의 외성이 불은면 일대를 거쳐
산 능선을 따라 북으로 연결되는 것으로 보았다. 정태헌은 현지 조사에서
이 일대의 토성 잔적을 재확인하고 이 성터가 혈구산－삼성국교－벌말－신
도현－학골산－귀둥글－아침가리－오두리로 연결되어 강화 동안에 이르
는 것으로 파악하면서 강도 외성의 잔적일 것이라는 의견에 대체로 공감을
표시한 바 있다.[63] 이 지역에 남은 성터가 동쪽 해안과 연결된다는 점
때문에 이를 외성으로 보는 견해를 쉽게 부인하기는 어려운 듯하지만,

60) 박광성, 「병자란 후의 강화도 방비구축」『기전문화연구』3, 1973, pp.31~32.
61) 『강화부지』성곽조.
62) 이병도, 앞의 『고려시대사 연구』, p.277.
63) 정태헌, 「청해진과 타군현과의 비교적 고찰」『장보고 신연구』, 완도문화원, 2000,
　　　pp.207~209.

이것이 과연 고려시대 강도 외성이었는지는 보다 면밀한 검토를 요하는 문제이다. 외성의 남쪽 범위로 간주된 성터기 잔존하는 삼성리 삼동암리 일대는 고대에 있어서 혈구진의 치소였고 따라서 혈구진 시대에 조성된 성터가 잔존할 가능성도 배제할 수 없기 때문이다.

穴口郡墟 : 在今佛恩面 習陣坪하니 古城 周遭가 依俙猶存이오 東門안, 西門밖, 營廳洞 諸墟名이 尙傳하니라.[64]

혈구군의 치소는 현재는 섬의 중앙부로서 해안에서 떨어져 있지만, 옛날에는 바로 인근까지 바닷물이 들어오고 선편의 이용이 가능하였던 곳이라 한다. 이처럼 바닷물이 깊숙이 만입(灣入)되는 지형적 특성 때문에 여기에서 '해구(海口)' '열구(冽口)' 등의 지명이 나왔다는 것이다.

舊郡(혈구진을 말함)東 平原中은 古稱石城(今 三成里 돌성)이라. 舊時에 海水가 自大靑浦로 直通于石城前하니 漕運旣便이오 城礎石材 至今堆疊하고 墻垣遺址 散在野中하니 當時 建治를 可知요 而地在海水, 冽水交口하니 '海口' '冽口' 지명이 亦이 此라.[65]

현지에 대한 정밀한 조사가 아직 이루어지지 못한 점 때문에 본고에서는 이병도, 정태헌 등의 외성설(外城說)을 부인할 충분한 근거를 가지고 있지 못하다. 그러나 필자는 이 지역의 역사성에 비추어 현지의 성터가 고려 이전일 가능성 혹은 왜구 등과 관련한 고려 말 이후의 축성 가능성 등을 배제할 수 없다고 생각한다. 이 점에 있어서 현지에 대한 정밀한 조사가 매우 중요한 관건이 된다고 할 수 있다.

---

64) 『속수증보 강도지』, 1932, p.175.
65) 위와 같음.

한편 조선시대 18, 19세기의 기록에는 강도의 외성이 강화섬을 빙 둘러쌓은 성이었던 것처럼 되어 있다.『속수증보 강도지』에 의하면, "바다를 따라 빙 둘러쌓았다(沿海環築)"고 하고 아울러 "지금 그 터가 혹은 남아 있기도 하고, 없어지기도 하였다"고 하였다. 이들 기록은 외성의 범위가 사실상 강화 해안을 빙 둘러쌓은 것이 아닌가 하는 생각을 가지고 기록한 것 같다. 그러나 당시는 이미 성곽의 잔적이 많이 없어진 상태이고 부분적으로만 성곽을 확인할 수 있는 상태였다. 따라서 외성의 정확한 범위는 잘 파악되고 있지 않았던 것이다. 그러나 이 외성이 고려시대에 강화도 전체를 빙 둘러쌓았으리라고 보기는 어렵다.

강도 외성 축조에 있어서 가장 큰 난관은 해안선에서의 성의 구축 문제였을 것이다. 강화 해안, 특히 동쪽 해안은 지금은 많이 직선화되어 있지만, 고려 당시에는 심한 만입부(灣入部)로 해안이 이루어져 있었기 때문이다. 여기에 성을 쌓기 위해서는 먼저 해안선의 만입부를 막는 제방을 구축하는 작업이 먼저 이루어지지 않으면 안 되었다. 따라서 외성의 축조는 동안(東岸)에 있어서 제방 축조작업과 불가불 병행되지 않을 수 없었을 것이다. 동시에 제방의 축조는 방어상의 필요 이외에 새로운 농토의 산출을 가져오는 이중적 필요가 전제되었다. 다음 자료는 강도시대 연안지역에 대한 제방의 수축이 꾸준히 추진되었음을 보여준다.

제도(諸道)가 병화를 입어 조잔(凋殘)하여 조부(租賦)가 크게 감소하였으므로 주현의 기인(其人)으로 하여금 놀고 있는 땅을 경작하여 수조(收租), 경비를 보충토록 하라. 또 문무 3품 이하 권무(權務) 이상으로 하여금 차등 있게 정부(丁夫)를 내어 제포(梯浦)·와포(瓦浦)의 제방을 수축하여 좌둔전으로 삼고, 이포(狸浦)·초포(草浦)의 제방을 수축하여 우둔전으로 삼으라.66)

66)『고려사』79, 식화지 2, 농상조.

이 같은 연안 제방 수축은 강도의 지형적 특성에 때문에 경제적 군사적 측면에서 공히 중요한 작업이 되었던 것인데, 성곽의 축조라는 점에서는 이 같은 지형이 난관이 되지 않을 수 없었을 것이다. 고종 43년(1256)에 제방 축조의 작업 지시가 떨어진 제포(梯浦)·와포(瓦浦)와 이포(狸浦)·초포(草浦)의 지역은 '승천포(昇天浦)·송정포(松亭浦)'와 '굴이포(屈伊浦)·초지(草芝)' 부근 일대라고 한다.[67] 승천포와 송정포는 강화 북안, 개경으로 출입하는 관문으로 송해면 당산리, 숭뢰리에 소재하고,[68] 굴이포(구리포)는 불은면 신현리 솔정곡 남쪽 포구이다.[69] 고종 43년에 이 지역에 대한 제방 축조 지시가 내리고 있음은 그 이전 강화의 동안(東岸) 승천포(송정포)−굴이포(초지) 사이의 구간의 외성 축조 작업이 대략 마무리되었음을 암시한다. 즉 고종년간 강도 외성의 해안부 축조는 대략 북쪽의 송해면 숭뢰리(혹은 대산리)로부터 남쪽의 불은면 덕성리(광성)에 이르는 사이의 구간이었음을 짐작하게 되는 것이다. 이것은 병자란 후 숙종 18년에 강화에 대한 방어 시설 보강 1차 우선 실시 지역이었던 이른바 '강화 외성 40리'의 구간과 약간의 차이만 있다.

필자는 강도의 외성이 본토와 근접한 강화의 동쪽 연안의 방어를 목표로 한 것이었으며, 동시에 섬을 환축한 것이 아니고(전체든 부분이든) 연안의 일정 구간만을 축성하였던 것이 아닐까 생각한다. 이형상의 『강도지』(1696)에 강도시대 고려의 외성에 대하여 "포변(浦邊)의 긴 둑인데, 사람들이 만리장성이라 불렀다"[70]고 한 것도 이를 가리키고 있다고 생각된다. '만리장성' 혹은 '만리성'은, 둥글게 쌓은 환축의 성이 아니라, 관액(關厄)과 같은

---

67) 『속수증보 강도지』 상, p.87.
68) 『한국지명총람』 경기편(상), p.122에 의하면, 숭뢰리의 우뢰 남쪽 골짜기에 송정마을과 송정포(송정개)가 있다.
69) 위의 책, p.105.
70) 이형상, 『강도지』 고적조.

긴 장성(長城)을 표현한 것으로 생각되기 때문이다.[71]

　요컨대, 강도 외성은 강화섬 전체를 둘러싼 것은 아니었고, 대체로 송해면에서 불은면에 이르는 해안 축성에 초점이 있었던 것임을 알 수 있다. 물론 이 외성만으로는 해안의 방어에 충분하지 않았을 것이고 이 때문에 이와 직접 연결이 되지 않은 필요지점에도 개별적 방어시설을 지역에 따라 구축하였을 것이다. 또한 교통상의 편의 문제 때문에 강도시대 당시에는 동안(東岸)의 전 외성 구간이 단절 없이 연결되었다고 단정하기도 어렵다. 강도의 해안을 중심으로 외성의 축조 범위가 점차 확대되었을 것이고, 『고려사』의 기록에 그 축조시기에 대해 고종 20년과 동 24년의 두 가지로 엇갈려 있는 것도 이 같은 외성 구축의 특성 때문이었을 것으로 생각한다. 강도에 중성이 필요하였던 이유도 내·외성이 갖는 한계점 때문이었을 것이다.

　강화 해안을 따라 쌓은 외성은 지반의 취약성, 조수(潮水)와 맞닿는 등 지형상의 특성 때문에, 쉽게 붕괴하여 방어성으로서의 기능이 상실되었다. 이 때문에 조선 숙종조 축조 이후, 곧이어 개축에 대한 논의가 연이어졌고, 성벽의 견고성 유지를 위하여 석성 개축, 번벽(燔甓) 개축 등 제반 기술적 방법을 동원하고 있다.[72] 그러나 해안의 외성은 쉽게 붕괴되고, 붕괴될 경우 도리어 적의 접근이나 상륙을 용이하게 하는 부작용이 있었다고 한다.[73] 이 같은 사실을 염두에 둘 때, 몽골군의 강도 접근 차단을 주된

---

71) 연안 방어성으로서의 외성에 대하여 논의할 때, 북쪽의 연안에 대한 방어 기능이 취약한 것이 아닌가하는 느낌을 갖게 된다. 그러나 李詹의 기문에서 보면, 북쪽은 육지와의 거리가 멀고 한강·임진강 물이 함께 빠져나가 물길이 순조롭지 않았던 것 같다. 때문에 조선시대에는 갑곶진이 주된 관문 통로로 활용되었다고 한다.(『신증동국여지승람』 12, 강화도호부, 누정.)

72) 박광성, 「병자란 후의 강화도 방비구축」『기전문화연구』 3, 1973, pp.33~36 참조.

73) 성을 쌓을 때 토석을 채워 기초공사를 하였기 때문에, 성곽이 무너졌을 경우는 결과적으로 해안선이 굳어져 인마가 통할 수 있게 되거나 선박의 접안이 용이하게 되는 결과를 낳았다는 것이다. 李重煥, 『택리지』「경기」 참조.

목적으로 하는 강도 외성은, 강도시대에 축성 이래 여러 차례 보축되었을 것이며, 개경 환도 이후로는 곧바로 퇴폐하여져 미구에 그 흔석을 찾기가 쉽지 않게 되었던 것 같다.

4) 강도의 중성은 도성의 성격이었다

강도의 내·외성을 확정하면, 비교적 고려의 원래 성적(城跡)이 잘 나타나 있는 대문현 중심의 토성이 최항시대 고종 37년(1250)의 '강도 중성'이었다는 사실을 분명히 할 수 있게 된다. 강도의 내성이 부성(府城, 산성)으로의 개축에 의하여 그 원형을 잃고, 외성 역시 조선시대 개축 작업과 후대의 퇴폐로 원형이 거의 남아 있지 않은 반면에, 일부이지만 중성은 가장 원형을 많이 남기고 있다. 이는 내성과 외성이 후대의 개축 필요가 높았던 반면, 중성의 경우는 고려시대 '강도'의 역사성에서 비롯된 것이어서, 이후 이의 개축의 필요가 상실되었기 때문이다. 강도 중성에 대해서는 『고려사』에서, "고종 37년 강도의 중성을 시축(始築)하였는데 둘레가 2,960여 칸이고 대, 소문이 17개였다"고 기재되어 있다.[74]

한편 '중성'으로 지정된 대문현의 토성에 대하여, 그 범위는 다음과 같이 나타나 있다.

옥림리 성문현에서 시작하여 봉악(鳳岳) 동북으로 가고 송악(松岳)을 지나 용장현(龍藏峴)을 거쳐 연화동(蓮花洞)에 이른다. 남산을 지나 선행리 (仙杏里)에 이르고 다시 평원을 거쳐 냉정현(冷井峴)으로부터 대문현에 이르고 산능선을 거쳐 도문현(都門峴)과 현당산(玄堂山)을 지나고 창성(倉城)에 이른다.[75]

---

74) 『고려사』 82, 병지 2, 성보조.
75) 『속수증보 강도지』.

고 한 것이 그것이다. 이에 의하면 조선조 후기까지는 이 성의 잔적은 거의 그대로 확인될 수 있었던 것 같다. 그 일부는 지금도 잔적이 그대로 남아 있지만, 이 기록에 의하여 성의 대략적 범위는 거의 파악될 수 있다. 18세기의 『여지도서』에서 강도의 성곽에 대하여

> 아직도 체성(體城)과 주조(周遭) 및 성문의 터가 남아 있다. 장령(長嶺)의 성문현(城門峴), 선원(仙源)의 대문현(大門峴), 인정(仁政)의 서문동(西門洞)은 옛 이름을 고치지 않고 지금까지 부르고 있는 것이다.[76]

라고 한 것도 바로 중성에 대한 언급이었다고 생각된다.

한편 앞서 인용한 『고려사』의 기록에는 중성에 대소 17개의 성문이 설치되었다고 말하고 있다. 고려의 내성은 궁성적인 성격이고, 외성은 해안 방어를 위한 것이어서, 강도에는 도시를 둘러싼 도성적 성격의 성이 필요하였는데 이것이 중성이었을 것이다. 중성에 많은 성문이 시설된 것도 이것이 성의 크기 때문이기도 하겠지만 동시에 도성적 성격에 연유하는 것으로 생각된다. 그런데 1232년에 간행된 『속수증보 강도지』에서는 부분적이지만 중성의 성문 이름과 그 위치가 열거되어 있다.[77]

강도시대 고려 중성에는 대소 17개의 성문이 있었다 하는데, 여기에서는 도합 8개의 문을 제시하고 있다. 그러나 이것은 『고려도경』에 나오는 개경의

---

76) 『여지도서』「강도부지」고적조.
77) 『속수증보 강도지』상, pp.181~182의 내용을 알기 쉽게 정리하면 다음과 같다.

『속수증보 강도지』의 중성문 비정

문 이름	다른 이름	방향	위 치	관련 내용
宣仁門	崇仁門(後改), 安定門	正東	堂後峴(갑곶진 의 大路)	-지금도 성문터로 전함
長覇門	玄重門	東南	都門峴(舊 神智 洞)	
泰安門	宣華門(舊名), 會賓門	正南	大門峴	

나성 성문과 거의 일치하고 있다.[78] 다만 이들 중 정서(正西)의 선의문과 시예문(獅猊門, 개경)이 강도에서는 서북으로, 동북의 선기문(개경)이 강도에서는 정서문으로 되어 있는 차이 정도이다. 그중 '선기문'의 구전이라는 '승거문(선거문)'의 지명은 실제 서문 쪽에 아직 남아 있고, 이들 문 중 여러 곳이 당시 그 유지(遺址)가 해당 지점에 잔존하고 있었던 것으로 보고하였다. 이러한 점에서 이 자료는 실제 중성의 성문에 관한 것이었는지 의문되는 바가 있지만, 성터의 흔적 등 부분적으로는 참고 되는 바가 없지 않다.

光德門		西南	忠烈祠 뒤 甑山 통행로	-舊址 尙存
宣祺門		正西	蓮花洞 입구('승거문' '선거문')	-王城에서 古邑으로 통하는 문 -遺礎 尙在
宣義門		西北		-중성의 여러 문 중에서 가장 크고 화려 -정문이 2중이고, 위에는 樓觀이 있고, 합하여 甕城이 됨 -남북 양쪽에 따로 문을 열어 마주보니 그 북쪽문 이름은 '獅猊門' -가운데 문은 평상시 열지 않고 왕이나 사자 출입시에만 사용하고, 나머지 사람들은 모두 偏門을 이용
北昌門		正北	旺林峴(태묘동)	-이 문 밖에 태묘가 있어 使者의 출입이 있기 때문에 극히 嚴飭을 더함
彰熙門	紫門	北東	紫門峴(옥림리)	

78) 『고려도경』 3, 城邑 國城. 개경의 성문에 대해서는 박용운, 『고려시대 개경연구』, 일지사, 1996, pp.14~25 참조.

5. 관아와 저택, 그리고 민거

1) 최씨의 저택(진양부)은 궁궐을 방불하였다

개경에 있어서 관아는 대개 궁성의 밖, 동쪽에 주로 위치하고 있다. 아마 강도의 경우도 궁성 밖에 위치한 것으로 생각된다.

> 강도 견자산의 북쪽마을 민가 8백여 호가 불타 노약자로 타죽은 사람이 80여 명이었고, 연경궁과 법왕사, 어장고, 태상부, 수양도감이 연소되었다.[79]

라고 한 기록에서 이 점을 유추할 수 있다. 즉 강도시대에는 본대궐 이외에 별궁이 다수 조영되어 있었던 것이다. 여기에는 연경궁과 함께 법왕사를 비롯한 어장고, 태상부, 수양도감 등의 관아가 인근에 위치하여 있었음을 알 수 있다. 즉 견자산 주변에는 연경궁을 비롯하여 사원, 각종 관아가 위치하고 있었고 민가들도 그 주위에 형성되었음을 짐작할 수 있는 것이다. 이들 기관은 정부의 주변기관들이고, 따라서 주요 관아들은 아마 이보다 다소 서쪽, 궁궐에서 더 근접한 곳에 위치하였을 것이다. 연경궁 등과 함께 열거된 법왕사의 위치에 대해서는 강화읍 옥림리의 '신왕(新旺)'마을이라고 한다.[80] 이곳은 견자산의 북쪽 기슭에 해당하는 것이어서, 『고려사』에서 말하는 '견자산의 북리(北里)'라는 것과 일치된다. 연경궁과 관아들의 위치도 이와 인접한 지점이었던 것이다.

천도와 함께 귀족들의 저택도 대대적으로 신축되었다. 그중 권력자 최씨의 저택은 고종 21년 10월조에 공사에 대한 기록이 보이고 있다.

---

79) 『고려사』 53, 오행지 1, 고종 32년 3월.
80) "법왕사터 : 신왕 앞, 강화여자종합고등학교 자리에 있던 法王寺의 터. 1920년 금불상이 발견됨."(한글학회, 『한국지명총람』 경기편(상), p.73.)

최우가 자기 집을 짓는데 도방과 4령군을 시켜 개경으로부터 재목을 실어왔다. 또 소나무, 잣나무를 많이 가져다 뜰 안에 심었는데 모두 배로 실어왔으므로 사람들이 익사한 경우가 많았다. 그 정원의 숲(園林)은 수십 리에 뻗쳤다.

이것은 궁궐이 대략 마무리되는 시점에서 시공되었을 것이다. 이 공사에는 최씨가 거느리고 있는 도방의 군사와 4령(4,000인)의 군사가 동원되었다. 아마 6~7천의 군사가 동원되었다는 이야기인데, 이는 궁궐의 시영(始營)에 2령의 군사가 동원되었던 기록에 비할 때 3배에 해당하고 있어, 그만큼 대대적인 공사였음을 입증하는 것이다. 저택의 건물 규모는 잘 알 수 없지만 저택에 딸린 정원(뜰)은 '수십 리'라 하여 전체 규모가 궁궐에 방불하였음을 짐작하게 된다. 다만 공사 기간은 크게 2단계였던 것 같다. 고종 21년(1234) 이후의 저택 건물 조영과 동왕 30년 (1243) 경을 전후한 시기 대대적인 원림 조영은 다소 시간적 간격이 있었을 것 같다. 특히 원림(園林)의 조영은 긴 기간에 걸쳐 보완되었던 듯하다. 원림의 조영에 안양산에서 실어온 잣나무 식재 및 이로 인한 민원에 대한 기록이 고종 30년 12월에 실려 있기 때문이다. 『보한집』에는 최항의 저택의 화려함에 대하여 묘사하고 있는데, 이 최항의 저택은 아마 고종 21년 이후 최우에 의하여 조영된 대저택일 것이다.

공의 저택은 열두 누대(樓臺)에 주취(珠翠)가 즐비하고, 진기한 꽃과 이상한 풀들이 붉은 빛은 아름답고 푸른 빛은 밝아서 마치 표연히 요대(瑤臺)에 올라 옥청(玉淸)을 바라보는 것과 같아 귀와 눈으로 형용할 수 없다.[81]

저택에는 화려한 열두 누대가 있다고 하였고 또한 화려하게 가꾸어진

---

81) 최자, 『보한집』 중.

정원이 묘사되어 있는 것이다. 이 문제의 최씨 저택은 아마 견자산 부근이었던 것 같다.

> 최항이 옷 속에 갑옷을 입고 군사를 거느리고 장봉택(長峰宅)으로부터 말을 달려 견자산 진양부로 가는데 정문으로 들어가지 않고 동편의 작은 지게문으로 들어갔으니 대개 사람을 두려워한 까닭이었다.[82]

여기에서의 '견자산 진양부'가 바로 앞의 최우 저택이었을 것이며, 이는 '진양부'로서 최항에게 계승되었을 것이다. "항이 일찍이 견자산 집으로 옮겼다"[83]거나, 최항이 고종 44년(1257) 세상을 뜰 때 "견자산 동쪽 기슭 별제(別第)에서 죽었다"[84]는 것이 모두 최우가 조영하였던 저택일 것이다. '장봉택'은 아마 최항의 집 중의 하나였다고 보여지는데, 이 집의 위치는 강화읍의 동쪽이었을 것이다. 혹 강화읍 갑곶리의 '장동(長洞)마을'이 아닐까 한다. 이곳은 읍내쪽에서 낮은 구릉성의 산지가 동으로 길게 뻗어오는 지점으로, 이 같은 지형 때문에 '장령(長嶺)' '장현(長峴)' 등의 지명이 지금까지 전한다. 이로써 볼 때 최씨의 저택(진양부)은 궁궐과 다소 떨어진 견자산의 동쪽 기슭 일대에 궁궐을 방불하게 조영하였다고 볼 수 있다. 즉 송악산 기슭에 왕궁이 조영되고, 견자산의 동쪽 기슭 일대에는 진양부가 자리 잡았으며, 그 사이에 정부의 관아들이 들어서 있었으며 그 주변에는 귀족의 저택이나 민가가 형성되어 있었다고 할 수 있다. 즉 강도는 송악산하의 왕궁, 견자산하의 진양부를 두 중심축으로 하여, 조성되었던 것이다.[85]

82) 『고려사절요』 17, 고종 37년 2월.
83) 『고려사』 129, 「최이전」.
84) 황수영 편, 『한국금석유문』 「고려최항묘지」, p.126.
85) 견자산 북쪽으로 마을, 절, 관아 등이 있고, 동쪽 기슭에는 최씨의 저택 진양부가 자리잡는 등 견자산은 강도시기에 매우 중요한 위치에 있었다. 내성(궁성)의 축성은 이 견자산의 능선을 통과하였던 것으로 보이기 때문에, 그 북쪽 혹은 동쪽 기슭의 마을은 성 밖에 해당한다. 필자는 견자산의 북쪽으로부터 동쪽의 기슭 일대를

이 최씨의 저택, 진양부는 최씨정권이 몰락한 후 왕명에 의하여 철거되었다. 이는 '왕정복고'라는 명분에 입각한 상징적 조치였다고 하겠다.

2) 13세기 강도의 인구는 어느 정도였을까

강도시대 강도의 인구와 도시 형성의 범위는 어느 정도였을까. 중국측 기록에 의하면, 12세기 경 고려 인구는 남녀 210만 구(口)라 하였고,[86] 개경의 경우 고종 19년(1232) 당시 '경도호 지십만(京都戶至十萬)'[87]이라 한 기록이 있다. 개경의 '10만 호'는 '10만 구(명)'으로 해석하여 왔으나,[88] 근년에는 문자대로 '호'로 보아 호당 평균 5명을 계산, 성외(城外)를 포함하여 50만 인구였다고 말하고 있다.[89] 개경 인구의 일부는 개경에 잔류하거나 혹은 강화에 들어오지 않고 다른 지역으로 피하였을 것이지만, 강화에는 개경 이외에도 광주, 남경 등 여타지역으로부터도 일부 인구의 유입이 있었다. 여하튼 개경인구의 절반 미만의 인구만 강화에 옮겼다 하더라도 강도 인구는 대략 20만은 되었으리라는 계산이 나온다. 이규보의 시에는 초기 강도의 경관에 대하여

강산의 안팎에 1만 집(家)이 들어섰다.[90]

답사하면서, 실제 이 지역에서 많은 와편과 청자편 등이 산재함을 확인할 수 있었다. 강도 당시 많은 건물이 조영되었던 곳임을 시사하는 것이다.

86) 『宋史』 487, 고려전. 그러나 박용운 교수는 실제 고려 인구가 이보다 많은 250만 이상 300만 내외였을 것으로 추정하였다. 박용운, 『고려시대 개경연구』, p.150 참조.

87) 『고려사절요』 16, 고종 19년 6월.

88) 이병도, 진단학회 편, 『한국사(중세편)』, 을유문화사, 1961, p.563.

89) 박용운, 『고려시대 개경연구』, pp.159~167.

90) 『동국이상국집』 18, 「望海因追慶遷都」.

1천 집 여기저기 푸른 기와 즐비하고,
1만 부엌 아침저녁 푸른 연기 일어나네.91)

고 하였고, 최항의 시에서는

복숭아 꽃 향기 속에 몇 천(千)의 집들인가,
비단 휘장 봄기운은 10리에 빗겨 있네.92)

라고 하였다. 여기에서 강도의 경관에 대하여 '만가(萬家)' '만두(萬竇)' '기천 가(幾千 家)' 등으로 표현하고 있는 것을 보면 강도의 인구는 아무래도 10만 미만이었을 것 같다. 그러나 적어도 현재 강화읍의 인구와 비교하기 어려울 만큼 많은 인구였을 것이며, 따라서 당시의 도시는 오늘의 강화읍보다 훨씬 광역, 밀집된 형태로 조성되었을 것을 짐작해 볼 수 있다.

오늘의 강화읍보다 도시 범위가 훨씬 넓었다면, 그 범위는 구체적으로 어느 정도였을까. 지형과 기록들을 종합하여 볼 때 북쪽은 송악산의 북쪽 기슭에까지, 남쪽은 남산 기슭까지, 그리고 서쪽은 서문 밖 신문리, 국화리 등 서쪽 고려산 기슭까지 도시가 형성되어 있었을 것이다. 서쪽 고려산 쪽으로는 지금도 '서문' '승거문' 등의 지명이 남아 있는데 당시 도시 형성과 관련이 있을 것이다.

송악산과 견자산 사이, 동문터 밖도 강도시대에는 도시가 형성된 지역이었던 것 같다. 견자산 기슭도 그렇다. 견자산 기슭에는 지금도 계단식의 건물터 흔적을 볼 수 있는데, 이들은 아마 고려시대에 조성된 건물의 흔적일 것이다. 동쪽으로는 견자산 동쪽과 갑곶리 부근까지 도시가 길게 형성되어 있었던 것 같다. "견자산 동쪽 만수산(萬壽山) 일대에 이르기까지 단서옥계

---

91) 『동국이상국집』 7, 「次韻李侍郎見和二首」.
92) 『고려사』 129, 최항전.

(丹犀玉階)와 거실공해(巨室公廨)의 패와유초(敗瓦遺礎)가 농무간(隴畝間)에 산재해 있다"93)고 한 것은 바로 강화읍의 동쪽 갑곶리 부근까지 뻗쳐 있던 강도 도시 유적의 흔적을 말해주는 것이다. 이들 지역은 주택지 이외에도 현재 경작지나 야산 등으로 되어 있는 공간을 많이 포함하고 있기 때문에 정밀한 지표조사를 통하여 그 흔적들을 확인하여 볼 필요가 있다.

맺는말

강도의 최후는 1270년 무인정권의 붕괴와 그 운명을 함께 하였다. 원종의 고려정부가 개경으로 환도하고, 삼별초부대가 사람들을 휩쓸어 남으로 내려가자 강도는 이제 껍질만 남게 된 형국이었다. 곧이어 고려에 내도한 두련가(豆輦哥)의 몽골군은 40년 세월 대몽항쟁의 근거지가 되었던 강화도에 난입하여 이를 불태워버리고 말았다. 이때 미곡과 재화(財貨)의 태워진 것이 헤아릴 수 없었다고 한다.94) 40년 간 조영된 강도를 일거에 불태운 것은 고려정부로 하여금 다시는 강화섬으로 들어가지 못하도록, 못을 박아두는 일이었다.

강도시대는 막을 내렸지만, 13세기의 경험은 이후 북으로부터의 전란기마다 강화를 국왕 혹은 정부의 피란처로 인식하게 되었다. 충렬왕 16년(1290) 합단(哈丹)의 침입시 국왕이 강화도 선원사로 피하였던 것이나, 공민왕 11년(1362) 홍건적 침입시 역시 강화에의 피란을 기도하였던 것 등이 그 예이다. 또 원의 일본 정벌전 때에는 강화도를 후방 보급기지로 활용하였다. 중국 강남으로부터 10만 석의 미곡을 강화도에 옮겨 비축하였다는 것인데, 충렬왕대 만주지역에 기근이 심하게 되자 이 미곡 중 5만 석을 풀어 구휼하였

---

93) 『속수증보 강도지』 고적편.
94) 『고려사』 26, 원종 11년 8월 무인.

다는 것이다.[95] 이후에도 여기에는 전시 대비용 미곡이 비축되었던 듯,
공민왕대 왜구의 침입시에는 이들에 의하여 미곡 4만 석이 약탈되기도
하였다.[96]

13세기 39년의 위난의 시기에 강화도는 고려의 전시 도읍으로서 역할을
통하여 특별한 역사적 기능을 담당하였다. 전시 도읍으로서의 '강도'가
건설된 지역은 대체로 오늘날 강화읍에 해당하는 지역이다. 이 지역은
고려산, 북산(송악산), 남산(화산), 견자산(정자산) 등으로 둘러싸인 지점이
고, 강화섬의 동북쪽 지점에 해당한다. 오늘의 강화읍 지역이 고려의 강도였
던 사실에 대하여는 별다른 의문이 없지만, 그러나 바로 이 점을 확정할
수 있는 실증적 자료가 많지 않다는 점도 아울러 유의할 필요가 있다.
가령 고려궁터로 전해지는 사적지는 그렇게 '인식'되고 있는 것이지, 이를
확정할 근거가 충분히 확보되어 있지 않다. 이 때문에 구체적인 궁궐 건물의
터는 고사하고, 대체적인 왕궁 지역의 범위조차 가늠되어 있지 않다. 현재
남아 있는 강화산성의 경우도 17세기 이후 대대적으로 신, 개축한 것이어서,
고려시대 강도 성곽과의 관계가 명확히 밝혀져 있지 않다. 강도 성안에
즐비하게 있었을 관아, 절, 귀족층의 저택, 어느 것 하나 그 터가 확인된
것이 아직 없다. 고려의 강화도읍기는 따지고 보면 지금으로부터 불과
750년 전의 일이다. 그럼에도 불구하고 강화천도와 강도에 대한 논의는
몇 줄 문헌상의 자료에 의하여 진전 없는 이야기가 되풀이 되고 있는 것이다.
13세기의 강도를 보기 위하여 강화도를 찾는 이에게, '강도시대'의 역사적
사실을 확인시켜줄 별다른 자료를 가지고 있지 못한 것이 오늘의 솔직한
현실이다.

이 같은 문제는 강화도 유적의 철저한 파괴가 일차적 원인이라 할 수
있지만, 그에 못지않게 기본적인 학술적 조사가 소홀히 되고 이루어지지

---

95) 『고려사』 31, 충렬왕세가 20년 12월 경인.
96) 『고려사』 39, 공민왕세가 9년 윤5월 병진.

않은 책임이 적지 않다. 40년 중세 도읍지로서의 역사적 위치의 명확성에도 불구하고, 당시의 상황을 설명해 줄 수 있는 구체적 자료를 거의 확보하고 있지 못한 것이다. 이 때문에 13세기 고려 도읍 강화도에서는 실제로 13세기의 유적을 보기 어렵다는 것이 현실이다.

이제 마지막으로 본고에서 논의한 내용을 간략히 요약하면 다음과 같다.

첫째, 강화도는 하나의 행정권 세력권으로 이루어지지 않고, 4, 5개의 지역 세력권으로 형성되었던 지역이었다.

둘째, 강도시대의 고려궁궐은 송악산 남쪽 기슭, 현재 '고려궁지'로서 지정되어 있는 지역을 중심으로 확인되어야 할 것이다. 각종 문헌기록에 '부동(府東) 10리' 혹은 '견자산 밖 동남쪽 10리' 등으로 이와 다르게 되어 있으나, 이는 여말선초 강화 읍치의 위치에서 말미암은 후대의 혼선에서 말미암은 것이다. 다만 궁지의 범위는 현재보다 훨씬 넓은 범위에서 탐색해 가야 할 것으로 본다.

셋째, 강도시대의 내성은 궁궐과 함께 이루어진 것으로 궁성을 가지며, 둘레 2km 전후의 작은 규모, 현재 남아 있는 조선시대 강화부성과는 그 환축 범위에 상당한 차이가 있었다.

넷째, 외성은 주로 강도의 해안 방어에 초점이 있었던 것으로 본토와 가까운 동부해안 약 40리를 중심으로 축성한 것이며, 중성의 범위는 대문현을 중심으로 잔적이 남아있는 토성으로, 도성적 성격을 갖는다. 이들 유적에 대해서는 현지에 대한 보다 면밀한 조사를 통하여 구체적인 내용이 밝혀질 필요가 있다.

다섯째, 강도의 인구는 대략 10만 미만, 도시 형성 범위는 현재의 도심 지역 이외에, 송악산, 견자산 등을 포괄하는 광범한 것이었으며 동쪽으로는 갑곶진 가까운 장령(長嶺) 일대까지 주거가 이어졌다. 그중 가장 대표적인 것은 최씨의 저택 진양부였으며, 궁궐을 방불하는 이 저택은 견자산의 동쪽에 소재하였다.

　여섯째, 강도시대 고려유적은 근년에 이르러 학술적인 조사가 이루어지고
있다. 앞으로 이에 대한 정밀한 조사 작업을 지속하고　파악된 자료를
분석함으로써 13세기 고려 왕도로서의 강도를 복원하는 자료를 확보해가야
할 것이다. 새로운 자료의 확보와 동시에 사라져가는 유적의 보존과 복원의
문제도 당연히 고민해야 할 문제이다.[97]

고려의 조정 꿈만 같은데 새는 헛되이 지저귀누나	麗朝如夢鳥空啼
봄비에 풀빛만이 가지런한 洪陵(고종왕릉)이로세	春雨洪陵草色齊
북녘에는 구름 속에 송악산이 바라보이고	北望雲中松岳樹
한강 물은 서쪽으로 푸르기만 하네	猶自靑靑漢水西

(高在亨, 『華南集』)

(이 글은 『역사와 역사교육』 7, 웅진사학회, 2002에 실린 논문임)

---

97) 이 원고는 인천가톨릭대학교 겨레문화연구소 주최로 2000. 5. 20(토) 개최된 학술회
의(고려시대 강화도읍사의 재조명)에서 발표한 것이다. 이 학술회의에서는 본고
이외에 윤명철(「고려의 강화천도와 대몽항쟁의 해양적 성격」), 이상태(「강도시절
유물 유적」), 김기덕(「강도사 연구의 쟁점들」)의 발표가 있었고, 김창현, 박종진,
홍영의, 신안식 등이 토론에 참여하였다. 본고 발표 이후 현지에 대한 조사 경과
등은 많은 변화가 있었지만, 여기에서는 이 같은 추이를 반영하지 않고 원래의
원고를 거의 그대로 게재하였다. 원고 작성 당시의 상황을 보여주는 의미도 있고,
큰 틀에서의 문제는 아직도 미완의 상태에 있다고 보기 때문이다.

Ⅳ. 고려 강화도성의 성곽 연구

머리말

강화도읍기(1232~1270) 고려의 전시수도였던 강도가 몽골의 침략으로부터 비교적 안전할 수 있었던 이유의 하나는 성곽 구축에 의한 도성의 방어 설비에도 있었다고 할 수 있다. 강도가 몽골군과의 전쟁 상황에서 조성된 도읍이었다는 점에서 성곽의 설비는 중요한 비중을 갖는다. 한편 전시수도로서의 강도는 비록 창황 중에 이루어진 것이기는 하지만, 기본적으로는 고려 도성의 건설이라는 성격을 갖는다는 점에서 고려 도성연구의 일환으로서도 중요한 의미를 갖는다.

그럼에도 불구하고, 도성으로서의 강도에 대한 연구는 지금까지 본격적인 접근이 시도되지 못하였고, 이 때문에 도성이라는 개념에서 '강도'의 구조와 성격에 대한 윤곽이 명확히 정립되어 있지 못한 상태이다. 강화도읍기 강도의 도성과 성곽에 관한 문제는 이병도, 김상기 등 초기 연구자들에 의하여 비교적 심도 있는 의견이 제시된 바 있다.[1] 그러나 이후 상당히 오랜 기간, 선학의 연구를 검토 하고 이를 심화시키는 연구는 이어지지

---

1) 이병도, 『고려시대사의 연구』, 을유문화사, 1948 ; 김상기, 『동방문화교류사연구』, 을유문화사, 1948.

못하였다.

　이러한 상황에서 필자는 오래 전, 대몽항쟁기 강도의 여러 문제를 종합적으로 검토하는 논문을 발표하였고, 그 가운데서 강도의 성곽문제에 대해서도 약간의 의견을 정리한 바 있다.[2] 그 후 2000년에 인천가톨릭대학교 주최로 <고려시대 강화도읍사의 재조명>이라는 심포지엄이 개최되어, 필자는 「고려시대 강도의 개발과 도시정비」라는 논문을 발표하면서, 강화도성의 성곽 문제에 대해서도 좀 더 구체적인 언급을 할 수 있었다.[3]

　초보적 단계이기는 하지만 강화도의 성곽에 대한 이상과 같은 필자의 관심은 대체로 대몽항쟁기 강도의 방어설비라는 관점에 두어진 것이었다. 그런데 근년 중세 도성으로서의 개경에 대한 관심이 높아지면서, 강도에 대해서도 도성사로서의 관점에서의 접근이 시도되기 시작하였다.[4] 한편 강화도의 성곽 혹은 강도의 성곽에 대한 논의에서 현지 유적의 잔존상태에 대한 조사가 필수적인 것인 바, 근년 미흡한 단계이기는 하지만, 이에 대한 얼마간의 진전이 있었다. 따라서 기왕에 논의된 제반 문헌적 자료와 함께, 아직 빈약하기는 하지만 이들 고고학적 자료를 함께 검토하면서 문제를 구체화하는 작업이 매우 필요한 시점이 되었다.

　본고는 기왕의 강화도성 논의의 상황을 먼저 정리하고, 아울러 내성, 중성, 외성이라는 강도를 구성하는 3성에 대하여 구체적인 논의를 진행하고자 한다. 이 같은 정리를 통하여 강화도성의 구조를 파악하고, 성곽의 현상에

---

　2) 윤용혁, 「고려의 대몽항쟁과 강도-강화천도와 강도경영을 중심으로」, 『고려사의 제문제』, 삼영사, 1986. 이 논문은 그 후 다소 수정 보완되어 『고려대몽항쟁사연구』(일지사, 1991)에 「최씨정권의 강화천도」, 「강도의 경영과 방비」라는 두 개의 글로 나누어 게재되었다.
　3) 2000년에 구두 발표되었던 논문을 수정하여 인쇄한 것이 본서에도 실려 있는 「고려시대 강도의 개발과 도시정비」(『역사와 역사교육』 7, 2002)이다.
　4) 김창현, 「개경과 강도의 도성 비교고찰」, 『한국중세의 수도와 천도』(한국사연구회 2003년도 학술대회 발표논문집).

대한 논의를 보다 심화시킬 수 있는 계기가 되었으면 하는 기대를 갖는다.

1. 강도의 고려 성곽에 대한 논의

잘 알려져 있는 바와 같이 강도의 성곽 시설은 내성, 중성, 외성의 3중으로 이루어졌다. 내, 외, 중성의 3중성이라는 개념은 정복전쟁기인 고대 고구려 평양성의 경우로 그 원류를 소급할 수 있고, 고려 당대에도 개경 역시 대략 이 같은 3중성의 개념으로 파악된다.

내성, 중성, 외성과 같이 중복하여 구축한 성곽 구조는 도성의 특수성과 관련을 갖지만 동시에 대외관계의 여건에 부응하여 방어기능을 강조한 것이라고 할 수 있다. 강화도의 경우, 육지에서 떨어진 섬이라는 조건 자체가 하나의 중요한 자연적 방어선이 된다. 여기에 내성, 외성, 중성의 3성을 다시 구축한 것은 전시의 특수성을 반영하여 그만큼 방어기능에 초점을 맞춘 것이라고 할 수 있을 것이다. 그러나 동시에 이것이 강도가 갖는 도성으로서의 성격과 관련이 있는 것도 사실이다.

외성에 대해서는 고종 20년(1233), 혹은 동왕 24년(1237)에 축조한 것으로 되어 있다.[5] 축조 시기에 대하여 1233년과 1237년이라는 서로 다른 연대의 제시는 외성의 시축(始築)과 완공의 시기를 각각 지칭하는 것으로 해석되고 있다. 즉 강도 외성은 천도 직후인 고종 20년부터 24년까지 햇수로 5년간의 공사 끝에 이루어졌다고 보는 것이다. 이 점은 고종 22년(1235) 최우가 강화도의 연안에 제방을 쌓은 것[6]과도 관련이 있는 것으로 보여, 개연성을 높여주고 있다. 중성은 최항 집권기인 고종 37년(1250)에 이루어진 것으로

---

5) 『고려사』 82, 병지 城堡條에는 고종 20년, 『고려사』 23, 고종세가에서는 24년에 각각 '築江華外城'한 것으로 되어, 축성연대가 일치되지 않는다.
6) "崔瑀與宰樞 議徵州縣一品軍 加築江華沿江堤岸."(『고려사절요』 16, 고종 22년 12월.)

기록되어 있다. 내성 축조에 대해서는 기록이 없지만, 천도 직후인 고종 19년부터 시작되어 이듬해 일단 완성한 것으로 생각된다. 이렇게 보면 강도정부는 천도와 함께 내성을 쌓고, 곧이어 외성을 축성하였으며, 그로부터 13년이 경과한 최항시대에 다시 중성을 쌓아, 강도의 방어 설비를 보강하였던 것임을 알 수 있다.

강도의 성곽에 대한 논의에서 가장 기본적인 문제는, 이들 내, 중, 외성의 3성이 구체적으로 어떤 범위, 어떤 지점에 시설되었는지 하는 문제이다. 이 문제는 몇 가지 여건으로 인한 혼선으로, 아직 의견이 정리되어 있지 못한 상태이다. 혼선의 요인이 된 몇 가지 여건이란, 강화도읍기에 구축된 성곽이 잘 남아 있지 않다는 점이 그 첫째이고, 다른 하나는 후대(조선)에 새로운 방어설비의 필요성에 의하여 성곽이 재구축된 데서 야기된 혼선이다. 한편 강화도읍기에 구축한 성곽이 잘 남겨지지 않은 이유는 여몽전쟁의 말기, 몽골에 의하여 성곽의 일부가 고의적으로 파괴되었던 것도 이유의 하나이다. 따라서 현 단계에서는 남겨진 성곽유적을 정확히 파악하고, 이들 유구가 어느 시기의 것인지를 문헌 혹은 현장의 자료를 종합하여 검토하는 것이 중요하다.

현재 강화읍에는 북산(송악산), 견자산, 남산 등을 이은 조선시대의 이른바 '강화산성'이 중심 성곽으로 남겨져 있다. 이 산성은 대부분 석축으로 되어 있고 양란 이후인 조선 숙종조에 강화도호부의 '부성(府城)'으로서 대대적으로 개축되었는데,[7] 1985년도 이 강화산성에 대한 실측조사 결과에 의하면 이 성은 7,122m의 길이로 계측되었다.[8] 강화산성은 조선시대 석축에 의한 대대적 개축이 있었지만 이것은 고려시대의 강도 성곽시설을 개축한 것으로 여겨지고 있다. 한편 토축으로 쌓은 성곽의 현저한 잔적이 강화읍에서 약 5km 남쪽 선원면의 선행리, 창리, 신정리 일대에 남아 있으며 정남

---

7) 박광성, 「병자란 후의 강화도 방비구축」, 『기전문화연구』 3, 1973, pp.36~40.
8) 강화군, 『강화산성현황조사보고서』, 1985.

방향에는 '대문고개'라는 지명까지 남아 있다. 이것 역시 고려시대 강도 도성의 하나였으리라는 점을 의심하기 어렵다. 따라서 고려 강화도성에 대한 논의는 주로 남겨진 이 두 유적을 중심으로 진행되었다.

김상기 선생은 선원면 대문고개의 토성을 고려 외성으로 보고, 읍내의 강화산성이 중성에 해당하는 것으로 파악하였다. 그리고 내성에 대해서는 "원래 강화천도는 창졸간에 행해진 만큼 내성은 다만 궁궐 방위의 목적으로 궁장(宮牆)과 같이 초초(草草)히 쌓았던 것"으로 보고, 읍내 고려궁터의 아래쪽 김상용 선생 순절비각 정도가 내성인 궁성의 범위였을 것으로 보았다.[9]

한편 이에 대하여 이병도 선생은 읍내를 두르고 있는 강화산성을 고려 강도의 내성, 그리고 선원면 '대문고개'의 토성을 중성으로 보았다. 강화산성 을 '내성'으로 칭하는 것은 『강화부지』 등에 나타나 있고, 대문현의 토성을 중성으로 보는 것 역시 『강도지』 등에 언급되어 있다. 이에 대하여는, '중성' 보다 좀더 남서쪽인 "불은면 삼성리, 서문동, 삼동암리, 신현리, 덕성리 및 동안(東岸) 일대를 위요(圍繞)한 토루(土壘)"가 바로 강도의 외성이었을 것으로 추정하였다. 즉 김상기 선생이 강도의 중성, 외성이라 보는 것을, 이병도 선생은 이를 내성과 중성으로 보고, 외성을 그 밖에서 구함으로써 강도 성곽의 범위를 보다 광역으로 상정하였다.

이상의 주장에는 현존하는 강화 성곽의 상황 및 조선시대의 각종 기록에 의하여 나름대로의 근거들을 가지고 있지만, 그러나 여전히 각각 미심스러운 점을 포함하고 있다. 가령, 『신증동국여지승람』에서는 강화 내성의 둘레(길 이)가 3,874척이라고 하고 있는데, 만일 1척을 32cm로 잡을 경우 그 길이는 1.2km밖에 되지 않는다.[10] 현재 강화산성의 실측 길이가 7.1km임에 비추어

---

9) 김상기, 『동방문화교류사논고』, 을유문화사, 1948, p.195.
10) 각종 지리지나 읍지류에 언급되어 있는 성곽의 계측치는, 산술적 계산으로 신빙하기
   는 어렵다. 계측치 자체의 신빙성 문제도 있고, 이의 환산도 예상하는 '원칙'과

볼 때, 이를 고려 내성에 해당하는 것으로 비정하는 이병도 선생의 견해는 잘 부합하지 않는다. 그런가 하면, 『고려사』의 강도 중성에 대한 기록, "둘레가 2,960여 칸(間), 크고 작은 문이 17개"라는 설명에 비추어 볼 때, 이를 현재의 강화산성에 비정하는 김상기 선생의 견해도 역시 의문스럽다. 조사 결과에 의하면 강화산성에는 4대문, 4개의 암문, 2개의 수문이 있었던 것으로 되어 있는데, 이것이 물론 조선조 개축의 결과라 하나, '대소문(大小門) 17개'와는 잘 들어맞지 않는 것 같기 때문이다.

강도 3성에 대한 김상기, 이병도 두 분의 의견은 각각 일정한 근거에도 불구하고, 서로 모순되고 미심한 점이 있는 것처럼 보인다. 그럼에도 불구하고 이 두 주장은 강도 3성의 이후의 논의에 지금까지 기본적인 두 줄기를 형성하여 왔다. 따라서 강도3성에 대한 논의는 이 두 견해를 기초로 정리하는 것이 효과적이다.

이상의 견해 중, 필자는 내성을 현재의 강화산성, 중성을 대문현 토성, 그리고 해안에 외성을 구축하였다는 이병도 선생의 견해를 지지한 바 있다. 다만 내성의 경우, 조선조 개축의 강화산성이 고려시대의 내성과 기본적으로 공통점이 많다 하더라도, 규모와 범위상 일치하지 않는 부분이 많을 것이므로, 양자를 "간단히 동일시해버리는 것은 위험한 면이 있다"는 점을 부기하였다.[11] 그 후 강도에 대한 재고찰을 통하여 내성의 경우는 현재 읍내에 남아있는 조선시대 축성의 강화산성과는 그 환축 범위가 크게 차이가 있다는 점을 논증하였다. 조선조의 강화산성이 송악산-견자산으로부터 남산까지

실제가 다르기 때문이다. 가령 세종대 營造尺의 1척이 31.2cm였다고 한다.(박홍수, 「이조 척도표준에 관한 고찰」『素菴 李東植先生 화갑기념논문집』, 1981, pp.287~288.) 예산 임존성의 경우, 『동국여지승람』에 5,194척이라 하였는데, 여기에 1척 31.2cm의 기준을 적용하면, 1,621m라는 계산이다. 그러나 이의 실제 계측 결과는 2,450m였다. 이 같은 현격한 차이가 있기는 하지만, 이 수치를 성곽 길이의 장단을 가늠하는 대략적인 자료로서는 참고할 수 있다고 생각된다.

11) 윤용혁, 「강도의 경영과 방비」『고려대몽항쟁사연구』, 1991, p.178의 주 102).

포괄하는 둘레 7.1km의 범위인데, 고려의 내성은 둘레 2km 정도의 소규모의 궁성적 성격을 갖는 것이라 정리한 것이다. 이 같은 견해는 강도 내성의 경우 김상기 선생의 의견에 부합하는 것이라 할 수 있다. 정리한다면, 근년 필자의 의견은 내성의 경우 김상기 선생의 견해대로 읍내 송악산 남사면의 좁은 면적을 상정하고, 중성과 외성의 경우는 이병도 선생의 견해를 좇는 형태가 되었다. 그리고 현재 강화 읍내에 잔존한 강화산성은 조선조 축성으로서, 고려시대와는 별로 관련이 없는 것으로 본 것이다.

이에 대하여 최근 김창현 교수는 약간 다른 의견을 제시하였다. 강도의 성곽을 궁성, 중성, 외성으로 정리하면서 동시에 황성의 존재 가능성을 제안한 것이 그것이다. 그가 황성의 가능성을 제기한 것은 개경의 경우, 궁성·황성·발어참성(송악성)·나성(외성)의 4개의 성곽이 축성된 것에 시사된 것으로 보인다.[12] 김창현에 있어서 강화도의 궁성, 중성, 외성의 위치에 대한 의견은 필자와 대략 일치한다고 생각된다. 황성의 경우는 별도인데, 김창현은 이 황성에 대하여 조선 숙종조 현재의 강화산성이 축조되기 이전의 '구성(舊城)'이 이에 해당하는 것으로 상정하고 있다. 이 구성의 존재에 대해서는 조선왕조실록의 기록 이외에 몇몇 조선조의 강화지도에도 등장하고 있다. 김창현 교수는 이것이 기록에 등장하지 않는 강도시대의 황성이 아닐까 추측하는 듯하다. 그럼에도 불구하고 이를 강하게 주장하고 있지 못한 것은 고고학적 증거가 아직 뒷받침되지 못한 때문인 듯하다.

이제 이 같은 지금까지의 논의를 바탕으로 이하 강도의 내성, 중성, 외성의 문제를 재검토하고자 한다.

---

12) 김창현, 「강화의 왕도경영」『신편강화사』(상), 2003 ; 김창현, 「개경과 강도의 도성 비교 고찰」『한국중세의 수도와 천도 발표논문집』, 한국사연구회 2003년도 학술대회, 2003, pp.13~14.

2. 강도의 내성

개경은 궁성, 황성, 나성의 3중성이었다. 강도는 내성, 중성, 외성의 3중성
으로 되어 있었다. 김창현은 그동안 강화도성에 대하여 연구자들이 강도를
4중성으로 파악한 것으로 간주하였다. 내성, 중성, 외성에 더하여 내성
안의 궁성을 더하여 계산한 것이다. 그러나 강도의 내, 중, 외성을, 궁성을
전제로 하여 4중성으로 파악했다는 것은 다소 자의적 해석이 아닌가 한다.
이병도, 김상기 선생이 내성을 언급할 때, 이 내성을 어떤 개념으로 생각했는
지 분명한 언급은 없지만, 이병도 선생은 지도에서 내, 외, 중성만을 표시하였
으며, 김상기 선생 역시 궁성에 대한 별다른 언급이 없기 때문이다. 특히
김상기 선생은 강도 내성의 범위를 작게 잡았기 때문에 그 안에 다시 별도의
궁성이 있다고 상정하지는 않았을 것이다. 강도의 3중성에 대한 필자의
의견을 정리하자면 강도의 내성은 궁성(단, 왕궁만이 아니며 황성의 기능까
지 포함), 외성은 방어성, 그리고 중성은 주거 공간을 포함하는 도성의
개념으로 파악한 바 있다.13)

김창현 교수는 강도에 황성이 있었을 가능성을 암시하고 있다. 이는
개경이 궁성, 황성, 나성의 구조로 되어 있는 점에서 착안된 것일 것이다.
필자는 강도에 대한 논문에서 내성이 '궁성'의 성격이었다고 단정하였는데,
이는 왕궁만의 구역을 의미하는 것이 아니라 왕궁 구역을 중심으로 주변에
주요 관서와 시설이 위치한 중심구역의 의미를 상정한 것이었다. 개경에서
말하는 궁성과 황성의 통합개념으로 보면 좋겠다. 요는 강도의 내성이
궁성과 황성을 구분하지 않은 수준의 것으로 보인다는 점이다.

김교수는 조선조 기록의 '구성'(舊城 : 17세기 개축 이전의 강화부성)이라
한 것, 그리고 17, 18세기의 몇 지도에 나타난 강화 중심부의 성이 바로

---

13) 윤용혁, 「고려시대 강도의 개발과 도시정비」 본서의 pp.294~306.

이 '구성'에 해당하는 것이고, 그것이 고려시대 강도의 황성일 가능성을 언급하였다.[14] 몇 지도의 표시가 대략. '구성(舊城)'에 해당하는 것이고, 이것이 강도시대의 잔적일 가능성을 언급한 것은 매우 중요한 주장이다. 다만 이 '구성'이 바로 왕궁을 포함한 강도의 '내성'이라는 것이 필자의 의견이다.

『고려사』에는 강도 내성 축조에 대한 기록은 없고, 다만 고종 46년 6월, 몽골 사신의 지휘하에 강도의 내성과 외성을 파괴한 사실이 언급되어 있다. 한편 다소 늦은 시기의 기록이기는 하지만 15세기의 『신증동국여지승람』에 역시 강도의 내, 외성에 대하여, 토축에 외성의 둘레 37,076척, 내성은 3,874척이라 하였다.[15] 1척을 만일 32cm로 계산한다면, '내성'은 1.2km, '외성'의 길이는 11.9km가 된다.

한편 내성의 규모와 관련하여 『강화부지』에서는 조선 후기 새로 축조한 읍내의 '강화부성'(강화산성)의 둘레를 15리 343보, 그리고 "구성(舊城), 둘레 1,658보는 정축년 호란으로 인하여 크게 훼손되었다"고 적고 있다. 즉 강화부성의 전신이라 할 '구성(舊城)'이 존재하였다는 점과, 그 크기가 1,658보였음을 암시하고 있는 것이다. 1,658보를 360보 1리로 환산할 경우, 4리 218보이며, 이를 읍내에 현존하는 강화부성(산성)과 비교할 경우, 구성은 새 성의 3분의 1 크기였다는 계산이다. 이 때문에 새 성은 옛 성의 성터와 범위를 '척벽(拓闢)'하였다고 묘사되고 있다. 강화읍에 현존하는 산성이 7.1km 길이임에 비추어 볼 때, 구성은 대략 2.4km라는 계산이 나온다. 여기에서 말하는 '구성(舊城)'이 바로 고려조의 내성에 근거한 것으로 추정되거니와, 이렇게 보면, 고려시대 강도의 내성은 최소 1.2km~최대 2.4km, 대략 2km 안팎의 둘레였다고 생각된다. 그리고 이 내성은 틀림없이 궁궐을 중심으로 한 축성이었을 것이다.

14) 김창현, 「개경과 강도의 도성 비교 고찰」, pp.13~14.
15) 『신증동국여지승람』 12, 강화도호부 고적조.

고려시기 강도의 내성은 현존하는 강화산성(부성)과 위치상의 근사성에
도 불구하고, 그 범위에 있어서 차이가 있었음은 조선 숙종조 강화부성의
축조에 대한 기록에서도 확인된다.

강화부성(산성)은 숙종 3년(1677)에 '개축'되기 시작하였는데, 이 강화산
성의 개축시 그 일부는 구성(舊城)의 옛터를 활용하였다. 특히 강화산성에
연결된 "동남쪽 2리 정도는 구성이 아직 남아 있다"[16]고 하여, 견자산
부근의 옛 토성이 개축시에 그대로 활용되었음이 암시되어 있다.[17] 이상의
자료들에 의하여, 고려시대 강도 내성은 일부 강화산성과 겹치는 부분이
있지만, 조선조의 그것과는 차이가 있고, 성의 규모도 대략 2km 내외의
작은 규모였음에 주목하게 된다. 이 정도의 크기라면, 강도의 '내성'은
'도성'으로서의 의미보다는 궁궐을 중심으로 한 협소한 범위였다고 보아야
한다. 앞에 언급한 바, 개경의 궁성이 2.2km 크기였음이 여기에서 참고된다.
외성, 중성과는 달리 강도 내성의 구축에 대하여 『고려사』에 기록이 남겨지
지 않은 것도 내성이 갖는 궁성적 성격 때문이었을 것이다. 즉 이 내성은
고종 19년 천도와 동시에 궁궐의 조영 작업시 일련의 작업으로 동시에
이루어졌기 때문인 것이다.[18]

고려시대 축성의 내성은 조선조에 그 기능이 상실된 것으로 생각되지만,
조선조 후기의 일부 강화지도에는 바로 이 고려시대 구성(舊城)의 잔적으로
생각되는 성터가 사실적으로 묘사되어 있다. 조선조 강화의 지도를 모아
편집한 『강화 옛지도』 수록 자료를 참고하면, 그 가운데 다음의 지도들은

---

16) 『숙종실록』 36년 6월 계해.
17) 조선 숙종조 부성 개축에 관한 내용은 박광성, 「병자란 후의 강화도 방비구축」
    『기전문화연구』 3, 1973의 논문을 많이 참고하였음.
18) 전룡철에 의하면 개경에 있어서 궁성의 경우, 둘레 2.17km, 동서 373m, 남북
    725m, 넓이 25만m²(약 75,000평)의 규모였다는 것이다. 이를 참고한다면 강도
    내성의 경우 반드시 궁성으로서의 제한된 것은 아니라 하더라도 궁궐과 주요
    관아를 중심으로 이들 중심시설을 둘러싼 것이었다고 생각된다.

송악산을 주산으로 하는 강화성을, 남산까지 연결시키지 않고 동낙천의
위쪽에 작은 규모로 표시하고 있다.

1) 강화지도 (41.4×31.9), <지나조선고지도>, 국립중앙도서관 소장, 17세기
  초(p.12)
2) 강화전도(47.5×35.6), <고지도첩>, 영남대박물관 소장, 1684(p.13)
3) 강화지도, 이형상 편, <강도지> 수록, 개인소장, 1696년 경(pp.14~15)
4) 강화도지도(34×46), <지도지>, 국사편찬위원회 소장, 18세기 초(p.16)
5) 강화전도(46×41), <동여비고>, 양산 대성암 소장, 18세기 초(p.17)
6) 강화지도(139×207.5cm), 고려대박물관 소장, 18세기 초(pp.18~19)
7) 강화전도(146.5×41), <조선강역총도>, 서울대 규장각 소장, 18세기 초
  (p.20)

이들 지도상에서 표시한 강화성은 송악산에서 남산까지 둘러싼 조선조
강화부성과는 그 규모가 훨씬 작은 별도의 성이다. 그 위치는 동일하게
송악산을 주산으로 하되, 동낙천의 위쪽에 위치하고 있다. 이것이 조선조
강화부성과 전혀 다른 성곽이라는 사실은 위의 지도 가운데 6번 고려대박물
관 소장의 강화지도이다. 제작 시기를 18세기 초로 추정하는 이 지도에서는
조선조의 강화부성과 함께 성안에 보다 작은 규모의 별도의 성의 존재를
동시에 표시하고 있기 때문이다. 아마도 이 성이 바로 고려시기 축성의
이른바 '내성'에 해당할 것이다. 그리고 이것이 18세기 초의 지도에까지
남겨지고 있는 것은 조선시대에 이르러서도 이것이 부분적인 개축과 보수를
통하여 성곽으로서 기능하였음을 말해주는 것이다. 지도에 의하면 이 구성터
의 안쪽에 장령전을 비롯한 조선조의 행궁과 강화부의 관아들이 자리하고
있다.[19] 비록 시기는 후대이지만, 이러한 지도 내용은 13세기 고려의 내성이

---

19) 지도는 강화군, 『강화 옛지도』, 2003, pp.18~19에 게재된 것을 참조하였다. 이
  지도 제작 시기를 이 책에서는 '18세기 초'라 하였다. 그 근거는 1706~1708년

어떤 규모로 축성되고 어떤 성격을 가졌는가에 대한 매우 중요한 시사를 주고 있다. 15세기『동국여지승람』에서 언급한 '옛 궁성'의 '내성'에 대한 언급은 바로 송악산을 주산으로 하되 동낙천의 위쪽에 제한되었던 이 성에 대한 것임이 거의 틀림이 없다는 생각이다.

같은『강화 옛지도』에는 계속하여 18세기 이후 강화지도를 수록하고 있는데, 이후의 지도는 모두 송악산에서 남산까지 걸치는 조선조의 강화부성(강화산성)을 지도에 그리고 있다. 전체적으로 18~19세기의 것으로 앞의 지도에 비하여 후대의 그려진 것이다. 이 같은 사실은 강화성이 원래의 구성으로부터 새로 확대하여 구축한 '강화산성'으로 전환하여 간 과정을 보여주는 것이라 생각된다.

그러면 내성의 환축 범위는 어떻게 되었는가 하는 문제를 다시 검토해보고자 한다. 이들 지도를 종합하면 내성은 송악산을 주산으로 하되 행궁과 관아를 중심으로 한 좁은 범위를 두르고 있다. 동문은 견자산(정자산)의 안쪽이고, 서문 역시 강화산성의 안쪽이며, 남문은 동낙천의 북쪽, 송악산의 정남면이다. 북문만은 강화산성의 북문과 동일한 위치이다. 그런데『강화 옛지도』에 수록된 19세기의 강화지도 중 정밀도가 높은 지도 중에는 강화부성의 안쪽에 송악산에서 양측으로 벌어지며 뻗어 내린 작은 산줄기가 묘사되어 있다.[20] 다시 말해서 고려시대 내성의 축성은 송악산을 주산으로 하되 여기에서 양가지로 뻗는 강화산성 안쪽의 구릉을 타고 내려와 동낙천 위쪽에서 마무리되면서 남문을 낸 것이었다고 볼 수 있다. 그리고 지도상의 이 남문의 위치는 '남문허'로 전하는 김상용 비각의 위치와 대략 일치하는

사이에 선두포 방축이 축조되었음을 명기한 반면, 1718년 이후 축조된 북쪽 조강 연안의 빙현돈대 등 4개 돈대가 보이지 않는다는 것에 근거하고 있다.

20)『강화 옛지도』, pp.42~43, 1875~1894년 사이 제작, (102×147)의 지도 ; 같은 책, pp.46~47, 서울대 도서관 소장, 19세기 후반 제작, 강도부지도(105×140.6) ; 1882년 제작, 온양박물관 소장, 강화지도, pp.48~49 ; 1884년 제작, 국립 중앙도서관 소장, 강화지도, pp.50~51 등이 그 예이다.

지점이다. 이렇게 볼 때 현재의 '고려궁지'로 지정된 구역으로부터 강화도서
관, 강화초등학교, 용흥궁 공원으로 이어지는 구역은 강화도읍기 궁궐을
위시한 주요 관아들이 들어선 구역이었을 가능성이 높아진다. 고려궁지의
서측으로는 '궁골'이라는 지명이 아직 남아 있다. 지금은 주택 밀집지역이지
만, 이 역시 내성의 안쪽으로서 궁궐을 비롯한 관아구역이었다고 할 수
있다. 유적조사에 의하면 고려궁궐의 광화문터가 고려궁지 남쪽 강화초등학
교 옆이었다고 한다. 고려궁지는 현재의 지정 구역보다 훨씬 광역이었다고
보아야하고, 그렇다면 더 남쪽으로 확대되지 않을 수 없다.

『고려사』 등의 사서에 강도의 내성 축성에 대한 기록은 없는데 그 이유는
이것이 궁궐과 동시에 조영된 궁성의 성격을 가진 때문이었을 것이며,
따라서 궁성과 궁궐은 외성이 착공되는 고종 20년(1233) 경에 완성되었다고
생각된다. 그리고 이 2km 내외의 내성이 바로 고려궁궐의 중심 구역이었다고
볼 때, 강화도의 '고려궁지'의 범위도 지금보다 훨씬 넓은 관점에서 검토할
필요가 있다고 본다.[21]

3. 강도의 외성

다음으로 강도의 외성에 대한 문제이다. 외성의 축조 시기에 대해서는
잘 알려진 바와 같이 『고려사』 고종 20년과 24년에 각각 축성의 사실이

---

21) 1995년 이후 2001년까지 진행된 외규장각 터(조선궁전지) 발굴조사 결과, 이 지역에
   서 소량의 청자편 이외에는 고려시대의 유구 혹은 유물이 거의 검출되지 않았다는
   것은 매우 중요한 문제이다. 발굴된 이 터가 종래 고려궁지로 알려져 있는 지점
   일대에 대한 발굴이었기 때문이다. 조사자는 고려시대 유구가 검출되지 않은
   이유에 대하여 조선시대 궁전 건물의 조영을 위하여 이전 건물을 완전히 제거한
   결과라고 해석하고 있으나, 이 문제는 강도시대 고려궁터에 대한 진지한 검토와
   논의가 필요함을 암시하고 있다는 생각이다. 한림대학교 박물관, 『강화 조선궁전지
   (외규장각지)』, 2003, pp.156~164 참조.

기재되어 있다. 이 때문에 고종 20년을 시축 시기, 24년을 완공 시기로 보는 경향이 많다. 그러나 해안의 축성에 중점이 있는 외성의 경우, 작업이 일사불란하게 추진되어 준공으로부터 완공에 이르기까지 하나의 일관된 작업으로 이루어졌는지 의문이다. 해안의 경우 지형 조건의 다양성 때문에 작업이 일관성 있게 단기간에 이루어졌다기보다는, 대략 강도시대를 통하여 장기간에 걸쳐, 단속적(斷續的)으로 이루어졌을 가능성이 많기 때문이다. 따라서 24년의 외성 축조 기록은 완공의 의미로서보다는 집중적 작업의 한 시기를 보여주는 것이라 생각된다. 즉 외성의 축성 작업은 강도시대에 있어서 보다 장기간에 걸쳐 이루어졌으며, 후술하는 바와 같이 외성의 성곽도 지형에 따라서는 축성이 연결되지 않은 부분도 있었을 것이다.

다음으로 외성의 축조 범위에 대한 문제이다. 외성의 구축은 역시 강화의 해안에 작업이 집중되어 있었다. 이규보의 시에서 외성 축조의 사실을 "해변에 새로 성을 쌓았는데 그 장관(壯觀)이 구경할 만하다"고 전하고 있다. 조선시대에 강화 동안을 따라 다시 개축된 외성의 흔적과 고려시대의 외성은 지형적 특성상 상당부분 겹칠 가능성이 높다. 따라서 조선시대 외성의 잔존상태는 고려시대 외성의 존재에 대한 일차적인 자료가 된다. 조사에 의하면 조선시대 외성 흔적은 강화읍 대산리의 적북돈으로부터 휴암돈, 월곶돈, 제승돈, 염주돈, 김곶돈, 가리산돈, 좌강돈, 용당돈, 화도돈, 오두돈, 광성돈, 용두돈, 손돌목돈, 덕진돈을 경유하여 초지돈에 이르는 약 23km(23,225m)의 구간이다.[22)]

외성의 구축 범위에 대해서는 이것이 강화 동안(東岸)을 내려오다가 섬 안쪽으로 꺾어져 결국 내성 혹은 중성을 둥글게 환축하였을 것으로 추측되어왔다. 가령 이병도 선생의 경우 외성의 범위를 "불은면 삼성리, 서문동, 삼동암리, 신현리, 덕성리 및 동안(東岸) 일대를 둘러싼 토루인

---

22) 육군박물관,『강화도의 국방유적』, pp.23~27.

듯하다"23)고 하여, 강화 동안의 외성이 불은면 일대를 거쳐 산 능선을 따라 북으로 연결되는 것으로 보았다. 정태헌은 현지 조사에서 이 일대의 토성 잔적을 재확인하고 이 성터가 혈구산-삼성국교-벌말-신도현-학골산-귀둥글-아침가리-오두리로 연결되어 강화 동안에 이르는 것으로 파악하면서 강도 외성의 잔적일 것이라는 의견에 공감을 표시한 바 있다.24) 즉 강화도의 혈구산 일대에 남겨진 성곽의 잔적에 의하여 섬 동쪽 해안으로부터의 외성이 여기쯤에서 혈구산과 연결되면서 남쪽을 둥글게 환축하였다는 것이며, 이 같은 구조는 강화의 북쪽에서 역시 외성의 환축을 상상하게 하는 것이다.

그러나 외성의 범위가 과연 강화의 동안과 함께 강도를 둥글게 환축한 것인지는 분명하지 않다. 강화도 허리쯤에 해당하는 혈구산 일대의 지역에 남은 성터가 동쪽 해안과 연결된다는 점 때문에 이를 외성으로 보는 견해가 성립해 있는 것이다. 따라서 이것이 과연 고려시대 강도 외성이었는지에 대한 면밀한 검토를 필요로 한다.

강화도의 관방유적에 대한 최근의 자료조사에 의하면 불은면 삼성리 일대에 위치한 혈구진성은 혈구산 정상을 포함하여 5개의 산봉우리를 연결하며 동서 방향으로 길게 구축된 길이 총연장 약 14km의 큰 성이다. 이 성은 특이하게도 산성과 평지성을 연결한 형태로 되어 있고, 이 때문에 조사단은 본성(本城)과 익성(翼城) 혹은 자성(子城)이라는 개념으로 파악하였다. 결국 혈구진의 성은 혈구산을 중심으로 둥글게 쌓은 9km 길이의 본성 부분과 이를 해안으로 동서방향으로 연결하는 ㅡ자 모양의 5km 길이의 자성, 2개체로 되어 있는 셈이다.25) 혈구산으로부터 이와 연결하여 동서방향으로 해안까지 축성이 길게 이어진 부분이 구체적으로 확인된 점은 매우

23) 이병도, 앞의 『고려시대사 연구』, p.277.
24) 정태헌, 앞의 「청해진과 타군현과의 비교적 고찰」, pp.207~209.
25) 육군박물관, 『강화도의 국방유적』, 2000, pp.119~120.

중요한 조사이다. 이 축성은 부분적으로만 남아 있고 부분적으로는 석축이었던 것으로 추정되지만 드문드문 토축이 남겨져 있다. 주민들은 이 평야의 토성을 말을 가두기 위하여 만들어진 '마성(馬城)'으로 인식하고 있다고 한다.

혈구진은 통일신라시대 강화의 중심 치소이며, 동시에 신라 북변의 군사 거점으로 널리 알려진 곳이다. 기록에 의하면 혈구진의 설치는 문성왕 6년(844)이다. 신라시대 군진의 치소였던 이곳은 후삼국시대 궁예에 의하여 점거되었는데, 따라서 혈구진의 축성은 기본적으로는 9세기 통일신라시대의 유적이라 할 수 있다. 고려시대에 이르러 강화도의 중심이 혈구진으로부터 강화현으로 옮겨진 것이라 생각된다.

혈구진성 가운데 주목되는 것은 무엇보다 새로 조사된 이른바 '익성'의 존재이다. 이 익성이 신라 당대의 축성인지, 아니면 후대(고려)의 축성인지는 면밀한 고고학적 분석을 필요로 하는 부분이다. 필자는 혈구진성의 본성(本城)과 자성(子城)이 처음부터 하나였던 것이 아니고 서로 시기를 달리하여 구축된 것으로 생각한다. 즉 혈구진 치소로부터 해안에 이르는 동서 일자로 가로 뻗은 토축(익성)이 강도시대 구축의 것일 가능성이다. 왜냐하면 통일신라시대 혈구진이 강화도의 중심치소였을 당시라면 이 익성의 부분이 존재할 이유가 없기 때문이다. 익성의 바로 북쪽으로는 이와 연하여 역시 동서방향으로 혈구진으로 연결되는 물길이 있었을 것으로 보인다. 즉 혈구진 치소의 시대에 이 물길로 직접 선박이 혈구진성의 기슭에 당도하는 것이 가능하였을 것이다. 신라시대 북변을 대비한 혈구진의 위치에서 생각할 때 이 물길은 성의 밖에 위치되기 때문에 이 성이 물길을 보호하는 역할을 수행하였다고 볼 수 없고, 오히려 이 익성의 존재 때문에 혈구진 치소의 주변의 공간이 불필요하게 나누어지는 결과가 초래되는 것이다. 이러한 지형적 여건에서 생각할 때 혈구진성의 익성은 신라시대의 것이 아니며, 따라서 후대의 필요에 의하여 구축된 부분이라 하지 않을 수 없다.

혈구진성의 익성을 후대 축성이라 할 경우, 그 시기는 강도시대가 될 수밖에 없다. 강화 동안을 막은 외성은 이 혈구진 동편에 이르게 되는데, 외성이 강화도를 전부 둘러싸는 것이 아닌 이상, 적당한 지점에서 마무리되지 않으면 안 된다. 바로 강도 외성이 화도돈대 바로 아래쪽에서 혈구진성에 연결되면서 외성의 남측 부분을 연결하게 되면, 외성의 남측 부분이 완결되어질 수 있는 것이다. 이 점에서 볼 때 이병도 선생이 일찍이 외성의 남쪽 부분 성축을 혈구진 부분으로 정리한 것은 상당히 합리적인 추정이었다는 생각이다.[26]

한편 외성의 동북 해안은 중성의 구축에 의하여 강도를 둘러싸는 구조로 이어진다. 따라서 강도시대 외성의 축성은 동북안의 월곶리로부터 동해안을 따라 내려와 화도(花島)에 이르고, 여기에서 동서방향의 축성으로 혈구진성에 연결하였으리라는 것이 외성 구축의 범위에 대한 필자의 새로운 의견이다.[27] 이렇게 보면 강도시대의 외성은 둥글게 환축한 성이 아니고 주로 강도의 동해안을 따라 구축하되, 섬의 허리부분에서 꺾어 기왕의 혈구진성으로 이어대는 정도의 선이었다고 생각된다. 이러한 점에서 강도의 고려시대 외성을 전체적으로 둥글게 환축한 것으로 추정하는 것은 현재의 조사결과로서는 동의하기 어렵다는 생각이다.

---

26) 필자는 외성의 남측 환축 부분에 대하여 일단은 이병도, 정태헌 등의 견해를 긍정하면서도, 혹시는 이것이 신라시대 혈구진성과 관련된 것이어서 강도시대와는 무관한 것이 아닌가 하는 생각도 없지 않았다. 그럴 경우 외성은 더 남측까지 해안을 따라 내려가 조선시대의 외성에 대략 일치하는 것이 된다. 이 때문에 현지에 대한 정밀조사의 필요성을 강조한 바 있다. 윤용혁, 「고려시대 강도의 개발과 도시정비」『역사와 역사교육』7, 2002.

27) 필자는 최근까지 강도의 외성이 환축의 성곽이 아니고 해안의 방어성이며, 그 범위는 조선시대의 축성범위와 대략 일치할 것이라는 의견을 가지고 있었다.(본서에 수록된 「고려시대 강도의 개발과 도시정비」 참조.) 이 같은 견해는 외성에 대한 필자의 기본 견해이지만, 본고에서 남측 부분이 혈구진쪽으로 연결되며 마무리된 것으로 약간 수정한다.

  조사에 의하면 조선시대 외성 흔적은 강화읍 대산리의 적북돈으로부터 초지돈에 이르는 약 23km(23,225m)의 구축이다.[28] 그 가운데 화도돈으로부터 초지돈까지의 길이가 약 10km(10,385m)이다. 따라서 개략적으로 논의한다면 강도시대 당시 외성 축조에 있어서 해안 축성의 길이는 대략 10여km(화도돈으로부터 북쪽 부분이며, 동북쪽 역시 조선시대에 약간 연장되었다는 전제에서), 혈구진성의 익성 부분을 포함하면 15km를 조금 넘는 규모였다고 산정할 수 있다.

  『신증동국여지승람』에 강도의 내, 외성에 대하여는, 토축에 외성의 둘레 37,076척, 내성은 3,874척이라 하였다.[29] 1척을 만일 32cm로 계산한다면, '내성'은 1.2km, '외성'의 길이는 11.9km가 된다. 그런데 김창현 교수는 『신증동국여지승람』 혹은 『여지도서』에서 언급한 이 외성 관련 기록은 해안가의 외성이 아니라, 사실은 중성을 가리킨 것이라 한다. 『신증동국여지승람』의 찬자가 강변의 외성 흔적에는 주목하지 않고 "읍치 일대의 성곽 유적에만 주목하여 내성과 외성으로 분류한 것"이라는 추정이다. 여기에는 『고려사』에서 언급한 강도 중성의 길이 2,960여 칸을, 1칸 10척, 1척 32cm로 잡아 9,472m로 산출하여 『신증동국여지승람』의 외성 37,076척(11,864m)에 근접한다는 계산이 곁들여져 있다.[30] 그러나 이 수치는 고려시대 외성의 해안 축성부분이 대략 10여km였다는 것과도 부합하고 있다는 점, 조선시대 도량의 수치를 지금으로 환산하여 비교하는 것이 상당한 문제점이 있다는 점을 고려할 때, 쉽게 속단할 수 있는 문제는 아니라는 생각이다. 더욱이 조선시대에는 내성이 강화의 중심구간, 외성은 강화의 방어성으로서의 의미를 가진 반면, 중성의 경우 성격이 모호해져 성곽시설로서의 의미가 상실되었으리라는 점을 감안하면, 과연 『신증동국여지승람』에서 언급한

28) 육군박물관, 『강화도의 국방유적』, pp.23~27.
29) 『동국여지승람』 12, 강화도호부 고적조.
30) 김창현, 「강화의 왕도 경영」 『신편강화사』 상, 2003, pp.202~204.

외성이 강화의 중성을 가리키는지는 의문이 아닐 수 없다.

강화 해안을 따라 쌓은 외성은 지반의 취약성, 조수(潮水)와 맞닿는 지형상의 특성 때문에, 쉽게 붕괴하여 방어성으로서의 기능이 상실되었다. 이 때문에 조선 숙종조 축조 이후, 곧이어 개축에 대한 논의가 연이어졌고, 성벽의 견고성 유지를 위하여 석성 개축, 번벽(燔甓) 개축 등 제반 기술적 방법을 동원하고 있다.[31] 그러나 해안의 외성은 쉽게 붕괴되고, 붕괴될 경우 도리어 적의 접근이나 상륙을 용이하게 하는 부작용이 있었다고 한다.[32] 이 같은 사실을 염두에 둘 때, 몽골군의 강도 접근 차단을 주된 목적으로 하는 강도 외성은, 강도시대 축성 이래 여러 차례 보축되었을 것이며, 개경 환도 이후로는 곧바로 퇴폐하여져 미구에 그 흔적을 찾기가 쉽지 않게 되었던 것 같다.

조선시대 강도 외성에 해당하는 초지구간(길상면 초지리 19-108) 100m 및 오두돈대 남쪽 부근의 강화전성(인천시 기념물 20호, 불은면 오두리 563번지) 구간 300m에 대한 확인 조사에 의하면[33] 성벽은 갯벌층 위에 납작한 판석을 깔고 20~30cm 크기, 혹은 40×50cm의 돌을 1~3단에 걸쳐 정연하게 배치한 다음 그 위에 전돌을 층층이 쌓아올리고 있다. 조사자에 의하면 조선 후기에 개축한 강화 외성은 벽돌로 구축한 전성(塼城)이며, 이는 일부 구간이 아닌 외성의 전체에 걸치는 것으로 추정하였다. 조선시대 후기 전성의 구축은 갯벌층 위에 토석을 올려야하는 외성이 무른 지반 탓으로 쉽게 붕괴되기 때문이었던 것으로 이해된다. 이 점을 감안할 때 고려시대 외성의 구축에는 갯벌층의 지반을 강화하는 작업이 반드시 요구되

---

31) 박광성, 「병자란 후의 강화도 방비구축」『기전문화연구』 3, 1973, pp.33~36 참조.
32) 성을 쌓을 때 토석을 채워 기초공사를 하였기 때문에, 성곽이 무너졌을 경우는 결과적으로 해안선이 굳어져 인마가 통할 수 있게 되거나 선박의 접안이 용이하게 되는 결과를 낳았다는 것이다. 李重煥, 『택리지』 「경기」 참조.
33) 이형구, 『인천 강화외성 지표조사보고서 - 초지구간』, 동양고고학연구소, 2001 ; 이형구, 『강화전성 지표조사보고서』, 선문대 고고연구소, 2002.

고 이를 위해서 갯벌의 기반 위에 1~2단의 석렬이나 아니면 잡석을 깔아 바닥을 다지는 방식을 마찬가지로 채택하였을 것으로 생각된다. 그렇다고 한다면, 이들 석렬과 같은 고려 외성의 기반터가 아직 일부 구간에 남아 있을 것이 예상된다. 이를 통하여 고려 외성 구축의 실제 상황을 파악할 수 있게 될 것이다.[34]

전성에 대한 조사시의 간단한 피트(3×1.5×1.5m) 조사에 의하면 깊이 1.5m에서 2m사이의 일부 지점에서 다진 뻘 층을 흘러내리지 않도록 하는 막돌이 확인되었는데, 조사자는 이것이 '아마 고려시대의 토성'일 것이라 추정하였다. 즉 조선조의 외성은 고려시대 외성(토성)의 지반 위에 다시 기반층을 놓고 성을 구축한 것이라는 의견이다.[35] 외성의 구간이 바다와 닿은 뻘 층이라는 점에서 공사시 기반 구축에 어려움이 있었을 것이다. 이 때문에 많은 구간에서 고려시대 외성 터 위에 조선조의 외성이 올라섰을 가능성도 많다. 그러나 외성 최하층의 잡석이 고려시대 외성 흔적인지는 이 정도의 확인으로는 속단이라는 생각이다. 다만 고려조의 외성의 실체를 확인하기 위한 정밀한 조사의 필요성을 제기한 것이라는 점에 의미를 둘 수 있을 것이다.

---

34) 불은면 오두리 강화전성의 조사과정에서 전성(외성)의 안쪽에서 건물지 1개소와 석축우물 1개소를 확인하였다. 이에 대하여 조사자는 "원래 건물지의 기단과 초석, 그리고 고려시대의 것으로 보이는 우물이 있었다"고 언급하였을 뿐 '원래 건물지'가 어느 시대일 것인지, 석축우물이 왜 고려시대의 것인지에 대한 설명이 결여되어 있다.(이형구, 앞의『강화전성 지표조사보고서』, p.61) 그러나 이 지역에 대한 조사에서 수습된 유물이 모두 조선조 후기 이후의 벽돌편, 자기편, 옹기편 뿐이어서, 우물이 고려시대일 것이라는 점을 입증하기는 어려운 것 같다.

35) 이형구, 위의 보고서, pp.61~62.

4. 강도의 중성

강도 중성의 범위에 대하여 대문현 고개의 토축을 중성의 남측 경계로 보고, 강화읍 서북의 외성에서 강화읍 쪽으로 축성하여 중성을 구성하였으리라는 것은 대략 이해될만하다. 그런데 김창현은 고려시대에 강도의 내, 외성이라 할 때 그 내성이 바로 중성을 지칭하는 경우가 많았다고 한다.

대문현의 토축은 조선조의 지도에 표시될 만큼 잔존상태가 양호하였다고 생각된다. 그러나 『신증동국여지승람』의 내, 외성 등의 내성을 바로 이 중성의 지칭이라 하는 것은 다소 동의하기 어렵다. 강도의 3성중 그 기능이 가장 빨리 해체된 것은 중성이었다. 환도 이후 강도는 도성으로서의 기능을 바로 상실하였기 때문이다. 그러나 내성은 부치(府治)로서 그 기능을 유지하였고, 외성은 조선조 수도 방어에 여전히 그 중요성이 부각되었다. 즉 13세기 후반 환도 이후 중성의 기능이 바로 상실된 반면, 내성과 외성은 조선조에도 기능의 유지가 필요하였던 것이다. 따라서 조선조에 중성이 언급되지 않는 것은 오히려 자연스러운 것이라 할 수 있다.

김창현은 『신증동국여지승람』의 기록 내성 3,874척(약 1,240m), 외성 37,076척(11,864m)의 기록을 전자를 궁성, 후자를 중성에 비견하였다.[36] 그 근거는 조선 전기 영조척 1척=32cm에 근거하여 환산한 것인데, 이 같은 계산은 반드시 절대적 기준이 되지는 못한다.[37]

---

36) 김창현, 「강화의 왕도 경영」『신편 강화사』상, 2003, pp.202~203.
37) 『동국여지승람』에 나오는 몇 성곽의 척수 길이를 현재의 실측치와 비교한 결과 다음과 같은 결과가 나왔다.
  예산 임존성 5194척 2450미터 (47cm)
  충주 대림성 9638척 4906미터 (51cm)
  공주 공산성 4850척 2193미터 (45cm)
  3사례 중 최소치가 1척 45cm인 것이다. 만일 여기에 1척 45cm를 대입한다면 내성은 1240m가 아닌 1743m, 외성은 11,864m 대신 16,684m가 나온다. 조선조 지리지의 수치를 절대화할 경우의 위험성을 암시한다.

강도의 내, 외성을 확정하면, 비교적 고려의 원래 성적(城跡)이 잘 나타나 있는 대문현 중심의 토성이 최항시대 고종 37년(1250)의 '강도 중성'이었다는 사실을 분명히 알 수 있다. 강도의 내성이 부성(府城, 산성)으로의 개축에 의하여 그 원형을 잃고, 외성 역시 조선시대 개축 작업과 후대의 퇴폐로 원형이 거의 남아 있지 않은 반면에, 일부이지만 중성은 가장 원형을 많이 남기고 있다. 이는 내성과 외성이 후대의 개축 필요가 높았던 반면, 중성의 경우는 고려시대 '강도'의 역사성에서 비롯된 것이어서, 이후 개축의 필요가 상실되었기 때문이다.

'중성'으로 지정된 대문현의 토성에 대하여, 그 범위는 『속수증보 강도지』 (1932)에 다음과 같이 나타나 있다.

옥림리 성문현에서 시작하여 봉악(鳳岳) 동북으로 가고 송악(松岳)을 지나 용장현(龍藏峴)을 거쳐 연화동(蓮花洞)에 이른다. 남산을 지나 선행리 (仙杏里)에 이르고 다시 평원을 거쳐 냉정현(冷井峴)으로부터 대문현에 이르고 산능선을 거쳐 도문현(都門峴)과 현당산(玄堂山)을 지나고 창성(倉 城)에 이른다.

이에 의하면 조선조 후기까지는 이 성의 잔적은 거의 그대로 확인될 수 있었던 것 같다. 그 일부는 지금도 잔적이 그대로 있지만, 동쪽이나 북쪽 등의 경우는 흔적을 찾기 어렵다. 그런데 최근의 지표조사에서 중성의 내용과 구축범위가 좀더 구체적으로 확인되었다. 이를 동북 해안지점으로부터 간략히 정리하면 다음과 같다.[38]

옥창돈-왕림고개-성문고개-북장대-강화산성과 연결-남산-주 영농장-술감-찬우물고개-대문고개-개골동-도감말-더리세-다

---

38) 강화군, 『강화도의 국방유적』, pp.55~60.

리미-갑곶돈과 가리돈 사이의 외성

길이는 옥창돈에서 북창대까지가 1.8km, 남산에서 갑곶돈 부근 해안까지가 6.3km, 총 8.1km에 해당한다. 이는 강화산성과 겹치는 부분을 제외한 것이다. 강화산성이 대략 17세기의 축성이라는 점을 고려할 때, 고려시대 강도의 중성이 이 부분에서 어떻게 연결되었는지는 다소 의문된 점이 있다. 그러나 중성의 남측 부분과 함께 북측 부분이 새로 조사된 것은 매우 중요한 의미를 갖는다.

중성의 토축 일대에서는 고려시대의 와류가 다수 출토된다. 특히 충렬사 부근의 중성 토축의 잔적은 전지 개간에 의하여 인위적 훼손이 진행 중이며, 다량의 고려시대 기와를 확인할 수 있다.

맺는말

필자는 수년 전 별고를 통하여 강화도성과 관련된 문제 전반을 다루면서 강도의 내, 외, 중 3중 성곽에 대해서도 일정한 고찰을 시도하였다. 그리고 이를 통하여 내성은 궁성의 성격이고, 중성은 도시를 둘러싼 도성의 성격이었다는 것, 그리고 외성은 이를 외곽에서 호위하는 해안방어성의 성격을 갖는 것으로 정리하였다. 이 같은 이해는 지금도 동일하지만 여기에서 사용한 궁성, 도성의 용어는 다소 자의적이어서 용어의 개념이 명확하지 않다는 문제점이 있었다.

이제 여기에서 다시 부연하자면, 내성은 궁궐과 주요 관아를 포함하는 성곽이고, 중성은 민간 거주의 주택이나 시장, 사원 등 각종의 도시 시설이 포함된 구역이다. 비견하자면 여기서 언급한 궁성은 개경의 황성, 그리고 중성은 나성에 비견될 수 있을 것으로 본다. 외성은 주로 해안 방어에 목적이 있는 방어성이어서 개경의 성곽구조와는 다소 차이점이 있는 구조였다는 생각이다. 이는 강화도의 지형적 특성 및 전시라는 이 시기의 역사적 배경과 관련이 있다고 할 것이다.

고려시대 궁궐과 주요 관아를 포함한 내성의 범위에 대해서는 조선조의 강화산성과 대략 흡사할 것이라는 의견과 궁궐터를 중심으로 한 작은 규모였을 것이라는 의견이 상치되어 왔다. 필자는 후자의 의견에 동의하면서 특히 조선조 지도를 통하여 고려 내성에 해당할 것으로 생각되는 잔적을 지도상에서 확인하고자 하였다. 조선조의 일부 강화지도에 '구성'이라 표시된 것이 바로 고려조의 내성에 해당한다는 생각이다.

한편 강도의 외성은 강화 동안으로부터 안쪽으로 둥글게 환축한 것인지, 아니면 강화 동안만을 일정 부분 구축한 것인지 엇갈리는 점이 없지 않았다. 필자는 이 성이 강도를 둥글게 환축한 것이 아니고 조선시대 외성처럼 강화 동안의 방어선 구축에 중점을 둔 성이었다는 의견이다. 다만 본고에서는 이것이 조선시대 외성과 같이 초지진까지 계속 내려간 것이 아니고 강화도의 허리부분인 화도 부근에서 혈구진성으로 꺾어 들어가 이를 동서로 연결지으면서 외성의 남쪽 부분을 마무리 하였다는 주장을 제안하였다. 고려산, 혈구산 등 주요 산들이 강화도의 중심에 종으로 이어져 있기 때문에 구태여 외성으로 강화도성을 환축할 필요는 없었다는 생각이다.

중성의 범위는 최근 고고학적 지표조사에 의하여 많은 부분이 새로 확인되었다. 특히 종래 구체적으로 밝혀지지 않았던 동북구간의 상태가 조사된 것은 본고의 논의에 많은 도움이 되었다. 다만 이 중성이 고려 내성과 어떻게 연결되는지 하는 점은 앞으로 좀더 검토되어야 할 일이다. 중성은 고려의 3성 가운데 가장 잘 남아있는 부분이다. 특히 중성의 경우는 강도시대 이후 이를 재사용해야할 특별한 이유가 없었기 때문에 강도시대의 내용을 가장 순수하게 가지고 있는 유적이라고 해야 할 것이다. 이 점에서 강도 중성유적의 가치가 올바로 평가되어야 한다. 그럼에도 중성의 잔적은 급격한 도시개발로 계속 무분별하게 파괴되고 있는 실정이다.

본고에서는 종래 강화도의 관방유적으로서만 취급되어 오던 섬 안의 여러 산성들에 대해서는 구체적으로 검토하지 못하였다. 이들 산성의 시축 시기 혹은 축조의 배경은 일정하지 않겠지만, 13세기 강도시대에 이들 산성들은 강도 방어라는 일관된 목적으로 활용되었을 것이 분명하기 때문이다. 이 시기의 일관된 목적이란, 강도의 도성이라 할 내, 외, 중의 3성과는 별도로 강도를 외호하고 지원하는 군사기지의 성격을 의미한다. 이러한 점에서 강화도의 여러 유적과 시설들은 강도시대라는 한 시기의 역사적 조건에서 종합적으로 검토해 볼 필요가 있다 하겠다.

최근 강화도내에 대한 문화유적 지표조사의 결과는 본고의 논의에 많은 도움이 되었다. 그러나 기왕의 조사에서는 강도시대에 초점을 맞춘 역사적 검토가 이루어진 것은 아니었다. 이 때문에 유적의 파악에 있어서 고고학적 유물에 대한 역사적 검토가 보다 전문적으로 이루어질 필요가 있으며, 이들 고고학적 자료의 확보와 보존이 현안의 긴급한 문제임을 끝으로 강조하고자 한다.

(이 글은 『국사관논총』 106, 국사편찬위원회, 2005에 실린 논문임)

참고문헌

1. 사료

『江華府志』『慶尙道續撰地理誌』『高麗史』『高麗史節要』『光海君日記』『東國兵鑑』
『東國李相國集』『東史綱目』『三國遺事』『補閑集』『世宗實錄地理志』『肅宗實錄』
『續修增補江都誌』『新元史』『新增東國輿地勝覽』『輿地圖書』『元史』『元高麗紀事』
『益齋亂藁』『止浦集』『正祖實錄』『擇里志』

김용선 편,『고려묘지명집성』, 한림대 아시아문화연구소, 2001.
여원관계사연구팀,『역주 원고려기사』, 선인, 2008.
이난영,『한국금석문추보』, 아세아문화사, 1963.
허흥식,『한국금석전문』, 아세아문화사, 1984.
황수영 편,『한국금석유문』, 일지사, 1985.
朝鮮總督府,『朝鮮金石總覽』, 1919.

2. 단행본

고병익,『동아교섭사의 연구』, 서울대출판부, 1970.
국방군사연구소,『왜구토벌사』, 1993.
김당택,『고려 무인정권 연구』, 새문사, 1987.
김상기,『동방문화교류사논고』, 을유문화사, 1948.
김상기,『신편 고려시대사』, 서울대출판부, 1985.
김위현,『고려시대 대외관계사 연구』, 경인문화사, 2004.

노명호,『고려국가와 집단의식』, 서울대출판문화원, 2009.

류재성,『대몽항쟁사』, 국방부전사편찬위원회, 1988.

민현구,『고려정치사론』, 고려대출판부, 2004.

박용운,『고려시대 개경연구』, 일지사, 1996.

박용운 외,『고려시대의 길잡이』, 일지사, 2007.

박용운,『수정 증보판 고려시대사』, 일지사, 2008.

박종기,『5백년 고려사』, 푸른역사, 1999.

박한남,『고려의 대금외교정책 연구』, 성균관대 박사학위논문, 1993.

사회과학원,『조선전사』7, 과학·백과출판사, 1979.

역사학회,『전쟁과 동북아의 국제질서』, 일조각, 2006.

유원재,『웅진백제사 연구』, 주류성, 1997.

윤명철,『한민족의 해양활동과 동아지중해』, 학연문화사, 2002.

윤용혁,『고려 대몽항쟁사 연구』, 일지사, 1991.

윤용혁,『고려 삼별초의 대몽항쟁』, 일지사, 2000.

윤용혁,『충청 역사문화 연구』, 서경문화사, 2009.

이병도,『고려시대의 연구』, 을유문화사, 1948.

이병도,『한국사(중세편)』, 을유문화사, 1961.

이이화,『한국사 이야기』7, 한길사, 1999.

이정신,『고려시대의 정치변동과 대외정책』, 경인문화사, 2004.

임용한,『전쟁과 역사 2-거란 여진과의 전쟁』, 혜안, 2004.

장경희,『고려왕릉』, 예맥, 2008.

정규홍,『우리 문화재 수난사』, 학연문화사, 2005.

최병현,『고려 중·후기 불교사론』, 민족문화사, 1986.

최영준,『국토와 민족생활사』, 한길사, 1997.

허흥식,『진정국사와 호산록』, 민족사, 1995.

홍승기 편,『고려 무인정권 연구』, 서강대출판부, 1995

池內 宏,『滿鮮史研究』中世 第2冊, 1937.

關野 貞,『朝鮮の建築と藝術』, 岩波書店, 1941.

白南雲,『朝鮮封建社會經濟史』上, 改造社, 1936.

杉山正明,『疾驅する草原の征服者』, 講談社, 2005.

3. 보고서 · 시군지류

강화군, 『강화산성현황조사보고서』, 1985.

강화군, 『강화 옛지도』, 2003.

강화군, 『신편 강화사』, 2003.

강화군·육군박물관, 『강화도의 국방유적』, 2000.

강화문화원, 『江都 古今詩選』, 1988.

강화문화원, 『강화지명지』, 2002.

강화문화원, 『강화 고려궁지 종합학술조사 보고서』, 2009.

경북대 박물관, 『부인사 지표조사보고서』, 1986.

공주대박물관, 『아산의 역사와 문화』, 1993.

국립문화재연구소, 『강화 석릉』, 2003.

국립문화재연구소, 『강화 고려왕릉－가릉·곤릉·능내리석실분』, 2007.

길경택 외, 『충주 이류면 야철유적 지표조사 보고서』, 1996.

김재홍, 『원 침략자를 반대한 고려 인민의 투쟁』, 과학원출판사, 1963.

노혁진 외, 『강화 조선궁전지(외규장각지)』, 한림대 박물관, 2003.

대구대 박물관, 『부인사지 1차 발굴조사보고서』, 1989.

동국대 강화도학술조사단, 『강화도 학술조사보고서』, 1977.

동국대학교 박물관, 『사적 259호 강화 선원사지 발굴조사 보고서』, 2003.

동양고고학연구소, 『인천 강화외성 지표조사 보고서－초지구간』, 2001.

상주문화원, 『백화산』, 2001.

서정석, 『아산 읍내동·성안말산성』, 한얼문화유산연구원, 2009.

영남대 민족문화연구소, 『부인사장 고려대장경의 재조명』(세미나자료집), 2008.

완도문화원, 『장보고 신연구』, 2000.

윤용진, 『부인사 지표조사보고서』, 경북대 박물관, 1986.

이형구, 『강화전성 지표조사보고서』, 선문대 고고연구소, 2002.

인천광역시립박물관, 『강화의 고려고분－지표조사보고서』, 2003.

제주도, 『제주 항파두리 항몽유적지』, 1998.

중앙승가대 불교사학연구소, 『부인사의 역사와 문화』, 2009.

충주박물관·국립중앙과학관, 『충주 완오리 야철유적』, 1998.

최성락, 『진도 용장성』, 목포대 박물관, 1990.

최성락 외, 『진도 용장산성』, 목포대 박물관, 2006.

344

충남발전연구원, 『문화유적분포지도(아산시)』, 2003.
한국문화재보호재단, 『강화외성 지표조사보고서』, 2006.
한글학회, 『한국지명총람』 경기편(상), 강화군, 1985.
한양대 박물관, 『안산 대부도 육곡 고려고분군 발굴조사보고서』, 2002.
한양대 박물관, 『안산 대부도 육곡 고려고분군 Ⅱ』, 2006
현남주 외, 『강화외성 지표조사보고서』, 한국문화재보호재단, 2006.
홍재현, 『강도의 발자취』, 강화문화원, 1990.
朝鮮總督府, 『大正五年度 古蹟調査報告』, 1917.
朝鮮總督府, 『朝鮮寶物古蹟調査資料』, 1942.

4. 논문

강성원, 「원종대의 권력구조와 정국의 변화」 『역사와 현실』 17, 1995.
강재광, 「대몽전쟁기 최씨정권의 해도입보책과 전략해도」 『군사』 66, 2008.
강진철, 「몽골의 침입에 대한 항쟁」 『한국사』 7, 국사편찬위원회, 1973.
길경택, 「충주지역의 야철유적」 『역사와 실학』 32, 2007.
김갑동, 「나말려초 천안부의 성립과 그 동향」 『한국사연구』 117, 2002.
김갑동, 「고려의 후삼국 통일과 유금필」 『군사』 69, 2009.
김광철, 「여몽전쟁과 재지이족」 『부산사학』 12, 1987.
김기덕, 「고려의 諸王制와 황제국 체제」 『국사관논총』 78, 1997.
김기덕, 「고려시대 강화도읍사 연구의 쟁점」 『사학연구』 61, 2000.
김덕진, 「고려시대 조운제도와 조창」 『고려 뱃길로 세금을 걷다』, 국립해양문화재연구소, 2009.
김명진, 「태조 왕건의 충청지역 공략과 아산만 확보」 『역사와 담론』 51, 호서사학회, 2008.
김병곤, 「강화 선원사와 신니동 가궐의 위치 비정을 위한 기초자료의 분석」 『진단학보』 104, 2007.
김병곤, 「사적 제259호 강화 선원사와 신니동 가궐의 위치 비정」 『불교학보』 48, 동국대 불교문화연구원, 2008.
김성범, 「한국 수중문화 유산 발굴과 신안 해저유적」 『신안선과 동아시아 도자교역』, 국립해양유물전시관, 2006.
김영하, 「공산성고」 『동양문화연구』 3, 1976.

김윤곤, 「강화천도의 배경에 관해서」『대구사학』15·16합, 1978.

김윤곤, 「삼별초의 대몽항전과 지방 군현민」『동양문화』20·21 합집, 영남대 동양
　　　　문화연구소, 1981.

김윤곤, 「대구 부인사장 고려대장경판과 그 특성」『민족문화논총』39, 2008.

김인호, 「원의 고려 인식과 고려인의 대응」『한국사상사학』21, 2003.

김일우·이정란, 「삼별초 대몽항쟁의 주도층과 그 의미」『제주도사연구』11, 2002.

김창현, 「고려 개경과 강도의 도성 비교 고찰」『한국사연구』127, 2004.

김창현, 「고려시대 강화의 궁궐과 관부」『국사관논총』106, 국사편찬위원회, 2005.

김창현, 「고려 강도의 신앙과 종교의례」『인천학 연구』4, 인천대 인천학연구원,
　　　　2005.

김형우, 「고려시대 강화의 사원 연구」『국사관논총』106, 국사편찬위원회, 2005.

문경현, 「고려 대장경 조조의 사적 고찰」『이기영박사 고희기념논총－한국사학사
　　　　연구』, 1991.

민현구, 「고려의 대몽항쟁과 대장경」『한국학논총』1, 1978.

민현구, 「몽고군·김방경·삼별초」『한국사시민강좌』8, 1991.

민현구, 「고려대장경」『한국사시민강좌』23, 1998.

박광성, 「병자란 후의 강화도 방비구축」『기전문화연구』3, 1973.

박종기, 「고려시대의 대외관계」『한국사』6, 한길사, 1994.

박종진, 「강화 천도시기 고려국가의 지방지배」『한국중세사연구』13, 2002.

박흥수, 「이조 척도표준에 관한 고찰」『소암 이동식선생 화갑기념논문집』, 1981.

서윤길, 「고려의 호국법회와 道場」『불교학보』14, 1979.

신안식, 「고려 최씨 무인정권의 대몽강화교섭에 대한 일고찰」『국사관논총』45,
　　　　1993.

윤경진 「고려후기 북계 주진의 해도입보와 출륙 僑寓」『진단학보』109, 2009.

윤용혁, 「13세기 몽골의 침략에 대한 호서 지방민의 항전」『호서문화연구』4,
　　　　1984.

윤용혁, 「고려시대 사료량의 시기별 대비－'고려사절요'를 중심으로」『공주사범
　　　　대학논문집』24, 1986.

윤용혁, 「고려대몽항쟁기의 불교의례」『역사교육논집』13·14, 1990.

윤용혁, 「원 합단적의 고려침입과 연기대첩」『연기대첩연구』, 공주대박물관, 1994.

윤용혁, 「한국의 여몽관계 사적」『김현길교수 정년기념 향토사학논총』, 1997.

윤용혁, 「13세기 동아시아 역사와 삼별초 문화」『문화북제주』창간호, 북제주문화

원, 2004.

윤용혁, 「정인경가의 고려 정착과 서산」, 『호서사학』 48, 2007.

윤현희, 「강화 하점면 석불입상 연구」, 『인천문화연구』 2, 인천시립박물관, 2004.

이개석, 「'고려사' 원종·충렬왕·충선왕세가 중 원조 관계기사의 주석연구」, 『동양사학연구』 88, 2004.

이개석, 「대몽골국-고려 관계 연구의 재검토」, 『사학연구』 88, 2007.

이개석, 「여몽관계사 연구의 새로운 시점」, 『13-14세기 동아시아와 고려』(학술회의 발표자료집), 경북대 한중교류연구원·동북아역사재단, 2009.

이미지, 「1231·1232년 대몽 표문을 통해본 고려의 몽골에 대한 외교적 대응」, 『한국사학보』 36, 2009.

이익주, 「고려후기 몽골침입과 민중항쟁의 성격」, 『역사비평』 24, 1994.

이익주, 「고려 대몽항쟁기 강화론의 연구」, 『역사학보』 151, 1996.

이재범, 「대몽항전의 성격에 대하여-계층별 항전을 중심으로」, 『백산학보』 70, 2004.

이정란, 「13세기 몽골제국의 고려관」, 『한국중세사연구』 27, 2009.

이정신, 「고려 무신정권기의 국왕, 희종연구」, 『한국인물사연구』 2, 2004.

이정신, 「고려시대 고종 연구-최이와의 관계를 중심으로」, 『한국인물사연구』 3, 2005.

이종철·조경철·김영태, 「강화 선원사의 위치 비정」, 『한국선학』 3, 2001.

이홍종, 「대몽강화와 문신의 역할」, 『홍경만교수 정년기념한국사학논총』, 2003.

이희인, 「강화 고려고분의 구조와 유형」, 『인천문화연구』 2, 2004.

임석규, 「강화의 사지」, 『인천문화연구』 2, 인천시립박물관, 2004.

정동락, 「강화경판 고려대장경 조성의 참여 승려층과 대몽항쟁」, 『교남사학』 7, 1996.

정동락, 「신라·고려시대 부인사의 변천과 현실대응」, 『민족문화논총』 39, 영남대 민족문화연구소, 2008.

정선용, 「조충의 대몽교섭과 그 정치적 의미-최충헌 정권과 국왕의 관계에 주목하여」, 『진단학보』 93, 2002.

정치영·주혜미, 「아산 읍내동산성 기와의 특징과 연대」, 『전통문화논총』 7, 한국전통문화학교, 2009.

주채혁, 「고려 內地의 달로화적 置廢에 관한 연구」, 『청대사림』 1, 1974.

주채혁, 「몽골-고려사 연구의 재검토 : 몽골-고려사 연구의 시각문제」, 『애산학보』 8, 1989.

채상식, 「강화 선원사의 위치에 대한 재검토」, 『한국민족문화』 34, 부산대 한국민족
    문화연구소, 2009.

최규성, 「제5차 여몽전쟁과 충주산성의 위치 비정」, 『상명사학』 6, 1998.

최병헌, 「고려중기 현화사의 창건과 법상종의 융성」, 『한우근박사 정년기념사학논
    총』, 1981.

최성은, 「13세기 고려 목조아미타불상과 복장묵서명」, 『한국사학보』 30, 2008.

한기문, 「고려중기 흥왕사의 창건과 화엄종단」, 『고려 사원의 구조와 기능』, 민족
    사, 1998.

한성욱, 「강화의 강도시기 도자문화」, 『인천문화연구』 2, 인천광역시립박물관,
    2004.

黃時鑿, 「송-고려-몽골 관계사에 관한 일고찰 : '收刺麗國送還人'에 대하여」,
    『동방학지』 95, 연세대 국학연구원, 1997.

홍영의, 「현종의 공주·나주 파천의 배경과 의의」, 『고려 현종과 공주(고려 현종
    공주방문 1천년 기념학술회의 자료집)』, 한국중세사학회, 2010.

황수영, 「고려 흥왕사지의 조사」, 『백성욱박사 송수기념 불교학논문집』, 1959.

今西 龍, 「高麗朝陵墓調査報告書」, 『大正五年度古跡調査報告』, 朝鮮總督府, 1917.

箭內 亘, 「蒙古の高麗經略」, 『滿鮮地理歷史硏究報告』 4, 1918.

萩原淳平, 「木華黎王國の探馬赤軍について」, 『東洋史硏究』 36-2, 1977.

W. E. Henthorn, *Korea ; the Mongol Invasions*, E. J. Brill, Leiden, 1963.

찾아보기

윤 용 혁 (尹龍爀)

1952년 목포에서 출생하여 광주고등학교와 공주사대 역사교육과를 졸업하였다. 고려대학교 대학원에서
석사와 박사학위를 받았고, 일본 츠쿠바(筑波)대학과 국립해양유물전시관에서 각 1년 간 연구교수를 하였다.
1980년부터 현재까지 공주대학교 역사교육과 교수로 재직하고 있으며, 공주대 박물관장, 백제문화연구원장,
대학원장, 그리고 호서사학회장, 한국중세사학회장 등을 지냈다. 저서로는『고려 대몽항쟁사 연구』(1991),
『고려 삼별초의 대몽항쟁』(2000), 『충청 역사문화 연구』(2009) 등이 있다.

한국중세사학회 연구총서 2

여몽전쟁과 강화도성 연구

윤 용 혁 지음

2011년 10월 20일 초판 1쇄 발행

펴낸이 · 오일주
펴낸곳 · 도서출판 혜안
등록번호 · 제22-471호
등록일자 · 1993년 7월 30일

⊕ 121-836 서울시 마포구 서교동 326-26번지 102호
전화 · 3141-3711~2 / 팩시밀리 · 3141-3710
E-Mail hyeanpub@hanmail.net

ISBN 978-89-8494-431-2 93910

값 27,000 원